Sparkassen-Kulturstiftung Hessen-Thüringen
Landesamt für Denkmalpflege Hessen

Restaurierungen historischer Orgeln in Hessen

Das gemeinsame Förderprogramm
der Sparkassen-Kulturstiftung Hessen-Thüringen
und des Landesamts für Denkmalpflege Hessen

2001–2023

Impressum

RESTAURIERUNGEN HISTORISCHER ORGELN IN HESSEN
Das gemeinsame Förderprogramm
der Sparkassen-Kulturstiftung Hessen-Thüringen
und des Landesamts für Denkmalpflege
2001–2023

PROJEKTLEITUNG:
Matthias Haupt (verantwortlich)

REDAKTION:
Krystian Skoczowski (Schriftleitung)
Bernhard Buchstab
Marietta Lüders

TEXTE DER ORGELPORTRAITS:
Krystian Skoczowski

SATZ UND DRUCK:
Druck- und Verlagshaus Zarbock GmbH & Co. KG
Sontraer Straße 6, 60386 Frankfurt am Main

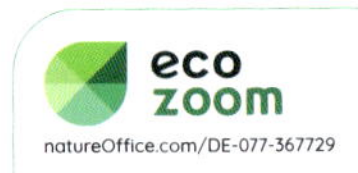

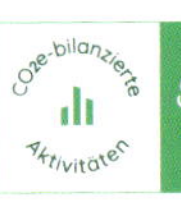

VERTRIEB:
Verlag Schnell & Steiner GmbH
Leibnizstraße 13, 93055 Regensburg

BIBLIOGRAPHISCHE INFORMATIONEN DER DEUTSCHEN NATIONALBIBLIOTHEK:
Die Deutsche Nationalbibliothek verzeichnet diese Publikation
in der Deutschen Nationalbibliographie; detaillierte bibliographische Daten
sind im Internet über https://dnb.de abrufbar.
1. Auflage 2024

ISBN 978-3-7954-3922-4
E-ISBN 978-3-7954-3923-1

Inhalt

Vorwort

Im Jahr 2001 haben das Landesamt für Denkmalpflege Hessen und die Sparkassen-Kulturstiftung Hessen-Thüringen ein Förderprogramm für Restaurierungen historischer Orgeln auf den Weg gebracht. Die geförderten Projekte erstrecken sich auf das gesamte Gebiet von Hessen. Von Gottsbüren im Norden bis nach Hirschhorn am Neckar im Süden, von Assmannshausen am Rhein bis nach Tann in der Rhön. In die Auswahl der aufgenommenen Instrumente wurden musikhistorische, klangliche, künstlerische, technische sowie regionale Kriterien einbezogen, um die Vielfalt der hessischen Orgellandschaft flächendeckend abzubilden.

Diese Publikation soll dazu beitragen, das Wissen, das in über zwanzig Jahren zusammengeführt wurde, der Fachwelt der Orgelinteressierten zugänglich zu machen. Zwar existieren zahlreiche Einzelveröffentlichungen über das Orgelwesen zu bestimmten Regionen, Orgelwerkstätten und zu einzelnen Instrumenten. Mit der Dokumentation der geförderten Orgelrestaurierungen und der Beschreibung repräsentativ ausgewählter Instrumente liegt nun ein erster Ansatz zu einer Gesamtschau auf die hessische Orgellandschaft und ihre Tradition unter kulturgeschichtlichen, regionalspezifischen und technischen Kriterien vor.

Der Aufbau des Buches ist so gewählt, dass einleitend der Stand der Erforschung der Orgellandschaft Hessen reflektiert wird, worauf eine Darstellung der Orgeldenkmalpflege mit einer Zusammenfassung und kunstgeschichtlichen Einordnung des hessischen Beitrags zum Orgelbau folgt. Zudem geben die Orgelsachverständigen der drei Bistümer Fulda, Limburg und Mainz sowie der beiden evangelischen Landeskirchen Hessen und Nassau sowie Kurhessen-Waldeck einen Überblick über die Geschichte der Orgelpflege und das Sachverständigenwesen in ihren Gebieten. Den Kern des Bandes bilden die über neunzig Orgelportraits, in denen die wichtigsten Daten zu ihrem Standort, ihrer Geschichte und ihren musikalischen sowie technischen Eigenschaften enthalten sind. Diese Beschreibungen vervollständigt eine Aufstellung aller weiteren Instrumente, die über das Orgelrestaurierungsprogramm gefördert wurden.

Abschließend ist allen Autoren zu danken, die mit ihrem Wissen zum Orgelwesen diese Publikation ermöglicht haben. Mein Dank geht insbesondere an Dr. Krystian Skoczowski, Orgelsachverständiger und Hauptautor der Publikation, dessen musikwissenschaftliche Expertise besonders in den Band eingeflossen ist, sowie an Dr. Bernhard Buchstab, Bezirkskonservator und Referent für Orgeldenkmalpflege des Landesamts für Denkmalpflege Hessen, dessen profunde Kenntnis und Aufzeichnungen über die Orgelrestaurierungen der vergangenen über zwanzig Jahre das Fundament dieser Publikation bilden, sowie an Marietta Lüders, die mit dem Buch betraute Referentin in der Stiftung, für die vorbildliche Koordination der gesamten Redaktionsarbeit. Auch geht mein Dank an die Orgelsachverständigen der Bistümer Fulda, Mainz und Limburg sowie der beiden evangelischen Landeskirchen Hessen und Nassau sowie Kurhessen-Waldeck für ihre Mitwirkung als Autoren und für die Bereitstellung von Bildmaterial. Herzlich bedanken möchte ich mich auch bei allen Orgelbauwerkstätten, Kirchengemeinden und Institutionen für die freundliche Unterstützung beim Zusammentragen der Fotos sowie bei Christine Krienke, der Fotografin des Landesamts für Denkmalpflege Hessen.

Die Publikation ist das Ergebnis einer kontinuierlichen Zusammenarbeit des Landesamts für Denkmalpflege Hessen, der hessischen Sparkassen und der Sparkassen-Kulturstiftung Hessen-Thüringen. Gleichzeitig hoffen wir, dazu beizutragen, eine musikwissenschaftliche und kunstgeschichtliche Lücke zu schließen. Wir wünschen allen, die ein Interesse für das Instrument Orgel mitbringen, viel Freude beim Lesen.

STEFAN G. REUSS
Vorsitzender des Vorstands
der Sparkassen-Kulturstiftung
Hessen-Thüringen

Grußwort

„Die orgl ist doch in meinen augen und ohren der könig aller instrumenten.“ – schrieb Wolfgang Amadeus Mozart am 17. Oktober 1777 an seinen Vater. Mozart begründet die Vormachtstellung der Orgel als „König aller Instrumente“ sowohl mit ihrer visuellen als auch mit ihrer akustischen Wirkung. Er bringt damit zum Ausdruck, dass die Orgel mit ihrem kunstvollen Gehäuse untrennbar zur Ausstattung unserer Kirchenräume gehört – Orgeln sind architektonische Elemente, ihr Resonanzraum ist der Kirchenraum. Nur im Zusammenspiel von Orgelprosekt und Klang ist das sinnliche Erleben der Königin aller Instrumente möglich. Dies trifft exakt den Kern und das Ziel unseres Orgelrestaurierungsprogramms, mit dessen Hilfe wir seit 2001 gemeinsam mit der Sparkassen-Kulturstiftung Hessen-Thüringen die Restaurierung von bisher 172 wertvollen historischen Orgeln in 21 hessischen Landkreisen mit 20 % der Gesamtkosten fördern.

Orgeln sind Unikate, seit jeher werden sie speziell für den Kirchenraum geschaffen, in dem sie gespielt werden. Ihre individuelle Klangqualität ergibt sich aus den Anforderungen der Investoren an das Instrument und ist das Ergebnis eines raffinierten technischen Mechanismus, der dem Luftstrom Zugang zum Pfeifenwerk eröffnet. Orgeln zeugen also nicht nur durch ihre Gestalt und ihre Klangqualität von den Vorstellungen ihrer Auftraggebenden, sie sind auch hochkomplexe technische Denkmäler von hoher handwerklicher Qualität. Vor ganz neue Herausforderungen stellen uns derzeit die mittlerweile restaurierungsbedürftigen Orgelwerke der Nachkriegszeit, denn aufgrund ihrer zeittypischen Klangfarbe und ihrer Materialität erfordern sie besondere Erhaltungskonzepte.

Für uns ist es immer wieder ein bewegender Moment, wenn wir im Rahmen unserer jährlichen Pressereise anlässlich der Überreichung der Bewilligungsbescheide erleben, wie die Menschen vor Ort sich für die Pflege und den Erhalt „ihrer“ Orgeln einsetzen. Aktuell gerät die Praxis des Orgelspiels allerdings durch den massiven Gemeindegliederschwund in beiden großen Kirchen zunehmend in Gefahr. Schon 2017 hat die UNESCO Orgeln und Orgelmusik als Beispiel einer über Jahrhunderte von Fachleuten aus dem Bereich des Handwerks und der musikalischen und liturgischen Praxis entwickelten, hochspezialisierten Kulturtechnik in die Liste des immateriellen Kulturgutes aufgenommen.

Auch die vorliegende Publikation soll dazu beitragen, das öffentliche Bewusstsein für diese einzigartigen Zeugnisse eines komplexen, regional häufig sehr unterschiedlich ausgeprägten Erfahrungswissens zu schärfen. Mein Dank gilt allen Autoren, die mit ihren Texten dazu beigetragen haben, den besonderen Facettenreichtum und die Bedeutung von Orgeln für unsere Kulturlandschaft in Hessen zu beleuchten. Ohne das Engagement der Sparkassen-Kulturstiftung Hessen-Thüringen, aber auch ohne die Fachleute aus den Landeskirchen und Diözesen wäre es weder möglich gewesen, in jedem Jahr sechs bis acht historische Orgeln zu fördern, noch diese Publikation zu erstellen. Gemeinsam hoffen wir, dass Orgeln auch weiterhin als Zeugnisse von Kreativität und Erfindungsgeist ganzheitlich wahrgenommen, gespielt, gepflegt und für nachfolgende Generationen erhalten werden können.

PROF. DR. MARKUS HARZENETTER
Präsident des Landesamts für Denkmalpflege Hessen

Zum Stand der Erforschung der Orgellandschaft Hessen

VON KRYSTIAN SKOCZOWSKI

Die Gesamtheit der Orgeln auf dem Gebiet des heutigen Bundeslandes Hessen wurde in der organologischen Literatur bisher nicht als kunstgeschichtliche Einheit beschrieben. Der Grund hierfür mag in der Vielfalt ihrer musikalischen und gestalterischen Eigenschaften, also in ihrer fehlenden baulichen Einheitlichkeit liegen, ebenso im Fehlen von ganze Epochen und Landschaften prägenden Werkstätten und Persönlichkeiten, wie man dies aus anderen Regionen kennt. Oft wird auf die vergleichsweise kurze Geschichte des heutigen Hessens und seine bis ins 19. Jahrhundert währende, starke territoriale Gliederung verwiesen, um seine kulturelle Vielfalt zu erklären. Die Trennlinien, die bis dahin für die Entstehung einer so vielfältigen Orgellandschaft wirksam waren, stimmen tatsächlich oft mit den historischen Territorialgrenzen überein, insofern diese auch konfessionellen Grenzen entsprachen, vor allem zwischen katholischen und evangelischen Herrschaften, zum Teil aber auch innerhalb der letzteren Gruppe zwischen reformierten und lutherischen Gebieten. Gleichzeitig können in vielen Bereichen der Kunst und damit auch des Orgelbaus kulturelle Gemeinsamkeiten benachbarter Territorien gleicher Konfession über die früheren und heutigen Landesgrenzen hinaus festgestellt werden.

Die historischen Grenzen zwischen den Landesteilen des heutigen Bundeslandes wirkten auch in der organologischen Forschung der vergangenen Jahrzehnte fort. Franz Bösken (1909–1976), Hermann Fischer (1928–2020) und mit ihnen Matthias Thömmes (1932–2017) erforschten die Gebiete des ehemaligen Regierungsbezirks Wiesbaden und der früheren Provinz Oberhessen des Großherzogtums Hessen. Sie erstellten Inventare, in denen nach Orten geordnet die Geschichte bestehender und früherer Instrumente in ihren Gebäuden vorgestellt und die Quellen benannt werden. Hans Martin Balz (*1940) arbeitete in ähnlicher Weise an der Orgelgeschichte der ehemaligen Provinz Starkenburg. Sein Inventar enthält auch einen ausführlichen historischen Abriss, der die in seiner Forschungsregion tätigen Orgelbauwerkstätten vorstellt. Gottfried Rehm (1926–2020) erstellte Inventare historischer und bestehender Orgeln in den Kreisen Fulda und Schlüchtern. Die drei von Marburg aus tätigen Organologen Dieter Großmann (1921–1997), Eckhard Trinkaus

(1938–2000) und Gerhard Aumüller (*1942) hatten vornehmlich die nördlichen kurhessischen Landesteile im Blick. Mit Ausnahme des früheren Kreises Ziegenhain (Eckhard Trinkaus) erstellten sie aber keine regionalen Inventare, sondern arbeiteten weit überwiegend monographisch zu einzelnen Instrumenten oder Werkstätten in begrenzten historischen Zeiträumen. Ferdinand Carspecken (1915–2003) erstellte eine Orgelgeschichte der Stadt Kassel. Alle diese Arbeiten gründen auf Quellenstudien, deren Schwerpunkt in den 1960er und 1970er Jahren lag. Die Veröffentlichung der Inventare erfolgte zwischen den Jahren 1969 und 1988.

Über die Fülle und den Umfang der genannten und weiterer Literatur zu Orgeln und Orgelbauern in Hessen gibt das beigefügte Verzeichnis Auskunft.[1] Trotz der mit den Jahren schwindenden Aktualität der Bestandsaufnahmen sind die Arbeiten für die Einordnung der Orgelgeschichte Hessens in seine Kunstgeschichte von größtem Wert. Inventarisiert sind aber nur die südliche Hälfte des Bundeslandes – mit Ausnahme des größten Teils des Main-Kinzig-Kreises – und der erwähnte frühere Kreis Ziegenhain. Es bestehen also noch enorme territoriale Lücken. Insgesamt weisen die Arbeiten große Unterschiede in Umfang, Methoden und Gründlichkeit der Recherche sowie praktischer Handhabbarkeit auf. Während sich Böskens und Fischers Veröffentlichungen grundsätzlich auf eigene Archivstudien stützten, arbeitete Balz zum Teil auch mit Fragebögen und Rehm mit telefonischen Auskünften.[2] Trotz der hohen Informationsfülle der Veröffentlichungen zu den ehemals kurhessischen Landesteilen sind ihre Erkenntnisse wesentlich schwerer zu suchen und aufzufinden als die nach Orten und Personen indizierten Inventare.

Die organologische Forschung hat sich seit den 1990er Jahren tendenziell von historischen Fragestellungen ab- und systematischen Schwerpunkten zugewendet. Besonders in Hessen fällt auf, dass die territoriale Erfassung der Orgelgeschichte abgebrochen und durch monographische Untersuchungen einzelner Personen oder Sachfragen abgelöst wurde, während gleichzeitig die organologische Arbeit insgesamt abnahm. Damit geht bis heute eine gewisse Veralterung der in den wissenschaftlichen Arbeiten der aktiveren Jahre gewonnenen Daten einher, da die Orgellandschaft auch in der unmittelbaren Vergangenheit durch Renovierung, Restaurierung, Umbau und Neubau einem ständigen Wandel unterworfen war und dies bis heute ist.[3]

1 Siehe S. 387

2 Beide machen die in der beschriebenen Art gewonnenen Daten kenntlich, so dass der Leser die Zuverlässigkeit der Information einschätzen kann und ihm der Weg zu den Primärquellen gewiesen wird.

3 Bei einer Orgel kann aufgrund Generationen übergreifender Erfahrung mit einem Zyklus umfassender Reinigungs- und Überholungsarbeiten von 20 bis 30 Jahren ausgegangen werden.

An dieser Entwicklung hat die in den vergangenen Jahrzehnten schwindende Bedeutung der Orgel für die zeitgenössische Praxis der katholischen und der evangelischen Kirchenmusik großen Anteil. Obwohl das Instrument spätestens seit dem 19. Jahrhundert auch im nicht-christlichen und nicht-religiösen Raum häufiger exponiert anzutreffen ist, wird es dennoch bis heute vielfach christlich-religiös konnotiert wahrgenommen. Daher trägt die zurückgehende Bedeutung des Christlichen und grundsätzlich des traditionell Religiösen in den europäisch geprägten Kulturen gleichfalls zu einer Verringerung des künstlerischen und wissenschaftlichen Interesses an der Orgel und seiner Geschichte bei.

Die Bedeutung von Inventaren als Grundlage für die Arbeit der Denkmalpflege ist unstrittig. In anderen Ländern wie zum Beispiel in Frankreich und der Schweiz wurde die Bedeutung historischer Inventare für den Erhalt von Orgeln als Kulturgut bereits in den 1980er Jahren erkannt und die Inventarisierung seitdem ideell, strukturell und finanziell gefördert. In Deutschland bleibt sie weitgehend dem Idealismus einzelner Orgelforscher überlassen. Leider hat auch die Aufnahme des deutschen Orgelbaus und der Orgelmusik in die UNESCO-Liste des immateriellen Kulturerbes im Jahr 2017 an dieser Situation bisher nichts geändert. Seit mehreren Jahren schließen die wichtigsten Stiftungen zur Wissenschaftsförderung in Deutschland Inventarisierungsprojekte kategorisch von der Förderung aus und verweisen auf die Verantwortung der Eigentümer und die Pflichten der staatlichen Denkmalpflege. Zwar wurde mit dem Sonderförderprogramm des Bundes ein wirksames und vielfach hilfreiches Instrument zur Erhaltung historischer Orgeln geschaffen, das bestehende Programme wie das der Sparkassen-Kulturstiftung Hessen-Thüringen und des Landesamts für Denkmalpflege Hessen und die Möglichkeit der Einzelförderung z. B. durch die Deutsche Stiftung Denkmalschutz ergänzt, aber hierbei handelt es sich ausschließlich um Maßnahmenförderungen am einzelnen Objekt. Ein vergleichbares Instrument zur Wissenschaftsförderung, das die Inventarisierung als notwendige Voraussetzung verantwortlicher Entscheidungen über die Einzelmaßnahmen im Blick hat, ist zur Zeit nicht gegeben.

Das Hauptdesiderat der Orgelforschung in Hessen besteht in der Fortführung der in den 1960er Jahren begonnenen und seit den späten 1980er Jahren ruhenden Inventarisierung. Zur Vollendung der Veröffentlichung der Quellen und Forschungen zur Orgelgeschichte des Mittelrheins von Franz Bösken und Hermann Fischer fehlt ein Band zum Gebiet des heutigen Main-Kinzig-Kreises – eine Arbeit, die beide planten und vorbereiteten, aber zu ihren Lebzeiten nicht abschließen konnten. Die Arbeiten von Gottfried Rehm im Osten des Bundeslandes bedürfen mehr als die anderen der inhaltlichen Korrektur. In den ehemals kurhessischen Gebieten im Norden Hessens wäre eine zusammenführende Auswertung der zahlreicheren organologischen Beiträge der vergangenen Jahrzehnte wünschenswert, damit diese als wertvoller Beitrag in eine von Grund auf neu anzusetzende Inventarisierung einfließen könnte.

Erst auf der Grundlage der Kenntnis des historischen Bestands und seines Entstehens wird es möglich sein, die wichtigen Einflusslinien in den hessischen Orgelbau hinein und seine Wirkung auf andere Regionen aufschlussreicher zu beschreiben als dies heute möglich ist. Ein weiterer Beitrag zu einer umfassenden Darstellung der hessischen Orgelgeschichte wäre die Zusammenführung der Geschichten der in diesem Gebiet tätigen Orgelbauer. Mit etwa 30 bedeutenden Werkstattorten und -traditionen ist dies zwar kein kleines, aber doch überschaubares Forschungsfeld, auf dem in der Vergangenheit bereits viele Erkenntnisse gewonnen wurden.

Das Schließen der aufgezeigten Forschungslücken würde fast nahtlos zu der eingangs angedeuteten Gesamtsicht auf Hessen als Orgellandschaft führen. Damit wäre eine systematische Einordnung und Kontextualisierung des Beitrags des Orgelbaus zur Kunst- und Kulturgeschichte dieses Territoriums möglich. Die praktische Denkmalpflege erhielt damit eine wesentlich solidere Grundlage für ihr Wirken am einzelnen Objekt. Nicht zuletzt gingen von der Beschreibung der für die Region typischen Eigenschaften der Orgeln auch inspirierende Impulse für die künstlerische, musikalische und technische Gestaltung des zeitgenössischen Orgelbaus aus, die seine Kreativität anregen und seinen Beitrag zur Kulturlandschaft fördern könnte.

Die Anerkennung der deutschen Orgelkultur als Kulturerbe der Menschheit in einer Zeit, in der die Orgelmusik an einem ihrer angestammten Orte – dem christlichen Gottesdienst – ebenso an Bedeutung verliert wie dieser in seinem gesellschaftlichen Kontext, kann als Aufruf zu einem verantwortlichen Umgang mit diesem Kulturgut verstanden werden. Sehr viel mehr als bisher wird es in den kommenden Jahren und Jahrzehnten darauf ankommen, die Orgel als allgemeines Kulturgut zu erkennen und das öffentliche Interesse an seiner Erhaltung zu fördern. Dazu gehört wesentlich auch seine wissenschaftliche Betrachtung in Geschichte und Gegenwart.

Orgeldenkmalpflege in Hessen

VON BERNHARD BUCHSTAB

Die Orgeldenkmalpflege ist ein kleiner, traditioneller Bereich der Bau- und Kunstdenkmalpflege – mithin der einzige, in dem sie sich konkret mit einem Musikinstrument beschäftigt. Orgeln sind in der Regel Teil der fest eingebauten Innenausstattung historischer Räume. In Kirchen gehören sie zu den raumprägenden Elementen wie Altar, Kanzel und Empore, und auch in Schul- und Konzertsälen haben sie oftmals eine besondere gestalterische Funktion. Das Interesse der Denkmalpflege richtete sich lange Zeit fast ausschließlich auf das Orgelgehäuse und den Orgelprospekt, also die sichtbaren Bestandteile des Instruments Orgel, und erst später nahm sie auch die klanglichen und technischen Elemente in den Blick.

Die Geschichte der Orgeldenkmalpflege in Hessen beginnt mit dem Wirken von Ludwig Bickell (1838–1901), der ab dem Jahr 1892 erster Konservator für den preußischen Regierungsbezirk Kurhessen war.[1] Seine persönlichen Neigungen galten auch der Orgelbaukunst und Orgeldenkmalpflege. Bickell hatte die praktische Seite des Orgelbaus bei verschiedenen Aufenthalten in der Werkstatt Ratzmann in Gelnhausen kennengelernt und war darüber hinaus auch eine Zeit lang als Orgelrevisor tätig. Er entwickelte in zahlreichen Zeichnungen orgeltechnische Details wie zeittypische Spielhilfen, Koppeln, Fortefunktionen, pneumatische Anlagen, Intonationshilfen an Pfeifen, oder auch Werkzeuge wie besondere Schraubenzieher für schwer zugängliche Stellen in der Orgel. Zu seiner denkmalpflegerischen Arbeit gehörte auch die Sammlungstätigkeit, um Objekte vor dem Untergang zu bewahren und museal zu präsentieren. Davon kündet noch heute das im Jahr 1882 von ihm aus Friedlos/Wetter angekaufte und im Universitätsmuseum im Marburger Schloss aufgestellte Renaissance-Positiv.

1 Zu Ludwig Bickell vgl. Gerd Meyer, *Orgelforscher, Sammler, Denkmalpfleger, Fotograf. Ludwig Bickell, dem ersten hessischen Bezirkskonservator zur Erinnerung*, in: *Denkmalpflege in Hessen* 2/1999, S. 2–9. Elmar Brohl und Gerhard Menk (Hg.), *Ludwig Bickell (1838–1901). Ein Denkmalpfleger der ersten Stunde* (= Arbeitshefte des Landesamts für Denkmalpflege Hessen, Bd. 7) Stuttgart 2005, hier insbesondere: Gerhard Aumüller und Eckhard Trinkaus, *Der Orgelforscher*, S. 372–388.

Der Hauptschwerpunkt von Bickells Tätigkeit im Orgelwesen lag – wie in seinem Schaffen insgesamt – im Bereich der Inventarisation. Dies macht auch heute noch den Wert im Umgang mit seinem Erbe aus. Die unzähligen zeichnerischen und fotografischen Aufnahmen von Orgeln sind ein wertvoller Schatz, dokumentieren sie doch auch manchen Kirchenraum und manches Instrument, die es heute nicht mehr gibt.

Der eigentliche Grundstein der Orgeldenkmalpflege als wissenschaftlich-praktische Disziplin wurde im Jahr 1926 auf dem 19. Tag für Denkmalpflege und Heimatschutz in Breslau gelegt.[2] Mit der Orgel als Themenschwerpunkt der Tagung wurde in Grundsatzreferaten der Fokus erstmals über die gestalterische Komponente hinaus auf die Orgel als Musikinstrument gerichtet. Insbesondere Willibald Gurlitt (1880–1963), Professor für Musikwissenschaft in Freiburg, war einer der führenden Köpfe innerhalb der Orgelbewegung und referierte in Breslau über Orgeln als Klangdenkmale.[3]

In Hessen fand die Orgeldenkmalpflege in jener Zeit – eine Generation nach Bickells Tod – noch wenig Widerhall. Friedrich Bleibaum (1885–1974), ab 1926 Konservator für die Provinz Kurhessen und ab 1940 für die Provinz Hessen-Nassau, gestaltete in Zusammenarbeit mit Orgelwerkstätten einige Orgelprospekte, wie z. B. den des im Jahr 1933 errichteten, in Anlehnung an mittelalterliche Schwalbennestorgeln entworfenen in der evangelischen Kirche Dörnberg (Habichtswald).[4] Während des Zweiten Weltkriegs gehörte es zu den Aufgaben Bleibaums, Orgeln nach deren Bedeutung zu klassifizieren, um so eine Bewertung zur Abgabe von Zinnpfeifen herbeizuführen. So konnte er bei vielen Instrumenten verhindern, dass Pfeifen entnommen und zu Kriegszwecken eingeschmolzen wurden. Die entsprechenden Karteikarten befinden sich noch in der Außenstelle Marburg des Landesamts für Denkmalpflege Hessen und sind ein wichtiges Zeitdokument.

Weiterführende Gedanken zur Orgeldenkmalpflege ab den 1950er Jahren wurden ausschließlich außerhalb der staatlichen Denkmalpflege entwickelt. So wurden die „Richtlinien zum Schutz alter wertvoller Orgeln“, die die im Jahr 1951 gegründete Gesellschaft der Orgelfreunde auf ihrer Tagung im Jahr 1957 in Weilheim an der

---

2 *Tag für Denkmalpflege und Heimatschutz Breslau 1926. Tagungsbericht nebst Beiträgen zur Heimat- und Kunstgeschichte Breslaus und des schlesischen Landes*, Berlin 1927.

3 Willibald Gurlitt, *Der musikalische Denkmalwert der alten Musikinstrumente, insbesondere der Orgeln*, in: *Tag für Denkmalpflege und Heimatschutz Breslau 1926*, wie Anm. 2, S. 89–94.

4 Abbildung auf Seite 99.

Teck als „Weilheimer Regulativ" verabschiedete, zur Grundlage für den Umgang mit historischen Orgelwerken in der zweiten Hälfte des 20. Jahrhunderts.[5] Diese Richtlinien waren freilich stark von den Vorstellungen der Orgelbewegung geprägt, gleichwohl aber wertvoll, da auch hier die Orgel als Gesamtkunstwerk gesehen und über die äußere Erscheinung hinaus mit der technischen Anlage und dem Klangapparat besonderer Wert auf das Orgelwerk gelegt wurde.

Wegweisend und präziser waren schließlich die von dem damaligen Orgelsachverständigen der Evangelischen Kirche in Hessen und Nassau, Martin Balz, im Jahr 1976 veröffentlichten „Richtlinien für Arbeiten an Denkmalorgeln".[6] Diese waren als praktische Handreichung für Orgelsachverständige und Orgelbauer zu verstehen, hatten jedoch auch programmatischen Charakter. Sie wurden überregional beachtet und besitzen im Wesentlichen noch heute Gültigkeit.

In Hessen erfuhr die Orgeldenkmalpflege einen neuen Aufschwung durch die Einführung des gemeinsamen Orgelrestaurierungsprogramms des Landesamts für Denkmalpflege und der Sparkassen-Kulturstiftung Hessen-Thüringen. Seit 2001 wurden jährlich zwischen sechs und neun Restaurierungen historischer Orgelwerke gefördert. So konnten bis zum Jahr 2023 172 Projekte fachlich begleitet und finanziell unterstützt werden. Da diese über ganz Hessen verteilt sind, bilden sie einen Querschnitt der Orgelbaugeschichte des Bundeslands. Sie geben einen Überblick über das Wirken lokaler, teilweise über mehrere Generationen tätiger Orgelwerkstätten und verdeutlichen die Einflüsse von Werkstätten aus angrenzenden Regionen.

Kurze Übersicht über die hessische Orgelgeschichte

In Gottsbüren im Norden Hessens war seit dem 18. Jahrhundert die Werkstatt Heeren tätig. Sie wurde um 1780 von Johann Friedrich Euler durch Einheirat übernommen. Über sechs Generationen prägte die Werkstatt Euler von Gottsbüren, später von Hofgeismar aus den nordhessischen Raum. Seit 1995 firmiert die Werkstatt in Trendelburg-Deisel unter dem Namen Krawinkel. In Kassel war seit Mitte des 18. Jahrhunderts die Orgelbauerfamilie Wilhelm tätig. Der Gründer, Georg Peter Wilhelm, wurde 1771 zum Kasseler Hoforgelbauer ernannt. Die weit verzweigte Orgelbauerfamilie

5 Walter Supper (Hg.), *Richtlinien zum Schutze alter wertvoller Orgeln. Weilheimer Regulativ*, Berlin 1958. Das Weilheimer Regulativ wurde im Jahr 1970 überarbeitet: *Richtlinien zum Schutz denkmalwerter Orgeln*, in: *Ars Organi* 18, Berlin 1970, S. 1424–1427.

6 *Richtlinien für Arbeiten an Denkmalorgeln, beschlossen von den Orgelsachverständigen der Evangelischen Kirche in Hessen und Nassau am 25. September 1974*, in: *Ars Organi* 49, Berlin 1976, S. 2094ff..

existierte bis zum Ende des 19. Jahrhunderts. In Osthessen begründete Valentin Möller in Rotenburg/Fulda während des 19. Jahrhunderts über drei Generationen hinweg einen Orgelbaubetrieb. Er übernahm im Jahr 1855 die in Rotenburg bestehende Werkstatt Vogt/Bechstein. Sein Enkel August Möller schuf vornehmlich in der ersten Hälfte des 20. Jahrhunderts eine hohe Anzahl von Um- und Neubauten. Im Jahr 1964 übernahm Dieter Noeske die Werkstatt. Sie firmiert heute unter dem Namen Orgelbauwerkstatt Rotenburg.

Im Nordwesten Hessens war die Orgelwerkstatt Vogt tätig. Der Gründer, Jakob Vogt war Geselle bei der thüringischen Orgelwerkstatt Hesse aus Dachwig und machte sich anlässlich eines Orgelneubaus im Jahr 1845 in Korbach selbständig. Bis in das 20. Jahrhundert hinein prägte die Werkstatt Vogt über drei Generationen hinweg mit ihren Instrumenten das Waldecker Land und die angrenzenden Regionen.

Die Orgelbauerfamilie Oestreich prägte von Oberbimbach und Bachrain aus mit ihren prägnanten, zumeist in die Breite gezogenen Orgelwerken insbesondere das Fuldaer Land. Johann Jost Oestreich begründete Mitte des 18. Jahrhunderts die Orgelbauerdynastie, die bis Ende des 19. Jahrhunderts bestand. Mitglieder der Oestreich-Familie bauten zudem Instrumente im Westfälischen und durch Auswanderung auch in den USA. In Fulda selbst hatte sich Fritz Clewing im Jahr 1889, von Westfalen kommend, niedergelassen, wohin er im Jahr 1906 zurückkehrte. In dieser relativ kurzen Zeit baute Clewing bedeutende Instrumente für das Fuldaer Land. Im Jahr 1928 ließ sich Alban Späth als Leiter der Außenstelle des großen württembergischen Orgelbaubetriebs Späth in Mengen-Ennetach in Fulda nieder. Im Jahr 1957 löste sich die Fuldaer Niederlassung von der Heimatwerkstatt ab und wirkte bis etwa 1970 selbständig.

Im oberhessischen Raum wirkte die Orgelbauerfamilie Bernhard. Johann Georg Bernhard gründete im Jahr 1770 in Romrod die über mehrere Generationen bis zum Anfang des 20. Jahrhunderts tätige Werkstatt, die ab 1861 in der dritten Generation in Gambach weitergeführt wurde. Weiter südlich in der Wetterau, in Nieder-Florstadt war in der Mitte des 18. Jahrhunderts der Schulmeister und Orgelmacher Johann Friedrich Syer tätig, der in die hier und im Raum Main-Kinzig verzweigte Orgelbauerfamilie Zinck eingeheiratet hatte. Sein Geselle, Johann Conrad Bürgy, heiratete dessen Tochter Margarete, siedelte im Jahr 1763 nach (Bad) Homburg über und gründete dort eine eigene Werkstatt. Sie hatte über zwei Generationen hinweg Bestand und baute bedeutende Orgelwerke in der Region. Einer der Söhne, Johann Georg, heiratete im Jahr 1809 die Tochter des Orgelbauers Johann Peter Rühl in Gießen und führte die dortige Werkstatt weiter. Rühl wiederum hatte bereits im Jahr 1789 die Tochter des Orgelbauers Johann Andreas Heinemann geheiratet und dessen Gießener Werkstatt übernommen. Heinemann war zunächst in Laubach und dann in Gießen ansässig und baute ab 1747 einige bedeutende Orgelwerke. Er erhielt im Jahr 1766 das Orgelbauerprivileg für Hessen-Darmstadt. Ein Geselle aus der Werkstatt Bürgy, Daniel Raßmann, ließ sich ab 1818 in Weilmünster nieder und eröffnete dort eine eigene Werkstatt. Im Jahr 1840 verlegte er sie nach Möttau, wo sie von den Söhnen weitergeführt und im Jahr 1896 von August Hardt übernommen wurde. Die Werkstatt Hardt wird heute in der vierten Generation weitergeführt.

Auch im oberhessischen Lich findet sich eine noch bis heute bestehende, für die hessische Orgellandschaft bedeutende Orgeltradition. Schon im späten 16. und frühen 17. Jahrhundert war hier Georg Wagner tätig, dessen erhaltene Instrumente zu den ältesten in Hessen gehören. In der Nachfolge der Gießener Werkstatt von Johann Georg Bürgy gründete Johann Georg Förster im Jahr 1842 in Lich eine eigene Orgelwerkstatt. Karl Nicolaus heiratete im Jahr 1889 in den Betrieb ein, seitdem firmiert die Licher Werkstatt unter dem Namen Förster & Nicolaus. Sie existiert mit Inhabern aus dem eigenen Mitarbeiterstamm noch heute. Eine weitere schaffensreiche Werkstatt war die der Familie Ratzmann in Gelnhausen. Der aus Thüringen stammende Wilhelm August Ratzmann ließ sich im Jahr 1841 in Gelnhausen nieder und gründete dort eine eigene Werkstatt. Über drei Generationen hinweg baute die Werkstatt Ratzmann eine Vielzahl von Instrumenten. Sie wurde im Jahr 1921 von Richard Schmidt übernommen. Heute wird sie von Andreas Schmidt in der dritten Generation weitergeführt.

Für die süd- und mittelhessische Orgellandschaft des 18. Jahrhunderts waren die in Frankfurt ansässigen Werkstätten Wegmann und Köhler von hoher Bedeutung. Johann Conrad Wegmann gründete im Jahr 1732 eine Werkstatt in Frankfurt und erhielt das Privileg für die Grafschaft Katzenelnbogen. Johann Christian Köhler heiratete im Jahr 1739 nach Wegmanns Tod dessen Witwe und übernahm die Wegmannsche Werkstatt. Köhler erhielt zudem die Titel des Hoforgelbauers für Hessen-Darmstadt und Nassau-Usingen. Köhler baute bis 1760 viele bedeutende Instrumente auch über die hessischen Gebiete hinaus. Die Frankfurter Werkstatt wurde danach kurz von Philipp Ernst Wegmann, dann aber unter den Orgelbauern Meynecke bis in das erste Viertel des 19. Jahrhunderts weitergeführt.

Einige Jahrzehnte später erlangte die Orgelbaufamilie Voigt eine hohe Bedeutung. Von Igstadt bei Wiesbaden aus errichtete der ursprünglich aus Sachsen stammende Christian Friedrich Voigt, der zuvor als Geselle in der

Werkstatt Dreymann in Mainz gearbeitet hatte, ab 1835 zahlreiche Orgeln. Er wurde in den über 30 Jahren seiner Tätigkeit zu einem der angesehensten Orgelmacher in Nassau. Die Werkstatt wurde von seinen beiden Söhnen unter dem Namen Gebrüder Voigt bis 1888 weitergeführt. Die dritte und vierte Generation führte die Orgeltradition der Familie Voigt ab 1903 in Unterliederbach bei Frankfurt bis in die 1960er Jahre weiter. Ein weiterer Orgelbauer, der den südhessischen Raum mit seinen Instrumenten prägte, war Georg Christian Rothermel. Rothermel arbeitete bei Gottlieb Dietz in Zwingenberg und übernahm mit der Heirat der Tochter im Jahr 1842 die Werkstatt. Im Jahr 1866 erwarb er den Titel des Darmstädter Hoforgelbauers. Sein Sohn Gottlieb führte die Werkstatt bis in das erste Viertel des 20. Jahrhunderts weiter.

Auch die Orgelbauerfamilie Dauphin soll hier Erwähnung finden. Johann Christian Dauphin, der in der bedeutenden Werkstatt Wender in Mühlhausen/Thüringen lernte, ließ sich im Jahr 1710 in Kleinheubach nieder und betreute seitdem die Orgelwerke in der Grafschaft Erbach. Die Kleinheubach Werkstatt bestand über drei Generationen und baute im 18. Jahrhundert im Darmstädter Land und im Odenwald qualitätvolle Orgelwerke. Der Name Dauphin taucht jedoch auch in Osthessen auf. Der Bruder von Johann Christian, Johann Eberhard Dauphin ließ sich um 1710 in Iba bei Bebra nieder und schuf in seinem Umfeld in der ersten Hälfte des 18. Jahrhunderts ebenfalls einige Orgelwerke.

Durch die zentrale Lage Hessens lässt sich auch der Einfluss der Nachbarregionen gut darstellen. Über den Zuzug einzelner Orgelbauer hinaus, wie oben an den Beispielen Ratzmann oder Voigt aufgezeigt, wird in den verschiedenen hessischen Regionen auch der Austausch und das Wirken von Werkstätten aus benachbarten Gebieten deutlich: So macht sich der mainfränkische Einfluss beispielsweise durch Instrumente der Werkstatt Schlimbach aus Würzburg bemerkbar, im Südwesten und Westen Hessens finden sich Orgeln der Werkstätten Dreymann aus Mainz, Schöler aus (Bad) Ems sowie Stumm aus Rhaunen-Sulzbach. Insbesondere in Osthessen wirkten auch Orgelwerkstätten aus Thüringen, so Hilpert aus Floh bei Schmalkalden, Knauf aus Gotha oder Eifert aus Stadtilm. Im Zuge der Industrialisierung komplettieren die großen und renommierten Orgelfirmen Walcker aus Ludwigsburg, Weigle aus Echterdingen bei Stuttgart, Klais in Bonn, Steinmeyer in Oettingen, Voit in Durlach und die in Frankfurt (Oder) ansässige Orgelfirma Sauer im ausgehenden 19. und dann im 20. Jahrhundert den Strauß der in Hessen tätigen Orgelwerkstätten.

Diese kurze Darstellung der Orgelgeschichte Hessens kann nur eine unvollständige Auswahl einiger wichtiger Orgelwerkstätten aufzählen. Viele andere Namen kleiner, lokal ansässiger Werkstätten müssten ebenfalls genannt werden. Eine Gesamtdarstellung der hessischen Orgelbaugeschichte, die den Beitrag des Orgelbaus zur Kulturgeschichte des Landes beschreibt und würdigt, liegt bis heute nicht vor und wäre sehr wünschenswert.[7]

Innerhalb des großen Umfangs von Instrumenten aus den vergangenen Jahrhunderten gilt es für die Denkmalpflege insbesondere auch jüngere, bedeutende Orgeln aus den 1960er und 1970er Jahren in den Blick zu nehmen, die zum Teil noch neobarock orientiert sind, aber auch bereits darüber hinausweisen. Hierfür stehen im Förderprogramm exemplarisch die Bosch-Orgel der Albert-Schweitzer-Schule in Kassel aus dem Jahr 1954, die als Installation innerhalb eines Gesamtkunstwerks mit Bildprogrammatik in die Wand der Aula integriert ist,[8] sowie die im Jahr 1964 ursprünglich für die Kasseler Martinskirche gebaute Orgel derselben Werkstatt, die im Jahr 2015 in die katholische Kirche St. Elisabeth in Kassel übertragen wurde.[9] Etwas jünger ist noch das programmatische Instrument in der Kirche Cantate Domino in Frankfurt aus der Werkstatt Ahrend & Brunzema aus Leer von 1970. Aber auch die im Jahr 1972 von Gerald Woehl gebaute Orgel in Bottendorf bei Frankenberg (Eder) war für ihre Zeit wegweisend.

Instrumente der oben genannten und ungenannten Orgelwerkstätten finden sich in dem Katalog, der den Kern dieser Publikation bildet. So gibt diese Schrift mit der Beschreibung einzelner Instrumente einen Überblick über die hessische Orgellandschaft, der jedoch keinen Anspruch auf Vollständigkeit erhebt. Immer wieder werden meist im ländlichen Raum noch unbekannte, oft vergessene Orgelschätze entdeckt. Hinsichtlich der Erbauungszeit ergibt sich für die historische Orgellandschaft in Hessen ein deutlicher Schwerpunkt von Instrumenten des ausgehenden 19. und beginnenden 20. Jahrhunderts. Dies hängt sicher nicht allein mit der Entstehung der großen, überregional tätigen Orgelfirmen zusammen. Es ist auffallend, dass gerade die lokal ansässigen Werkstätten in jener Zeitspanne eine hohe Produktionstätigkeit aufweisen und damit das kirchenmusikalische Umfeld nachhaltig mit ihren Instrumenten prägen.

7 Cf. Krystian Skoczowski, *Zum Stand der Erforschung der Orgellandschaft Hessen*, siehe S. 9.

8 Siehe Seite 185.

9 Siehe Seite 187.

Der Umstand, dass in das gemeinsame Restaurierungsprogramm in geringerem Umfang Maßnahmen an Instrumenten des 17. und 18. Jahrhunderts Eingang fanden, bedeutet nicht unmittelbar, dass Orgeln aus diesem Zeitraum in nur geringer Anzahl erhalten sind. Viele von diesen Instrumenten waren jedoch bereits in den letzten Jahrzehnten durchgreifend restauriert worden, so dass heute keine Notwendigkeit für eine umfassende Überarbeitung mehr besteht. Mitunter steht hier in Einzelfällen bereits eine Restaurierung der Restaurierung an. Die geringere Anzahl der Restaurierungen von Orgelwerken aus der zweiten Hälfte des 20. Jahrhunderts hängt wiederum damit zusammen, dass diese bisher – oft zu unrecht – kaum im Fokus der Erhaltungswürdigkeit standen.

Besonderes Augenmerk verdienen diejenigen Instrumente, die sich außerhalb von Kirchenräumen befinden. So konnten über das gemeinsame Restaurierungsprogramm beispielsweise die Restaurierung von fünf Orgeln in Schulen angeschoben und gefördert werden. Hier ist besonders die bereits oben erwähnte Orgel der Albert-Schweitzer-Schule in Kassel zu nennen mit ihrer künstlerischen Integration in eine bemalte Wand. Andere Instrumente, wie beispielsweise die Orgel der Elly-Heuss-Schule in Wiesbaden[10] oder diejenige der Winfriedschule in Fulda[11] verzichten ganz auf einen Prospekt.

Um der besonderen Eigenschaft der historischen Orgelwerke als Klangdenkmale Rechnung zu tragen und diese zu dokumentieren, wurden drei CDs an Orgeln eingespielt, die im Rahmen des gemeinsamen Programms gefördert worden waren. So dokumentieren die Tonträger jeweils Instrumente der Werkstätten Ratzmann aus Gelnhausen und Euler aus Gottsbüren. Die dritte CD vereint eine Auswahl von restaurierten Orgelwerken der Epoche des Barock. Präsentiert werden die Instrumente mit zeittypischen, ihrem zumeist ländlichen Rahmen entsprechenden Musikstücken.

Gerade der klangliche Bereich ist ein Aspekt, welcher die Orgeldenkmalpflege grundsätzlich von der Restaurierung von Gebäuden oder anderen Gegenständen in der Bau- und Kunstdenkmalpflege unterscheidet: Ist die Erhaltung und Restaurierung einer Orgel in den Bereichen Gehäuse und Technik in den materiellen Gegebenheiten unter der Berücksichtigung der denkmalfachlichen Standards

10 Siehe Seite 345.

11 Siehe Seite 149.

zumeist klar und praktisch handhabbar, so berührt der klangliche, musikalische Bestandteil, das Pfeifenwerk, darüber hinaus noch einen anderen Gesichtspunkt, nämlich das Wesen der Orgel als Musikinstrument.

Musikinstrumente sind temporäre Tonträger, denn sie erklingen nur innerhalb einer bestimmten Zeit, während ihrer Bedienung durch einen Spieler oder Interpreten. Damit sind sie in der Regel einem steten Wechsel von Erklingen und Nicht-Erklingen unterworfen. Diese Eigenschaft unterscheidet Musik grundsätzlich von der dauerhaft erlebbaren Architektur. Diese ist gestalteter, in materialer Konkretion erfahrbarer Raum. Daraus ergibt sich eine für die Orgeldenkmalpflege spezifische und komplexe Fragestellung: Wie lässt sich der immaterielle Wert von Tönen und Klängen dauerhaft und möglichst objektiv konservieren? Wir kennen zwar die grundsätzlichen Parameter der Klangvorstellungen früherer Epochen, eine zeitgenössische Interpretation kann sich diesen jedoch immer nur annähern.

Waren in den vergangenen Jahrzehnten insbesondere Restaurierungen von Orgeln des 19. Jahrhunderts im Fokus, so ist dies auch im Zusammenhang mit der Aufführung romantischer Orgelmusik zu sehen. In der Konzeption der Restaurierungen wurde dabei zunächst Wert auf die Erhaltung des Pfeifenwerks dieser Epoche gelegt. Später erkannte man auch die Bedeutung der dazu gehörigen Registerkanzellenladen und schließlich der pneumatischen Traktursysteme. Heute hat sich in der Restaurierungspraxis die Erkenntnis durchgesetzt, dass sich das Klangergebnis aus dem Zusammenwirken von allen spieltechnischen, winderzeugenden und klangbildenden Bestandteilen ergibt. Aufgrund dieser Einsicht werden daher heute vermehrt auch verloren gegangene Spielsysteme rekonstruiert, um ein möglichst authentisches Klangbild zu erhalten.

Während die Erhaltung romantisch geprägter Orgeln inzwischen gut begründet und vermittelt werden kann, stehen vielerorts die jüngeren Instrumente der Nachkriegs- und Wirtschaftswunderzeit zur Disposition. Es sind heute die Orgelwerke der 50er und 60er Jahre des 20. Jahrhunderts mit ihrer neobarocken Klanggestalt, häufig mit damals modernen Materialien wie Kunststoffen, Aluminium und anderen Metallen gebaut, die in Musikerkreisen (noch) wenig geschätzt und deshalb oftmals verändert oder gänzlich ausgetauscht werden. Dadurch liegt heute der Schwerpunkt der Orgeldenkmalpflege gerade in der Vermittlung der Wertigkeit jener Instrumente, um so zu Ihrer Erhaltung beizutragen, denn sie sind gleichermaßen Zeugnisse der Orgelbaukunst ihrer Zeit.

Leider werden diese Instrumente auch heute noch allzu oft mit dem Verweis auf schwierige klangliche Gegebenheiten, mangelnde Reparaturfähigkeit oder minderwertige Materialien aufgegeben. Langsam wächst aber auch in den jüngeren Organistengenerationen ein Bewusstsein für die neobarocken Orgeln. Wieder ist es zuerst die Literatur jener Zeit, die nun interessant wird und in den Blickpunkt rückt. Um die Musik adäquat aufführen zu können, werden in der Folge gut erhaltene, zeittypische Instrumente gesucht. Es wird noch einige Jahre dauern, bis sich dieser Trend auf breiter Basis durchsetzt und neobarock geprägte Orgeln in dem Maße anerkannt sein werden wie heute die historischen romantischen Orgeln. Deshalb ist es umso erfreulicher, dass über das gemeinsame Orgelrestaurierungsprogramm auch Maßnahmen an einigen Orgeln aus der Zeit des Wirtschaftswunders gefördert werden konnten. Neben den oben genannten Orgeln in Kassel ist hier auch die herausragende Link/Bornefeld-Orgel der evangelischen Markuskirche in Offenbach von 1962 zu nennen.[12]

Wie in allen Gebieten der Bau- und Kunstdenkmalpflege gehört auch zur Erhaltung historischer Orgeln das Wissen um die Konservierung und Restaurierung der verschiedenen Konstruktionsformen und Materialien. Waren es bei der Restaurierung von romantischen Orgeln die Erkenntnisse über Funktionsweise und Technik der Kegel-, Taschen- oder Membranladen, so sind es nun bei den neobarocken Instrumenten der Umgang mit Seilzugtrakturen, Aluminium- und Kunststoffbauteilen sowie die Wertigkeit von Zink- und Kupferpfeifen im Kontext der Gesamtästhetik, die neu vermittelt und zugänglich gemacht werden müssen. Vielerorts wird die Verwendung von spitzengelagerten Winkeln und Wellen (sog. „Wiener Kapseln"), von Pertinaxschleifen oder Aluminiumventilen erst einmal als minderwertig angesehen. Dabei haben die so ausgestatteten Instrumente mancherorts schon über 70 Jahre ihren Dienst getan, und mögliche Unzulänglichkeiten sind vielmehr auf eine mangelnde Wartung oder eine fehlende Reinigung zurückzuführen.

Hier gilt es für die Zukunft, Aufklärungsarbeit zu betreiben und Methoden zu erarbeiten, wie unter restauratorischen Gesichtspunkten historische elektrische Trakturen dauerhaft erhalten und für die Zukunft gesichert werden können. Es wäre zu wünschen, dass aus der Erkenntnis der Rückschau frühzeitig ein Bewusstsein hierfür erwächst und die Fehler der Vergangenheit im Umgang mit historischen Orgelwerken vermieden werden können. Eine weitere Anforderung für die kommende Generation in der Orgeldenkmalpflege wird schließlich sein, sich mit

12 Siehe Seite 241.

der Erhaltung der symphonisch orientierten Orgeln auseinanderzusetzen, die bereits ab der Mitte der 70er, insbesondere aber in den 80er Jahren des vergangenen Jahrhunderts die neobarocken Instrumente ablösten.

Das erste Primat der Denkmalpflege ist die Erhaltung historischer Substanz. Dieses Grundprinzip, das bereits im Jahr 1964 in der Charta von Venedig fixiert wurde, hat bis heute Gültigkeit, sei es bei einem Gebäude, einem Kunstwerk oder eben bei einer Orgel. Hier betrifft dieses Prinzip sowohl das Gehäuse als auch die Technik und den Klangkörper. Gerade hinsichtlich des Klangs ist dies jedoch komplex: Wie kann der ursprüngliche Klang als ephemere, zeitgebundene Eigenschaft eines Musikinstruments konserviert oder wiederhergestellt werden? Die heute zur Verfügung stehenden Methoden zum Erkennen der Klangeigenschaften einer einzelnen Pfeife, eines Registers und in Summe des gesamten Pfeifenwerks machen zumindest eine Annäherung möglich. Substanzerhaltung ist für Materialien des traditionellen Orgelbaus wie Holz oder Leder einfacher zu vermitteln als bei moderneren Materialien wie Kunststoffen, Aluminium oder gar elektrischen Komponenten. Dazu ist es notwendig, im Dialog mit Orgelsachverständigen und Orgelwerkstätten Methoden zur Erhaltung der jeweils spezifischen Substanz zu erarbeiten und in diesem Sinne die Geschichte der Orgeldenkmalpflege fortzuschreiben. Letztendlich geht es darum, die Vielfalt der verschiedenen, für die jeweilige Epoche typischen und stilprägenden Instrumente für die Zukunft zu bewahren, damit sie der Nachwelt erhalten bleiben und auch nachfolgende Generationen die Möglichkeit haben, an ihnen zeittypische Bauweisen und Klangeigenschaften zu erfahren. Diese Vielfalt wird bereits anhand der vorliegenden Zusammenschau deutlich, obwohl sie nur eine vergleichsweise kleine Auswahl von Instrumenten der reichen Orgellandschaft in Hessen darstellt. Es bleibt zu wünschen, dass das gemeinsame Förderprogramm auch künftig Restaurierungen historischer Orgeln unterstützen kann, um so zur Erhaltung und Pflege dieses wichtigen Kulturguts beizutragen.

Orgeldenkmalpflege im Bistum Fulda

VON MARTIN MATL

Bei der Betrachtung der Orgel als denkmalpflegerisches Objekt bedarf es eines Blickes auf ihre besondere Eigenschaft als Denkmal zwischen der Welt des materiell Greifbaren und des immateriell Klanglichen. Als Musikinstrument wirkt die Orgel im Ungegenständlichen, und so sind Orgelbau und Orgelmusik seit dem Jahr 2017 als immaterielles Kulturerbe der Menschheit von der UNESCO eingetragen und anerkannt. Jede Orgel ist im denkmalpflegerischen Bereich somit aus mindestens drei Blickwinkeln zu betrachten: als Klangdenkmal und Musikinstrument, als Orgelwerk und technisches Denkmal mitsamt seiner diffizilen Apparatur mechanischer und elektrischer Bauteile sowie schließlich als Teil eines Baudenkmals mit seiner visuellen Bedeutung im Kirchenraum.[1]

Um dieser Komplexität gerecht zu werden, werden Bau- und Restaurierungsmaßnahmen an Orgeldenkmalen im Bistum Fulda baufachlich von der Abteilung Bauwesen und Immobilien sowie orgelspezifisch von der Fachstelle Glocken und Orgeln im Generalvikariat begleitet. Sowohl im Kontext größerer Gesamtsanierungen wie auch im speziellen Orgelprojekt werden die bautechnischen und vermögensrechtlichen Genehmigungsverfahren entsprechend der Bauordnung und des Kirchenvermögensverwaltungsgesetzes von der Abteilung für Bauwesen und Immobilien durchgeführt. Die fachliche Bewertung und Entscheidungsfindung von Restaurierungsmaßnahmen am Orgelgehäuse werden vom Regionalbetreuer der Bauabteilung koordiniert und mit dem Diözesankonservator abgestimmt. Die orgeltechnischen und klanglichen Aspekte werden vom Orgelsachverständigen des Bistums und seiner Fachstelle bearbeitet. Insbesondere bei der Koordination von Konzepterstellung und Maßnahmendurchführung werden auch die Regionalkantoren einbezogen, die mit den örtlichen Kontexten und den jeweiligen Orgeln vertraut sind.

---

1 Cf. Michael Christian Müller / Forum zur Bewahrung und Entwicklung des Orgelkulturerbes e. V., *Inventarisatorische und konservatorische Grundlagen der Orgeldenkmalpflege*, in: *Inventarisation und Pflege des kirchlichen Kunstgutes. Verlautbarungen und Dokumente*, hg. vom Sekretariat der Deutschen Bischofskonferenz (Arbeitshilfen; 228), Bonn 2008, S. 95–101.

Zu den Aufgaben des Orgelsachverständigen gehören insbesondere die Beurteilung von Orgeln hinsichtlich des künstlerischen, technischen und historischen Wertes und Zustands, die Bewertung der klimatischen und konservatorischen Raumsituationen von Orgeln, die fachliche Prüfung und Bewertung von Gutachten, Konzepten und Angeboten für die Bestandsaufnahme, Reparatur, Wartung, Restaurierung und Neubau von Orgeln oder Orgelteilen. Zu seinen Aufgaben gehören ferner – wie auch bei Neuanschaffungen – die Vorbereitung von Ausschreibungstexten für Schutz-, Reparatur- und Restaurierungsmaßnahmen sowie schließlich auch die Erstellung von Denkmalpflegeberichten für Orgelprojekte. Die Maßnahmen- und Fördergeldkoordinierung bei Denkmalorgeln mit den Orgelsachverständigen der Landesämter für Denkmalpflege in Hessen und Thüringen ist eine bedeutende steuernde sowie fördernde Leistung, wie auch die Pflege der Internetseite zur Orgellandschaft des Bistums[2] und die Öffentlichkeitsarbeit.

Der Blick auf die genannten Denkmalpflegeberichte lässt die Kontinuität, die regionale und inhaltliche Bandbreite der restauratorischen Maßnahmen an den Orgeldenkmalen im Bistum nachvollziehen. Mit der Entwicklung der Denkmalpflege und der Dokumentationspraxis ist in den letzten Jahrzehnten auch die historische Überschau möglich geworden. Zuvor ermöglichten dies nur das Aktenstudium und regional begrenzte Publikationen, wie etwa Gottfried Rehms Standardwerke zu den Orgeln im Fuldaer Umkreis.[3]

Seit dem Jahr 1989 veröffentlicht das Bistum Fulda seine denkmalpflegerischen Bau- und Restaurierungsmaßnahmen im Archiv für mittelrheinische Kirchengeschichte, rückwirkend ist ein Großteil dieser Berichte mittlerweile auch digital zugänglich.[4] Über den gesamten Zeitraum von gut 35 Jahren sind es etwa 50 Orgel(teil)projekte, die bedeutend genug waren, um in die Reihe aufgenommen zu werden.

Folgende Schwerpunkte, Herausforderungen und Entwicklungen bilden sich ab: Von besonderer Bedeutung sind die Pflege und Bearbeitung der besonders reichen Orgel- und Denkmalbestände wie etwa des Fuldaer und des Amöneburger Landes. Hinzu kommen die Maßnahmen an den Orgeln der Dome von

---

2 www.bistum-fulda.de/bistum_fulda/kunst_musik/musik/orgelmusik/
Hier werden exemplarisch einzelne Instrumente und deren Geschichte vorgestellt.

3 Gottfried Rehm, *Die Orgeln der Stadt Fulda*, Wolfenbüttel 1970; ders., *Die Orgeln des Kreises Fulda*, Berlin 1978.

4 www.bistum-fulda.de/bistum_fulda/kunst_musik/kunst/denkmalpflege/denkmalpflegeberichte.php

Fulda und Fritzlar. Mit der Epochenwende der Jahre 1989/90 kam die reichhaltige Denkmallandschaft des Geisaer Landes mit ihrer vierzigjährigen DDR-Geschichte hinzu, da dieser historisch zum Hochstift Fulda gehörende Teil Thüringens nach der Neugründung des Bistums Erfurt im Jahr 1994 beim Bistum Fulda blieb. Die Sanierung der dortigen Kirchen und der Orgeln bedurfte jahrelanger besonderer Anstrengungen. Eine Aufgabe mit allmählich größer werdender Bedeutung sind die Denkmäler der Moderne und der Nachkriegszeit.

Eine umfassende kritische Zusammenschau der geleisteten Arbeit von vielen Beteiligten steht aus. Die derzeitige Kirchenentwicklung lässt nicht erwarten, dass die Kontinuität der letzten Jahrzehnte in Zukunft linear fortgeführt werden kann. Neben der Profanierung, Aufgabe und Umnutzung von Kirchengebäuden ist es auch die immer weiter sich öffnende Schere zwischen wirtschaftlich stärkeren und schwächeren Kirchengemeinden, die vielerorts die Frage nach der Zukunft des einzelnen Instruments stellt. Das Bistum fördert lediglich denkmalpflegerische Maßnahmenteile, dies aber unter den Rahmenbedingungen schwindender Einnahmen und Kirchenmitgliederzahlen mit sich verringernden Haushaltsbudgets und der Erwartung einer deutlichen Reduzierung des Gebäudebestands. Die Verknüpfung der weiteren Entwicklung nicht nur zwischen orgelfachlicher und bautechnisch-konservatorischer Expertise, sondern auch mit den Perspektiven und Strategien im pastoralen Bereich, vertreten durch den Fachbereich Pastoral Bildung Kultur, ist vor diesem Hintergrund umso wichtiger. Auch die Bedeutung der Zusammenarbeit und der Verknüpfung mit der orgelspezifischen Expertise der Landesämter für Denkmalpflege wächst vor diesem Hintergrund.

Überall da, wo mit denkmalpflegerischem Sachverstand in der Vergangenheit nachhaltige Restaurierungen durchgeführt wurden, können die schwierigen bevorstehenden Jahre besser gemeistert werden als dort, wo Vernachlässigung oder nur kurzfristig haltbare Materialien und Techniken nun ihren Tribut fordern. Darüber hinaus zeigen einzelne Projekte, dass im musikalischen und künstlerischen Bereich die Spendenbereitschaft – gegenläufig zum allgemeinen Trend – nach wie vor vieles ermöglichen kann.

Sowenig sich der luftige Klang der Orgel von der Materialität des Instruments abkoppeln lässt, sowenig ist die zukünftige Entwicklung der Vielfalt und Qualität der Orgellandschaft unabhängig von der allgemeinen gesellschaftlichen und wirtschaftlichen Entwicklung im Bistum. Gerade die Orgeldenkmäler haben aber ihren langen Atem in der Geschichte bereits vielfach bewiesen.

Orgelbau und Orgeldenkmalpflege im Bistum Limburg

VON ACHIM SEIP UND HANS-OTTO JAKOB (†)

Das Bistum Limburg liegt in den Bundesländern Hessen und Rheinland-Pfalz. Es wurde im Jahr 1827 als Landesbistum für das Herzogtum Nassau und die Freie Stadt Frankfurt gegründet. Im Jahr 1884 kamen die Grafschaft Hessen-Homburg und der Kreis Biedenkopf hinzu. Im Jahr 1930 wurde das Gebiet des Bistums um vier weitere Frankfurter Pfarreien und im Jahr 1933 um den Kreis Wetzlar erweitert.

Auf dem heutigen Bistumsgebiet waren im 17., 18. und 19. Jahrhundert bedeutende Orgelbauerfamilien ansässig, wie z. B. Kirchner in Kiedrich, Schöler in (Bad) Ems, Embach in Rauenthal (Rheingau), Raßmann in Möttau, Voigt in Igstadt sowie Keller und Horn in Limburg.[1] Aus der Werkstatt Raßmann ging die Orgelbaufirma Hardt hervor, die Nachfolge von Horn trat die Firma Wagenbach an. An auswärtigen Orgelbauern sind vom 18. bis zum 20. Jahrhundert die Werkstätten Dahm und Dreymann in Mainz, Klais in Bonn, Schlimbach in Würzburg, Stumm in Rhaunen-Sulzbach und Walcker in Ludwigsburg zu nennen. Nach ihrer Gründung im Jahr 1970 unterhielt die in Endingen (Kaiserstuhl) ansässige Orgelbaufirma Fischer + Krämer zeitweise eine Filiale in der Nähe von Hadamar.

Noch vor Gründung des Amtes für Kirchenmusik des Bistums Limburg im Jahr 1966 wurden mit dem Erscheinen der ersten Bischöflichen Richtlinien im Jahr 1961 Zuschüsse zum Orgelbau gewährt mit der Maßgabe, die Qualität im Orgelbau zu heben.[2] Zur fachlichen Begleitung von Orgelprojekten wurde ein Rat von Kirchenmusikern vom Bischöflichen Ordinariat beauftragt und später durch die Schaffung des Ressorts Orgelbau mit Rosalinde Krams als Fachreferentin dauerhaft installiert. Im Zuge der Neuorganisation des Amtes im Jahr 1973 als Referat Kirchenmusik und der Übertragung aller kirchenmusikalischen Aufgaben im Bistum

1 Franz Bösken, *Quellen und Forschungen zur Orgelgeschichte des Mittelrheins*, Band 2, Mainz 1975.

2 Hans-Otto Jakob, *Orgelbau im Bistum Limburg*, in: *25 Jahre Referat Kirchenmusik im Bistum Limburg 1966–1991*, hg. vom Referat Kirchenmusik im Bistum Limburg, 1991, S. 52–53. Dort auch die folgenden Angaben bis zum Jahr 1982.

wurde eine Orgelbaukommission unter der Leitung von Eugen Großmann ins Leben gerufen. Wegen der umfangreichen Orgelbautätigkeit dieser Jahre, die mit einer wahren Flut von Anträgen auf Orgelneubauten, Umbauten, Restaurierungen und Reparaturen einherging, wurde eine Aufstockung der Fachkommission auf sieben Mitglieder erforderlich, von denen drei die Funktion als amtliche Orgelsachverständige des Bischöflichen Ordinariats ausübten.

Unter maßgeblicher Beteiligung von Richard Giez, der seit 1981 die Fachkommission Orgelbau leitete, wurde im Jahr 1982 die Richtlinie zur Neuanschaffung, Restaurierung und Reparatur von Pfeifenorgeln VIII A 1 grundlegend überarbeitet. Wichtige Positionen bezüglich des Verfahrensweges bei Orgelmaßnahmen wurden in Absprache mit der Rechtsabteilung des Bistums neu definiert bzw. zusätzlich aufgenommen und dadurch dem Wandel und den veränderten Anforderungen im Orgelbau angepasst. Diese Richtlinie, die eine ältere von 1975 ablöste, hatte sich mit ihrer ebenso knappen wie präzisen Form als ausgezeichneter Verfahrenswegweiser für die Gemeinden bewährt und ist bis heute in Kraft.

Ein Großteil der Orgelneubauten von der Nachkriegszeit bis in die 1980er-Jahre ist deutlich vom neobarocken Orgelstil gekennzeichnet. Die in der Zeit danach bis heute gebauten Orgeln integrieren auch Spezifika des romantischen Orgelbaus deutscher, französischer und englischer Prägung. Die Palette der Orgelwerke im Bistum Limburg reicht von großen sinfonischen Instrumenten bis hin zu kleinen Orgelwerken mit wenigen Stimmen auf einem Manual. Die große Zahl neu gebauter, restaurierter oder instandgesetzter Orgeln zeigt den hohen Stellenwert des Orgelwesens im Bistum Limburg sowie die hohe Wertschätzung an, die der Kirchenmusik in der Diözese entgegengebracht wird.

Seit 2019 können Kirchengemeinden wieder Zuschüsse für Orgelbaumaßnahmen erhalten. Reparaturen und Neubauten werden mit 20 % der veranschlagten Brutto-Kosten bezuschusst, die Beseitigung von Schimmel und die Sanierung von alten Elektroanlagen in Orgeln mit bis zu 90 %. Die Höchstförderung seitens des Bistums beträgt bei allen Orgelbaumaßnahmen 20.000 €. Bei dem Budget für Orgeln handelt es sich um Sondermittel aus einer Baustiftung, die durch die Finanzabteilung jährlich neu bewilligt werden müssen. Bisher wurde das vorhandene jährliche Budget fast vollständig ausgeschöpft. In einigen Fällen hat die Bezuschussung die Anschaffung einer Digitalorgel verhindern können.

Die Beratung durch einen Orgelsachverständigen ist für die Pfarreien im Bistum Limburg verbindlich, aber kostenlos. Der Orgelsachverständige erhält in der Regel eine schriftliche oder telefonische Anfrage von den Kirchengemeinden und vereinbart danach einen Ortstermin. Gemäß der Bauordnung des Bistums Limburg müssen ab einem Kostenvolumen von 15.000 € drei Angebote eingeholt werden. Grundsätzlich soll aber der Erbauerfirma oder dem Orgelbauer, der eine Orgel über einen längeren Zeitraum gewartet hat, der Vorzug gegeben werden. Ein Beschluss des Verwaltungsrats ist immer erforderlich. Das Einholen von Angeboten erfolgt in Form einer Freihändigen Vergabe, sofern zur Finanzierung einer Orgelbaumaßnahme keine öffentlichen Gelder beantragt werden. In diesem Fall sind die Regelungen der Länder Hessen und Rheinland-Pfalz oder die des Bundes zu beachten. Orgelbau- und Orgelpflegeverträge müssen vom Bischöflichen Ordinariat gemäß Kirchenvermögenverwaltungsgesetz genehmigt werden.

Der Schwerpunkt des Orgelbaus lag zwischen 1948 und ca. 1991 auf dem Orgelneubau. Es gab jedoch auch in diesem Zeitraum bereits einige Restaurierungen, die richtungsweisend waren und größtenteils noch heute ihre Gültigkeit bewahrt haben, wie z. B. die Restaurierungen der Raßmann-Orgel von 1870 in der Kirche St. Laurentius in Nentershausen und die Köhler-Orgel von 1754 in der Kirche St. Nikolaus in Haintchen (Selters). Diese beiden Restaurierungen wurden im Jahr 1970 von der Bonner Werkstatt Klais durchgeführt.

Von überregionaler Bedeutung war die im Jahr 1987 abgeschlossene Restaurierung der Orgel in der Kirche St. Valentin in Kiedrich, deren ältester Pfeifenbestand auf die Jahre 1500 bis 1520 zurückgeht. Den Auftrag hatte die Firma Kuhn aus Männedorf (Schweiz) erhalten. Das Instrument eignet sich hervorragend für die Darstellung der Orgelmusik aus Mittelalter, Renaissance und Frühbarock. Im gleichen Jahr konnte die Restaurierung der Stumm-Orgel von 1842 in der Kirche Heilig Kreuz in Geisenheim (Rheingau) vollendet werden, ausgeführt von der Werkstatt Klais.

Seit dem Jahr 2000 ist ein Rückgang von Orgelneubauten zu verzeichnen. Dieser Trend hat sich in den vergangenen zehn Jahren verstärkt. Stattdessen nehmen die Bedeutung von Reparaturen, d. h. von Erhaltungsmaßnahmen an den bestehenden Orgeln, sowie der Kauf von Gebrauchtorgeln anstelle von Neubauten zu. Restaurierungen von historischen Orgeln finden weiterhin statt, wobei Orgeln aus dem frühen 20. Jahrhundert und aus der Zeit nach dem Zweiten Weltkrieg zunehmend an Bedeutung gewinnen.

Für die Stadt Frankfurt sind etwa die Orgeln in der Allerheiligenkirche (Euler 1953), St. Albert (Klais 1953), St. Gallus (Walcker 1948) und St. Dionysius (Klais 1937) zu nennen, deren Restaurierungen in den Jahren 2011, 2014 und 2016 von den Werkstätten Fasen, Krawinkel und Klais durchgeführt wurden. Stellvertretend für den Westerwald ist die Restaurierung der Klais-Orgel (1933) in der Kirche St. Katharina in Waldernbach zu erwähnen, die 2012 von der Werkstatt Hardt ausgeführt wurde. Die im Jahr 2022 abgeschlossene Restaurierung der Schlimbach-Orgel (1880) in der Kirche Heilig Kreuz in Assmannshausen (Rheingau) durch die Werkstatt Vleugels ist das jüngste Beispiel.

Der mittlerweile fast vollendete Pfarreiwerdungsprozess im Bistum Limburg hatte nur in seltenen Fällen die Aufgabe eines kirchlichen Gebäudes und der dort vorhandenen Orgel zur Folge. Beispielsweise wurde im Jahr 2015 das Gemeindezentrum St. Franziskus in Bad Homburg-Kirdorf geschlossen. Die im Jahr 1987 für diesen Kirchort neu gebaute Orgel der Firma Mayer aus Heusweiler wurde bereits im Jahr 2014 zum Verkauf angeboten und konnte noch im gleichen Jahr durch die Erbauerfirma in der Kirche St. Sebastian in Oberursel-Stierstadt unverändert wieder aufgebaut werden, wo bis dahin nur eine elektronische Orgel genutzt wurde. Die im Jahr 1988 von der Firma Mayer in der inzwischen profanierten Kirche St. Raphael in Frankfurt erbaute Orgel befindet sich seit Ende 2020 als Chororgel in der Frankfurter Frauenfriedenskirche. Die Übertragung und den Wiederaufbau führte die Erbauerfirma durch.

Vor dem Hintergrund der steigenden Kirchenaustritte und der rückläufigen Kirchensteuereinnahmen werden die finanziellen Spielräume für die Pfarreien immer enger. Ob die vorhandene Zahl an kirchlichen Gebäuden erhalten bleibt, ist ungewiss. Folglich werden auch in der Zukunft Orgelneubauten eine große Ausnahme bleiben. Im Gegenzug wird der Erhalt der bestehenden Orgeln an Bedeutung weiter zunehmen.

Orgelbau und Orgeldenkmalpflege im Bistum Mainz

VON ACHIM SEIP

Im 18. Jahrhundert entwickelte sich die Stadt Mainz zu einem Zentrum der Orgelbaukunst im mittelrheinischen Raum.[1] Unter dem kunstsinnigen Kurfürsten Lothar Franz von Schönborn ließen sich die aus Würzburg stammenden Orgelbauer Johann Jakob Dahm und Johann Anton Ignaz Will in Mainz nieder und führten als domkapitelsche Orgelmacher die mainfränkische Orgelbautradition fort, was z. B. an der Prospektgestaltung ihrer erhaltenen Werke zu erkennen ist. Die Orgelbauer Johannes und Johannes Christoph Kohlhaas übernahmen als Nachfolger von Dahm und Will diesen Stil; von dem letzten Vertreter dieser Orgelbauerfamilie, Heinrich Conrad Kohlhaas, sind hingegen nur Reparaturen nachweisbar. Als bürgerliche Orgelbauer waren in Mainz zur gleichen Zeit Johann Onimus und sein Neffe, Joseph Anton Onimus, tätig.

Das Orgelsachverständigenwesen entwickelte sich erst nach der Neugründung des Bistums Mainz im Jahr 1821. Als staatlicher Orgelsachverständiger im Auftrag des Großherzogs von Hessen-Darmstadt, Ludwigs II. von Hessen und bei Rhein (1777–1848), war der Darmstädter Hoforganist Christian Heinrich Rinck (1770–1846) für Orgeln in evangelischen und in katholischen Kirchen zuständig. In den 1860er Jahren waren der Organist und Lehrer Michael Bausemer (1809–1881) und der Domorganist Adam Werner als Orgelsachverständige im Bistum Mainz tätig. Nach der Ernennung von Georg Viktor Weber (1838–1911) zum Domkapellmeister übte dieser ab den 1870er-Jahren auch das Amt des Orgel- sowie des Glockensachverständigen im Bistum Mainz aus.[2]

Bis zum Jahr 1984 blieb diese Tätigkeit mit dem Amt des Domkapellmeisters verbunden. Danach ging die Orgelsachverständigentätigkeit auf den damaligen Domorganisten Albert Schönberger, den Diözesankirchenmusikdirektor Gert

1 Franz Bösken, *Quellen und Forschungen zur Orgelgeschichte des Mittelrheins, Bd. 1* (= *Beiträge zur mittelrheinischen Musikgeschichte 6*), Mainz 1967.

2 Werner Pelz, *Der Mainzer Domkapellmeister Georg Viktor Weber (1838–1911)*, Köln 1991.

Augst und Kantor Anton Dannoritzer über. Mit dem Dienstantritt von Thomas Drescher als Diözesankirchenmusikdirektor im Jahr 1991 übernahm dieser die Aufgabe, das Orgel- und Glockenwesen im Bistum Mainz neu zu strukturieren. Das Orgel- und Glockenreferat wurde organisatorisch als Abteilung Orgeln und Glocken dem Diözesanbauamt zugewiesen und erhielt seinen Arbeitssitz im Institut für Kirchenmusik des Bistums Mainz. Die für diese Abteilung tätigen Orgel- und Glockensachverständigen sind mit einer Teilzeitstelle sowie freiberuflich und projektbezogen im Auftrag des Bistums Mainz tätig.

Das Einholen von Angeboten erfolgt in der Regel in Form einer Freihändigen Vergabe, sofern zur Finanzierung einer Orgelbaumaßnahme keine öffentlichen Gelder beantragt werden. In diesem Fall sind die Regelungen der Länder Hessen und Rheinland-Pfalz oder die des Bundes zu beachten. Orgelbau- und Orgelpflegeverträge müssen vom Bischöflichen Ordinariat gemäß Kirchenvermögenverwaltungsgesetz genehmigt werden.

In den Anfangsjahren der Abteilung Orgeln und Glocken gab es einen großen Nachholbedarf an qualitätsvollen Neubauten. Aufgrund der Diasporasituation ist im Bistum Mainz die Zahl von Denkmalorgeln aus dem 18. und 19. Jahrhundert gering; dies gilt insbesondere für die zu Hessen gehörenden Gebiete.

Die ersten bedeutenden Restaurierungen wurden im Jahr 1990 in Obererlenbach (Bad Homburg) in der Kirche St. Martin (Bernhard Dreymann 1840), im Jahr 1991 in Nieder-Ramstadt (Mühltal) St. Michael (Johann Nikolaus Schäfer 1723) und im Jahr 1993 in Burgholzhausen (Friedrichsdorf) Heilig Kreuz (Bernhard Dreymann 1836) von der Werkstatt Förster & Nicolaus durchgeführt. Zu den Restaurierungen im 21. Jahrhundert gehören die Orgeln der ehemaligen Karmeliterklosterkirche in Hirschhorn am Neckar (Andreas Krämer um 1780/Voit 1884), in Astheim (Trebur) St. Petrus in Ketten (Bernhard Dreymann 1833), in Mosbach (Schaafheim) St. Johann Baptist (Christian Gerhard 1930) und in Heubach (Groß-Umstadt) St. Bartholomäus (Walcker 1938).

Von herausragender Bedeutung war die im Jahr 2021 vollendete Restaurierung der Onimus-Orgel aus dem Jahr 1735 in der Basilika Maria, St. Peter und Paul in Ilbenstadt (Niddatal). Bei der Analyse der Mensuren und der baulichen Spezifika der Windladen, insbesondere des Pedalwerks, konnte die Werkstatt Förster &

Nicolaus Bezüge zu der Orgel in der Basilika in Weingarten finden.[3] Ihr Erbauer, Joseph Gabler, hatte den Orgelbau in Mainz gelernt und konnte die dort erworbenen Erkenntnisse bei seinen Projekten in Oberschwaben umsetzen. In den Jahren 1733/34, war er nochmals in Mainz tätig und hatte während dieser Zeit sehr wahrscheinlich Kontakt mit Onimus. Dabei dürfte ihn dieser über den Orgelneubau in Ilbenstadt informiert haben. Auch eine zeitweise Zusammenarbeit beider Orgelbauer in Mainz oder in Ilbenstadt ist denkbar.

Für Rheinland-Pfalz kann die im Jahr 2019 abgeschlossene Restaurierung der Dreymann-Orgel aus dem Jahr 1837 in der Kirche St. Ignaz in Mainz als weiteres Beispiel einer bedeutenden Restaurierung aus jüngster Zeit genannt werden. Diese Maßnahme wurde von der Werkstatt Hermann Eule Orgelbau aus Bautzen durchgeführt.

Seit der Gründung der Abteilung Orgeln und Glocken ist das Bewusstsein für das Orgelwesen und für die Orgeldenkmalpflege bei den zuständigen Abteilungen im Bischöflichen Ordinariat und in den Pfarreien des Bistums Mainz spürbar gestiegen. Dafür spricht auch die den Pfarreien seit Kurzem gegebene Möglichkeit, beim Ordinariat Zuschüsse für Orgelbaumaßnahmen zu beantragen.

Aufgrund der gegenwärtigen Entwicklung der Mitgliederzahlen, der Gemeindestrukturen und der finanziellen Möglichkeiten stehen auch im Bistum Mainz Überlegungen im Raum, den Bestand an kirchlichen Gebäuden möglicherweise in näherer Zukunft zu reduzieren. Aufgrund der Erfahrungen in anderen Diözesen wie z. B. Limburg kann auch hier damit gerechnet werden, dass künftig nur wenig Orgeln neu gebaut werden können. Damit wird zugleich die Bedeutung des Erhalts der bestehenden, und damit auch der denkmalwerten Orgeln wachsen.

---

3 Förster & Nicolaus Orgelbau, *Bericht über die Restaurierung und Rekonstruktion der Onimus-Orgel in der Basilika Maria, St. Petrus und Paulus zu Niddatal-Ilbenstadt*, Lich 2021; siehe auch Thomas Wilhelm, *Die Orgelgeschichte der Basilika Maria, St. Petrus und Paulus zu Ilbenstadt*, in: *Ars Organi* 69, 2021, S. 249–252.

Orgelsachverständigkeit in der Evangelischen Kirche in Hessen und Nassau

VON THOMAS WILHELM

Die Evangelische Kirche in Hessen und Nassau (EKHN) entstand im Jahr 1947 aus den jeweils selbständigen Landeskirchen von Frankfurt, Hessen-Darmstadt und Nassau. Im Bereich der Orgelsachverständigkeit führte die Neugründung noch nicht zu einem unmittelbaren Wandel. Die Neuaufstellung geschah in den 1960er Jahren durch die Berufung von Hans Martin Balz, seit 1970 im Hauptamt, Orgelbaumeister Peter Albrecht und Reinhardt Menger. Insbesondere diese Persönlichkeiten waren für die Erhaltung und Entwicklung des Orgelbestandes der EKHN prägend aufgrund der Ausgestaltung ihrer Arbeit und ihrer langjährigen Tätigkeit.

Das geregelte, institutionalisierte Sachverständigenwesen formierte sich im 19. Jahrhundert. Vornehmlich betraf dies Orgelneubauten, Versetzungen und größere Umbauten. Es dauerte jedoch noch bis weit in das 20. Jahrhundert, bis die größeren Orgelbaumaßnahmen flächendeckend durch spezielle Orgelsachverständige betreut wurden, wie es auch noch heute üblich ist. Als Orgelsachverständige angefragt oder berufen wurden vornehmlich Musiker an zentralen Positionen wie Hofkapellmeister, Hoforganisten oder Kirchenmusiker. Ein weiterer wichtiger Personenkreis, aus dem sich viele Orgelsachverständige des 19. Jahrhunderts rekrutierten, waren die Lehrer an den Lehrerseminaren. In beiden Fällen ist aus heutiger Sicht von professionellen Musikern zu sprechen. Beratungen und Prüfungen haben des weiteren nach derzeitiger Terminologie als Kirchenmusiker im Nebenamt zu bezeichnende Personen durchgeführt, vornehmlich Lehrer, zu deren Beruf auch das Orgelspiel gehörte. Zu berücksichtigen ist, dass sich aufgrund der eingeschränkten Mobilität in früheren Jahrhunderten einige Beratungen lediglich auf schriftliche Stellungnahmen beschränkten. Die Qualifikation der als Orgelsachverständige amtierenden Personen bewegte sich auf unterschiedlichen Ebenen. Während einige Stellungnahmen die profunde Kenntnis von Orgelbau und Orgelspiel erkennen lassen, begegnen uns auch Gutachten, aus denen man bestenfalls auf eine rein musikalische Betrachtung und Beurteilungsfähigkeit schließen kann.

Im 18. Jahrhundert nahm der Darmstädter Hofkapellmeister Christoph Graupner (1683–1760) auch Aufgaben eines Orgelsachverständigen war.[1] Sein Einfluss ist durchaus nicht zu gering einzuschätzen. Greifbar wird er durch die Beauftragung Christian Vaters aus Hannover für den Bau der Orgel der Schlosskirche in Darmstadt[2] und die spätere Übersiedelung von Vaters Gesellen Johann Conrad Wegmann[3] nach Hessen. Sehr bedeutend für den Orgelbau insgesamt war Georg Joseph Vogler (1749–1814), genannt Abbé, von 1807 bis zu seinem Tod ein Nachfolger im Amt des Hofkapellmeisters. Seine Ideen wurden bei den von ihm in Hessen-Darmstadt betreuten Projekten nur abgeschwächt umgesetzt.[4] Wesentliche Gedanken und Beobachtungen flossen jedoch in die Orgelkonzeption Eberhard Friedrich Walckers für die Paulskirche Frankfurt ein und wurden auch an anderen Stellen aufgegriffen.[5] Der direkte Nachfolger im Bereich der Orgelsachverständigentätigkeit wurde Hoforganist Johann Christian Heinrich Rinck (1770–1846), dessen Tätigkeit nicht zwangsläufig an den politischen Grenzen endete, und der auch als Orgelkomponist und -pädagoge einen europaweiten Ruf genoss.[6]

Der prägende Orgelsachverständige nach Rinck wurde dessen zeitweiliger Schüler Carl Thurn (1808–1891), seit dem Jahr 1839 Seminarmusiklehrer in Friedberg.[7] Auffallend ist die Gründlichkeit, mit der er sich seiner Arbeit widmete. Seine exakten Vorgaben im Hinblick auf Mensuren, Kanzellen- und Kanalquerschnitte zeigen den Einfluss von Johann Gottlob Töpfers Lehrbuch der Orgelbaukunst. Sie stießen sowohl bei Kollegen wie bei einigen Orgelbauern nur bedingt auf Gegenliebe.[8]

---

1 Franz Bösken, *Quellen und Forschungen zur Orgelgeschichte des Mittelrheins*, Band 2, S. 867f.

2 Hans Martin Balz, *Die Orgel von Christian Vater für die Darmstädter Schloßkirche – Ein wiederentdeckter Originalentwurf*, in: *Ars Organi* 29, 1981, S. 26–29. Die Vater-Orgel der Schloßkirche Darmstadt zeigt neben ihrer opulenten Disposition eine rein norddeutsch-hanseatische Ausrichtung. Diese Gestaltung muss auf Graupner zurückgehen, der vor seinem Wechsel nach Darmstadt Cembalist an der Hamburger Oper war.

3 Hans Martin Balz, *Orgeln und Orgelbauer im Gebiet der ehemaligen hessischen Provinz Starkenburg. Ein Beitrag zur Geschichte des Orgelbaues*, Marburg 1969, S. 150f.; derselbe, Artikel *Wegmann* in: *Musik in Geschichte und Gegenwart*, 2. neubearbeitete Auflage, Personenteil, Band 17.

4 wie Anmerkung 3, S. 424–437.

5 Die Frankfurter Organisten Petsche und Dimler bemühten sich um Veränderungen an der Stumm-Orgel von St. Katharinen nach Voglers Ideen, die Gebrüder Ebert reichten einen entsprechenden Kostenvoranschlag ein (Zentralarchiv der EKHN, 23/280). Diese Pläne wurden aber nicht umgesetzt, was ein späterer Kostenvoranschlag von Bernhard Dreymann beweist (ebenfalls Zentralarchiv der EKHN, 23/280). Bei Orgeln von Bernhard Dreymann (Mainz) und seinem ehemaligen Gesellen Christian Friedrich Voigt (Igstadt) begegnen ungewöhnlich tiefe Aliquotreihen in den Manualwerken, auch bei kleineren Orgeln, Quinte 5 1/3' (Dreymann) und Cornette mit 3 1/5'-Terz (Voigt).

6 wie Anmerkung 3, S. 437f.

7 wie Anmerkung 3, S. 448–473.

8 wie Anmerkung 3, S. 450. Ein Brief von Orgelbauer Heinrich Keller vom 25. April 1866 nennt ausdrücklich „Töpfers Handbuch".

Als Sachverständige auf dem nassauischen Gebiet wirkten vornehmlich Seminarlehrer, die offensichtlich weniger stark in die Konzepte der Orgelbauwerkstätten eingriffen als ihre Darmstädter Kollegen. Um 1900 dominierten hier deutlicher als in Hessen-Darmstadt die großen Orgelbaubetriebe. An den Instrumenten lässt sich durchaus der Stil der jeweiligen Werkstatt ablesen, jedoch kaum die Handschrift eines Sachverständigen. Eine Ausnahme sind die Crescendowalzen in Spieltischbreite und duplizierte oder verbreiterte Schwelltritte an Orgeln von Walcker aus Ludwigsburg[9] und Weigle aus Echterdingen[10], deren Bau Reinhard Gräb aus Biebrich beaufsichtigte. Zum Teil wurden auch werkweise abrufbare freie Kombinationen realisiert. Das Augenmerk lag hier erkennbar auf der Bedienbarkeit der Instrumente.

Im Jahr 1934 wurde Pfarrer Theodor Wißmüller zum Orgelsachverständigen in Hessen-Darmstadt berufen. Nach der Gründung der EKHN war er auf dem gesamten Kirchengebiet tätig. Er trat für die Umsetzung der Gedanken der Orgelbewegung ein,[11] ohne dabei wirklich eigene Impulse zu setzen. Das eigentliche Zentrum war diesbezüglich Frankfurt mit seinem jungen, entsprechend ausgebildeten Organisten Helmut Walcha. Zu Wißmüllers Verdiensten zählt sicher der Erhalt einiger historischer Instrumente gerade aus dem 19. Jahrhundert, auch wenn die Arbeiten meist mit Veränderungen einhergingen.[12] Nach dem Zweiten Weltkrieg traten Hanns Brendel und Gerhard Bochmann in den Dienst als Orgelsachverständige der EKHN. Von Bedeutung sind die mitunter recht genauen und zuverlässigen Angaben Brendels zu historischen Orgeln in den Planungsgutachten. Nicht selten wurden die Orgeln allerdings anschließend einem Restaurierungsumbau unterzogen und erheblich verändert.

In den 1960er Jahren wurde, wie oben bereits beschrieben, unter Landeskirchenmusikdirektor Philipp Reich das Orgelsachverständigenwesen der EKHN neu konzipiert. Hier war es ein Glücksfall, dass junge, aufgeschlossene und im Bereich des Orgelspiels und des Orgelbaus außergewöhnlich gut qualifizierte Persönlichkeiten zur Verfügung standen. Unter der Ägide von Hans Martin Balz wurden bereits in den Jahren 1964 und 1965 erste Restaurierungen durchgeführt, die auch noch heute diesen Namen verdienen, wenn auch Veränderungen im tech-

9 Wiesbaden-Biebrich, Hauptkirche, 1907, Opus 1409 (Spieltisch nicht erhalten, 2022 nach Idstein rekonstruiert) und Idstein, Unionskirche, 1912, Opus 1702.

10 Lorsbach 1910, Opus 389; Neuenhain 1912, Opus 457; Bottenhorn 1916, Opus 497; Kroppach 1926, Opus 589.

11 wie Anmerkung 3, S. 479.

12 Bensheim-Schwanheim, Orgel von Heinrich Keller (1862); Wersau, Orgel von Georg Christian Rothermel (1851).

nischen Bereich erfolgten. Das Kollegium der Orgelsachverständigen der EKHN erarbeitete Vorlagen und Methoden für die Begutachtung und Dokumentation von Instrumenten, um ihren Zustand vor der Durchführung einer Orgelbaumaßnahme möglichst genau festzuhalten. Hinzu kam die Einführung der Zweitbegutachtung bei Denkmalorgeln. Eine besondere Breitenwirkung entfalteten die Richtlinien zu Arbeiten an Denkmalorgeln,[13] die auch die Definition einer Denkmalorgel enthalten.[14] Damit sollte nach Möglichkeit weiteren Verlusten am historischen Orgelbestand Einhalt geboten werden. Durch die Definition einer Denkmalorgel als ein aus einer musikalisch abgeschlossenen Stilepoche stammendes Instrument wurden nicht nur früh-, sondern auch hoch- und spätromantische Orgeln als Denkmale betrachtet und substanzverändernde Umbauten abgelehnt oder die Reversibilität zur Bedingung gemacht. Gleichzeitig wurde der Orgelbestand der EKHN anlässlich der anstehenden Begutachtungen entsprechend klassifiziert.

Ein wesentlicher Bestandteil zum Gelingen der Arbeit im Bereich der Orgeldenkmalpflege waren und sind die beteiligten Orgelbauwerkstätten. Zeitglich mit der Berufung der neuen Sachverständigen gründeten die jungen Orgelbaumeister Andreas M. Ott (1967)[15] und Gerald Woehl (1966)[16] ihre Firmen in Hessen, widmeten sich insbesondere dem auch nach heutigem Dafürhalten denkmalgerechten Umgang mit historischen Orgeln und erhielten dementsprechende Aufträge. Das Gleiche gilt für die schon etablierteren Werkstätten von Jürgen Ahrend in Leer-Loga, Rudolf von Beckerath in Hamburg und Karl Schuke in Berlin. Die angewandten Arbeitsweisen und erzielten Ergebnisse prägten fortan die orgelbauliche Praxis in der Landeskirche allgemein.

Auf der Jahrestagung der Gesellschaft der Orgelfreunde im Jahr 1979 in Frankfurt am Main bestand die Gelegenheit, die Orgellandschaft und insbesondere die historischen Instrumente zu zeigen. Parallel dazu erschien die erste Auflage von *Alte Orgeln in Hessen und Nassau*, die neben qualitätvollen Photographien und Kurzportraits der Instrumente unter dem Titel *Musik für hessische Denkmalorgeln*

---

13 *Richtlinien für Denkmalorgeln. Erläuterungen und Hinweise für die Arbeit an und mit Denkmalorgeln für Kirchenvorstände, Organisten und Orgelbauer erarbeitet von den Orgelsachverständigen und herausgegeben vom Amt für Kirchenmusik der EKHN*, veröffentlicht in *Ars Organi* 49, 1976, S. 2094 ff.; Neufassung veröffentlicht in *Ars Organi* 39, 1991, S. 216–224.

14 Verweis auf die Richtlinien zum Schutz denkmalwerter Orgeln, *Weilheimer Regulativ*, Neufassung, veröffentlicht in *Ars Organi* 36, 1970, S. 1424 ff.

15 Hermann Fischer, Theodor Wohnhaas, *Lexikon süddeutscher Orgelbauer*, Wilhelmshaven 1994, S. 288 f.

16 wie Anmerkung 15, S. 475 f.

eine umfangreiche Orgelliteraturliste enthält.[17] Ein wichtiger Aspekt der Arbeit der Orgelsachverständigen der EKHN war auch die Vermittlung geeigneter Spielweisen und Literatur. Hans Martin Balz und Reinhardt Menger unterrichteten an der Kirchenmusikschule, Letzterer auch an der Hochschule für Musik und Darstellende Kunst in Frankfurt und waren damit auch Teil der Entwicklung der historisch informierten Aufführungspraxis.

Die Umsetzung der neuen Erkenntnisse und Arbeitspraktiken geschah schrittweise und nicht schlagartig, auch weil die Tätigkeit von Personen und Firmen, die in Modernisierungen und Restaurierungsumbauten involviert waren, nicht abrupt endete und sich Überzeugungen erst schrittweise wandelten. Vom heutigen Zeitpunkt aus liegen die Anfänge der denkmalgerechten Orgelrestaurierungspraxis auf dem Gebiet der EKHN bald 60 Jahre zurück. Naturgemäß haben sich in der Zeitspanne von rund zwei Generationen Veränderungen in den Bereichen Kirchenmusik und Orgelbau ergeben. Inzwischen geraten Instrumente in den Blickpunkt der Denkmalpflege, die zuerst noch außerhalb des Interesses lagen, wenn sie nicht sogar abgelehnt oder als wertlos bezeichnet wurden.

An den Orgeln, die in den Anfangsjahren ihre Restaurierung erfahren haben, wurden inzwischen Reinigungen und Überholungen durchgeführt. Neueren Erkenntnissen entsprechend wurde an der einen oder anderen Stelle auch eine Korrektur angebracht. Insgesamt hat sich die denkmalgerechte Restaurierungspraxis als außerordentlich erfolgreich erwiesen. Es ist damit nicht nur gelungen, Instrumente zu sichern und der Nachwelt zu erhalten. Bei ihrem Spiel wird der Klang der früheren Epochen Gegenwart und aktiver Teil unseres spirituellen und kulturellen Lebens, gerade auch außerhalb der Städte und großer Konzertstätten. Den Reichtum der Orgellandschaft der EKHN stellen insbesondere die einzelnen Regionen und die kleinen Ortschaften dar. Auf dem Gebiet der EKHN, zu dem auch Teile von Rheinland-Pfalz gehören, befinden sich bei einem Bestand von ca. 1.400 Orgeln 600 als Denkmalorgeln eingestufte Instrumente.

Der Erfolg der denkmalgerechten Restaurierungen hat dazu geführt, dass nach den allgemeinen Prinzipien der Nachkriegszeit bearbeitete Orgeln – wir sprechen von Restaurierungen nach damaligen Vorstellungen oder Restaurierungsumbauten – abermals restauriert wurden mit zunächst kaum für möglich gehaltenen Ergebnissen. Mitunter sind Restaurierungen gelungen, die noch vor einigen

17 Hans Martin Balz, Reinhardt Menger, *Alte Orgeln in Hessen und Nassau*, Kassel 1979; zweite, neu überarbeitete Auflage Kassel 1997, allerdings ohne das beschriebene Kapitel.

Jahren als undurchführbar galten. Sie sind einerseits ein Resultat der zunehmend perfektionierten Restaurierungspraxis mit geübten Arbeitsschritten und trainiertem Blick, andererseits auch eines gründlichen und abermaligen Quellenstudiums.

Die historischen Orgeln stellen eine fortwährende Inspirations- und Informationsquelle sowohl für das Orgelspiel als auch für den Orgelbau dar. Bei wachem Schauen und Hören geben sie Informationen, die weder zu Ausbildungsinhalten gehören noch in Lehrbüchern verzeichnet sind und sich gerade auch für das Spiel moderner Orgeln und die Gestaltung neuer Orgelprojekte nutzbar machen lassen. Ihre Erhaltung, zu der auch die regelmäßige Benutzung gehört, stellt die Kirchengemeinden vor eine große Aufgabe. Zu den sinkenden Mitgliedszahlen der großen Kirchen kommt die Tatsache, dass die Dominanz der Orgel durch die verschiedenen zeitgenössischen Konzepte von Kirchenmusik schwindet. Schon in der Vergangenheit hätten viele Arbeiten ohne eine Förderung aus öffentlichen Mitteln nicht durchgeführt werden können. Diese Tendenz wird sich verstetigen, auch wenn in der Konzeption der Orgelmaßnahmen an Nachhaltigkeit und Dauerhaftigkeit hohe Maßstäbe angesetzt werden.

Ein Blick in die Nachbarländer, insbesondere nach Belgien und in die Niederlande, verdeutlicht die Herausforderungen, Risiken und Chancen, die sich aus der veränderten Nutzung der Kirchenräume und der darin befindlichen Instrumente ergeben. Neben dem liturgischen wird zunehmend der öffentliche Charakter von Kirchen und ihren Ausstattungen zu entdecken sein und ihre Bedeutung als Kulturgut. Orgeln werden vermehrt in multifunktional genutzten Räumen stehen. Im Hinblick auf das Raumklima und die akustischen Verhältnisse können sich Probleme für die spielbare Erhaltung und das musikalische Erleben der Instrumente ergeben, die auch Fragen des Denkmalschutzes berühren. Im Idealfall sind Orgeln dann auch außerhalb von Gottesdiensten oder besonderen Konzerten zu hören, womöglich auf ungeahnte Weise. Für die Wahrnehmung des Instrumentes in der breiten Öffentlichkeit, beispielsweise durch Informationen, Veranstaltungen und multimediale Präsenz, ist ein verstärktes bürgerschaftliches Engagement in Vereinen und Netzwerken über Konfessionsgrenzen hinaus zu wünschen.

Zum Orgelsachverständigenwesen in der Evangelischen Kirche von Kurhessen-Waldeck

VON ERWIN ALTHAUS UND PEER SCHLECHTA

Für die historischen Orgeln auf dem Gebiet der Evangelischen Kirche von Kurhessen-Waldeck (EKKW) gilt dasselbe, was Bernhard Buchstab für die Orgellandschaft Hessen als Ganze schreibt: Diese ist einerseits *geprägt von dem Schaffen bedeutender lokaler Werkstätten, andererseits sind es gerade Instrumente von Orgelbauern aus benachbarten Regionen wie Thüringen, Franken oder dem Rheinland, welche den Reiz der Unterschiedlichkeit des von der Eigenart anderer Einflüsse geprägten, historischen Orgelbestandes ausmacht.*[1] Gerade diese Vielfalt ist ein besonderes Kennzeichen der hessischen Orgellandschaft. Neubauten – gerade innerhalb der vergangenen 20 Jahre durch nahezu alle namhaften Orgelbaufirmen der Gegenwart – ergänzen und bereichern diese Orgellandschaft.

So wie der Bestand historisch wertvoller und neuer Instrumente gewachsen ist, hat sich auch die Art der Fachaufsicht über Instrumente und Orgelbauer im Laufe der Zeit gewandelt. Waren es im 18. und 19. Jahrhundert in der Regel vom Fürstlichen Konsistorium Kassel bestellte Personen, wie etwa der Hoforganist Johannes Becker – im Jahr 1772 wurde ihm das Amt eines Orgelrevisors übertragen[2] – oder der bekannte Orgelvirtuose und Komponist Wilhelm Valentin Volckmar (1812–1887), so waren es nach Ende des Zweiten Weltkrieges landeskirchlich bestellte Orgelpfleger, in der Regel Kantoren oder Pfarrer. Das Landeskirchenamt Kassel erließ am 21. November 1945 unter der Nummer C 3083/45 eine Verfügung mit dem Titel „Orgelpflege".[3] Diese beinhaltete u. a. auch einen Fragebogen, mit dem – über die Dekane der Kirchenkreise verteilt – alle Instrumente erfasst werden sollten. Anschließend wurden den benannten Orgelpflegern ihre Bezirke, in der Regel Kirchenkreise, zugeordnet.

1 Bernhard Buchstab, *Orgeldenkmalpflege in Hessen*, in: *Quintett, Kirchenmusikalische Mitteilungen aus der Evangelischen Kirche von Kurhessen-Waldeck*, Nr. 16, August 2009, S. 23–25, hier S. 24.

2 Ferdinand Carspecken, *Fünfhundert Jahre Kasseler Orgeln*, Kassel 1968, S. 121.

3 Orgelakte des Kirchenkreises Eder (vorm. Frankenberg und Bad Wildungen).

Orgelbaumeister Christoph Böttner (*1960) berichtet, dass sein Großvater Hermann Böttner (1892–1953) zu dieser Zeit Lehrer und Kantor an der Liebfrauenkirche in Frankenberg war und für den Bezirk Frankenberg und Korbach als Orgelpfleger bestellt worden ist. Die landeskirchliche Verfügung setzte er um, in dem er mit seinem Sohn Wolfgang Böttner (1925–2006) sämtliche Kirchen aufsuchte und die Instrumente erfasste. Wolfgang Böttner absolvierte gerade seine Ausbildung zum Orgelbauer bei Orgelbau Kamp in Aachen und war danach als Geselle bei Orgelbau Euler in Hofgeismar tätig. Im Jahr 1960 begründete er seinen eigenen Orgelbaubetrieb in Frankenberg. Selbst nicht motorisiert, erfolgten die Fahrten per Bus, Kraftrad (Motorrad) oder teilweise auch mit einem Militärjeep, der von der US-amerikanischen Kommandantur zur Verfügung gestellt wurde, die diese Vorhaben unterstützte.[4]

Das aktuell bestehende System der Orgelsachverständigen wurde im Zug der Neuorganisation der Kirchenmusik durch Landeskirchenmusikdirektor Walter Opp (1931–2022) Anfang der 1970er Jahre eingeführt. Orgelsachverständige mussten fortan eine Qualifizierung vorweisen, die sie durch theoretische Ausbildung und Praktika in Orgelbaufirmen erwerben konnten.

Heute sind die Orgelsachverständigen der Evangelischen Kirche von Kurhessen-Waldeck in der Regel hauptberufliche Kirchenmusiker, die sich entweder durch Praktika in Orgelbaufirmen, durch eine Orgelbaulehre sowie durch Aus- und Fortbildungsmaßnahmen beispielsweise bei der Vereinigung der Orgelsachverständigen Deutschlands über das Kirchenmusikstudium hinausgehende Kenntnisse im Orgelbau erworben haben. Das befähigt sie, eine kompetente Beratung von Pfarrern, Kirchenvorständen und Organisten in allen Orgelangelegenheiten auszuüben sowie Gesprächspartner der Orgelbaufirmen und Architekten zu sein. Die Orgelsachverständigen werden vom Landeskirchenamt für die Wahrnehmung ihrer Tätigkeit in einem oder mehreren Kirchenkreisen berufen – aktuell üben zehn Kollegen diese Tätigkeit aus.

Jeder Kirchenvorstand ist für die Pflege und Instandhaltung der Orgeln verantwortlich, er fordert bei Bedarf den zuständigen Orgelsachverständigen vor Kontaktnahme mit Orgelbauern rechtzeitig zur Beratung auf. Der Sachverständige verfasst eine gutachterliche Stellungnahme über den Zustand der Orgel und über

4 Frdl. Mitteilung von Orgelbaumeister Christoph Böttner, Frankenberg, vom 12.10.2022.

eine etwa notwendige Reparatur, Renovierung oder Restaurierung. Vorhandene Orgelakten und die landeskirchliche digitale Orgeldatei werden ihm dafür zur Einsichtnahme als Arbeitshilfe zur Verfügung gestellt.

Bei denkmalwürdigen Orgeln – also Instrumenten, die 70 Jahre und älter sind – ist in der Regel ein Zweitgutachten durch einen weiteren Orgelsachverständigen erforderlich. Dieser wird vom Landeskirchenamt oder vom Landeskirchenmusikdirektor benannt. Der Kontakt zum Landesamt für Denkmalpflege wird über den Landeskirchenmusikdirektor hergestellt.

Orgeln gehören zu den am meisten im Laufe ihres Bestehens veränderten sakralen Einrichtungsgegenständen, denn sie unterliegen den sich wandelnden musikalischen und gestalterischen Vorstellungen der jeweiligen Epoche. Kaum ein Instrument ist heute wirklich im Urzustand erhalten. Vielfältige Umbau- und Erweiterungsmaßnahmen kennzeichnen dagegen die meisten Orgelwerke. Dies betrifft zumeist die Disposition, also den Pfeifenbestand, welcher vorrangig die musikalische Aussagekraft des Instrumentes bestimmt und in der Regel zuerst dem jeweiligen Zeit- und Musikgeschmack entsprechend verändert und angepasst wird.[5] Allerdings kann es auch zu Anpassungen und Änderungen im technischen Bereich kommen, die stark in den Bestand eines Instruments eingreifen. Aufgrund dieser Erfahrung ist es das Bestreben der Organologie, besonders erhaltenswerte Instrumente vor einem allzu raschen und kurzlebigen Umbau zu bewahren. Im Umgang mit ihnen ist nicht die Rekonstruktion das vordergründige Ziel, sondern die Erhaltung der bestehenden Substanz. Dabei können durchaus in früheren Zeiten bereits erfolgte Veränderungen als Zeitspuren auch erhaltenswert sein. Hat man noch bis vor nicht allzu langer Zeit in der Regel die Rückführung auf das (vermeintliche) Original angestrebt, so geht man heute schonender mit dem Bestand um und belässt durchaus verschiedene Zeit- und Geschichtsspuren als gewachsenen Bestand, sofern dadurch nicht die künstlerische und liturgische Aussage des Werks kompromittiert werden.

In diesem Zusammenhang ist zu erwähnen, dass sich in Hessen und insbesondere auch in der EKKW der glückliche Umstand ergab, dass Personen an entscheidenden Stellen tätig waren und sind, die im Besonderen dem Instrument Orgel sehr verbunden waren bzw. sind. Besondere historische Verdienste hat sich hierbei der erste Bezirkskonservator des Regierungsbezirks Kassel Ludwig Bickell (1838–1901) erworben. In seiner Nachfolge wirkten und wirken bis heute im

5 Vgl. Bernhard Buchstab, s. Anm. 1.

Bereich der EKKW nicht nur weitere Landes- und Bezirkskonservatoren, sondern auch engagierte Orgelforscher und Organologen. Viele historische Instrumente verdanken ihren Erhalt diesen Personen.

Was kann die Orgeldenkmalpflege in Kooperation zwischen staatlichen und kirchlichen Stellen heute und in Zukunft für Kirchengemeinden als Nutzerinnen von Orgeln leisten? Wo liegen die Ziele eines Förderprogramms, das sich mit Orgeln aus verschiedenen Epochen und unterschiedlichen Orgelbautraditionen beschäftigt? Wie können mit einem auf Dauer angelegten Förderprogramm die kulturellen Schätze, die wie in einem unsichtbaren Netz über die Regionen gelegt sind, gehoben und für eine langfristige Nutzung erhalten werden?

Solche und ähnliche Fragen stellen sich den Kirchengemeinden und den sie fachlich beratenden und fördernden Institutionen bei jeder einzelnen Maßnahmenplanung an historischen Orgeln. Anhand weniger Beispiele sollen im Folgenden deshalb einige gedankliche Linien nachgezeichnet werden, die sich bei verschiedenen Projekten auf dem Gebiet der Evangelischen Kirche von Kurhessen-Waldeck ergeben haben. Dass es sich dabei nur um Schlaglichter und Beispiele handeln kann, versteht sich von selbst.

FÖRDERUNG UNABHÄNGIG VOM ALTER EINES INSTRUMENTS

Es mag nahe liegen, dass zunächst das Alter eines Werks für dessen Bewertung herangezogen wird – entsprechend der Devise: je älter, desto denkmalwürdiger. Dass dies jedoch nicht immer der Fall sein muss bzw. nicht sein sollte, zeigt die Zusammenarbeit zwischen staatlicher und kirchlicher Denkmalpflege im Rahmen des Orgelförderprogramms dadurch, dass Instrumente unabhängig ihres Alters als förderwürdig erachtet wurden und werden. Das Orgelwerk auf der geräumigen Empore der Auferstehungskirche Kassel zeigt sich auf den ersten Blick eher als unspektakuläres Beispiel für den Orgelbau der Nachkriegszeit – ein Instrument aus der Werkstatt Friedrich Euler, das im Jahr 1956 in einer kriegszerstörten und in den 1950er Jahren verändert wiederaufgebauten Kirche neu erstellt wurde. Mit manchmal handwerklich einfachen, jedoch soliden Lösungen und nicht durchgehend mit dem besten Material gefertigt, konnte dieses in weiten Teilen unverändert überkommene und künstlerisch in sich geschlossene Werk im Rahmen einer Restaurierung jedoch dauerhaft gesichert und erhalten werden. Ein Instrument seiner Zeit, das es zu erhalten galt!

FÖRDERUNG VON INSTRUMENTEN AUS BESONDEREN ZEITEN UND MIT HANDWERKLICH-KÜNSTLERISCH ANSPRUCHSVOLLEN LÖSUNGSANSÄTZEN

Wer die in Teilen auf die Romanik zurückgehende evangelische Pfarrkirche in Dörnberg mit ihrer großflächigen Bemalung betritt, dem fällt sofort die vor dem Portalbogen hängende Orgel aus der Werkstatt Conrad Euler auf. Um das Jahr 1933 wurde dieses Instrument in politisch unsicheren Zeiten errichtet. Die beengten Platzverhältnisse und die Gestalt des Kirchenraumes führten dazu, einen für eine Dorfkirche planerisch ambitionierten Entwurf zu wagen, der im Zusammenwirken zwischen dem Landeskonservator und den kirchlichen Entscheidungsträgern entwickelt worden war. So konnte ein zweimanualiges Instrument auf Prinzipal 8´-Basis realisiert werden, das vielfältige musikalische Gestaltungsmöglichkeiten bereitstellt.

Als eines der ersten Projekte innerhalb des Orgelförderprogramms konnte die Restaurierung der Heeren/Euler-Orgel in der Wallfahrtskirche Gottsbüren angegangen werden – ein Projekt, das nach längerer Planung im Zusammenspiel von Entscheidungsträgern und einer Orgelbauwerkstatt geformt und realisiert wurde. Nachdem von der Renovierung der seinerzeit bestehenden Anlage über einen Orgelneubau im vorhandenen Gehäuse bis hin zu der Restaurierung unterschiedlichste Ansätze diskutiert worden waren, wurde schließlich der letztgenannte Weg eingeschlagen, wobei eine für die Region bislang einzigartige technische Kombination zwischen neuer mechanischer Spieltraktur und restaurierter pneumatischer Ansteuerung der übernommenen Kegelladen verwirklicht werden konnte. Erfreulich ist, dass diese „Muster“-Restaurierung mit dazu geführt hat, dass sich eine vor Ort bestehende Orgelkonzert-Tradition festigen und sich damit ein Baustein bei der Weiterentwicklung der auch kunst- und religionsgeschichtlich interessanten Kirche ergeben konnte.

FÖRDERUNG VON VERSCHIEDENEN INSTRUMENTEN EINER WERKSTATT-TRADITION

Anhand der angeführten Beispiele ist erkennbar, dass Orgellandschaften einen eigenen Charakter und Klang haben können. Dies liegt auch daran, dass eine oder mehrere lokal beheimatete Werkstätten oder sogar Werkstatt-Traditionen die jeweilige Region entscheidend mitprägen können. Im Norden der Evangelischen Kirche von Kurhessen-Waldeck ist dies besonders die über 300-jährige Werkstatt-Tradition, die vom 17. Jahrhundert bis zum Jahr 1910 zunächst in Gottsbüren und von da an bis in die 1980er Jahre in Hofgeismar bestand: In den Werkstätten der Orgelbauer Kohl(en), Heeren, Kuhlmann und Euler entstanden mehrere hundert Instrumente, die zumeist im nordhessischen und südniedersächsischen Raum, aber auch darüber hinaus in ganz Deutschland zu finden waren und zum Teil noch zu finden sind. Ein besonders erfreulicher Aspekt einer auf Dauer angelegten Fördermöglichkeit ist es, dass in verschiedenen Auflagen des Förderprogramms immer wieder auch Instrumente dieser Werkstätten einbezogen und exemplarisch verschiedene Zeugnisse damit für die Nachwelt erhalten werden konnten.

ORGEL-DENKMÄLER ALS BELEBTE INSTRUMENTE

Oftmals fehlen Kirchengemeinden und lokalen Initiativen die Mittel, oder es fehlt ein letzter Finanzierungsbaustein nach einer meist längeren Phase der Spendeneinwerbung. In diesen Situationen kann mithilfe verlässlich wirkender Förderprogramme ein entscheidender Schritt hin zur Realisierung eines Projekts getan werden. Es geht immer darum, Instrumente in einen Zustand belebter Nutzung zu bringen und nach Möglichkeit die Weichen für einen dauerhaften Erhalt zu stellen.

Gerade in Zeiten großer Herausforderungen – bis hin zur aktuell immer öfter diskutierten Aufgabe von Kirchengebäuden – können partnerschaftlich getragene Initiativen helfen, wichtige Öffentlichkeitsarbeit zu leisten und Instrumente als lebendige Zeitzeugen verschiedener Epochen zu bewahren. Daher wird die Bedeutung der Zusammenarbeit von kirchlichen, staatlichen und dritten Stellen zum weiteren Erhalt der historisch gewachsenen Orgellandschaft in Zukunft nicht geringer werden, sondern eher noch wachsen.

Orgelportraits

Für die folgende Aufstellung wurden als Quellen zur Geschichte der beschriebenen Instrumente vor allem die in der Außenstelle Marburg des Landesamts für Denkmalpflege Hessen aufbewahrten Akten verwendet. Diese enthalten in fast allen Fällen Gutachten der zuständigen Sachverständigen und viele Restaurierungsberichte der Orgelbauwerkstätten. Bei einigen Instrumenten wurden auch die Quellen herangezogen, die in den Bistümern und Landeskirchen größtenteils zentral archiviert werden, sich bei jüngeren Projekten aber auch noch in den Arbeitsakten der Sachverständigen befinden können. Schließlich dienten nicht selten auch die im Quellen- und Literaturverzeichnis genannten Akten und Schriften zur Ergänzung der historischen Informationen. Literatur ist bei den einzelnen Instrumenten nur dann angegeben, wenn zu ihnen eigene Monographien oder Artikel vorliegen.

Die Orte sind grundsätzlich mit ihren historischen Ortsnamen vor der hessischen Gebietsreform der Jahre 1969 bis 1979 angegeben, da fast alle der aufgeführten Instrumente vor diesem Zeitraum entstanden. Die neuen Gemeindenamen sind in Klammern gesetzt. Die bereits in der ersten Hälfte des 20. Jahrhunderts eingemeindeten Stadtteile von Frankfurt am Main und von Wiesbaden sind daher unter diesen beiden Städten zu finden.

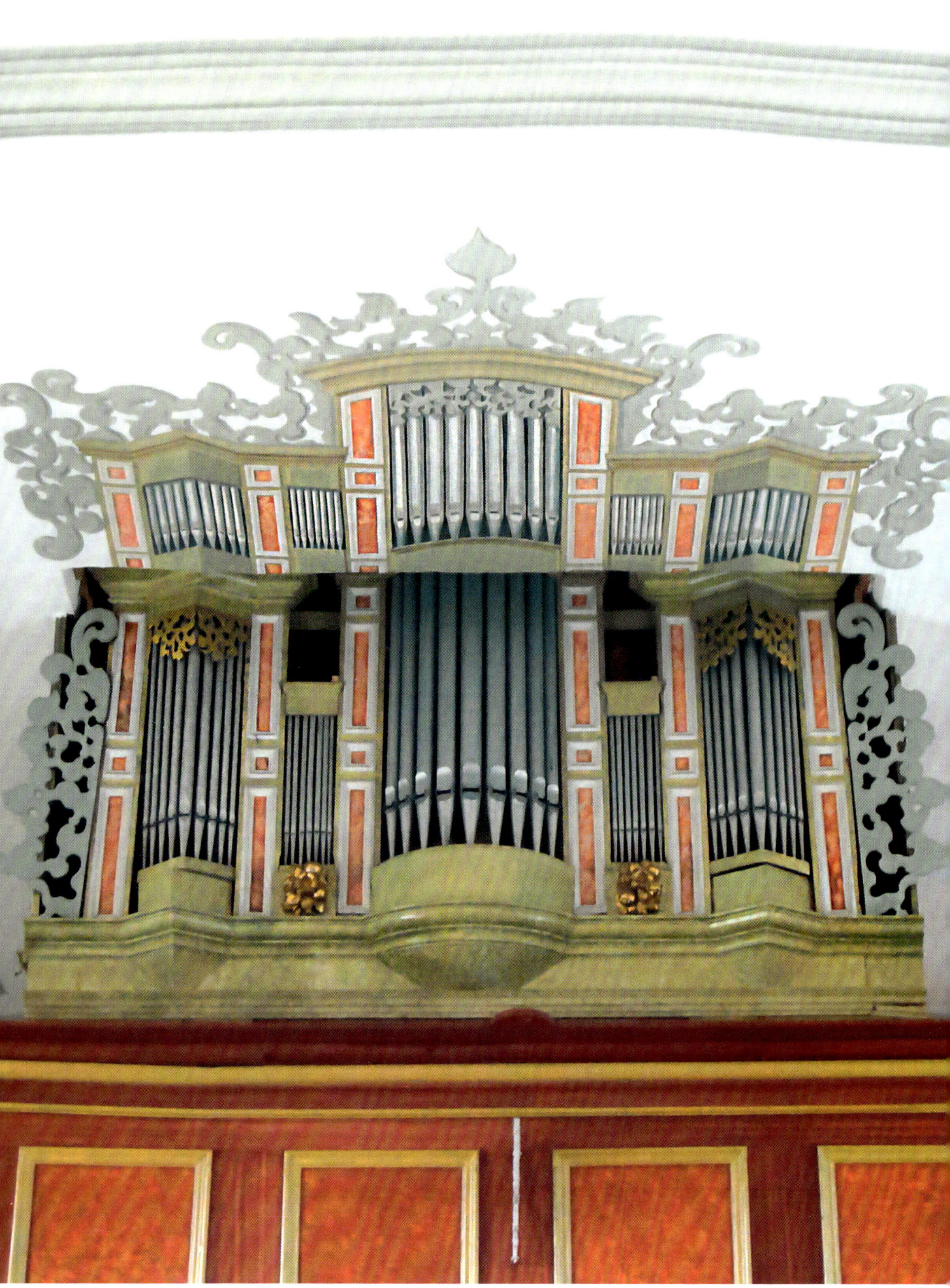

ALSBERG (BAD SODEN-SALMÜNSTER)

Katholische Wallfahrtskirche Heilig Kreuz

Fritz Clewing, Fulda, 1893

BISTUM FULDA
MAIN-KINZIG-KREIS
Jahr der Förderung: 2007

Ihre heutige Gestalt erhielt die Wallfahrtskirche Heilig Kreuz in Alsberg, als im Jahr 1707 ein geräumiger Saalbau an die Kirche aus dem frühen 16. Jahrhundert angebaut wurde, die damit zu einem eingezogenen Chor mit dreiseitigem Schluss wurde. Zu dieser Zeit entstand auch die barocke Ausstattung mit dem Hochaltar und den Seitenaltären.

Das Erbauungsdatum des vorhandenen Orgelgehäuses ist unbekannt. Es wurde im Jahr 1839 angekauft und in der Alsberger Wallfahrtskirche aufgestellt. Aufgrund seiner äußeren Merkmale ist es in das 18. Jahrhundert zu datieren. Für den Einbau der Orgel im Jahr 1839 wurde die Decke des Kirchenraums umgebaut. Die Orgel reicht aufgrund ihrer Höhe weit in den Dachraum hinein.[1] Die dadurch nicht sichtbaren Teile des Prospekts wurden um das Jahr 1970 mit illusionistischer Malerei auf der Kirchendecke optisch ersetzt. In das barocke Gehäuse baute Fritz Clewing aus Fulda im Jahr 1893 ein neues Orgelwerk ein, das mit 13 Registern auf nur einem Manual und Pedal und mechanischen Schleifladen eine für seine Zeit ungewöhnlich konservative klangliche und technische Konzeption aufweist. Die außergewöhnliche Bausituation und die weitgehend original erhaltene musikalische Substanz der unkonventionell gestalteten Clewing-Orgel geben dem Instrument einen besonderen Denkmalwert.

1 Vgl. Diedenbergen, S. 91.

GESCHICHTE:

3. Juli 1839	Vertrag mit Orgelbauer Georg Michel aus Roth bei Gelnhausen über die Aufstellung einer gebrauchten einmanualigen Orgel mit Pedal (9/4) zum Preis von 425 Gulden.
1840	Abnahme der aufgestellten Orgel.
1863	Umbau durch Orgelbauer Etthöfer aus Veitshöchheim.
1869 und 1877/78	Kostenvoranschläge für Reparaturen von Jean Ratzmann, Gelnhausen.
1889	Reparatur und Ausreinigung durch Adolph Rieschick, Fulda.
1893	Orgelneubau im alten Gehäuse durch Fritz Clewing, Fulda, für 1.259 Mark.
1917	Abgabe der Prospektpfeifen.
1931	Ausreinigung, Reparatur und Einbau neuer Prospektpfeifen aus Zink sowie einer neuen Mixtur durch K. Dülk für E. F. Walcker & Cie., Ludwigsburg.
1935	Einbau zweier neuer Register durch Alban Späth, Ennetach.
1946	Reparatur durch Alban Späth, Fulda.
1952	Einbau eines elektrischen Gebläses durch Alban Späth.
1958	Ausreinigung und Holzwurmbehandlung durch Alban Späth.
ca. 1970	Illusionistische Bemalung der Kirchendecke als Fortsetzung des Prospekts.
Juni 2007 bis Juni 2009	Restaurierung durch Orgelbau Waltershausen.

DISPOSITION:

Manual *C–f'''*

Bordun	16'	Clewing 1893
Principal	8'	Clewing 1893
Viola di Gamba	8'	älter als 1893
Gedackt	8'	aus der Vorgängerorgel (18. Jh.)
Salicional	8'	Clewing 1893 oder N.N. später
Principal	4'	Prospekt, Zink (Walcker 1931)
Flautotraverso	4'	Clewing 1893 oder N.N. später
Quinte	2 2/3'	Alban Späth 1935
Octave	2'	Clewing 1893 (evtl. einzelne Pfeifen aus der Vorgängerorgel)
Mixtur 3fach	2'	Walcker 1931

Pedal *C–c'*

Subbass	16'	Clewing 1893 (zwölf Pfeifen 18. Jh.)
Octavbass	8'	Clewing 1893 (acht Pfeifen 18. Jh.)
Octave	4'	Alban Späth 1935

Pedalkoppel.

Mechanische Schleifladen. Seitenspielig.

ADRESSE DER KIRCHE:

Kapellenweg, Alsdorf, 63628 Bad Soden-Salmünster

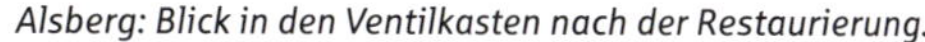

Alsberg: Blick in den Ventilkasten nach der Restaurierung.

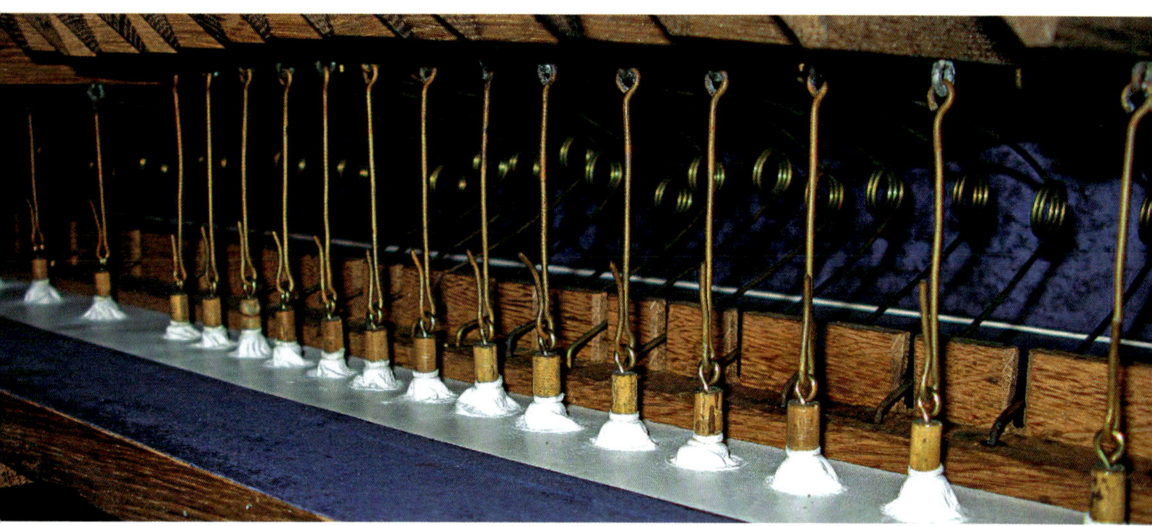

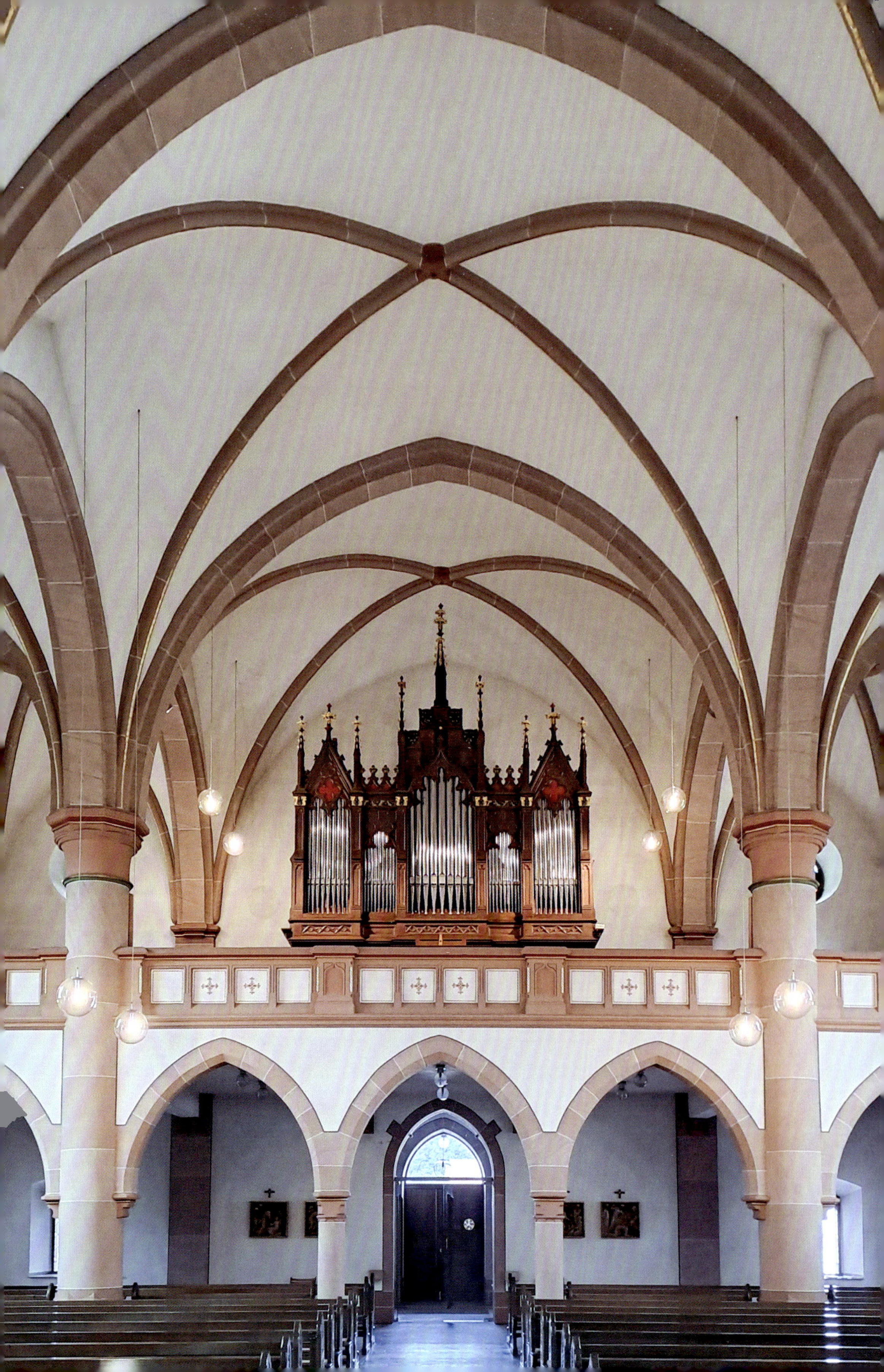

ALTENMITTLAU (FREIGERICHT)

Katholische Kirche St. Markus

Wilhelm Ratzmann, Gelnhausen, 1905

BISTUM FULDA
MAIN-KINZIG-KREIS
Jahr der Förderung: 2001

Nachdem Altenmittlau und Horbach im Jahr 1896 aus dem Pfarrverbund Somborn herausgelöst worden waren und eine eigene Kuratie begründeten, konnte die seit der Mitte des 19. Jahrhunderts herrschende Absicht verwirklicht werden, eine neue Kirche zu bauen, da die alte Kapelle an der Hauptstraße den Bedürfnissen des gewachsenen Ortes nicht mehr entsprach. Die nach Plänen des Frankfurter Architekten Stephan Simon errichtete Kirche wurde nach zweijähriger Bauzeit im September 1902 eingeweiht. Die dreischiffige neogotische Saalkirche wurde aufgrund der Lage des Grundstücks nach Westen ausgerichtet. Im Osten ist ihr ein hoher, mit spitzem Pyramidendach versehener Glockenturm vorgestellt. Im Westen setzt ein nur wenig eingezogener Chor mit Fünfachtelschluss das Mittelschiff fort. Der Hochaltar und die Orgel überdauerten einen simplifizierenden Umbau des Innenraums in den 1970er Jahren.

Die Orgel befindet sich auf der mächtigen, alle drei Schiffe querenden Ostempore. Erbaut im Jahr 1905 gehört sie zur originären Ausstattung der Kirche. Sie ist das größte erhaltene Instrument der Werkstatt Wilhelm Ratzmann aus dem benachbarten Gelnhausen und weist überdies unter diesen Orgeln die größte Zahl erhaltener Register des Originalbestands auf. Ihr hoher Denkmalwert begründete die Förderung der Restaurierung als eines der ersten Projekte des gemeinsamen Förderprogramms. Bemerkenswert ist die damals richtungsweisende Entscheidung aller Beteiligten, die pneumatische Traktur und den entsprechenden Spieltisch des nur 27 Jahre zuvor elektrifizierten Instruments zu rekonstruieren.

GESCHICHTE:

1905 Bau der Orgel durch Wilhelm Ratzmann, Gelnhausen.

1917 Abgabe der 45 Prospektpfeifen.

1931 Einbau neuer Prospektpfeifen aus Zink durch Richard Schmidt, Gelnhausen.

1949 Umdisponierung und Einbau eines elektrischen Gebläsemotors durch Alban Späth, Fulda.

1973 Elektrifizierung der Trakturen durch Bernhard Schmidt, Gelnhausen.

2002 Restaurierung durch Orgelbau Weiß, Zellingen; hierbei Rekonstruktion der ursprünglichen Disposition, des Prospekts in Zinn sowie der pneumatischen Trakturen und des Spieltischs. Das 1949 umgebaute Register Fugara 4‘ wurde von der evangelischen Kirchengemeinde Buchenau (Eiterfeld) aus dem Bestand ihrer abgebauten Ratzmann-Orgel zur Verfügung gestellt.

DISPOSITION:

I. Hauptwerk *C–f‘‘‘*		***II. Oberwerk*** *C–f‘‘‘*		***Pedal*** *C–d‘*	
Bourdon	16‘	Geigenprinzipal	8‘	Subbass	16‘
Prinzipal	8‘	Lieblich Gedeckt	8‘	Violon	16‘
Hohlflöte	8‘	Harmonieflöte	8‘	Violon	8‘
Viola da Gamba	8‘	Aeoline	8‘		
Octave	4‘	Vox céleste	8‘		
Rohrflöte	4‘	Traversflöte	4‘		
Octave	2‘	Fugara	4‘		
Mixtur 4fach	2 2/3‘				
Trompete	8‘				

Koppeln: Manualkoppel II–I, Pedalkoppel I, Pedalkoppel II.

Spielhilfen: Piano, Mezzo-Forte, Tutti, Auslöser (Druckknöpfe).

Pneumatische Kegelladen.

LITERATUR:

Nikolaus E. Pfarr: *Die Orgel der katholischen Pfarrkirche St. Markus Altenmittlau*, Hanau/Steinheim 2002.

Markus Noll, *Die Ratzmann-Orgel in der St.-Markus-Kirche in Altenmittlau*, in: *Freigerichter Heimatblätter Dezember 2021* – Nr. 45.

ADRESSE DER KIRCHE:

Kegelbahnstraße 60, Altenmittlau, 63579 Freigericht

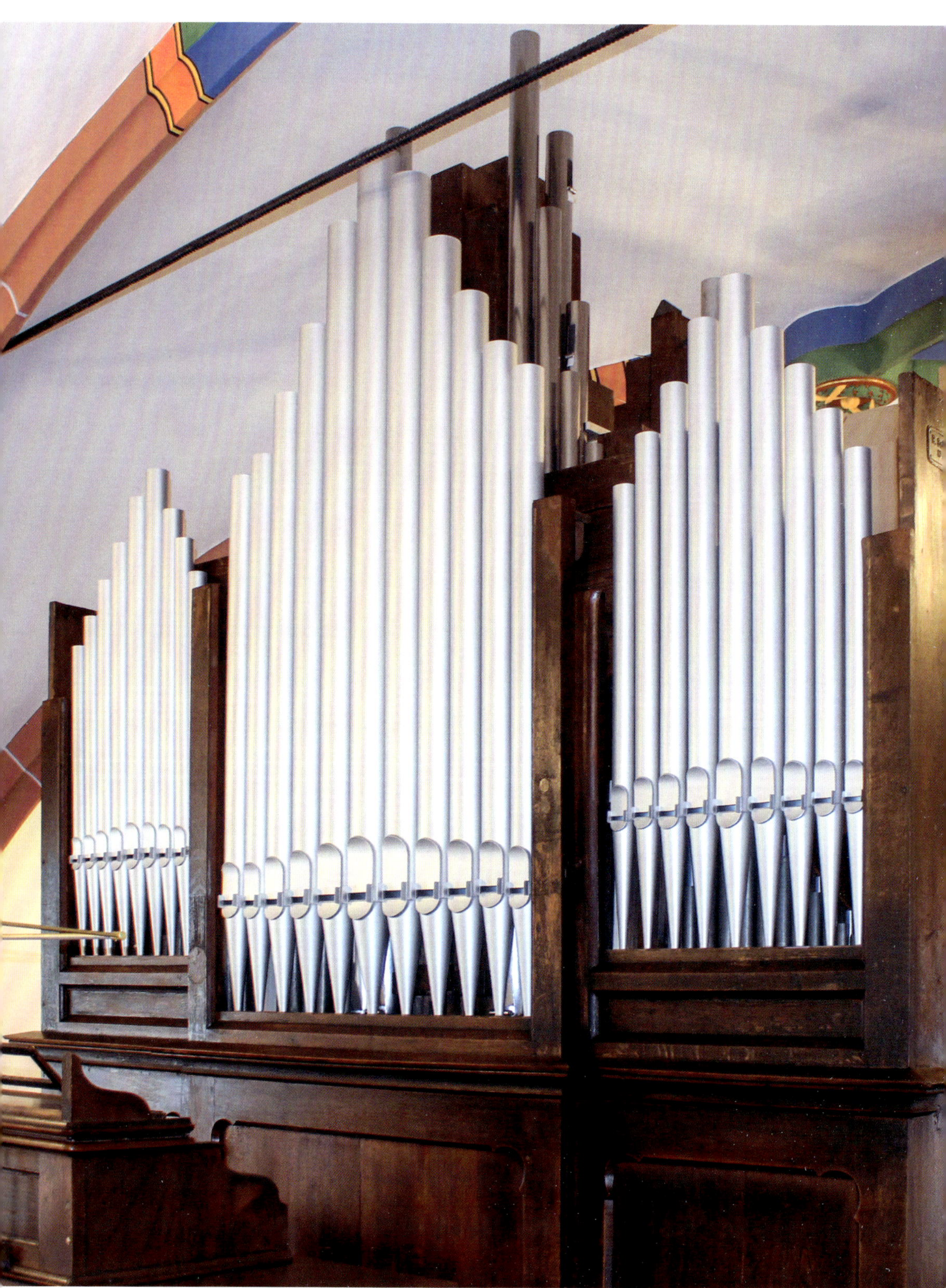

ASSMANNSHAUSEN (RÜDESHEIM)

Katholische Kirche Heilig Kreuz
Martin Joseph Schlimbach, Würzburg, 1880

BISTUM LIMBURG
RHEINGAU-TAUNUS-KREIS
Jahr der Förderung: 2019

Die katholische Kirche Heilig Kreuz in Assmannshausen gründet auf einem Kirchenbau aus dem 14. Jahrhundert. Die Chorturmkirche wurde im 19. Jahrhundert im Verständnis der Zeit restauriert und um ein Joch nach Westen erweitert. Das nunmehr vierjochige Kirchenschiff mit eingezogenem Chor und Fünfachtelschluss ist mit einem breiten Kreuzrippengewölbe überspannt. Das im Jahr 1872 in den neogotischen Hochaltar eingefügte Gemälde aus dem späten 15. Jahrhundert mit der Darstellung des Tods Mariens wird der Schule Matthias Grünewalds zugeschrieben. Die beiden gleichfalls erhaltenen Seitenaltäre aus dem 16. Jahrhundert wurden bereits im 18. Jahrhundert mit Altargemälden versehen.

Die im Jahr 1880 von der Würzburger Werkstatt Schlimbach gebaute Orgel erfuhr im Lauf ihrer Geschichte zwar nur wenig Veränderungen, verfiel aber aufgrund fehlender Pflege. Nachdem zu einem unbekannten Zeitpunkt Teile des Gehäuses – wohl wegen Holzwurmbefalls – entfernt worden waren, wurde im Jahr 1976 ein dringend reparaturbedürftiger Zustand festgestellt. Statt der damals schon im Raum stehenden Restaurierung wurde aber eine elektronische Orgel angeschafft, die im Jahr 2015 durch eine weitere elektronische Orgel ersetzt wurde. Die Lautsprecher wurden zum Teil im Inneren der Schlimbach-Orgel aufgestellt. Erst im Jahr 2018 entschied sich die Gemeinde zur Wiederherstellung ihres wertvollen Instruments, das inzwischen massiv von Schimmel befallen war. Mit der im Jahr 2019 geförderten Restaurierung konnte die letzte im Bistum Limburg erhaltene Schlimbach-Orgel gerettet und ihre technische und klangliche Substanz wiederhergestellt werden.

GESCHICHTE:

1880	Bau der Orgel durch Martin Joseph Schlimbach, Würzburg.
1917	Abgabe der Prospektpfeifen.
unbekannter Zeitpunkt	Einbau neuer Prospektpfeifen in Zink; Entfernen des Obergehäuses; klangliche Umstellungen: Versetzen der Rohrflöte 4‘ vom I. ins II. Manual; Verzicht auf Salicional, Dolce und Violonbaß und Abschneiden der Pfeifen zur Gewinnung der Register Quinte 2 2/3‘ (I), Principal 2‘ (II) und Octav 4‘ (Pedal); Umstellung des Cornett zu einer Mixtur.
1976	Stilllegung des unspielbar gewordenen Instruments und Ersatz durch eine elektronische Orgel.
2015	Anschaffung einer anderen elektronischen Orgel.
2020/21	Restaurierung durch Orgelbau Vleugels, Hardheim.

DISPOSITION:

***I. Manual** C–f‘‘‘*		***II. Manual** C–f‘‘‘*	
Bourdon	16‘	Dolce	8‘ schwebend gestimmt
Prinzipal	8‘	Salicional	8‘ *
Gamba	8‘ *	Flöte	8‘
Gedackt	8‘	Pedal C–c‘	
Oktave	4‘	Subbaß	16‘
Rohrflöte	4‘	Violonbaß	16‘ *
Cornett 4fach		Violoncell	8‘ *

* durch Anlängen wieder hergestellt

Manualkoppel, Pedalkoppel I, Feste Kombinationen: Piano, Forte, Tutti.

Kegelladen, mechanische Spiel- und Registertraktur. Spieltisch mit Blick zum Altar vor dem Gehäuse.

ADRESSE DER KIRCHE:

Lorcher Str. 2, Assmannshausen, 65385 Rüdesheim am Rhein

AUFENAU (WÄCHTERSBACH)

Katholische Kirche Zur Schmerzhaften Mutter Gottes

Wilhelm August Ratzmann, Gelnhausen, 1880

BISTUM FULDA
MAIN-KINZIG-KREIS
Jahr der Förderung: 2003

Die katholische Kirche in Aufenau wurde im 15. Jahrhundert als spätgotischer Saalbau an der Stelle einer im Jahr 1167 erstmals erwähnten Basilika errichtet. An den Saal schließt sich ein eingezogener, langer Chorraum mit Fünfachtelschluss an. Nach einem Brand wurde der leicht seitlich vorgelagerte Westturm im Jahr 1755 erhöht und mit einem Doppelzwiebelhelm bedeckt. Das Kirchenschiff besitzt eine kassettierte Flachdecke, während der Chor eingewölbt ist. Dort befindet sich mit einem spätgotischen, bei geöffneten Flügeln die Krönung Mariens darstellenden Flügelaltar aus der zweiten Hälfte des 15. Jahrhunderts eines der beiden wertvollsten Ausstattungsstücke der Kirche. Das andere ist die ihm gegenüber, auf der Westempore stehende Orgel aus dem Jahr 1880, ein Werk aus der Werkstatt von Wilhelm August Ratzmann und seinen beiden, nach dem Vater benannten Söhnen Wilhelm und August Ratzmann in Gelnhausen.

Das mit einem neogotischen Gehäuse umgebene Instrument wurde nur einmal modernisiert, als im Jahr 1970 die Windanlage verkleinert und geringfügige Änderungen im klingenden Bestand vorgenommen wurden. Nachdem die Störungen und Schäden durch einen lange nicht hinreichend behandelten Holzwurmbefall gravierend wurden, entschied man sich im Jahr 1992 dafür, die Orgel stillzulegen und ein elektronisches Ersatzinstrument anzuschaffen. Der Spieltisch wurde zwar vom Gehäuse getrennt, aber glücklicherweise aufbewahrt. Auch das Orgelwerk wurde nicht beschädigt. Da sich die elektronische Orgel sehr bald als musikalisch und liturgisch unangemessen erwies, konnte die Ratzmann-Orgel bereits zwölf Jahre nach ihrem Verstummen restauriert und in ihren ursprünglichen Zustand versetzt werden.

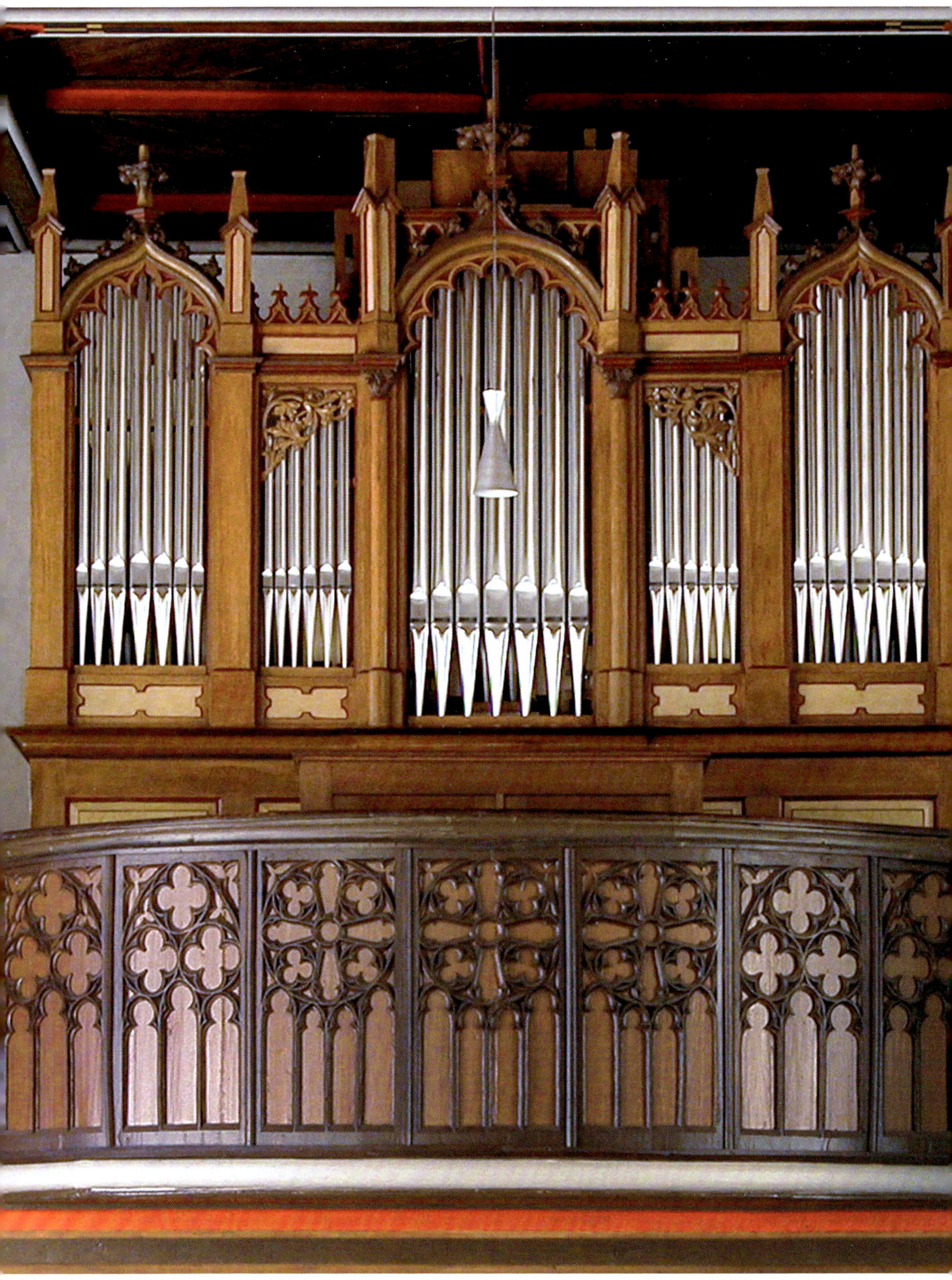

GESCHICHTE:

1880	Bau der Orgel durch Wilhelm August Ratzmann, Gelnhausen.
1914	Pflegevertrag mit August Ratzmann.
1917	Ablieferung der Prospektpfeifen.
unbekannter Zeitpunkt	Einbau neuer Prospektpfeifen aus Zink.
1970	Einbau eines elektrischen Gebläsemotors und Verkleinerung der Windanlage; Austausch des Bourdon 16‘ gegen ein 2‘-Register, Rückung und Ergänzung des Gemshorn von 4‘ zu 2‘.
1992	Abbau des Spieltischs, Stilllegung der Orgel und Ersatz durch ein elektronisches Instrument.
2004/05	Restaurierung durch Orgelbau Andreas Schmidt, Altenhaßlau (Linsengericht).

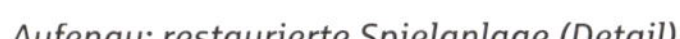

Aufenau: restaurierte Spielanlage (Detail).

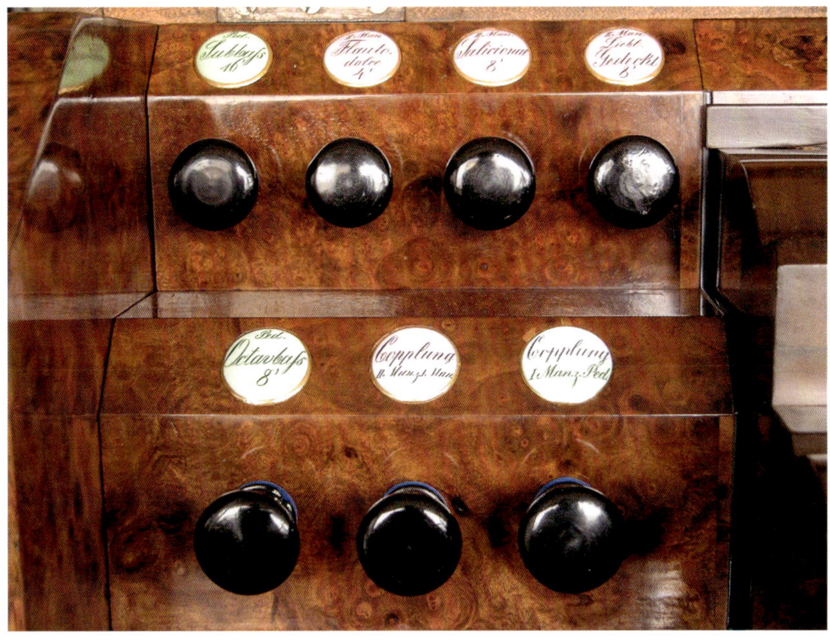

DISPOSITION:

I. Manual *C–f'''*

Bourdon	16'	rekonstruiert
Principal	8'	17 Pfeifen im Prospekt rekonstruiert
Flöte	8'	8 Pfeifen rekonstruiert
Viola di Gamba	8'	
Oktave	4'	16 Pfeifen im Prospekt rekonstruiert
Gemshorn	4'	12 Pfeifen rekonstruiert
Mixtur 3fach	2 2/3'	

II. Manual *C–f'''*

Lieblich Gedackt	8'
Salicional	8'
Flauto dolce	4'

Pedal *C–d'*

Subbaß	16'
Octavbaß	8'

Koppeln: II–I, I–Pedal.

Feste Kombinationen: Mezzoforte, Tutti.

Mechanische Kegelladen.

ADRESSE DER KIRCHE:

Leipziger Straße, Aufenau, 63607 Wächtersbach

BAD KÖNIG

Evangelische Kirche
Johann Georg Hugo, Aschaffenburg, 1751

EVANGELISCHE KIRCHE IN HESSEN UND NASSAU
ODENWALDKREIS
Jahr der Förderung: 2022

Oberhalb des Ortskerns gelegen, geht die evangelische Kirche in Bad König auf eine Wehrkirchenanlage zurück, die ab dem Jahr 1556 in den Bau des Schlosses integriert wurde. Ihre heutige Gestalt erhielt sie in den Jahren 1750 und 1751. Den nach Süden ausgerichteten Saalbau umläuft eine dreiseitige Empore, die über dem Portal doppelstöckig ausgebaut ist. Den ihm gegenüber liegenden Chor dominieren die in einer Achse übereinander angeordneten liturgischen Hauptelemente Altar, Kanzel und Orgel.

Die im Jahr 1710 noch für die Vorgängerkirche erworbene Orgel war ein kleines Werk mit sechs Registern aus der Werkstatt von Johann Jost Schleich aus Lohr am Main. Beim Bau einer neuen Orgel im Jahr 1751 übernahm Johann Georg Hugo aus Aschaffenburg dieses Instrument und integrierte es als Rückpositiv in sein neues, zweimanualiges Werk. In den Jahren 1958 und 1968 wurden erhebliche Eingriffe in den technischen und klanglichen Bestand vorgenommen. Überdies wurde im Jahr 1968 ein freistehender elektrischer Spieltisch auf der gegenüberliegenden Emporenseite eingebaut.

Im Zuge der geförderten Restaurierung in den Jahren 2022 und 2023 wurden die technisch wesensfremden Um- und Zubauten des 20. Jahrhunderts entfernt und die erhaltenen Teile von Schleich und Hugo restauriert. Statt einer Rückführung auf den historischen Zustand des Jahres 1751 entschied man sich für eine behutsame Erweiterung. Hierzu wurde eine historische Windlade mit zum Teil bauzeitlichen Registern im Unterbau des Hauptgehäuses aufgestellt. Dieses „Farbwerk“ besitzt keine eigene Klaviatur, kann aber an die bestehenden Teilwerke angekoppelt werden, die wiederum mit Sperrventilen ausgestattet sind. Der Bauweise des 18. Jahrhunderts entsprechend wurde die Pedalkoppel mit eigenen Ventilen und einem ebenfalls über ein Sperrventil schaltbaren Windkasten versehen.

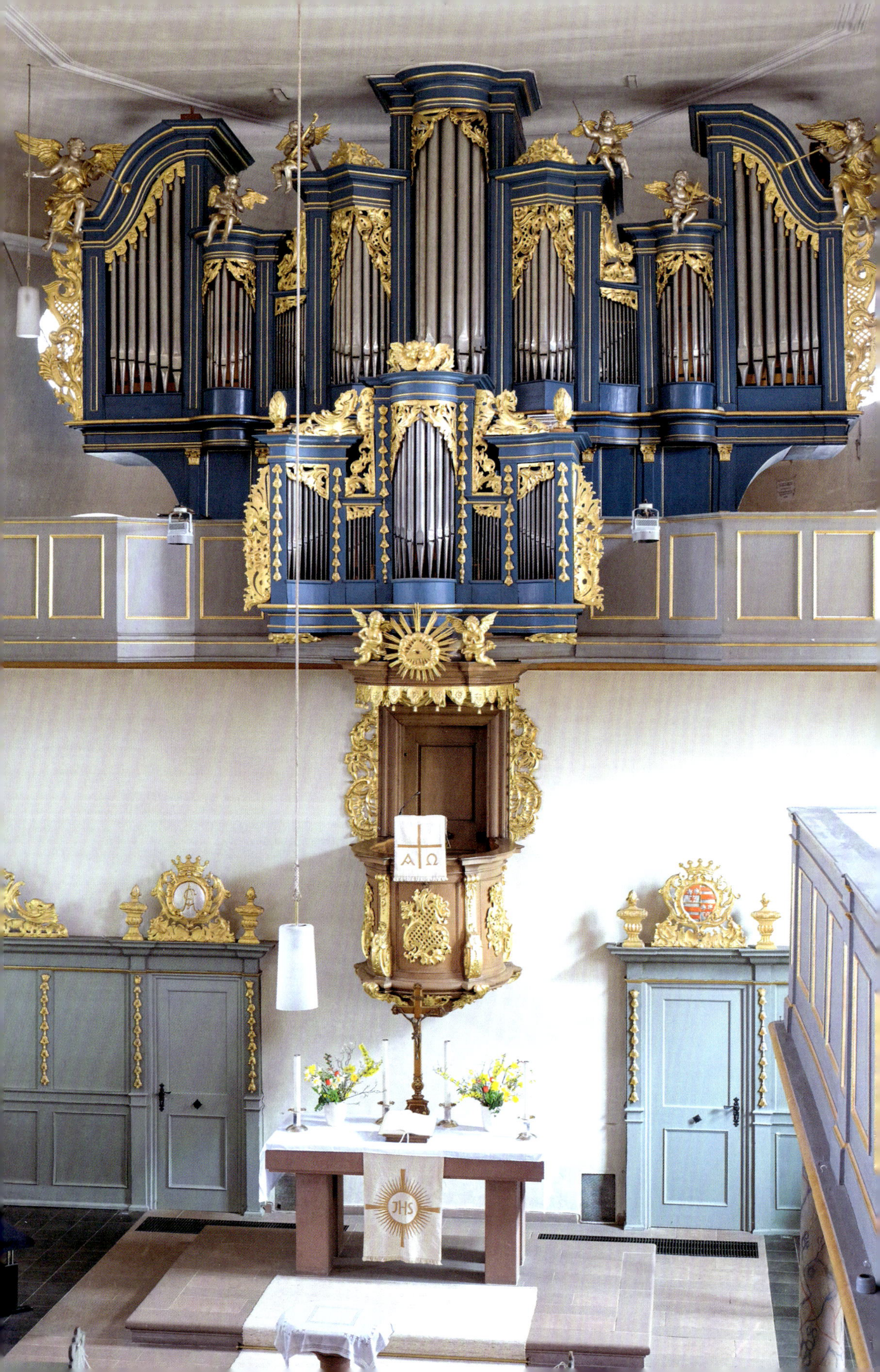
A Ω
JHS

Das Rückpositiv der Orgel in der evangelischen Schlosskirche in Bad König ist das letzte sichtbare Zeugnis für das Wirken der bedeutenden Werkstatt von Johann Jost Schleich. Dies und seine Einbettung in ein bereits im 18. Jahrhundert erweitertes Instrument der nicht weniger bedeutenden Werkstatt Hugo begründet dessen hohen Denkmalwert. In Verbindung mit der Restaurierung wurde das in ihm angelegte Klangkonzept konsequent fortgeführt und vollendet.

GESCHICHTE:

Juni 1700	Bau eines Positivs durch Johann Jost Schleich aus Lohr.
21. Oktober 1751	Einweihung der neuen Orgel aus der Werkstatt von Johann Georg Hugo aus Aschaffenburg in der vergrößerten Kirche; die Windlade und das Pfeifenwerk des Positivs von Schleich wurden als Rückpositiv der neuen Orgel wiederverwendet.
1826	Reparatur.
1890	Ergänzung der Schnitzereien an der Orgel.
1892	Beschreibung der Orgel durch Heinrich Bechstein, Groß-Umstadt.
1893	Reparatur durch Heinrich Bechstein.
1930	Bericht und Zustandsbeschreibung durch Heinrich Bechstein d. J., Groß-Umstadt.
nach 1945	Verlust mehrerer Register und Pfeifenreihen.
1954/55	Bestandsaufnahme durch Horst Bauer.
1958	Umbau durch Werner Bosch, Sandershausen (Niestetal); hierbei wurden die alten Klaviaturen, die Mechanik, die Windkästen/Beutelbretter sowie das gesamte Pfeifenwerk von Johann Georg Hugo entfernt.
1968	Erweiterung durch Werner Bosch und Einrichtung eines elektrischen Spieltischs auf der gegenüberliegenden Empore.
1990	Stabilisierung des Prospekts und Reparatur durch Förster & Nicolaus Orgelbau, Lich.
2022/23	Rückbau der Veränderungen des 20. Jahrhunderts, Restaurierung der historischen Bauteile und Erweiterung durch Förster & Nicolaus Orgelbau, Lich.

DISPOSITION:

***II. Manual* Hauptwerk** *C, D–c'''*

Principal	8'
Viola di Gamba	8'
Flöte amur	8'
Quintathöna	8'
Octava	4'
Quinta	3'
Superoctav	2'
Sesquialtera 2fach	
Mixtur 4fach	
Trompet	8'

***I. Manual* Rückpositiv** *C, D–c'''*

Gedackt	8'
Principal	4'
Spitzflöt	4'
Octava	2'
Quinta	1 1/2'
Mixtur 3fach	
Tremolo dusma	

Farbwerk *C, D–c'''*

Großgedackt	8'
Solicional	8'
Bifhara	8'
Kleingedackt	4'
Viole	4'
Flaut	2'
Vox humana	8'
Oboe amur	8'
Tremolo forte	

Pedal *C, D–d'*

Subbaß	16'
Principalbaß	8'
Octavbaß	8'

Fortepedal *C, D–d' (hinterständig)*

Quintbaß	6'
Octavbaß	4'
Posaunbaß	16'
Trompetbaß	8'

Coppel	Schiebekoppel	RP / HW
Coppel	als Zug	HW / Ped
Coppel	als Tritt	Farbwerk / RP
Coppel	als Tritt	Farbwerk / HW
Sperrventil	als Tritt	HW
Sperrventil	als Tritt	RP
Sperrventil	als Tritt	Farbwerk (Pedal)
Sperrventil	als Tritt	Fortepedal
Calcantenruf	als Zug	

Mechanische Schleifladen.

ADRESSE DER KIRCHE:

Schloßplatz 3, 64732 Bad König

BÄRSTADT (SCHLANGENBAD)

Evangelische Martinskirche
Werkstatt Stumm, Rhaunen, 1770

EVANGELISCHE KIRCHE IN HESSEN UND NASSAU
RHEINGAU-TAUNUS-KREIS
Jahr der Förderung: 2015

Die unteren Geschosse des Westturms der evangelischen Martinskirche in Bärstadt weisen noch romanische Bauformen auf. Bei der Erhöhung des Turms im 19. Jahrhundert wurden diese aufgegriffen und in den neoromanischen, gekuppelten Schallöffnungen mit Mittelsäulen und Würfelkapitellen fortgesetzt. An den Turm wurde in den Jahren 1709 bis 1717 das barocke Schiff angefügt, das als Saalkirche mit vierseitig umlaufender Empore gestaltet ist. Der Kirchenraum ist mit einem Flachtonnengewölbe überspannt und wird von hohen Rundbogenfenstern erhellt. Bemerkenswert sind das erhaltene spätgotische Taufbecken und die drei im 15. Jahrhundert gegossenen Glocken.

Die in die Emporenbrüstung eingelassene und diese überhöhende Orgel ist an der Schmalseite über dem Altar und der Kanzel angeordnet und dominiert damit den Kirchenraum. Sie wurde in den Jahren 1769 bis 1771 von der Orgelwerkstatt Stumm aus Rhaunen im Hunsrück gebaut.

Bereits im Jahr 1971 wurde die Orgel ein erstes Mal restauriert. Im Rahmen der im Jahr 2015 geförderten erneuten Restaurierung wurden neben der turnusmäßigen Reinigung auch Desiderate der Erstrestaurierung aufgegriffen und die Maßnahmen zur Erhaltung des Instruments damit dem jüngeren Kenntnisstand entsprechend fortgesetzt und vollendet.

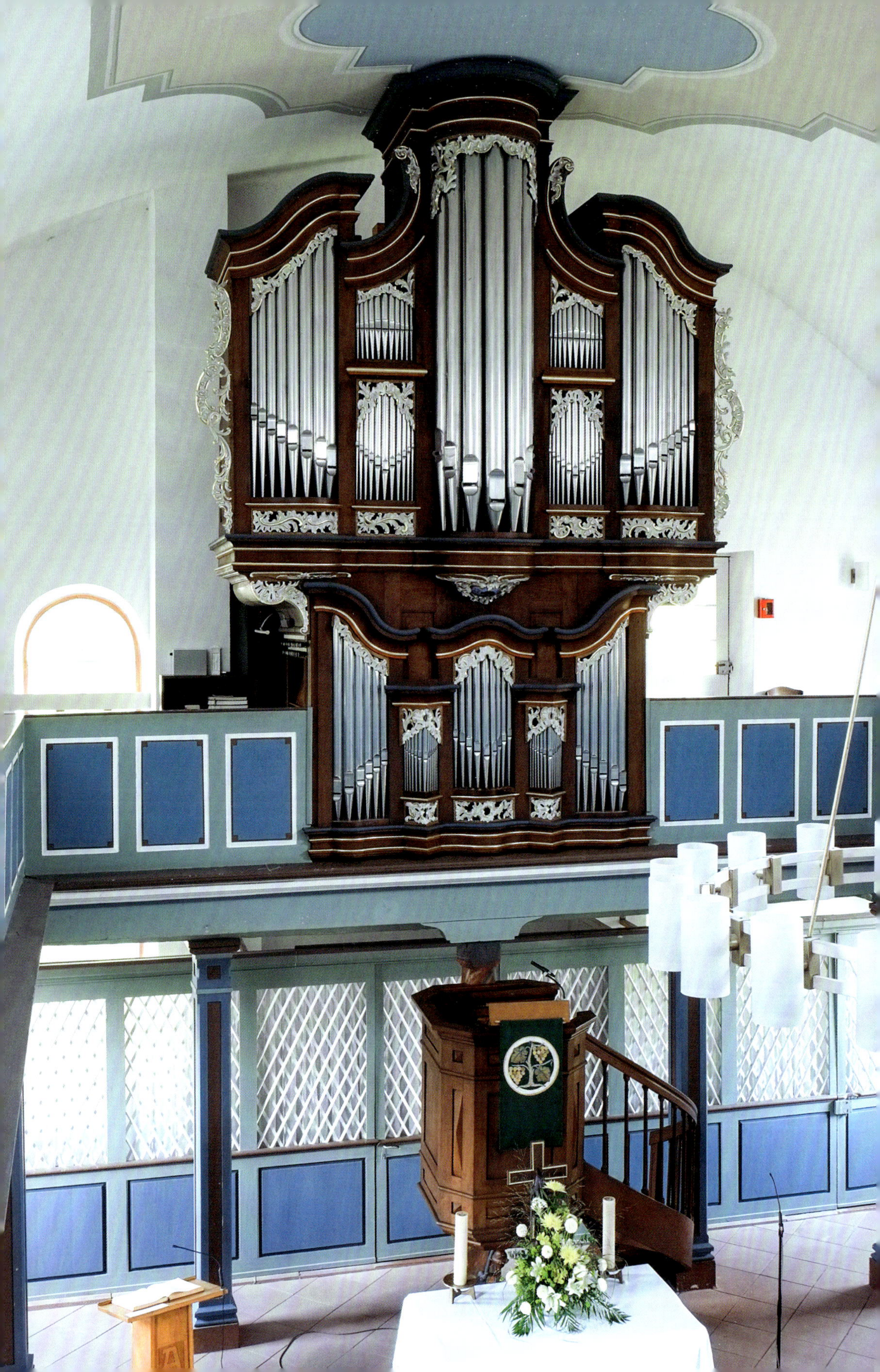

GESCHICHTE:

1769 bis 1771	Bau der Orgel durch die Orgelbauwerkstatt Stumm aus Rhaunen.
1971	Restaurierung durch Rudolf von Beckerath, Hamburg.
1987	Feststellung von Schäden am Pfeifenwerk durch unsachgemäßes Stimmen.
2009	Sicherung der Orgel anlässlich der Erneuerung der Heizungsanlage in der Kirche durch die Berliner Orgelbauwerkstatt Schuke.
Februar bis Juli 2016	Restaurierung durch Förster & Nicolaus Orgelbau, Lich: Einbau eines neuen Einfaltenmagazinbalgs anstelle der Windladenschwimmer, Abdichten der Windladen und gründliche Instandsetzung des Pfeifenwerks.

DISPOSITION:

II. Manual **Hauptwerk** *C–d'''*		
Principal	8'	1971
Bourdon	8'	
Viola di Gamba	8'	
Octav	4'	
Sollicional	4'	
Floet	4'	
Quint	3'	
Superoctav	2'	
Tertz	1 3/5'	
Mixtur 4fach	1'	
Trompet (Bass/Diskant)	8'	

I. Manual **Unterwerk** *C–d'''*		
Gedackt	8'	
Flaut Travers (Diskant)	8'	1971
Principal	4'	1971
Floet	4'	
Octav	2'	
Quint	1 1/2'	repetiert im Diskant zu 3'
Trompet (Diskant)	8'	
Vox Humana	8'	1971
Tremulant		

Pedal *C–d°*		
Subbaß	16'	
Octavbaß	8'	
Posaune	16'	1971

Manualschiebekoppel, Pedalkoppel (Hauptwerk).

Mechanische Schleiflade.

Stimmtonhöhe: a' = 456 Hz bei 18 °C.

ADRESSE DER KIRCHE:

Schützenstraße, Bärstadt, 65388 Schlangenbad

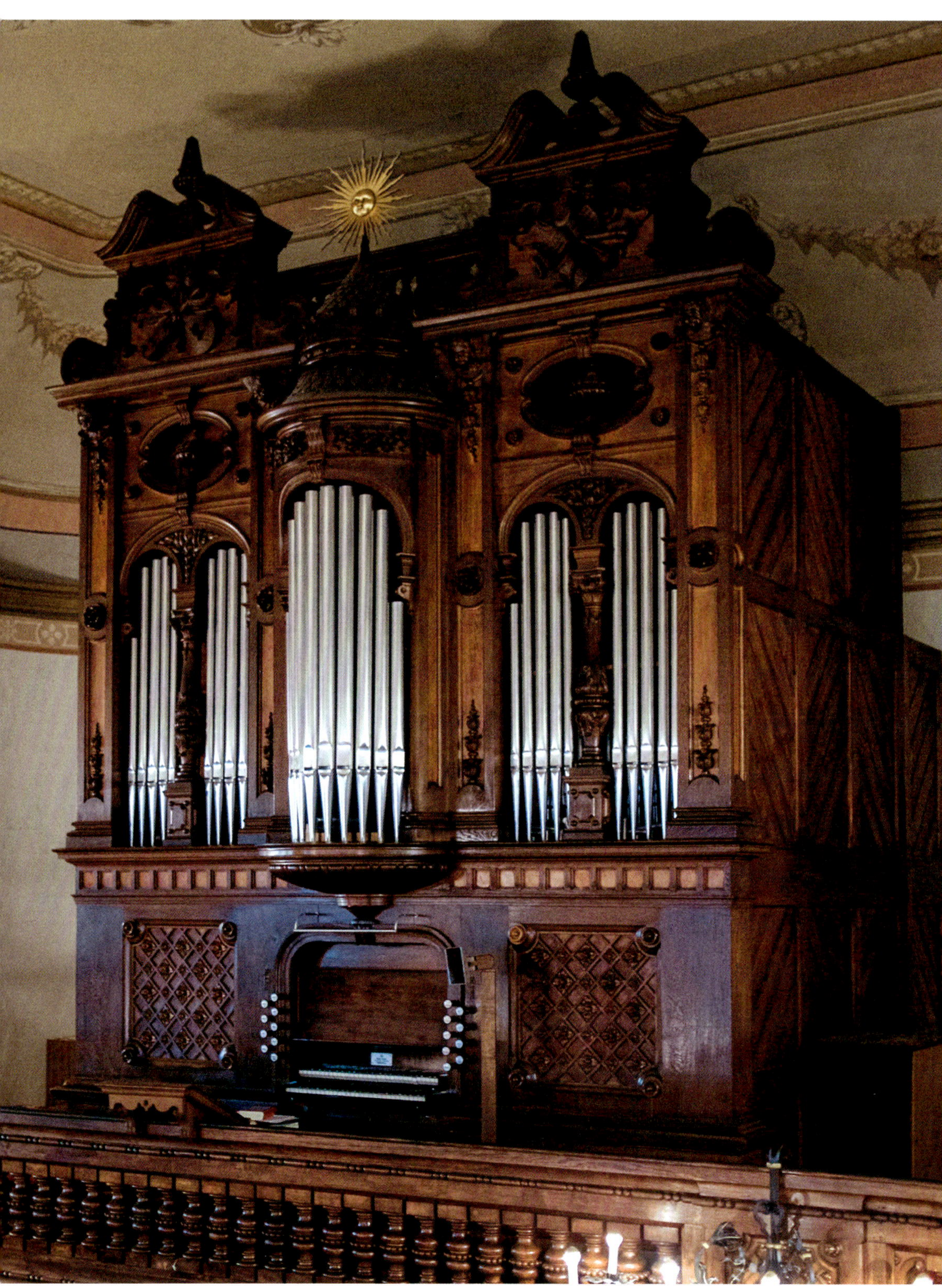

BALHORN (BAD EMSTAL)

Evangelische Kirche
Gebrüder Euler, Gottsbüren, 1895

EVANGELISCHE KIRCHE VON KURHESSEN-WALDECK
LANDKREIS KASSEL
Jahr der Förderung: 2007

Die evangelische Kirche in Balhorn besteht aus einem mittelalterlichen Chorturm und einem ursprünglich von Giovanni Ghezzi in den Jahren 1743 bis 1748 errichteten Schiff. Dieses wurde im Jahr 1894 von Gustav Schönermark umgestaltet und ist in dieser Form erhalten.

Aus der Schönermarkschen Umbauphase stammt auch die Orgel, so dass sie sich in ihrer historisierenden Ausgestaltung des Prospekts in das Raumkonzept einfügt und gemeinsam mit den übrigen Ausstattungsstücken Teil eines Gesamtkunstwerks bildet. Das Instrument wurde im Jahr 1895 in der Werkstatt der Gebrüder Euler in Gottsbüren gebaut und mit mechanischen Schleifladen gefertigt, was auf die traditionelle Bauweise der Eulerschen Werkstatt verweist.

Im Zuge der im Jahr 2007 geförderten Restaurierung wurde der technische und klangliche Bestand der Orgel auf den Zustand vor den Veränderungen seit dem Jahr 1955 zurückgeführt.

GESCHICHTE:

1895	Bau der Orgel durch die Gebrüder Euler, Gottsbüren.
1955	Überholung und Umgestaltung durch die Werkstatt Hammer, Hannover; hierbei Erniedrigung des Winddrucks und klangliche Umgestaltung.
1968	Reparatur durch Werner Bosch Orgelbau, Sandershausen (Niestetal): Erneuerung der Pulpeten (Blei).
1970	Reparatur von Trocknungsrissen sowie Einbau von Teleskophülsen und Ausgleichsbälgen unter den Windladen durch Karl Lötzerich, Ippinghausen (Wolfhagen).
2007/2008	Restaurierung durch Elmar Krawinkel, Trendelburg.

DISPOSITION:

I. Manual *C-f'''*		***II. Manual*** *C-f'''*		***Pedal*** *C-d'*	
Bordun (ab c°)	16'	Geigenprincipal	8'	Subbaß	16'
Principal	8'	Lieblich Gedact	8'	Octavbaß	8'
Hohlflöte	8'	Salicional	8'	Violon	8'
Gambe	8'	Flauto amabile	4'		
Flöte	4'				
Mixtur 4fach	2'				

Manualkoppel, Pedalkoppel I–Pedal.

Mechanische Schleifladen, strahlenförmig ablaufende Spieltraktur.

ADRESSE DER KIRCHE:

Fritzlarer Straße 2, Balhorn, 34308 Bad Emstal

BIEBER (BIEBERGEMÜND)

Evangelische Laurentiuskirche

Gebrüder Ratzmann, Gelnhausen, 1890

EVANGELISCHE KIRCHE VON KURHESSEN-WALDECK
MAIN-KINZIG-KREIS
Jahr der Förderung: 2016

Die evangelische Laurentiuskirche in Bieber ist Teil einer oberhalb des Dorfes gelegenen, ehemaligen Wehranlage. Heute ist sie Friedhofskirche. Ihr ältester sichtbarer Bauteil ist der romanische Chorturm aus dem 12. Jahrhundert. Das ursprünglich romanische Schiff wurde nach der Zerstörung im Dreißigjährigen Krieg im Jahr 1660 wieder aufgebaut und verbreitert. Im Jahr 1756 wurde ein großer Anbau an der Südseite angefügt und der Kirchenraum damit nach Süden ausgerichtet. Das Altarbild stammt noch aus dem Jahr 1660, die übrige Innenausstattung des Quersaals aus der Umbauphase Mitte des 18. Jahrhunderts.

Die Orgel der Laurentiuskirche steht auf der Empore seitlich des Triumphbogens und ist als Brüstungsorgel in die Empore integriert. Das seitenspielige Instrument wurde 1890 von den Gebrüdern Ratzmann aus Gelnhausen gebaut. Der traditionellen Bauweise dieser Werkstatt entsprechend besitzt die Orgel in Bieber noch mechanische Kegelladen, während andernorts zu dieser Zeit schon häufig pneumatisch angesteuerte Instrumente gebaut wurden.

Die Laurentiuskirche ist die zweite Kirche im Besitz der Kirchengemeinde. Daher werden Baumaßnahmen an ihr nicht von der Landeskirche unterstützt. Daher hat sich in Bieber der Förderverein Laurentia e.V. gegründet, dessen Ziel die finanzielle Förderung zur Erhaltung der Kirche und Ihrer Ausstattung ist und der auch zur Orgelrestaurierung von 2017/18 wesentlich beigetragen hat.

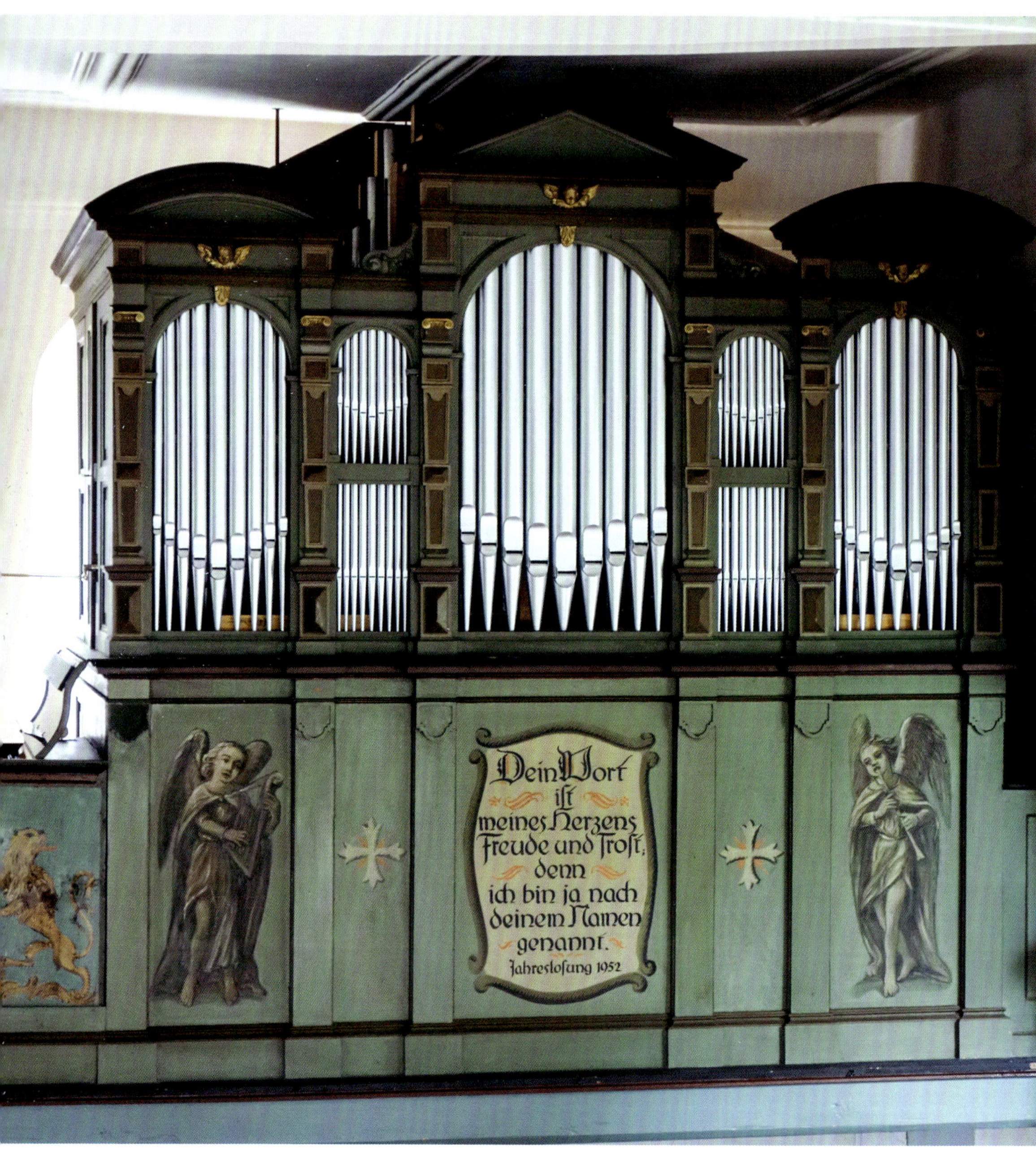
Dein Wort
ist
meines Herzens
Freude und Trost;
denn
ich bin ja nach
deinem Namen
genannt.
Jahreslosung 1952

GESCHICHTE:

1890	Erbauung der Orgel durch die Gebrüder Ratzmann, Gelnhausen.
1917	Abgabe der Prospektpfeifen.
ohne Jahresangabe	Einsetzen von Prospektpfeifen aus Zink.
1952	Reparaturen und Übermalung der ursprünglich aufgemalten Holzimitation.
1989/90	Reparaturen.
2017/18	Restaurierung durch Orgelbau Andreas Schmidt, Altenhaßlau (Linsengericht). Dabei wurde der Zinkprospekt erhalten und bronciert.

DISPOSITION:

I. Manual *C-f'''*

Principal	8'
Floete	8'
Viola di Gamba	8'
Oktave	4'
Cornett 3-fach	

II. Manual *C-f'''*

Gedeckt	8'
Salicional	8'
Floete	4'

Pedal *C-d'*

Subbaß	16'
Violonbaß	8'

Koppeln: I–II, I–Pedal (II koppelt durch).

Spielhilfe: Tuttitritt.

Mechanische Kegelladen. Seitenspielig links.

Stimmtonhöhe: 433,2 Hz bei 15,1 °C. Gleichstufige Stimmung.
Winddruck: 76 mmWs.

ADRESSE DER KIRCHE:

Am Römerberg 10, Bieber, 63599 Biebergemünd

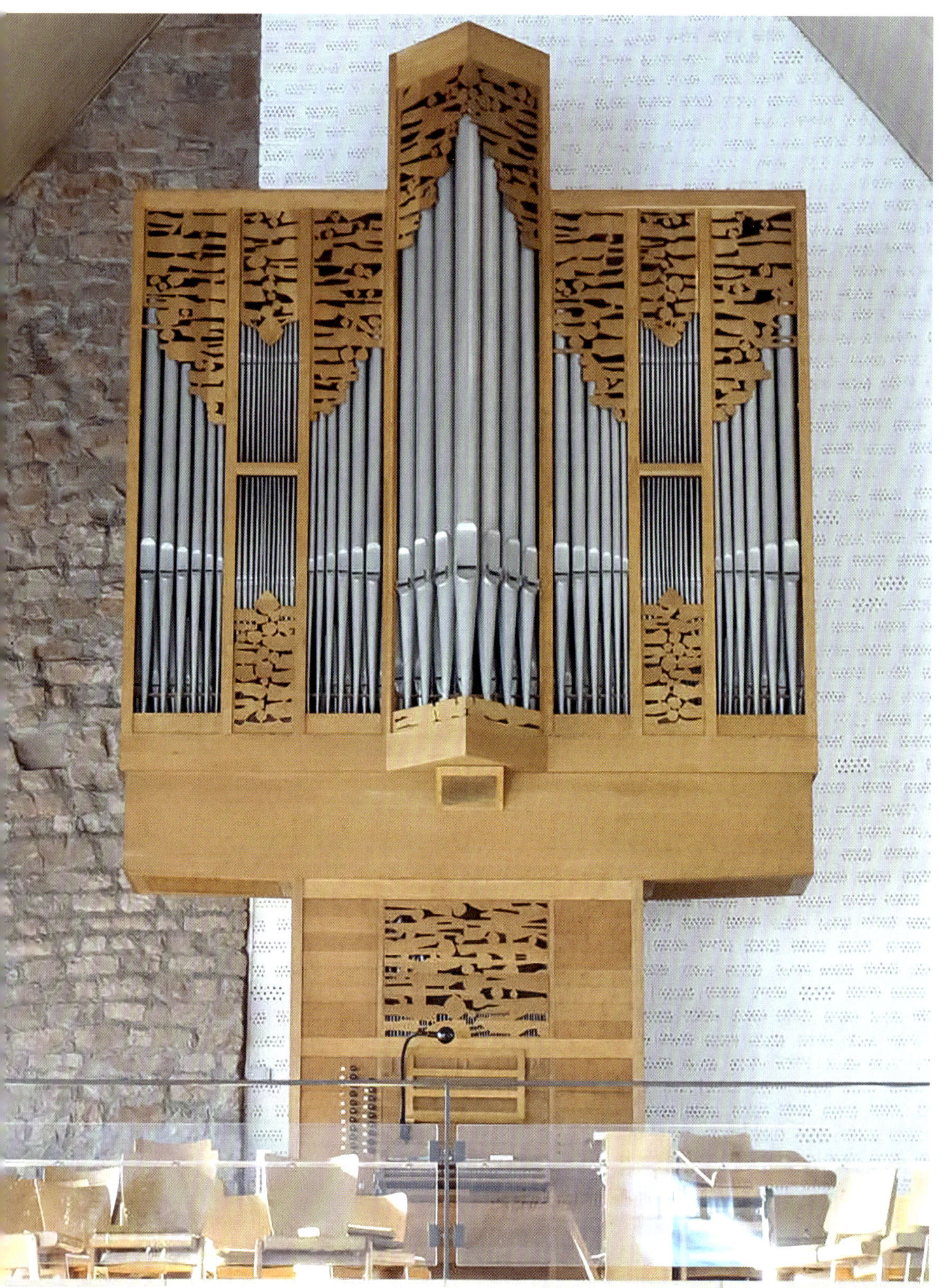

BOTTENDORF (BURGWALD)

Evangelische Martinskirche
Gerald Woehl, Marburg, 1972

EVANGELISCHE KIRCHE VON KURHESSEN-WALDECK
WALDECK-FRANKENBERG
Jahr der Förderung: 2017

Die evangelische Kirche in Bottendorf besitzt neben einem hohen, ehemals wehrhaften Kirchturm romanischen Ursprungs ein in den Jahren 1967/68 neu errichtetes Kirchenschiff mit Zeltdach. Dieses wurde mit Buntglasfenstern aus der Werkstatt von Erhardt Jakobus Klonk in Oberrosphe (Wetter) ausgestattet. Vom Vorgängerbau wurden ein mittelalterliches Kruzifix, der barocke Kanzelkorb und die romanische Altarmensa übernommen.

Die Orgel steht auf der rückwärtigen Westempore. Sie wurde 1971/72 von Gerald Woehl aus Marburg gebaut. Sie besitzt einen flachen Prospekt mit sieben Feldern, allein der Mittelturm ragt in der Höhe und mit seiner spitzen Form hervor. Die Schleierbretter sind graphisch gestaltet und setzen hier selbstbewusste Akzente. Das Instrument wurde in einer technisch und klanglich hochwertigen Bauweise errichtet, die für den Orgelbau der frühen 1970er Jahre als wegweisend gilt. So wurde in fast allen Bereichen Vollholz verwendet, was zu dieser Zeit durchaus unüblich war. Die technische und die klangliche Ausrichtung orientieren sich an historischen Vorbildern des barock-klassischen Orgelbaus. Die Werkstatt Woehl ließ beim Bau der neuen Orgel in Bottendorf die zuvor im Bereich der Restaurierung historischer Instrumente gewonnenen Erkenntnisse einfließen.

Ziel der Restaurierung war es, die Orgel in ihrem Bestand zu bewahren und vor zukünftigen Umbauten zu schützen, um kommenden Generationen eine aufwendige Rückführung zu ersparen, wie sie vielerorts heute notwendig werden. Ein umfangreicher Bestandteil der Maßnahme war die Beseitigung erheblichen Schimmelbefalls.

GESCHICHTE:

1972	Bau der Orgel durch Gerald Woehl, Marburg.
1990/91	Schäden durch Überheizung des Kirchenraums; Reparatur durch die Erbauerwerkstatt.
2006/07	Erhebliche Verschmutzung durch Bauarbeiten.
2017	Restaurierung durch Orgelbau Andreas Schmidt, Altenhaßlau (Linsengericht).

DISPOSITION:

I Hauptwerk *C–g'''*

Prinzipal	8'	Prospekt
Rohrflöte	8'	
Oktave	4'	
Gemshorn	2'	
Mixtur IV–V	1 1/3'	
Trompete	8'	

II Brustwerk *C–g'''*

Gedackt	8'
Rohrflöte	4'
Prinzipal	2'
Terz	1 3/5'
Nasat	1 1/3'
Zimbel III	2/3'

Pedalwerk *C–f'*

Subbass	16'	
Prinzipal	8'	Transmission aus dem Hauptwerk
Rohrflöte	8'	Transmission aus dem Hauptwerk
Schalmay	4'	
Fagott	16'	

Normalkoppeln.

Mechanische Schleifladen.

ADRESSE DER KIRCHE:

Dorfstraße 5, Bottendorf, 35099 Burgwald

BOTTENHORN (BAD ENDBACH)

Evangelische Kirche

Friedrich Weigle (Sohn), Echterdingen, Opus 497, 1917

EVANGELISCHE KIRCHE IN HESSEN UND NASSAU
LANDKREIS MARBURG-BIEDENKOPF
Jahr der Förderung: 2009

Die evangelische Kirche in Bottenhorn wurde in den Jahren 1885 bis 1887 nach Plänen des Kreisbaumeisters Cramer aus Dillenburg errichtet. Ihr äußeres Erscheinungsbild wird durch das steinsichtige Bruchsteinmauerwerk aus heimischem Diabas bestimmt. Der historisierende Eindruck des Kirchengebäudes wird wesentlich von seinen Lanzettfenstern und dem hoch aufragenden Westturm geprägt. Im Inneren ist das Gebäude als einfache Saalkirche konzipiert und im eingezogenen Chorraum mit einem gotisierenden Rippengewölbe versehen. Bemerkenswert ist das zeittypisch im Kirchenraum sichtbare, hölzerne Dachtragwerk.

Nachdem man sich in Bottenhorn aus Kostengründen zunächst mit einem Harmonium beholfen hatte, baute erst im Jahr 1916 die Werkstatt Friedrich Weigle aus Echterdingen eine Orgel in die 30 Jahre alte Kirche. Das zweimanualige Instrument besitzt die für die Erbauerwerkstatt typischen, von ihr entwickelten und hergestellten Membranladen. Die Orgel in Bottenhorn ist technisch und klanglich unverändert erhalten geblieben und deshalb ein wichtiges Zeugnis der Orgelbaukunst des beginnenden 20. Jahrhunderts. Hauptbestandteil der Restaurierung war der Austausch der Membranen und anderer windführender Teile, die nach 90 Jahren ihre Lebenszeit erreicht hatten.

GESCHICHTE:

1916	Bau der Orgel durch Friedrich Weigle (Sohn), Echterdingen.
November/Dezember 2009	Restaurierung durch Förster & Nicolaus Orgelbau, Lich.

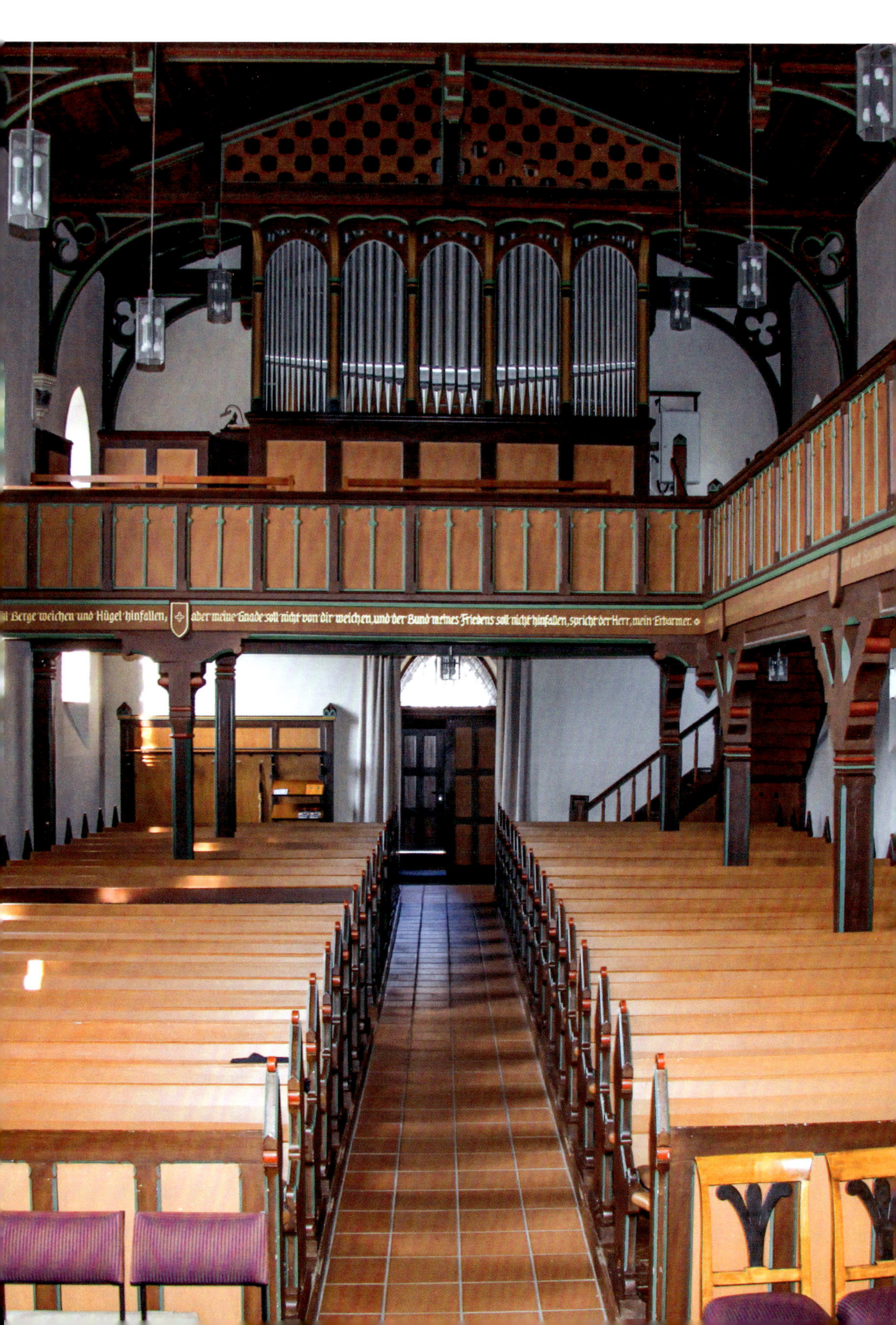
Berge weichen und Hügel hinfallen,
aber meine Gnade soll nicht von dir weichen, und der Bund meines Friedens soll nicht hinfallen, spricht der Herr, mein Erbarmer.

DISPOSITION:

***I. Manual* Hauptwerk** *C–g'''*

Prinzipal	8'	
Seraphonflöte	8'	
Gedeckt	8'	
Gamba	8'	Transmission
Oktave	4'	
Flauto travers	4'	Transmission
Oktave	2'	
Cornettmixtur 3fach		
Trompete	8'	Transmission

***II. Manual* Schwellwerk** *C–g''' (ausgebaut bis g'''')*

Lieblich Gedeckt	16'	
Bordun	8'	
Lieblich Flöte	8'	
Gamba	8'	
Aeoline	8'	
Vox coelestis	8'	
Trompete	8'	

Pedal *C–f'*

Subbass	16'	
Gedacktbass	16'	Transmission
Principalbass	8'	Transmission
Choralbass	4'	
Trompete	8'	Transmission

Koppeln: Suboktavkoppel II, Superoktavkoppel II;
II–I, Suboktavkoppel II–I, Superoktavkoppel II–I;
I–Pedal, II–Pedal, Superoktavkoppel II–Pedal

Spielhilfen: Druckknöpfe zwischen den Klaviaturen und unter dem I. Manual:
Freie Combination: Total, I. Manual, II. Manual, Pedal; Piano Pedal II. Manual;
General-Coppel zu Handregister, Koppeln I–Ped. – II-Ped. – II–I / Auslöser;
Tutti / Auslöser; Feste Combination: Hell – Halbdunkel – Dunkel; Walze ab, Handregister ab.
Kleinzüge in den Klaviaturwangen (zur Freien Combination): Koppeln I–Pedal – II–Pedal (links) , II–I,
Generalkoppel (rechts).
Windanzeiger in der linken Klaviaturwange.
Schwellbrett und Walze über die gesamte Spieltischbreite.

Pneumatische Membranenlade.
Stimmton: 435 Hz bei 15 °C.
Winddrücke: Trakturwind 115 mmWs, Spielwind 80 mmWs.

ADRESSE DER KIRCHE:

Kirchstraße 14, Bottenhorn, 35080 Bad Endbach

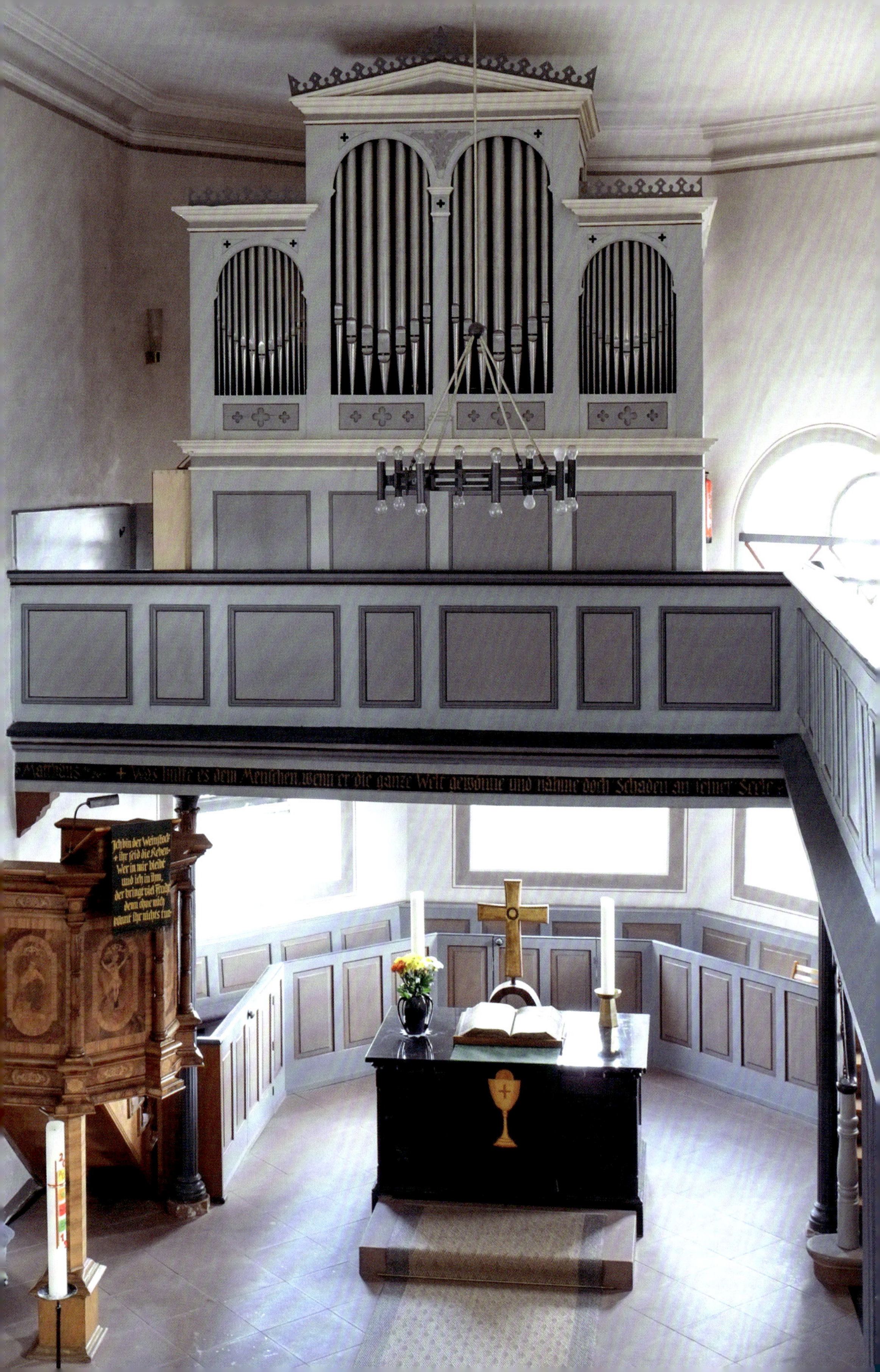
Matthäus + Was hülfe es dem Menschen, wenn er die ganze Welt gewönne und nähme doch Schaden an seiner Seele
Ich bin der Weinstock
+ ihr seid die Reben.
Wer in mir bleibt
und ich in ihm,
der bringt viel Frucht
denn ohne mich
könnt ihr nichts tun

BRANDOBERNDORF (WALDSOLMS)

Evangelische Kirche

Gustav Raßmann, Möttau, 1865

EVANGELISCHE KIRCHE IN HESSEN UND NASSAU
LAHN-DILL-KREIS
Jahr der Förderung: 2017

Ein wehrhafter romanischer Turm und ein gotisches Schiff mit dreiseitigem Chor bilden die evangelische Kirche in Brandoberndorf. Ihre heutige Bauform erhielt sie am Ende des 17. Jahrhunderts, als der Turm mit einer Türmerstube und einem Haubenhelm versehen wurde. Auch die Ausstattung wurde in dieser Zeit erneuert. Erhalten ist die Kanzel vom Anfang des 18. Jahrhunderts. Der Raum wird im Inneren wesentlich durch die vierseitige Emporenanlage gegliedert.

Die Orgel wurde in den Jahren 1865 und 1866 von der Werkstatt Gustav Raßmann aus Möttau gebaut und seitdem von dieser und der Nachfolgewerkstatt Hardt betreut. Eine Besonderheit des Instruments ist das II. Manual, das ausschließlich eine von der Firma Schiedmayer aus Stuttgart zugelieferte Physharmonika (Harmonium) anspielt. Nachdem die Orgel bereits im Jahr 1979 restauriert worden war, wurde im Zuge der im Jahr 2017 geförderten Maßnahme neben der turnusmäßigen Instandsetzung und Reinigung der Spielschrank mit der erhaltenen originalen Falttür rekonstruiert.

GESCHICHTE:

1865 Bau der Orgel durch Gustav Raßmann in Möttau.

1917 Ablieferung der Prospektpfeifen.

1979 Restaurierung durch Günter Hardt: Rekonstruktion des Prospekts in Zinn.

2017 Restaurierung durch Uwe Hardt, Möttau: Reinigung und Instandsetzung, Wiederherstellung des Spielschranks.

DISPOSITION:

I. Manual *C–f‘‘‘*

Bourdon	16‘	ab c°
Principal	8‘	
Gedackt	8‘	
Salicional	8‘	
Octave	4‘	
Flaut dolce	4‘	
Quinte	3‘	
Octave	2‘	
Mixtur 4fach	2‘	
Cornett Discant		

II. Manual *C–f‘‘‘*

Physharmonika	8‘

Pedal *C–c‘*

Subbass	16‘
Octavbass	8‘
Violonbass	8‘

Koppel I–Pedal.

Mechanische Schleifladen. Zwei Kastenbälge.

ADRESSE DER KIRCHE:

Pfarrgasse 1, Brandoberndorf, 35647 Waldsolms

BÜDESHEIM (SCHÖNECK)

Evangelische Andreaskirche
Förster & Nicolaus, Lich, Opus 117, 1907

EVANGELISCHE KIRCHE IN HESSEN UND NASSAU
MAIN-KINZIG-KREIS
Jahr der Förderung: 2019

Die evangelische Andreaskirche in Büdesheim erhielt ihre heutige Gestalt, als zu Beginn des 18. Jahrhunderts die im Jahr 1424 erbaute Kirche im Westen erweitert und mit einem sechseckigen, schiefergedeckten Dachreiter versehen wurde. Das Innere des Kirchenraums ist als geostete Saalkirche konzipiert und beeindruckt durch seine stilistische Homogenität, die auch bei der umfassenden Renovierung im Jahr 1907 beibehalten wurde. Der dreiseitig umlaufenden Empore an den Längsseiten und im Westen steht die Orgelempore im dreiseitigen Ostchor gegenüber. Altar, Kanzel und Orgel bilden eine ästhetische Einheit, die hier besonders überzeugt, da die Orgel in die Kanzelwand baulich eingelassen ist.

Das Instrument wurde im Jahr 1907 von der Werkstatt Förster & Nicolaus aus Lich erbaut. Die Licher Orgelbauer integrierten den Prospekt der vorhandenen, vorderspieligen Orgel von Johann Conrad Zinck aus dem Jahr 1771 in die neu geschaffene Emporensituation, erweiterten ihn durch die äußeren Pfeifentürme und legten das neue Instrument seitenspielig an. Nicht nur das hohe Niveau der gestalterischen Idee sowie die hervorragende Qualität des Materials und der Verarbeitung, sondern auch der fast unveränderte Zustand der gesamten Orgelanlage machen die Büdesheimer Orgel zu einem besonders wertvollen Zeugnis des ländlichen Orgelbaus am Anfang des 20. Jahrhunderts. Beachtenswert ist auch, dass der elektrische Gebläsemotor, der bereits im Jahr 1942 vorhanden war und damit einen eigenen Denkmalwert besitzt, nach wie vor im Einsatz ist.

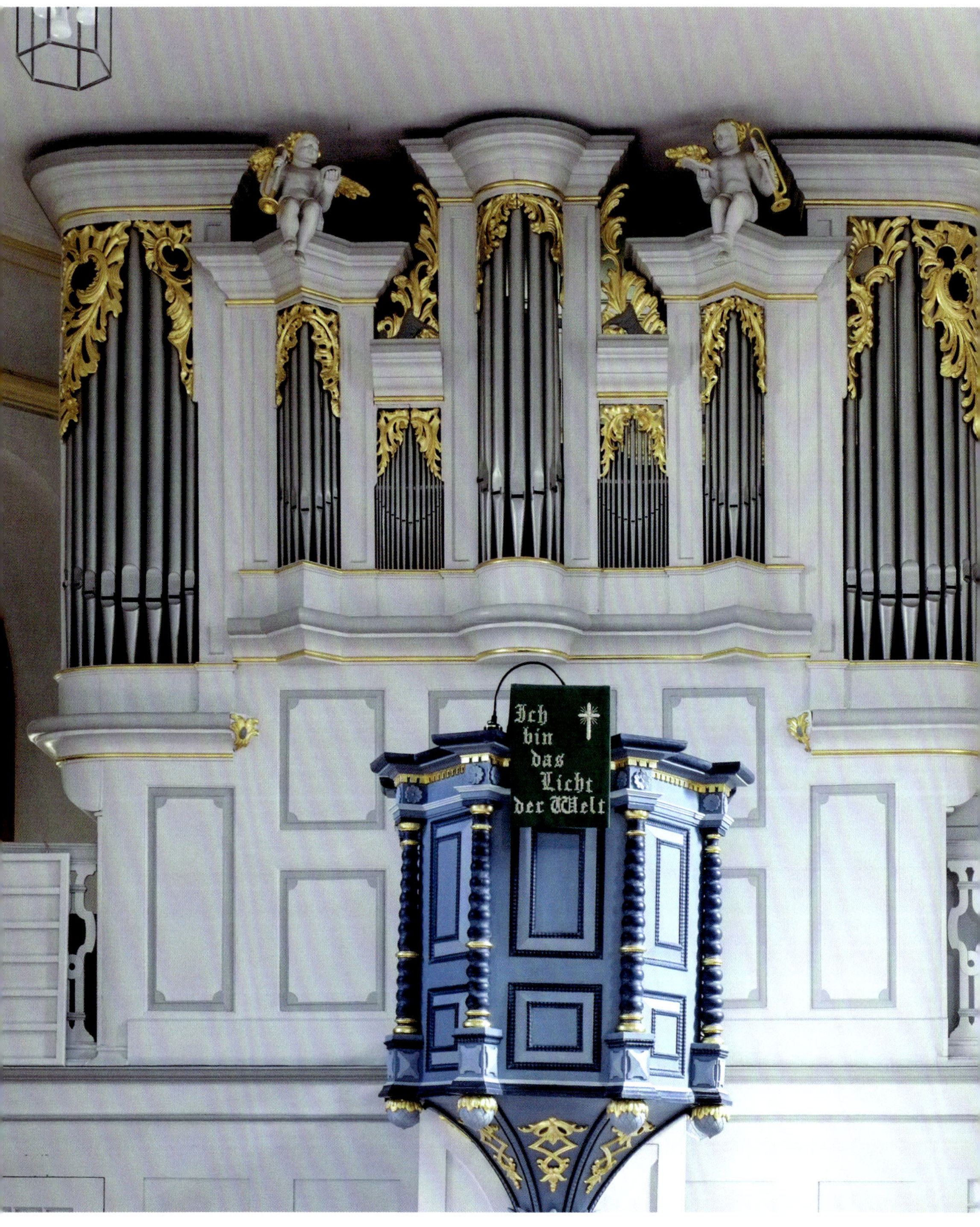
Ich bin das Licht der Welt

GESCHICHTE:

1771	Bau einer Orgel durch Johann Conrad Zinck aus Ostheim (Nidderau).
1907	Bau einer neuen Orgel durch Förster & Nicolaus, Lich im erweiterten Gehäuse des vorhandenen Instruments.
1917	Ablieferung der Prospektpfeifen.
1923	Einbau neuer Prospektpfeifen aus Zink durch Förster & Nicolaus.
1941	Eindringen von Regenwasser in die Orgel.
vor 1942	Einbau einer elektrischen Gebläsemaschine durch Förster & Nicolaus.
1997	Reinigung durch Förster & Nicolaus.
2020	Restaurierung durch Uwe Hardt, Möttau.

DISPOSITION:

***I. Manual** C–f'''*

Principal	8'
Bourdon	8'
Gamba	8'
Dolce	8'
Octave	4'
Progressio Harmonica	2 2/3'

***II. Manual** C–f'''*

Lieblich Gedackt	8'
Flöte dolce	8'
Salicional	8'
Aeoline	8'
Voix céleste	8'
Gemshorn	4'

***Pedal** C–d'*

Subbaß	16'
Principalbaß	8'

Koppeln: Pedalkoppel I, Pedalkoppel II, Manualkoppel, Superoctavkoppel I (nicht ausgebaut), Suboctavkoppel II–I.

Pneumatische Kegellade. Seitenspielig rechts.

ADRESSE DER KIRCHE:

Mühlstraße 11, Büdesheim, 61137 Schöneck

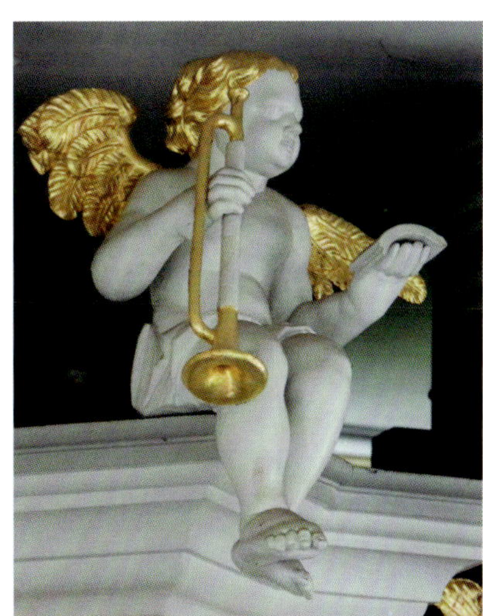

Büdesheim: Detail des älteren Gehäuseteils von Johann Conrad Zinck.

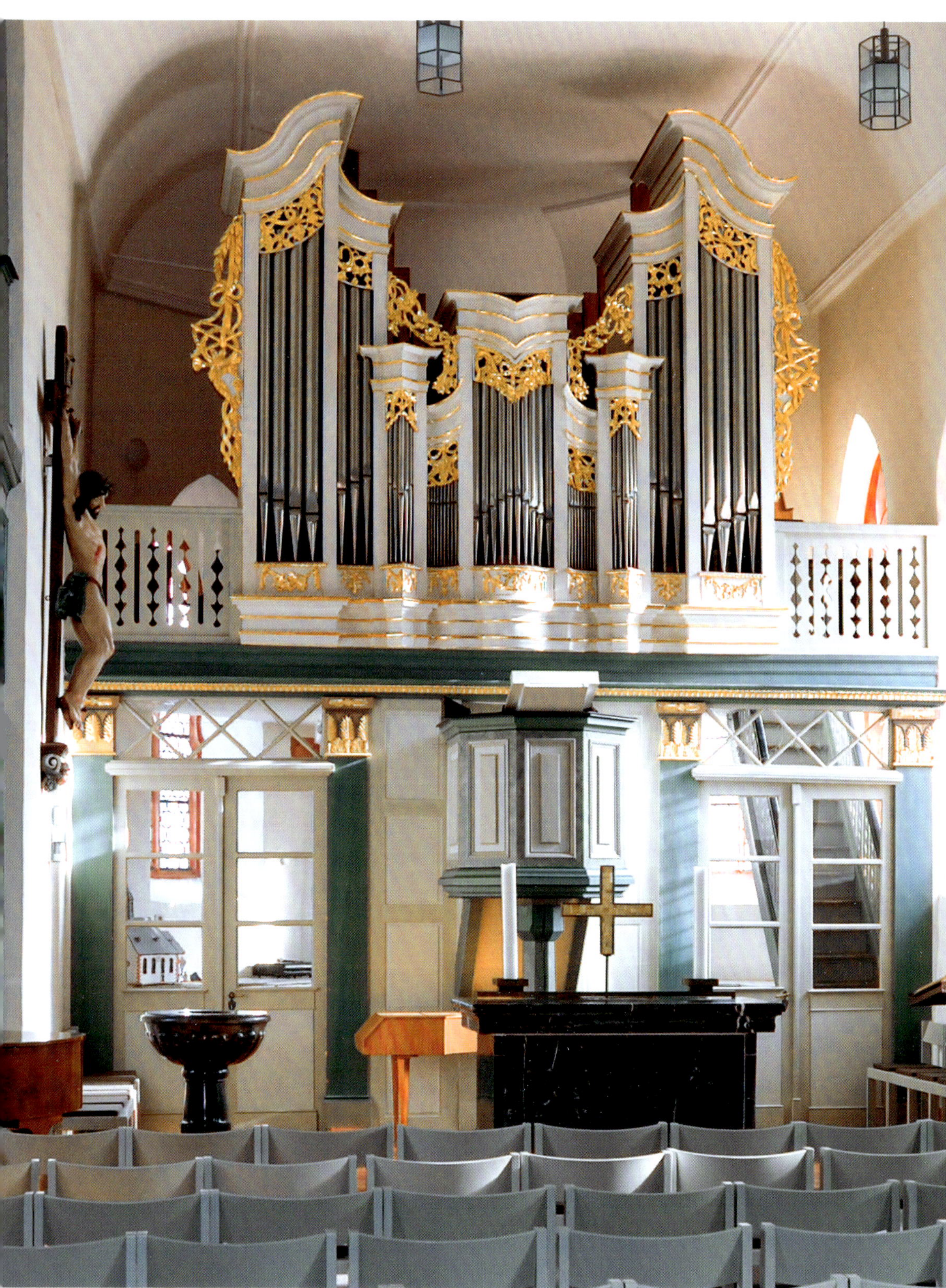

BÜTTELBORN

Evangelische Kirche

Johann Wilhelm Schöler, Ems, 1782

EVANGELISCHE KIRCHE IN HESSEN UND NASSAU
LANDKREIS GROSS-GERAU
Jahr der Förderung: 2006

Die evangelische Kirche in Büttelborn ist ein längsgerichteter Saalbau mit Haubendachreiter. Ihre Gestalt ist wesentlich von zwei Bauphasen geprägt, die im spätgotischen Chor und dem in den Jahren 1728/29 unter der Leitung des Landbaumeisters Friedrich Sonnemann errichteten, barocken Langhaus sichtbar sind.

Die Orgel wurde erst im Jahr 1782 von Wilhelm Schöler aus Ems gebaut. Der spätbarocke Prospekt des mit 16 Registern recht großen einmanualigen Instruments ist direkt in die Emporenbrüstung eingelassen und bildet mit Altar und Kanzel eine in einer Achse angeordnete bauliche Einheit, wie sie für den evangelischen Kirchenbau dieser Epoche typisch war. Die Orgel erfuhr zwar im Laufe ihrer Zeit immer wieder kleinere Veränderungen, die aber die Substanz nie gravierend berührten. Dies kann als deutliches Zeichen ihrer Qualität verstanden werden.

Im Jahr 1975 fand eine größere Restaurierung statt. Die im Jahr 2006 geförderte Maßnahme beinhaltete neben der turnusmäßigen Ausreinigung vor allem die Restaurierung der Manualwindladen, die größere Trocknungsschäden aufwiesen.

GESCHICHTE:

1782	Bau der Orgel durch Johann Wilhelm Schöler, Ems.
1788	Nachlieferung der bis dahin noch fehlenden Vox humana 8'.
1876	Reinigung und Reparatur durch Philipp Dingeldey, Eberstadt (Darmstadt).
1899	Umbau durch Heinrich Bechstein, Groß-Umstadt: Dispositionsänderungen und neue Magazinbälge.
1917	Abgabe der Prospektpfeifen.
ohne Jahresangabe	Neue Prospektpfeifen in Zink.
1936	Einbau eines elektrischen Gebläses.
1975	Restaurierung, Rekonstruktion der ursprünglichen Disposition und Erneuerung des Prospekts mit Zinnpfeifen durch Andreas M. Ott, Bensheim.
2006	Ausreinigung und Überarbeitung der Windladen nach Trocknungsschäden durch Andreas M. Ott, Bensheim.

DISPOSITION:

Manual *C–f'''*

Principal	8'	C–a' im Prospekt (1975)
Flöth travers	8'	Metall
Viol di gamba	8'	C–h° mit der Flöth travers zusammengeführt; 1975 schwebend gestimmt
Gedact	8'	Holz; ab fis'' von 1975
Octav	4'	
Gembshorn	4'	
Quintte	3'	
Superoctav	2'	
Terze	1 3/5'	1975
Mixtur 4fach	1'	zum Teil 1975
Trompett B/D	8'	1975 (nach dem Vorbild von Kloster Altenberg bei Wetzlar)
Vox humana	8'	1975 (nach dem Vorbild von Kloster Altenberg bei Wetzlar)

Pedal *C–c'*

Subbass	16'	Holz
Violon	16'	Holz
Nachthorn	4'	Holz offen
Posauenen Bass	16'	Holzimitation

Pedalkoppel. Kanaltremulant (1975).

Mechanische Schleifladen. Brüstungsorgel, seitenspielig rechts.
Stimmtonhöhe: 423,3 Hz bei 15 °C. Temperierung (1975) nach Kirnberger. Winddruck: 67 mmWs.

ADRESSE DER KIRCHE:

Mainzer Straße 29, 64572 Büttelborn

DIEDENBERGEN (HOFHEIM AM TAUNUS)

Evangelische Kirche
Johann Conrad Bürgy, Homburg vor der Höhe, 1769

EVANGELISCHE KIRCHE IN HESSEN UND NASSAU
MAIN-TAUNUS-KREIS
Jahr der Förderung: 2017

Das äußere Erscheinungsbild der im Jahr 1754 errichteten evangelischen Kirche in Diedenbergen wird von dem hohen Westturm mit Eckpilastern und Haube dominiert. Im Kircheninneren wird der Saal durch dreiseitig umlaufende Emporen gegliedert. An der Ostwand des längsgerichteten Saals befindet sich das Ensemble der Prinzipalstücke Altar, Kanzel und Orgel. Die körperhaft vortretende Kanzelwand trägt gleichzeitig die Orgelbühne.

Die Orgel war ursprünglich im Jahr 1769 von dem (Bad) Homburger Hoforgelmacher Johann Conrad Bürgy für die französisch-reformierte Kirche in Bockenheim gebaut worden. Nachdem die Stadt Frankfurt im Jahr 1787 den reformierten Gottesdienst unter strengen Auflagen wieder erlaubte, zog die französisch-reformierte Gemeinde vom Hanauischen Bockenheim nach Frankfurt um. Die Orgel der Bockenheimer Kirche wurde im Jahr 1790 nach Diedenbergen verkauft und im Jahr darauf dorthin versetzt. Um das große Instrument aufnehmen zu können, musste die Kirchendecke im Orgelbereich erhöht werden.[1]

Die Geschichte der Diedenbergener Orgel steht exemplarisch für viele vergleichbare Instrumente: Ein als Restaurierung deklarierter Umbau aus dem Jahr 1971 brachte Modifikationen und den Einbau moderner Werkstoffe und Materialien mit sich, die sich in der Folge als wenig nachhaltig erwiesen. Daher wurde eine „Restaurierung der Restaurierung" nötig, deren Ziel die Wiederherstellung des idealen Urzustands im Rahmen des Möglichen und Ermittelbaren war. Die geförderte Restaurierung betraf in Diedenbergen indessen eine Orgel, die aufgrund des Renommees ihres Erbauers schon zu ihrer Entstehungszeit als ein besonders wertvolles Instrument galt.

1 Vgl. Alsberg, S. 49.

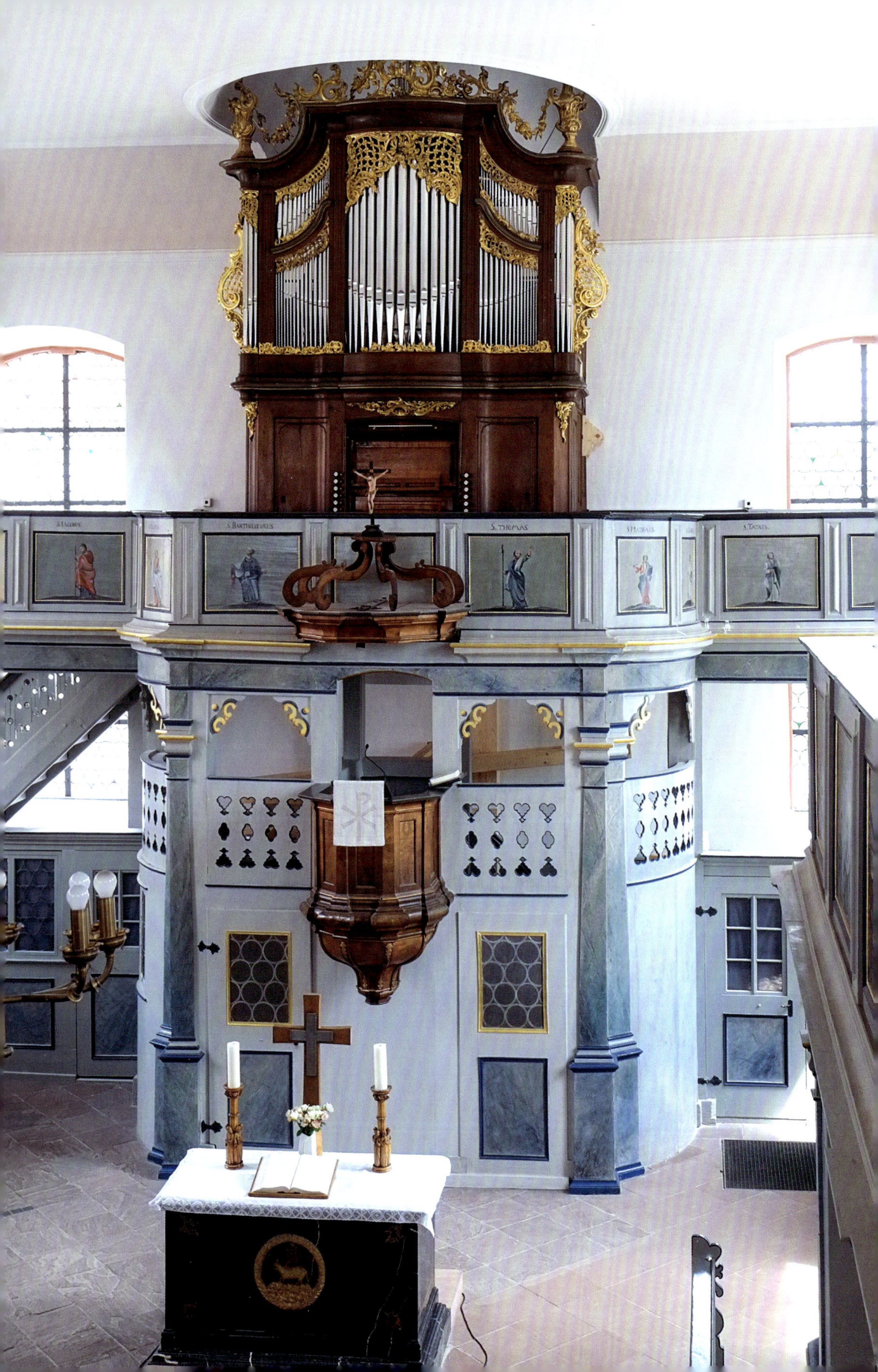
S. THOMAS

GESCHICHTE:

1769	Bau der Orgel durch Johann Conrad Bürgy, (Bad) Homburg vor der Höhe, für die französisch-reformierte Kirche in Bockenheim (Frankfurt).
1791	Übertragung nach Diedenbergen.
1830	Reparaturen durch die Werkstatt Embach, Frauenstein (Wiesbaden).
1893	Reparaturen durch Heinrich Voigt, Igstadt.
um 1900	Erneuerung der Balganlage.
1917	Abgabe der Prospektpfeifen.
1931	Renovierung durch G. F. Steinmeyer & Co., Oettingen.
1954	Umbau der Balganlage durch Förster & Nicolaus Orgelbau, Lich.
1971	Restaurierung/Umbau durch die Gebrüder Oberlinger, Windesheim: Ergänzung zweier Register im Echowerk, Ersatz sämtlicher Lederdichtungen durch moderne Materialien, Überarbeitung der Trakturen mit modernen Materialien, Einbau eines elektrischen Tremulanten, Einzug von Gerüstteilen aus Stahl, Erneuerung der Windkanäle mit Tischlerplatte und Vestaflexrohr.
1987	Reinigung durch Oberlinger.
2003/04	Sicherung der Orgel während der Kirchenrenovierung durch Oberlinger.
September 2017 bis Mai 2018	Restaurierung durch Förster & Nicolaus Orgelbau, Lich: Rekonstruktion der Windanlage mit drei Spanbälgen (Vorbild: Bergheim [Ortenberg], Werkstatt Bürgy um 1812), Rekonstruktion eines Kanaltremulanten, Restaurierung der Windladen und Trakturen mit authentischen Materialien, Rekonstruktion der stark ausgedünnten Schleifen, Rekonstruktion einer Vox humana 8‘ (Vorbild: Gemünden/Westerwald, Werkstatt Schöler um 1770).

DISPOSITION:

***II. Manual* Hauptwerk** *C–e'''*

Gedact	8'	
Gemshorn	8'	
Viola di Gamba	8'	
Principal	4'	Prospekt
Flaut minor	4'	
Spitzflöt	4'	
Quinta	3'	
Octav	2'	
Sesquialter 2fach	1 1/3' + 4/5', ab c'' 2 2/3' + 1 3/5'	
Mixtur 4fach	1'	ab c' 4'

***I. Manual* Echo** *C–e'''*

Bourdon	8'	
Salicional	4'	
Principal	2'	
Quint	1 1/3'	ab c' 2 2/3'
Vox humana	8'	

Pedal *C–c'*

Subbaß	16'
Violon	8'
Posaune	16'

Manualschiebekoppel, einspielende Pedalkoppel, Tremulant auf das ganze Werk.

Mechanische Schleifladen.

Stimmton: a' 468,1 Hz bei 20,4 °C; Temperierung: Neidhardt kleine Stadt (1724)

ADRESSE DER KIRCHE:

Casteller Straße 35, Diedenbergen, 65719 Hofheim am Taunus.

DIEMERODE (SONTRA)

Evangelische Kirche
Johann Wilhelm Schmerbach der Ältere, Frieda, 1766 oder um 1784

EVANGELISCHE KIRCHE VON KURHESSEN-WALDECK
WERRA-MEISSNER-KREIS
Jahr der Förderung: 2013

Beim Bau der evangelischen Kirche in Diemerode in den Jahren 1757 bis 1767 wurde an den romanischen Rechteckchor aus dem 13. Jahrhundert anstelle des ursprünglichen Kirchenbaus ein barocker Saalbau angefügt. Der helle Innenraum wird im Westen und im Osten von zwei einander gegenüber stehenden Emporen gegliedert. Auf der östlichen Empore über dem Altar erhebt sich die Orgel. Die Kanzel mit verziertem Kanzeldeckel fügt sich an der linken Längsseite flankierend in das Ensemble.

Die Orgel wurde entweder im Jahr 1766 oder um das Jahr 1784 gebaut. Sie wird mit großer Sicherheit Johann Wilhelm Schmerbach dem Älteren aus Frieda zugeschrieben. Im Jahr 1843 wurde das Instrument von Friedrich Bechstein aus Rotenburg erweitert und im Sinne des zeitgenössischen Klangideals umgebaut. Zwei weitere technische und klangliche Umbauten folgten im 20. Jahrhundert.

Die im Jahr 2013 geförderte Restaurierung stellte den durch Friedrich Bechstein geschaffenen Zustand wieder her, da große Teile der drei ausgelagerten Bechstein-Register zur Verfügung standen und ein Rückbau auf den mutmaßlichen Zustand des 18. Jahrhunderts sehr wahrscheinlich mit dem Verlust des Pedals sowie der Notwendigkeit umfangreicherer Rekonstruktionen einher gegangen wäre. Der erfreulichen Möglichkeit, original erhaltene Register wieder zu verwenden, steht der bedauerliche Verlust der Keilbalganlage gegenüber, die zwar schon lange außer Betrieb genommen, aber auf dem Dachboden der Kirche eingelagert war und nur wenige Jahre vor der Restaurierung der Orgel im Zuge der Kirchenrenovierung vernichtet wurde.

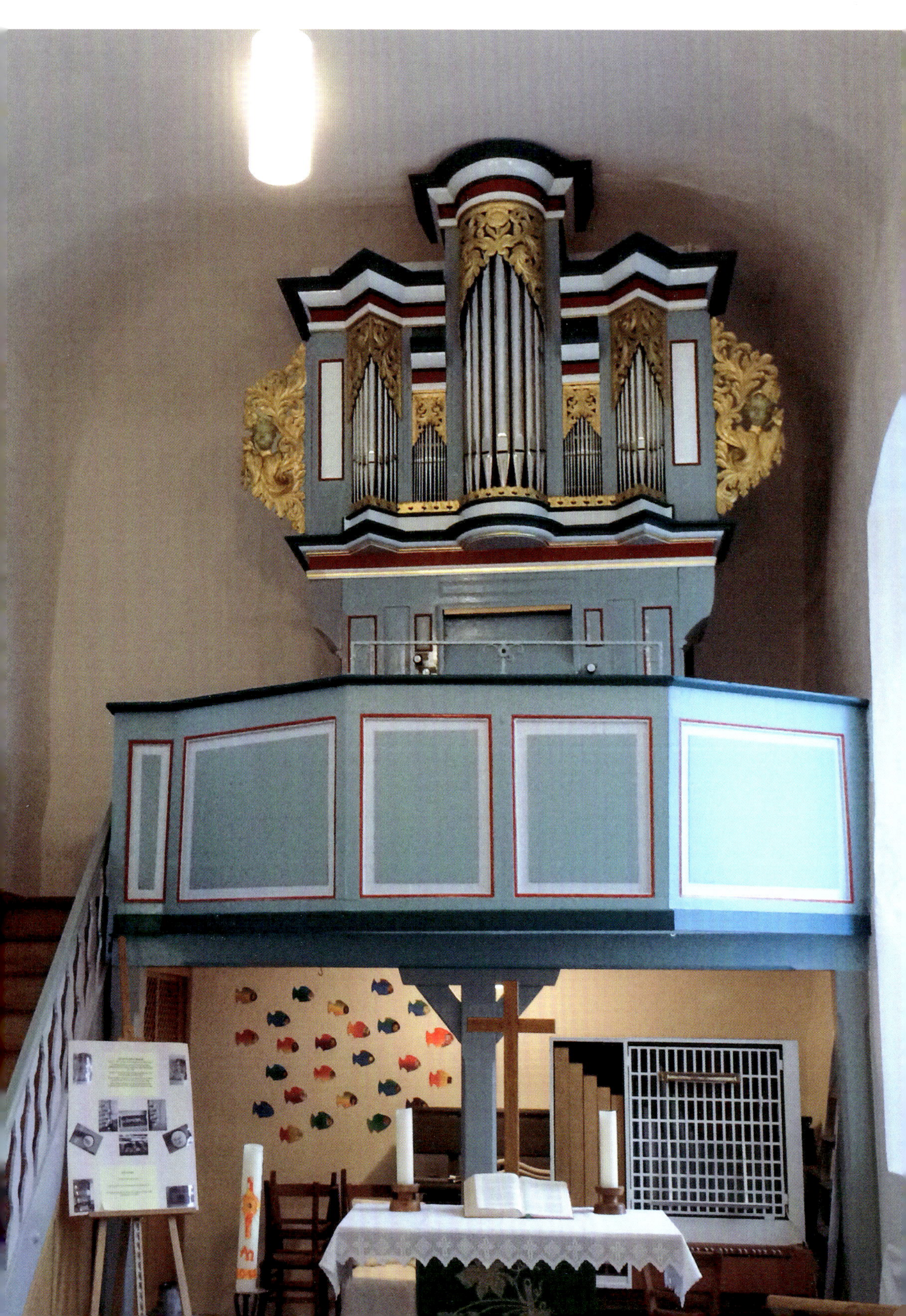

GESCHICHTE:

1766 oder um 1784	Bau der Orgel durch Johann Wilhelm Schmerbach den Älteren aus Frieda.
1843	Arbeiten von Friedrich Bechstein aus Rotenburg: wahrscheinlich Einbau der Register Flauto traverso 8', Hohlflöte 8' und Gambe 8'.
1917	Ablieferung der Prospektpfeifen.
unbekannter Zeitpunkt	Einbau neuer Prospektpfeifen aus Zink.
1960	Renovierung durch Werner Bosch Orgelbau, Sandershausen: Einbau eines elektrischen Gebläsemotors, einer neuen Pedalklaviatur und einer neuen Mixtur, Überarbeitung der Mechanik, Ausreinigung.
1978	Restaurierung durch Werner Bosch: Reduzierung der Disposition auf den ältesten Pfeifenbestand (sieben statt zuvor zehn Register), Auslagerung des entnommenen Pfeifenmaterials.
2013	Restaurierung durch Elmar Krawinkel, Trendelburg: Wiederherstellung des Zustands nach dem Umbau durch Bechstein.

DISPOSITION:

Manual *C, D–c'''*		
Gedackt	8'	
Hohlflöte	8'	1843
Flauto traverso	8'	1843
Viola da Gamba	8'	1843
Principal	4'	
Octave	2'	
Mixtur 3fach	2'	

Pedal *C, D–c'*		
Subbaß	16'	19. Jahrhundert
Octavbaß	8'	19. Jahrhundert

ADRESSE DER KIRCHE:

Pfaffenbergweg, Diemerode, 36205 Sontra

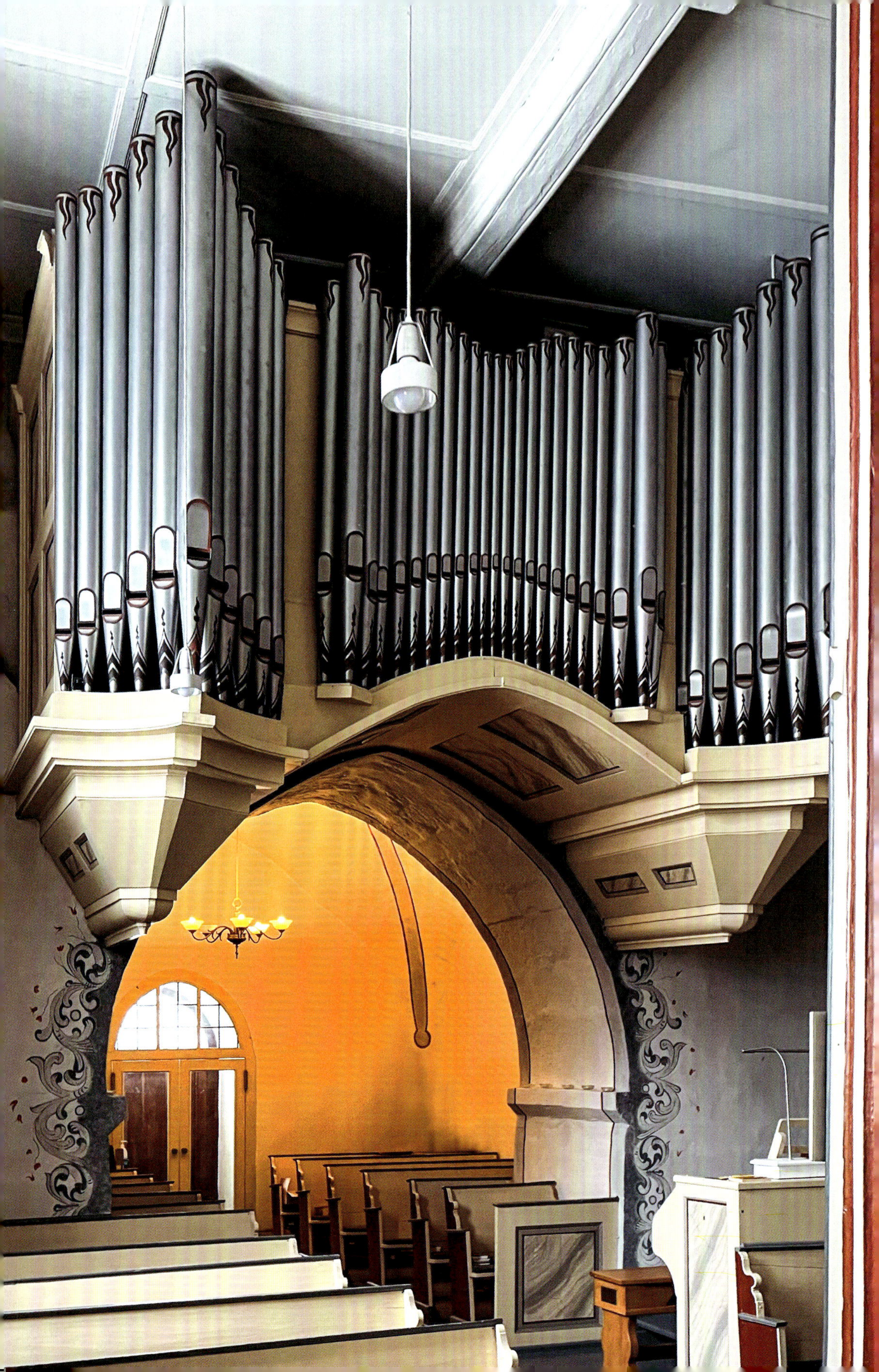

DÖRNBERG (HABICHTSWALD)

Evangelische Kirche

Conrad Euler, Hofgeismar, 1933

EVANGELISCHE KIRCHE VON KURHESSEN-WALDECK
LANDKREIS KASSEL
Jahr der Förderung: 2007

Der Westturm und das Schiff der evangelischen Kirche in Dörnberg sind romanischen Ursprungs. Ihr Rechteckchor mit dem Sterngewölbe wurde im Jahr 1509 angebaut. Bemerkenswert sind die reich erhaltenen spätmittelalterlichen Fresken im Chor und die kunstvolle, frühbarocke Kanzel aus dem Jahr 1650.

Die im Jahr 1933 oder 1934 gebaute Orgel ist zwar viel jünger als der übrige Bestand, stellt aber gemeinsam mit dem Raum, für den sie geschaffen wurde, ein Kulturdenkmal von besonderer Bedeutung dar. Das Instrument hängt als Schwalbennestorgel an der Westseite des Schiffs über dem spitzbogigen Turmdurchgang. Diese Art der Platzierung ist auch für einige mittelalterlichen Orgeln belegt und wurde in Dörnberg historisierend aufgegriffen. Das Instrument besitzt einen bemalten Freipfeifenprospekt, der sich mit seiner geschwungenen Formensprache harmonisch in den Kirchenraum einfügt. An der Konzeption von Standort und Gehäusegestaltung war der damalige Bezirkskonservator in Kassel und spätere hessische Landeskonservator Friedrich Bleibaum maßgeblich beteiligt.

Von dem freistehenden Spieltisch im Kirchenraum aus wird die Orgel elektropneumatisch angesteuert. In Verbindung mit den Taschenladen war sie im Jahr ihrer Erbauung damit technisch auf der Höhe der Zeit. Dies gilt auch für die klangliche Konzeption, die bereits deutlich den Einfluss der Orgelbewegung erkennen lässt.

Die in den Jahren 2007 und 2008 geförderte Restaurierung diente der technischen Überarbeitung und Instandsetzung sowie der Wiederherstellung der ursprünglichen klanglichen Integrität des Instruments.

GESCHICHTE:

1933/34	Bau der Orgel durch Conrad Euler, Hofgeismar.
1969	Neubau der Register Principal 4‘ (II) und Mixtur (I) durch Orgelbau Werner Bosch, Sandershausen.
2007/08	Restaurierung durch Jehmlich Orgelbau, Dresden.

DISPOSITION:

I. Manual *C–f'''*

Principal	8‘
Gedackt	8‘
Nachthorn	4‘
Mixtur 2–4fach	

II. Manual *C–f'''*

Salicional	8‘
Hohlflöte	8‘
Principal	4‘
Sifflöte	2‘
Nasard	2 2/3‘

Pedal *C–d‘*

Subbass	16‘
Principal	8‘

Koppeln: Manualkoppel II–I, Pedalkoppel I, Pedalkoppel II.
Spielhilfen: Tutti, Auslöser.

Elektropneumatische Taschenladen.

ADRESSE DER KIRCHE:

Wolfhager Straße 42, Dörnberg, 34317 Habichtswald

DÜDELSHEIM (BÜDINGEN)

Evangelische Kirche

Förster & Nicolaus, Lich, 1921

EVANGELISCHE KIRCHE IN HESSEN UND NASSAU
WETTERAUKREIS
Jahr der Förderung: 2010

Die evangelische Kirche in Düdelsheim ist ein im Jahr 1859 errichteter Saalbau, in den Teile des spätmittelalterlichen Vorgängerbaus – der Chor mit Sterngewölben und Maßwerkfenstern und Teile der Außenmauern des Saales – integriert wurden. Den Haubendachreiter und die neobarocke Ausstattung erhielt die Dorfkirche nach einem Brand im Jahr 1919.

Aus dieser Zeit stammt auch die im Jahr 1921 von der Werkstatt Förster & Nicolaus aus Lich gebaute Orgel. Sie steht an einem untypischen Standort ebenerdig im Chor in einer Seitennische.[1] Sie wurde mit einer recht großen Disposition ausgestattet und mit pneumatischen Kegelladen konzipiert, die eine großzügige Ausstattung mit Spielhilfen ermöglichten. Diese Merkmale – gemeinsam mit dem zeittypischen Freipfeifenprospekt auf einem barockisierenden Untergehäuse sowie dem hohen Bestand an Zinkpfeifen, der der Materialknappheit jener Zeit geschuldet ist – machen die Orgel aufgrund ihres nahezu unveränderten Zustands zu einem wichtigen und denkmalwerten Instrument. Im Zuge der Restaurierung von 2010 wurde daher auch das einzige veränderte Register, die Aeoline 8', rekonstruiert.

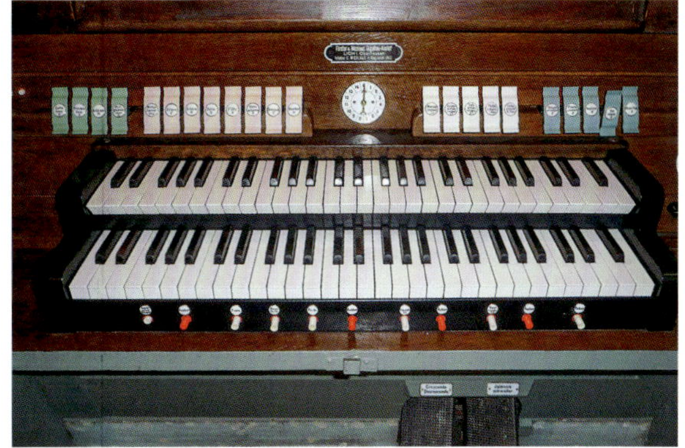

1 Einen entsprechenden Standort hatte dieselbe Werkstatt bereits im Jahr 1913 in der kleineren evangelischen Kirche in Schwickartshausen (Nidda) gewählt.

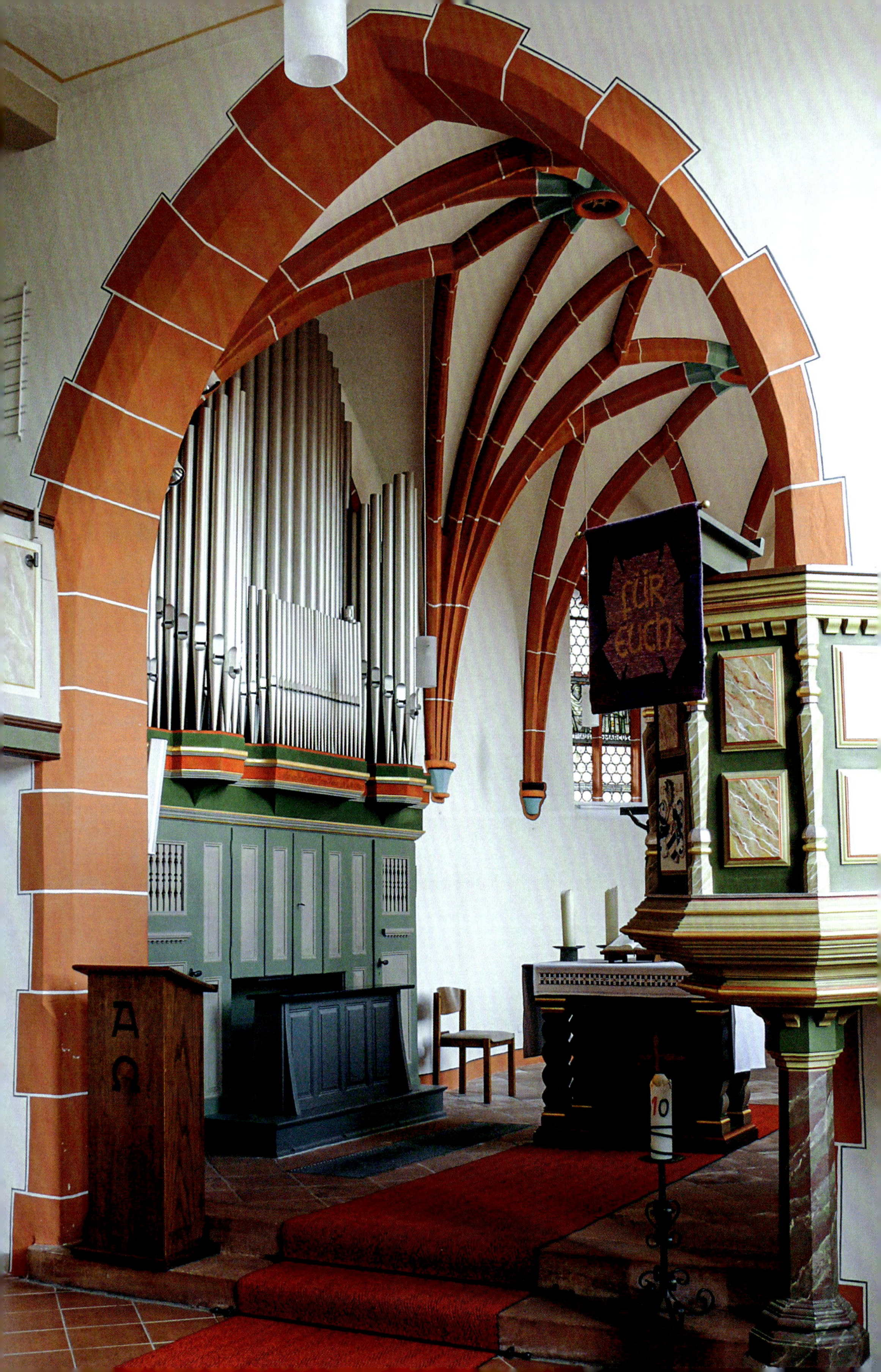
für euch
A
Ω
10

GESCHICHTE:

1921	Erbauung der Orgel durch Förster & Nicolaus, Lich.
1966	Überholung durch die Erbauerwerkstatt.
1987	Reinigung und Einbau eines neuen elektrischen Gebläsemotors durch die Erbauerwerkstatt.
ohne Jahresangabe	Verkürzung der Voix céleste 8‘ zu einem Schwiegel 2‘.
ohne Jahresangabe	Abbau der Schwelljalousie.
Oktober bis Dezember 2010	Restaurierung durch Förster & Nicolaus Orgelbau, Lich; in diesem Zuge Rekonstruktion der Voix céleste 8‘ aus den verkürzten Pfeifen des Schwiegel 2‘.

DISPOSITION:

I. Manual *C–g‴*

Bourdon	16‘	
Principal	8‘	
Viola de Gambe	8‘	
Flöte	8‘	
Dolce	8‘	
Octave	4‘	
Octave	2‘	
Mixtur Cornett	2 2/3‘	C: 2 2/3‘, 1 1/3‘; c° 4‘, 2 2/3‘, 1 3/5‘; + Octave 2‘

II. Manual *C–g⁗ (Superoctavkoppel ausgebaut)*

Geigenprincipal	8‘	
Flauto amabile	8‘	
Aeoline	8‘	
Voix céleste	8‘	ab c°
Rohrflöte	4‘	

Pedal C-f‘

Stillgedecktbass	16‘	Windabschwächung vom Subbass
Subbass	16‘	
Principalbass	8‘	
Cellobass	8‘	Transmission aus Viola de Gambe (I)

Koppeln: Manualcoppel II–I, Superoctavcoppel II–I, Suboctavcoppel II–I, Pedalcoppel I. Man., Pedalcoppel II. Man.

Spielhilfen:
Druckknöpfe: Aussch. Aut. Pianoped., Auslöser (8‘-Pedalregister und Pedalcoppel I. Man.); Piano, Mezzoforte, Forte, Auslöser.
Crescendo ab, Auslöser; Handregister ab, Auslöser; Kalkant.
Tritte: „Crescendo – Decrescendo“ und „Jalousieschweller“ mit Anzeigen; Windanzeiger.

Doppelfaltenmagazinbalg mit zwei Schöpfbälgen und Tretanlage.

Pneumatische Kegelladen, vorderspielig mit Spielschrank, Freipfeifenprospekt.
Stimmtonhöhe: 435 Hz bei 15 °C.

ADRESSE DER KIRCHE:

Bei der Kirche, Düdelsheim, 63654 Büdingen

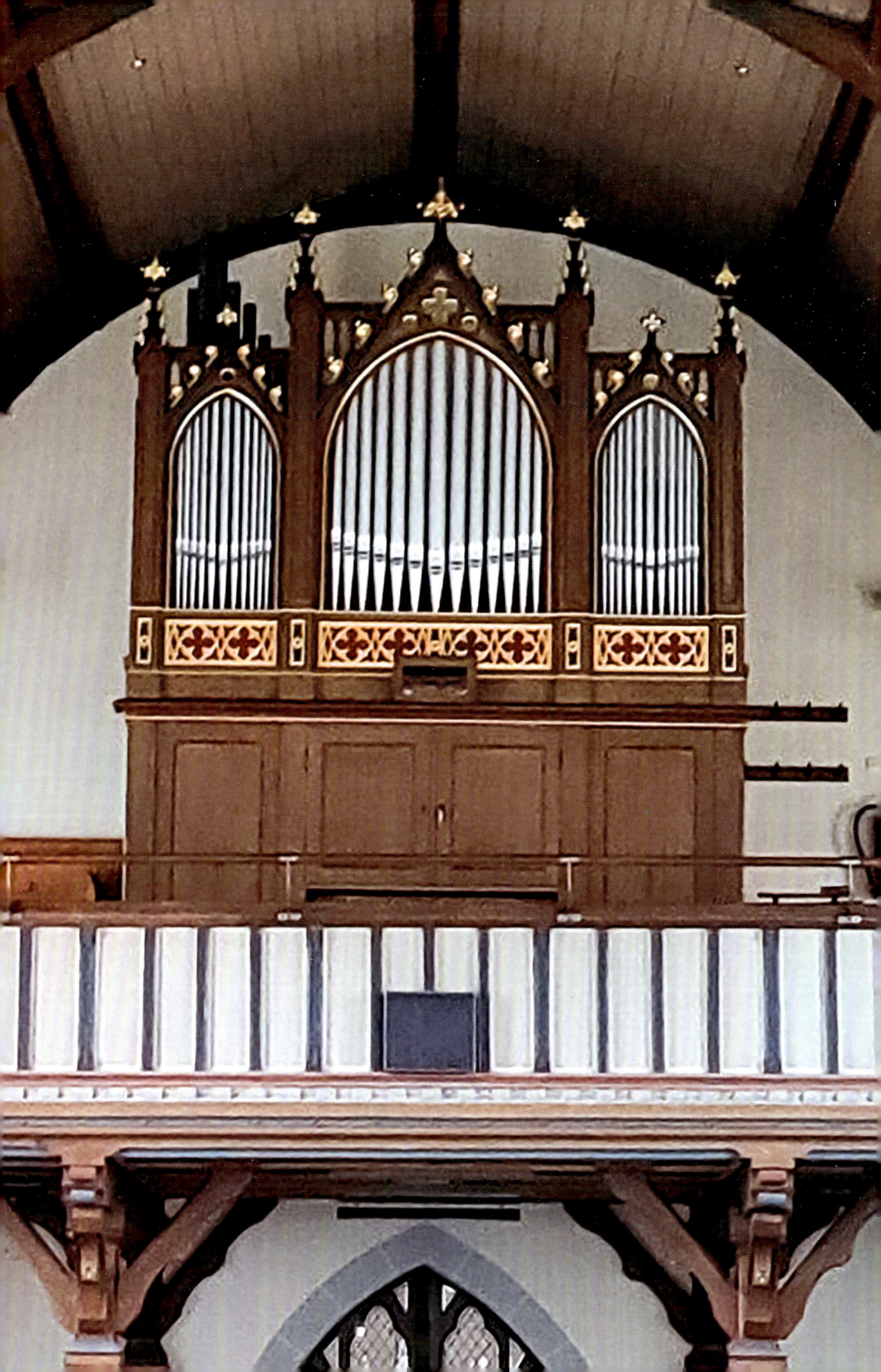

ELTERS (HOFBIEBER)

Katholische Kirche St. Vitus und St. Anna

Guido Valentin Knauf, Gotha, 1890

BISTUM FULDA
LANDKREIS FULDA
Jahr der Förderung: 2005

Die katholische Kirche St. Vitus und St. Anna wurde in den Jahren 1889/90 in neogotischer Formensprache errichtet. Teile der Vorgängerkirche aus dem 12. Jahrhundert wurden in den Neubau integriert. Der den Chorraum heute dominierende neogotische Hochalter wurde allerdings erst im Jahr 1985 aus Rasdorf erworben und restauriert in der Kirche aufgestellt.

Die Orgel aus der Gothaer Werkstatt Knauf gehört zur ursprünglichen Ausstattung der Kirche. Sie dokumentiert die handwerklich-künstlerischen Verbindungen im Grenzgebiet zwischen Hessen und Thüringen. Alle wesentlichen Teile des Instruments – das Pfeifenwerk, die Windladen, die Spielanlage und die Windversorgung – sind im Originalzustand erhalten. Unvorteilhafte Veränderungen erfuhr die Orgel nur in sekundären und reversiblen Bereichen wie z. B. beim Austausch von Leder- durch Kunststoffmuttern oder der Verschraubung von Gehäusefüllungen. Der hohe Denkmalwert der Elterser Orgel ist unzweifelhaft, da sie nicht nur ein originäres Ausstattungsstück der Kirche, sondern auch ein seltenes, nahezu unverändert erhaltenes Zeugnis des Wirkens der Werkstatt Knauf darstellt. Daher sollte die in der Mitte der 2000er Jahre nötig gewordene Restaurierung nicht nur dazu dienen, das Instrument funktional instandzusetzen, sondern auch die 20 Jahre zuvor durchgeführten, zweifelhaften Eingriffe mit handwerklichen Mitteln der Erbauungszeit korrigieren.

GESCHICHTE:

1890	Bau der Orgel durch Guido Valentin Knauf, Gotha.
1917	Abgabe der Prospektpfeifen.
1920	Einbau neuer Prospektpfeifen aus Zink von Otto Markert, Ostheim vor der Rhön.
1927	Reparatur durch Erich Hey, Sondheim/Rhön.
bis 1970	Orgelpflegevertrag mit Alban Späth, Fulda.
1985	Überarbeitung durch Orgelbau Hey, Urspringen.
2005–2007	Restaurierung durch Horst Hoffmann, Ostheim vor der Rhön.

DISPOSITION:

I. Manual *C–f'''*

Bordun	16'
Principal	8'
Gedact	8'
Gamba	8'
Octave	4'
Mixtur 3fach	2 2/3'

II. Manual *C–f'''*

Geigenprincipal	8'
Flauto traverso	8'
Salicional	8'
Flauto dolce	4'

Pedal *C–d'*

Subbaß	16'
Violoncello	8'

Koppeln: Manualcoppel II–I, Pedalcoppel I.

Mechanische Schleifladen.

ADRESSE DER KIRCHE:

Kirchweg, Elters, 36145 Hofbieber

ENZHEIM (ALTENSTADT)

Evangelische Kirche
Friedrich Wilhelm Bernhard, Romrod, 1843

EVANGELISCHE KIRCHE IN HESSEN UND NASSAU
WETTERAUKREIS
Jahr der Förderung: 2018

Die evangelische Kirche in Enzheim ist ein kleiner, ursprünglich mittelalterlicher Saalbau mit Dachreiter. Das Kirchlein ist außen schlicht verputzt, die Eckquaderung und langbahnige Fenster gliedern die Fassade. Seine heutige Ausstattung erhielt das Gotteshaus im Jahr 1777. Hierzu gehören die dreiseitig umlaufende Empore sowie der Altar und die Kanzel, die gemeinsam mit der Orgel als Prinzipal-Ensemble zentral übereinander angeordnet sind.

Die Orgel befindet sich auf einer eigenen Empore und ist als seitenspielige Brüstungsorgel angelegt. Die drei rundbogigen Pfeifenfelder, die von plastisch als Pfeiler ausgeformten Lisenen gerahmt werden, geben für die Kanzel einen effektvollen Hintergrund. Das Instrument wurde im Jahr 1843 von Friedrich Wilhelm Bernhard aus Romrod gebaut, der das geringe Raumangebot mit sechs Registern auf einem Manual und Pedal voll ausschöpfte.

Die Enzheimer Orgel war zuletzt im Jahr 1972 einer größeren Reparatur unterzogen worden. Die Restaurierung von 2018 war nach einem gravierenden Heizungsschaden nötig geworden.

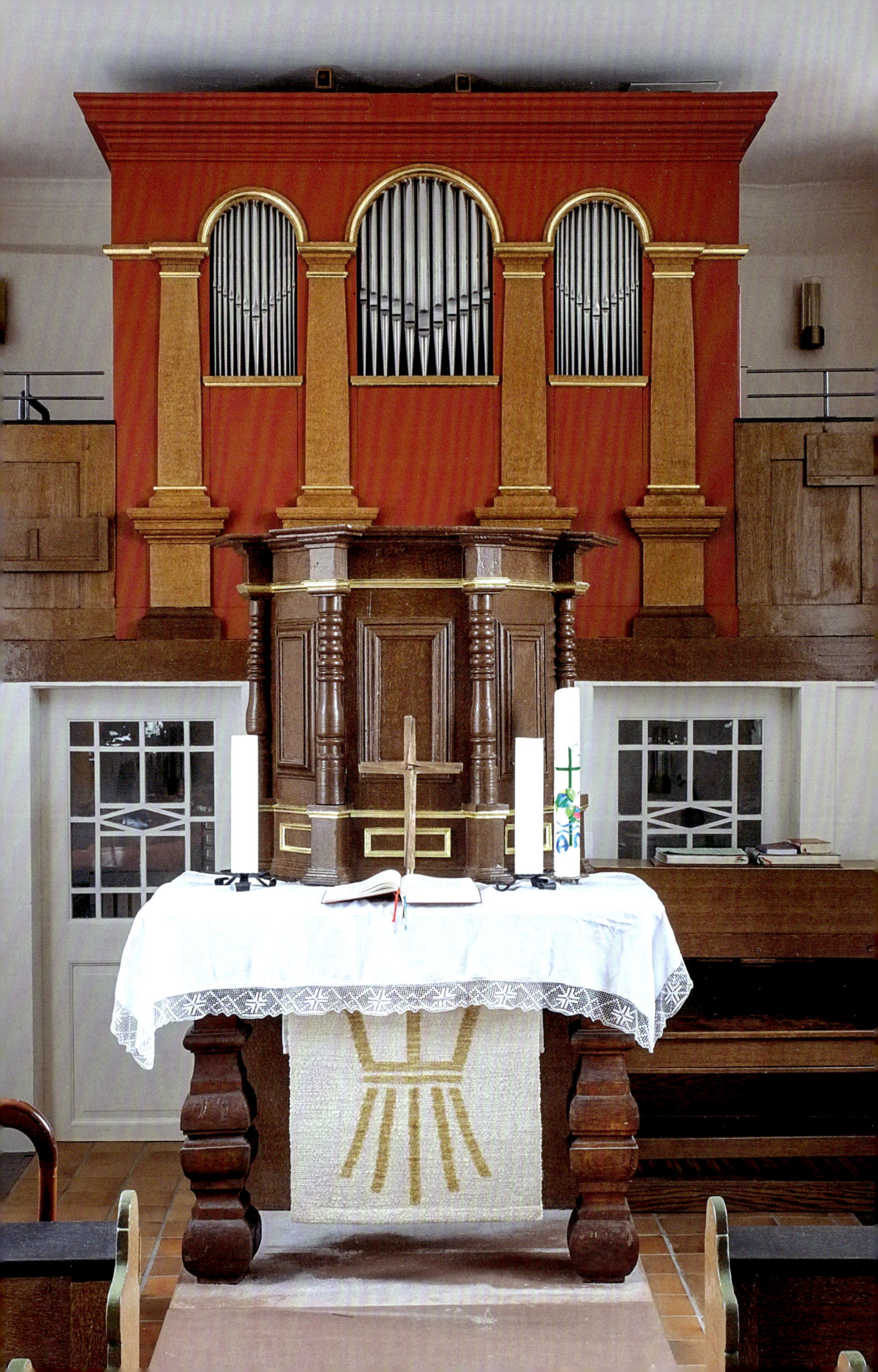

GESCHICHTE:

1843	Erbauung der Orgel durch Friedrich Wilhelm Bernhard, Romrod.
1917	Abgabe der Prospektpfeifen.
1937	Neue Prospektpfeifen in Zink von Förster & Nicolaus, Lich.
1956	Einbau eines neuen Doppelfaltenmagazinbalgs anstelle der Keilbälge durch Förster & Nicolaus. Alle vier Balgplatten sind erhalten und auf dem Dachboden der Kirche eingelagert.
1972	Rekonstruktion des Prospekts in Zinn und Einbau eines elektrischen Gebläses durch Förster & Nicolaus.
März 2011	Erhebliche Schäden an der Orgel und der hölzernen Ausstattung der Kirche durch einen Heizungsschaden.
November 2017 bis Mai 2018	Restaurierung durch Förster & Nicolaus Orgelbau, Lich.

DISPOSITION:

Manual *C–f‘‘‘*

Principal	2‘	zum Teil im Prospekt
Flauto traverso	8‘	
Salicional	8‘	
Gedact	4‘	
Mixtur	2‘	

Pedal *C-c°*

Subbass	16‘

Pedalkoppel, [Ventilzug].

Manual: mechanische Schleiflade, Pedal: Ventillade, seitenspielig rechts.

ADRESSE DER KIRCHE:

Mühlweg, Enzheim, 63674 Altenstadt

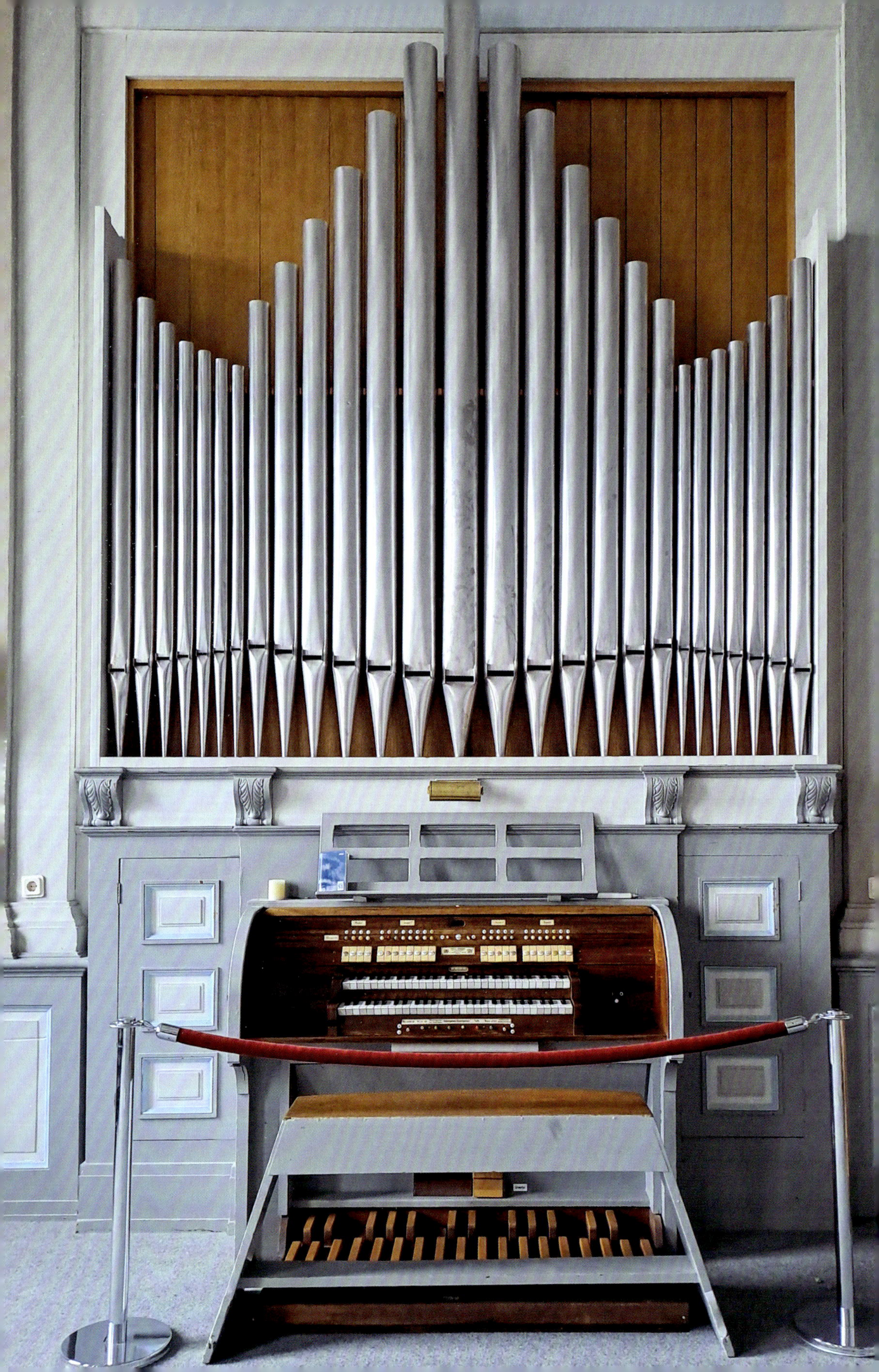

ESCHWEGE

Brüder-Grimm-Schule

P. Furtwängler & Hammer, Hannover, 1916

WERRA-MEISSNER-KREIS
Jahr der Förderung: 2002

Ein sehr frühes und besonderes Projekt des gemeinsamen Förderprogramms war die Restaurierung der Orgel in der Brüder-Grimm-Schule in Eschwege. Das Instrument wurde während des Ersten Weltkriegs geplant und gebaut. Es erhielt zunächst keinen sichtbaren Prospekt, und auch auf den Einbau einer Zungenstimme wurde anfangs verzichtet. Dieses Register erhielt die Orgel erst anlässlich einer Renovierung im Jahr 1930. Ursprünglich für die Lehrerausbildung errichtet, fand sie aufgrund der Umnutzung des Gebäudes als Mädchen- und später als Mittel-, Haupt- und Realschule sowie aufgrund der sich wandelnden Lehrinhalte und musikalischer Klangideale mit der Zeit immer weniger Beachtung. In den späten 1980er Jahren war sie nicht mehr spielbar. Gleichzeitig bildeten sich aber auch erste Initiativen für die Rettung und Restaurierung der Orgel. Zehn Jahre später machten sich Lehrerinnen und Lehrer sowie Schülerinnen und Schüler der Brüder-Grimm-Schule die Wiederbelebung ihrer Orgel zur Aufgabe und führten Projekttage und andere Aktionen durch, um das Vorhaben zu bewerben. Zudem gründete sich ein Förderverein.

Mit der durchgeführten Restaurierung konnte nicht nur ein Zeugnis der Stadtgeschichte Eschweges, sondern auch der Orgelbaugeschichte im profanen Raum der Zukunft erhalten werden.

GESCHICHTE:

1917	Erbauung der Orgel durch Adolf Hammer (Inh. P. Furtwängler & Hammer), Hannover, für das im gleichen Jahr eröffnete Lehrerseminar in Eschwege.
1926	Schließung der Lehrerseminare in Preußen; Übergang des Gebäudes an die Mädchenschule, die spätere Leuchtbergschule und seit 1955 koedukative Brüder-Grimm-Schule.
um 1930	Entfernung des Schwellkastens, Einbau der Prospektpfeifen und der Oboe, Einbau der Blockflöte 2' auf einer Zusatzkanzelle.
1989	Das Instrument wird als nicht spielbar beschrieben.
2002	Restaurierung durch Werner Bosch Orgelbau, Sandershausen (Niestetal): Wiederspielbarmachung stillgelegter Funktionen, Erneuerung der Bälgchen in den Trakturen, Erneuerung der Tastenbeläge der Manualklaviaturen, Rekonstruktion des Schwellers.

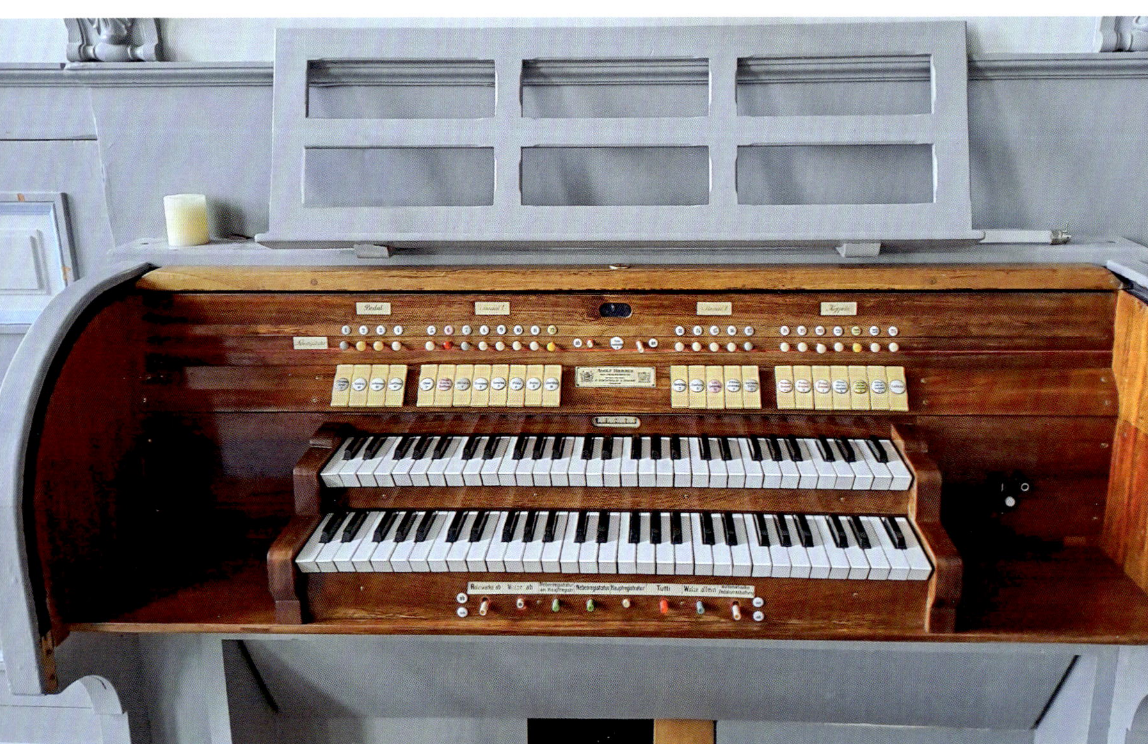

DISPOSITION:

***I. Manual** C–g‴ (ausgebaut bis g⁗)*

Bordun	16‘	
Prinzipal	8‘	Prospekt (1930)
Gamba	8‘	
Flöte	8‘	
Dolce	8‘	
Octave	4‘	
Progressio harmonica 2–3fach	2 2/3‘	
Oboe	8‘	(1930)

***II. Manual** C–g‴ (ausgebaut bis g⁗ außer Vox coelestis, Harmonieflöte, Blockflöte)*

Flötenprinzipal	8‘	
Lieblich Gedackt	8‘	
Aeoline	8‘	
Vox coelestis	8‘	ab c°
Harmonieflöte	4‘	
Blockflöte	2‘	(1930, Zusatzlade)

***Pedal** C–f‘*

Violon	16‘	
Subbass	16‘	
Zartbass	16‘	Transmission Bordun I. Manual
Prinzipalbass	8‘	

Koppeln (als Registerwippen):
Manualkoppel II–I, Pedalkoppel II, Pedalkoppel I;
Oberoktavkoppel II, Unteroktavkoppel II, Oberoktavkoppel II–I, Kalkant.

Spielhilfen (als Druckknöpfe unter dem I. Manual):
Rohrwerke ab, Walze ab, Nebenregister an Hauptregister, Nebenregister, Hauptregister, Tutti, Walze allein, automatische Pedalumschaltung.
Walze mit Anzeiger, Schwelltritt mit Anzeiger.

Außer dem Prinzipal 8‘ (Prospekt) steht das ganze Pfeifenwerk in einem Generalschweller.
Pneumatische Taschenladen. Großer Einfaltenbalg.
Stimmtonhöhe: a‘ 440 Hz bei 16 °C. Winddruck: 78 mmWs.

ADRESSE DER SCHULE:

Dünzebacher Straße 21, 37269 Eschwege

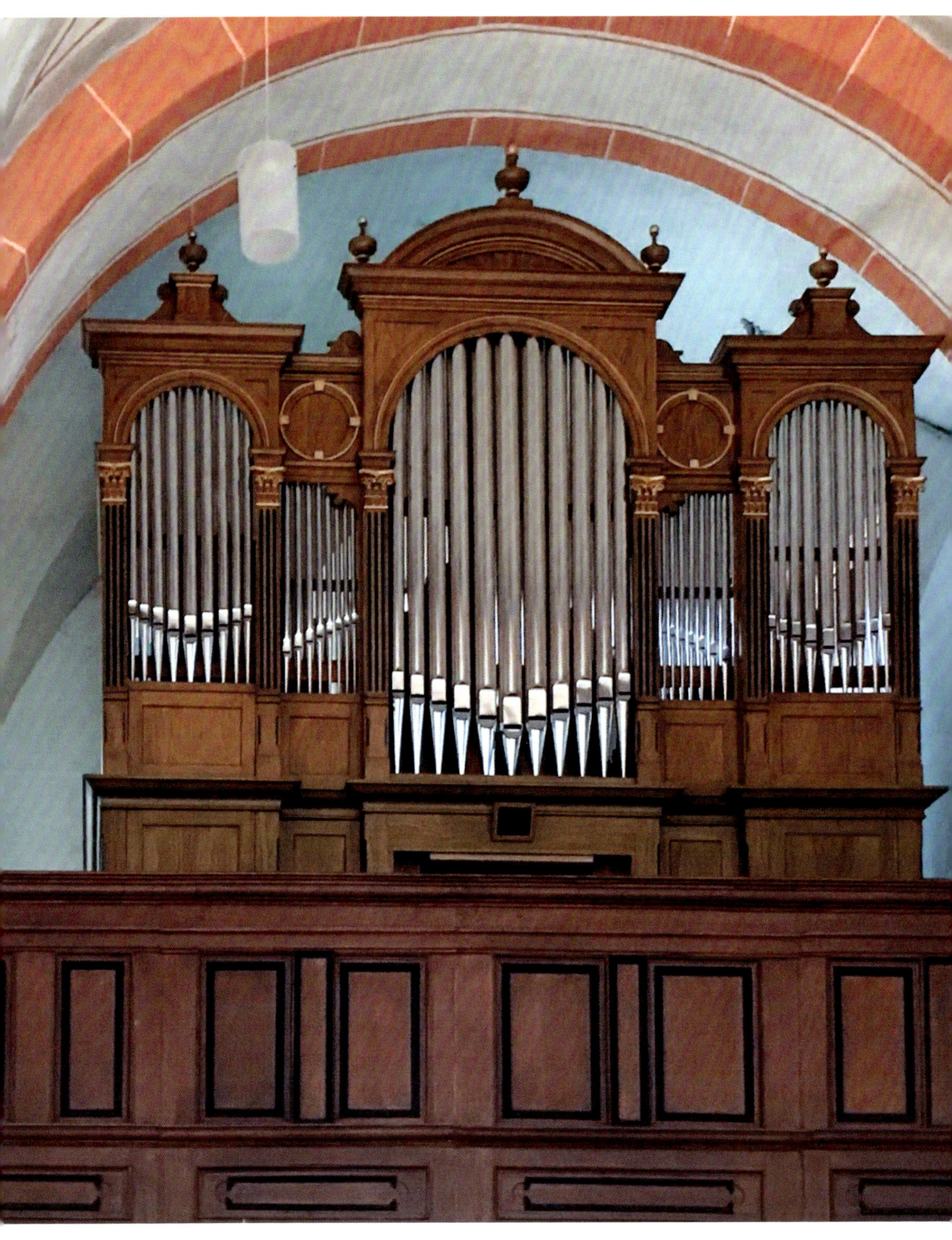

FLECHTDORF (DIEMELSEE)

Evangelische Klosterkirche
Jakob und Eduard Vogt, Korbach, Werk Nr. 83, 1888

EVANGELISCHE KIRCHE VON KURHESSEN-WALDECK
LANDKREIS WALDECK-FRANKENBERG
Jahr der Förderung: 2009

Die ehemalige Klosterkirche in Flechtdorf war Bestandteil des um das Jahr 1100 gegründeten Benediktinerklosters. Demzufolge stammt der Kirchenbau aus dem ersten Viertel des 12. Jahrhunderts. Er wurde als romanische Basilika errichtet. Spätmittelalterliche Umbauten betrafen die Seitenschiffe. Obwohl im 18. Jahrhundert ein Brand den Mönchschor zerstörte, blieb die Flechtdorfer Klosterkirche bis heute ein beeindruckender Sakralbau und eines der bedeutendsten Kirchengebäude der Region.

Die Orgel wurde im Jahr 1888 von den Korbacher Orgelbauern Jakob und Eduard Vogt gebaut. Eduard Vogt war Sohn des Begründers der Korbacher Orgelwerkstatt Jakob Vogt, der sich 1845 im Zuge des Orgelneubaus durch die Thüringische Orgelwerkstatt Hesse in Korbach niedergelassen hatte. Die Werkstatt Vogt prägte in drei Generationen bis in die 1950er Jahre hinein die Orgellandschaft insbesondere im Waldecker Land. Die Vogtschen Instrumente zeichnen sich durch eine solide Verarbeitung sowie eine ausgewogene und kräftige klangliche Gestaltung aus. Nach den Vogt-Orgeln in Twiste (Twistetal, 2005) und in Wellen (Edertal, 2004) war die Orgel in Flechtdorf das dritte Instrument dieser Werkstatt, das durch das Förderprogramm unterstützt wurde. Trotz einiger Veränderungen war sowohl im Bereich der Technik als auch des Pfeifenwerks ein so hoher originaler Bestand erhalten, dass eine Restaurierung möglich war.

GESCHICHTE:

1888	Bau der Orgel durch Jakob und Eduard Vogt, Korbach.
ca. 1970er Jahre	Umdisponierung (Verlust des Bordun 16', der Gambe 8' und der Flauto traverse zugunsten höherer Aliquot-Register), Umbau der Windanlage (Schwimmerbalg anstelle der Vogt-typischen Keilbälge)
2009/10	Restaurierung durch Elmar Krawinkel: Wiederherstellung der originalen Disposition, Rekonstruktion der Balganlage.

DISPOSITION:

I. Manual *C–f'''*

1. Prinzipal 8'
2. Bordun 16'
3. Hohlflöte 8'
4. Gambe 8'
5. Oktave 4'
6. Flöte 4'
7. Mixtur 3fach 2'

II. Manual *C–f'''*

8. Flauto traverse 8'
9. Salicional 8'
10. Lieblich Gedackt 8'
11. Geigenprinzipal 4'
12. Flageolett 2'

Pedal *C–c'*

13. Oktavbass 8'
14. Subbass 16'
15. Violon 16'

Manualkoppel II–I, Pedalkoppel I–Pedal.

Manualwerke: Mechanische Schleiflade. Pedalwerk: mechanische Ventillade mit pneumatischer Registerschaltung.

ADRESSE DER KIRCHE:

Klosterstraße 5, Flechtdorf, 34519 Diemelsee

FLIEDEN

Katholische Kirche St. Goar
Matthias Kreienbrink, Osnabrück, 1963

BISTUM FULDA
LANDKREIS FULDA
Jahr der Förderung: 2015

Die katholische Kirche St. Goar in Flieden besteht im Wesentlichen aus einem barocken Kirchenbau aus den Jahren 1718 bis 1720, der Bestandteile – Turm und Rechteckchor – eines Vorgängerbaus aus dem 16. Jahrhundert enthält. In den Jahren 1925/26 wurde die Kirche durch ein breites Querschiff und einen fünfseitigen Chor erweitert. Der von einem Tonnengewölbe mit Stichkappen bedeckte Kirchenraum wird von Gurtbögen auf Pilastern gegliedert. Seine Ausstattung – vornehmlich die Altäre – stammt aus der barocken Bauphase und verleiht ihm mit dieser ästhetischen Einheitlichkeit eine beeindruckend harmonische Wirkung.

Die Orgel ist ein Werk der Osnabrücker Orgelbauwerkstatt Kreienbrink, die in den 1960er und 1970er Jahren zahlreiche Neubauten im Bistum Fulda ausführte. Die Bedeutung der Fliedener Orgel liegt nicht nur in ihrer repräsentativen Größe – 36 Register auf drei Manualen und Pedal –, sondern auch in ihrem unveränderten Klangbestand. Ihre Disposition ist zeittypisch neobarock orientiert und folgt damit einer musikästhetischen Ausrichtung, die in der kirchenmusikalischen Praxis erst allmählich an Anerkennung gewinnt. Viele Instrumente dieses Klangideals wurden bereits verändert. Angesichts der Beobachtung an Instrumenten früherer Epochen, dass einmal veränderte Orgeln oft Generationen später aufwendig wieder in den Originalzustand versetzt werden, wurde von den Verantwortlichen angeregt, das Fliedener Orgelwerk als denkmalwert zu betrachten und in der geförderten Maßnahme den original erhaltenen Bestand zu sanieren, um es so bestmöglich vor möglichen Eingriffen in die Substanz zu schützen.

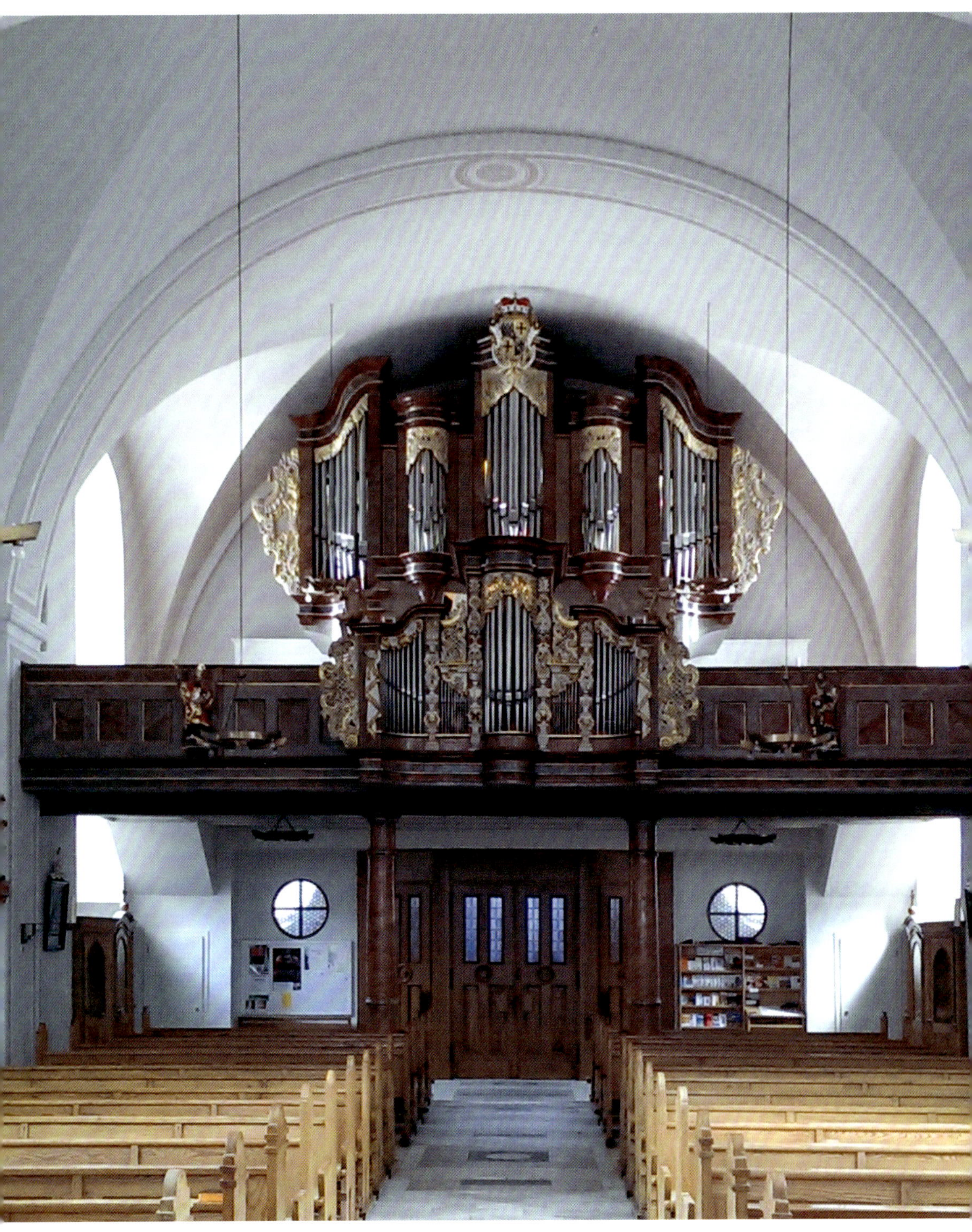

GESCHICHTE:

1728 Ankauf der ersten Orgel für die neue Kirche bei Johann Erhard Roth, Neuhof.

1756 Abgabe der Orgel von 1728 nach Rückers und Bau einer neuen Orgel (I/14) durch Wolfgang Wiegand aus Borsch (Geisa).

1904 Neues Orgelwerk (II/17) im vorhandenen Gehäuse von E. F. Walcker & Cie., Ludwigsburg.

1946 Umbau der Walcker-Orgel durch Alban Späth, Fulda.

1963 Neubau durch Matthias Kreienbrink, Osnabrück: Der Gehäuseoberbau von 1756 wurde als Gehäuse des Rückpositivs weiter verwendet und das neue Hauptgehäuse in barockisierenden Formen hinzugefügt.

2015 Restaurierung durch Hey Orgelbau, Urspringen (Ostheim vor der Rhön)

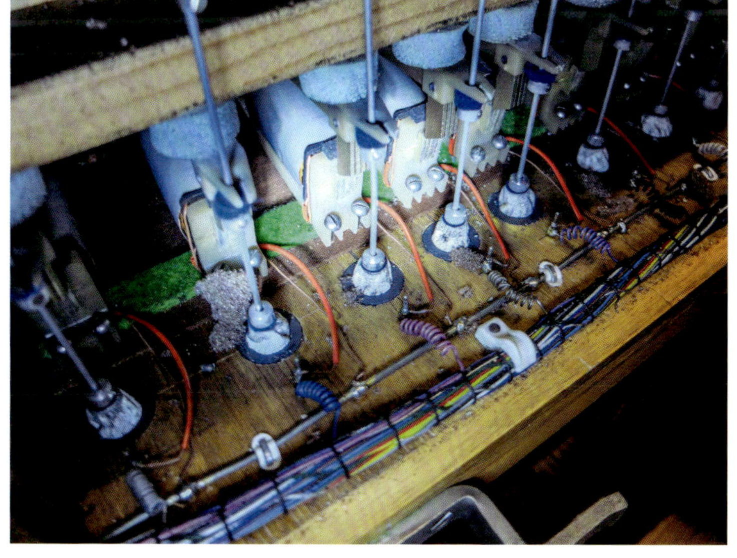

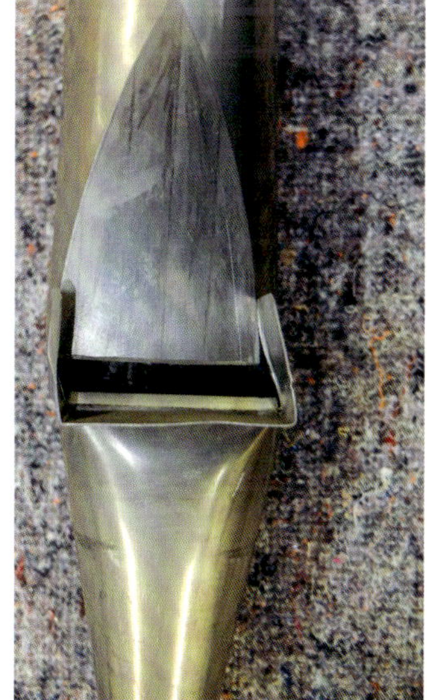

Flieden: starke Verschmutzung durch brüchigen Schaumstoff und Bleizucker, verformte Pfeife vor der Restaurierung.

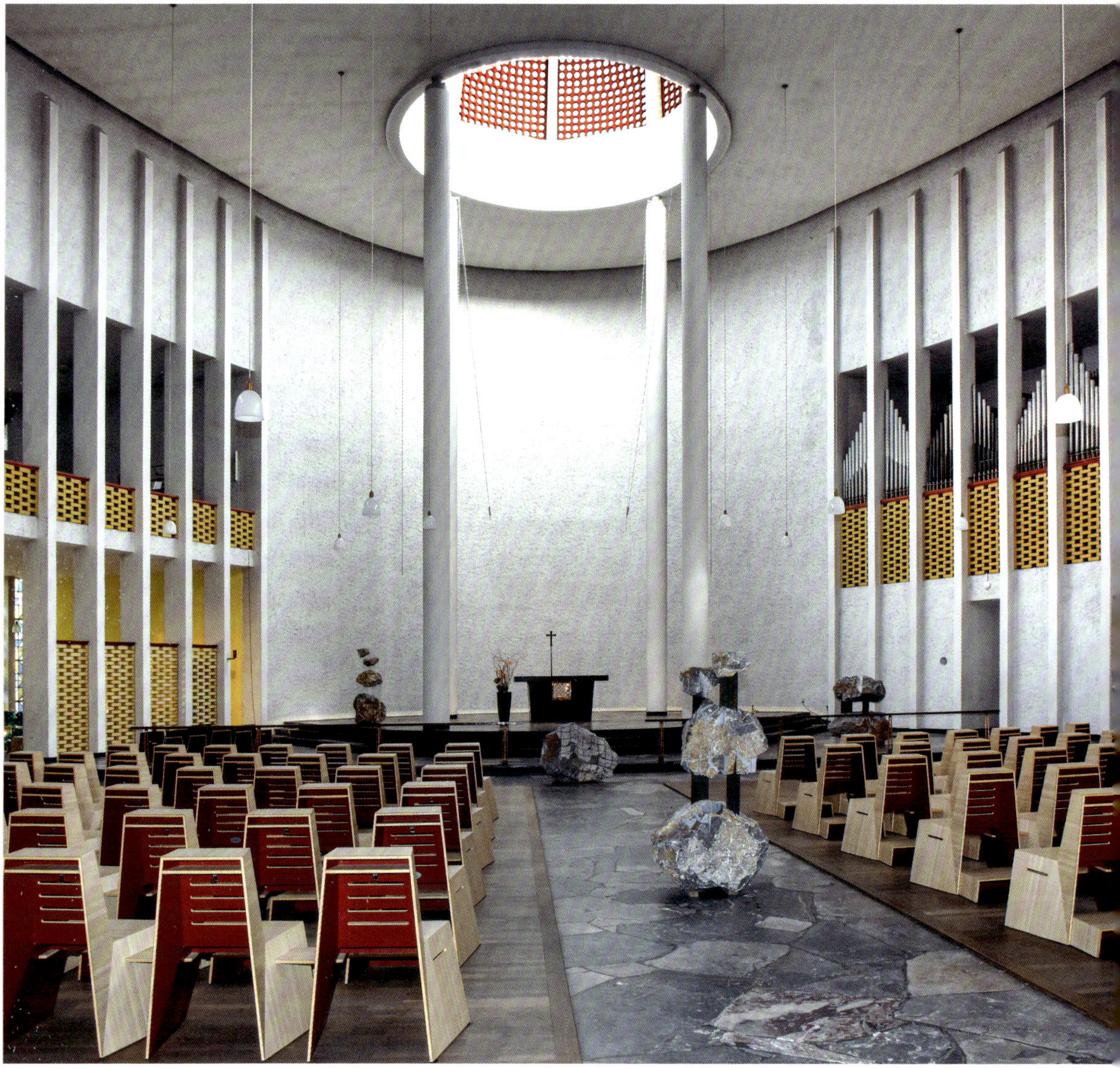

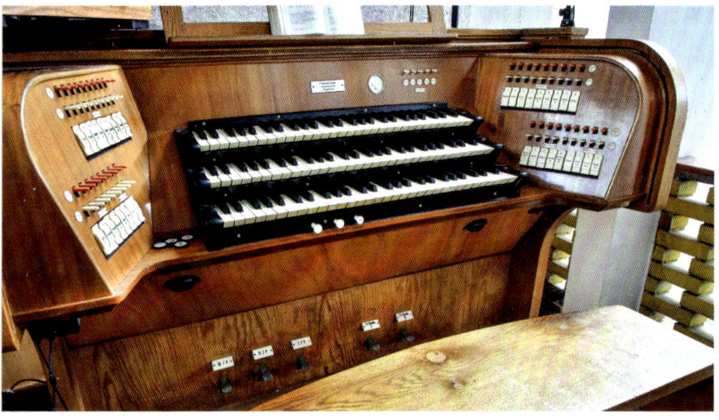

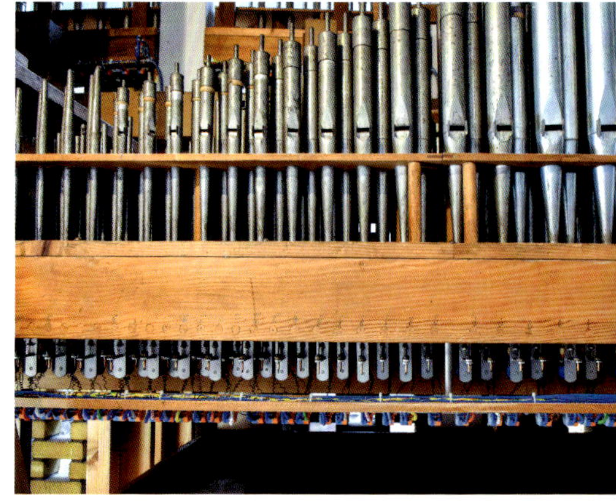

Frankfurt Allerheiligenkirche: der originale Spieltisch und ein Blick auf die neue Verkabelung zu den Tonmagneten.

GESCHICHTE:

1955	Bau der Orgel durch Orgelbau Euler, Hofgeismar.
2010/11	Restaurierung durch Hubert Fasen, Oberbettingen; in diesem Zuge Stabilisierung des Prospekts, Einbau eines neuen Motorkastens und einer Winddrossel.

DISPOSITION:

I. Manual **Positiv** *C–g'''*

Nachthorngedackt	8'
Gemshorn	4'
Waldflöte	2'
Quintzimbel 3fach	1 1/3'
Krummhornregal	8'
Tremulant	

II. Manual **Hauptwerk** *C–g'''*

Quintade	16'
Prinzipal	8'
Rohrflöte	8'
Oktave	4'
Gedackt	4'
Blockflöte	2'
Mixtur 4–6fach	2'
Trompete	8'

III. Manual **Oberwerk** *C–g'''*

Holzgedackt	8'
Spitzflöte	4'
Prinzipal	2'
Sifflöte	1'
Sesquialtera 2fach	
Scharff 4fach	1'
Rankett	16'
Schalmey	4'
Tremulant	

Pedal *C-f'*

Subbaß	16'
Prinzipalbaß	8'
Choralbaß	4'
Rauschpfeife 4fach	2 2/3'
Posaune	16'

Koppeln: III–II, III–I, I–II, Pedalkoppel I, Pedalkoppel II, Pedalkoppel III.

Spielhilfen: 2 Freie Kombinationen (FK1, FK2; Druckknöpfe und Tritte), „Handregister (HR) ab" in HR, FK1 und FK2, Einzelabsteller für die Zungenregister, Tutti (Druckknopf), Pedalkoppeln als Fußrasten (unabhängig von den Kombinationen), Registratur Oberwerk und Positiv mit Freien Kombinationen (rot und weiß).

Elektrisch gesteuerte Taschenladen.

ADRESSE DER KIRCHE:

Thüringer Str. 31, 60316 Frankfurt am Main

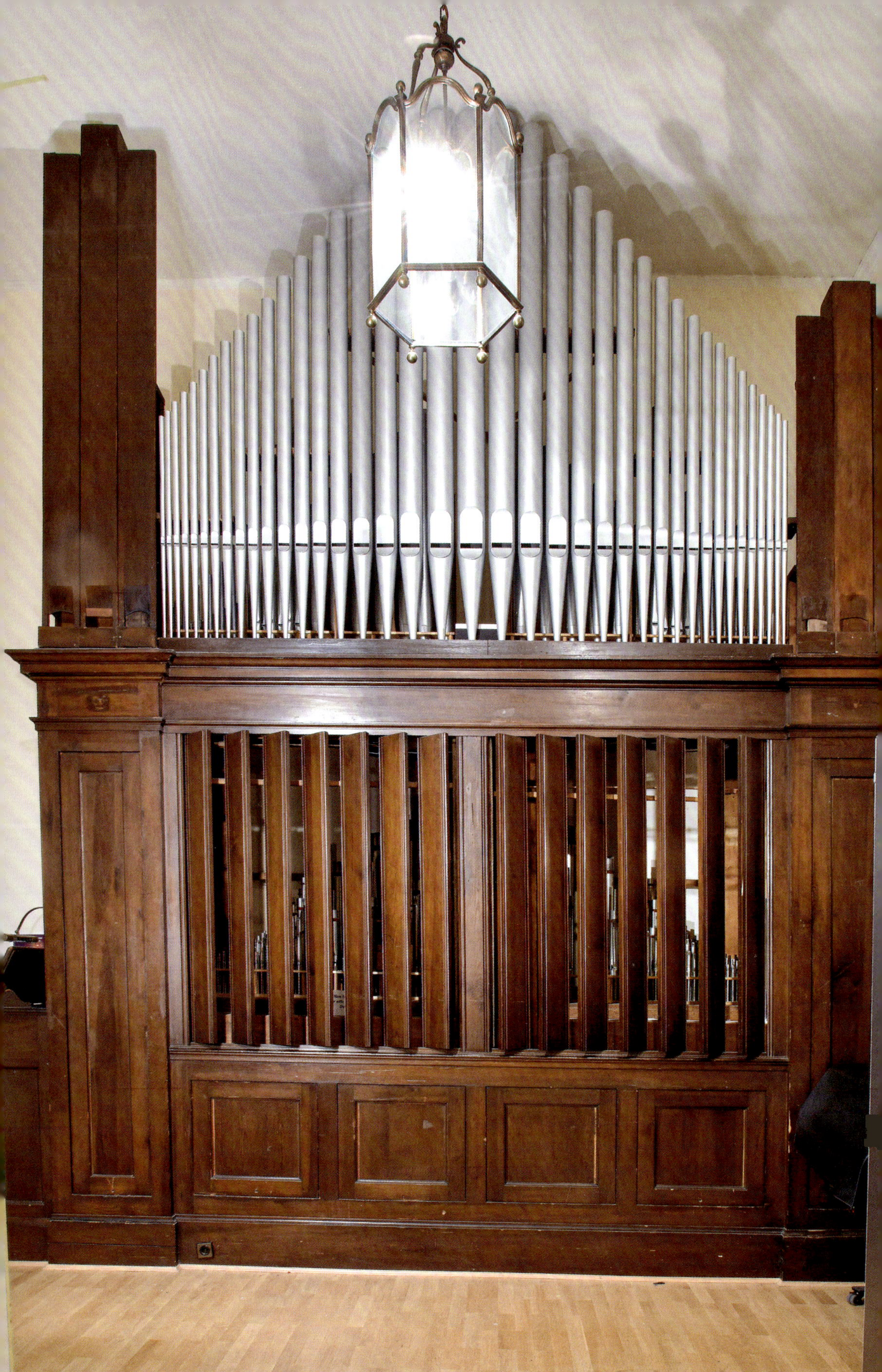

FRANKFURT AM MAIN

Loge zur Einigkeit
E. F. Walcker & Cie., Ludwigsburg, Opus 769, 1896

STADT FRANKFURT AM MAIN
Jahr der Förderung: 2005

Das Frankfurter Logenhaus wurde im Jahr 1895 in gründerzeitlicher Bauweise und Formensprache errichtet. Der aufwendig ausgestattete Festsaal der Loge zur Einigkeit ist einer der Haupträume des Gebäudes. Der Einbau einer Orgel unmittelbar im Anschluss an die Ausgestaltung des Festsaals zeugt sowohl von der Bedeutung des Raumes als auch vom Stellenwert der Orgelmusik in jener Zeit zur Umrahmung von Festlichkeiten und Zeremonien.

Der Orgel kommt ein außerordentlich hoher Denkmalwert zu. Außergewöhnlich ist zunächst ihr Standort in einem nichtkirchlichen Raum. Außerdem ist sie das einzige in Frankfurt aus der Vorkriegszeit erhaltene Instrument der Werkstatt Walcker, deren Werkverzeichnis allein bis 1910 in dieser Stadt 50 Neubauten aufzählt. Eine musikalische Besonderheit der Orgel, die mit ihrer pneumatischen Kegellade technologisch auf der Höhe ihrer Zeit war, ist der Jalousieschweller, der bei Instrumenten dieser Größe im deutschen Orgelbau am Ende des 19. Jahrhunderts sehr selten zu finden ist.

Die geförderte Restaurierung im Jahr 2005 diente der Wiederspielbarmachung, um es für eine breitere Nutzung in Konzerten sowie zu Übe- und Unterrichtszwecken zu öffnen. Auf die Rekonstruktion der ursprünglichen Disposition wurde zunächst verzichtet.

GESCHICHTE:

1896	Bau der Orgel durch E. F. Walcker & Cie., Ludwigsburg.
1935	Übertragung in die katholische Kirche St. Kilian in Wiesbaden.
1949/50	Rückführung an den ursprünglichen Standort durch Orgelbau Wagenbach, Limburg.
1958	Umgestaltung der Disposition durch Förster & Nicolaus Orgelbau, Lich.
2005	Restaurierung durch Markus Graser, Harthausen (Orgel- und Harmoniumbau in Speyer).

DISPOSITION:

I. Manual **Hauptwerk** *C–f'''*

Gedeckt	8'	alt
Salicional	8'	alt aus Aeoline 8'
Prinzipal	4'	alt aus Geigenprinzipal 8'
Flöte	2'	alt aus Flöte 4'
Mixtur 3fach	1 1/3'	1958

II. Manual **Schwellwerk** *C–f'''*

Spitzgedeckt	8'	1958
Quintade	8'	alt aus Oktave 4'
Rohrflöte	4'	alt aus Gamba 8'
Prinzipal	2'	alt aus Aeoline 8'
Terzian	2 2/3' + 1 3/5'	1958

Pedal C-f'

Subbass	16'	alt
Gedecktbass	8'	1958

Koppeln II–I, I–Pedal, II–Pedal als Druckknöpfe unter dem I. Manual.

Feste Kombinationen P, F und T als Tritte. Auslöser. Schwelltritt.

Pneumatische Kegelladen mit Keilbälgchen. Prospekt stumm. Seitenspielig.

ADRESSE DES STANDORTS:

Freimaurerloge zur Einigkeit,
Kaiserstraße 37,
60329 Frankfurt am Main

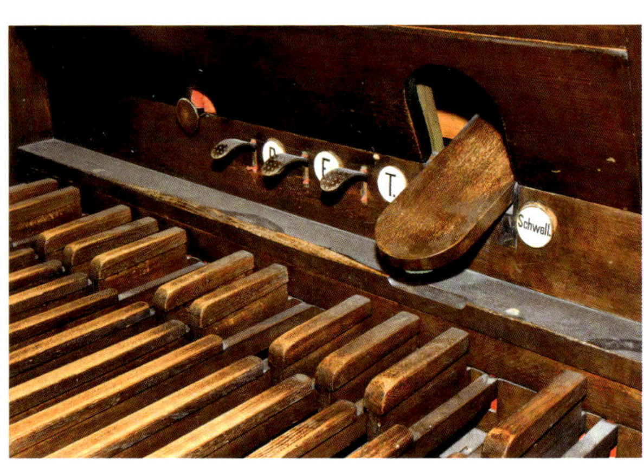

Frankfurt Loge: Pedal und Spielhilfen.

FRANKFURT AM MAIN – DORNBUSCH

Katholische Kirche St. Albert
Hans Klais, Bonn, Opus 1062, 1953/54

BISTUM LIMBURG
STADT FRANKFURT AM MAIN
Jahr der Förderung: 2015

Die katholische Kirche St. Albert im Stadtteil Dornbusch im Frankfurter Nordosten wurde in den Jahren 1937/38 nach Plänen von Martin Weber als schlichter Saalbau errichtet. Im Jahr 1957 wurde das Kirchenschiff in seiner Länge erweitert, und fünf Jahre später erhielt die Kirche einen Campanile. Der längsgerichtete Raum wird geprägt durch eine Holzkassettendecke und den Wechsel zwischen verputzten Wandscheiben und Wandvorlagen aus Ziegelstein.

Die Orgel steht auf der rückwärtigen Empore. Das Werk aus der Bonner Orgelwerkstatt Klais besitzt einen zeittypischen Freipfeifenprospekt, der insbesondere durch seine geometrische Anordnung beeindruckt: Gerahmt durch seitlich aufsteigende, flach angeordnete Pfeifenreihen, erhebt sich spiralförmig ein sich nach oben drehender Mittelturm. Durch die auf einem schlanken Querlager ruhende Konstruktion des Untergehäuses erweckt die Orgel einen frei schwebenden Eindruck.

Das Instrument steht mit seiner elektropneumatischen Spiel- und Registertraktur sowie der Ausstattung mit Spielhilfen und seiner Disposition sichtbar am Übergang von der spät- und nachromantischen zur neobarocken Ausrichtung der Orgelästhetik. Aufgrund ihrer hohen künstlerisch-gestalterischen und musikalischen Aussagekraft sowie ihres vollständig erhaltenen Bestands besitzt die Klais-Orgel in St. Albert einen unzweifelhaft hohen Denkmalwert.

Die geförderte Maßnahme – eine umfassende Restaurierung aller Bauteile – fand unmittelbar vor der Zusammenlegung mehrerer Frankfurter Gemeinden zu einem größeren Pastoralverbund statt und diente damit der Stärkung des Standorts St. Albert als Raum für Liturgie und Orgelmusik.

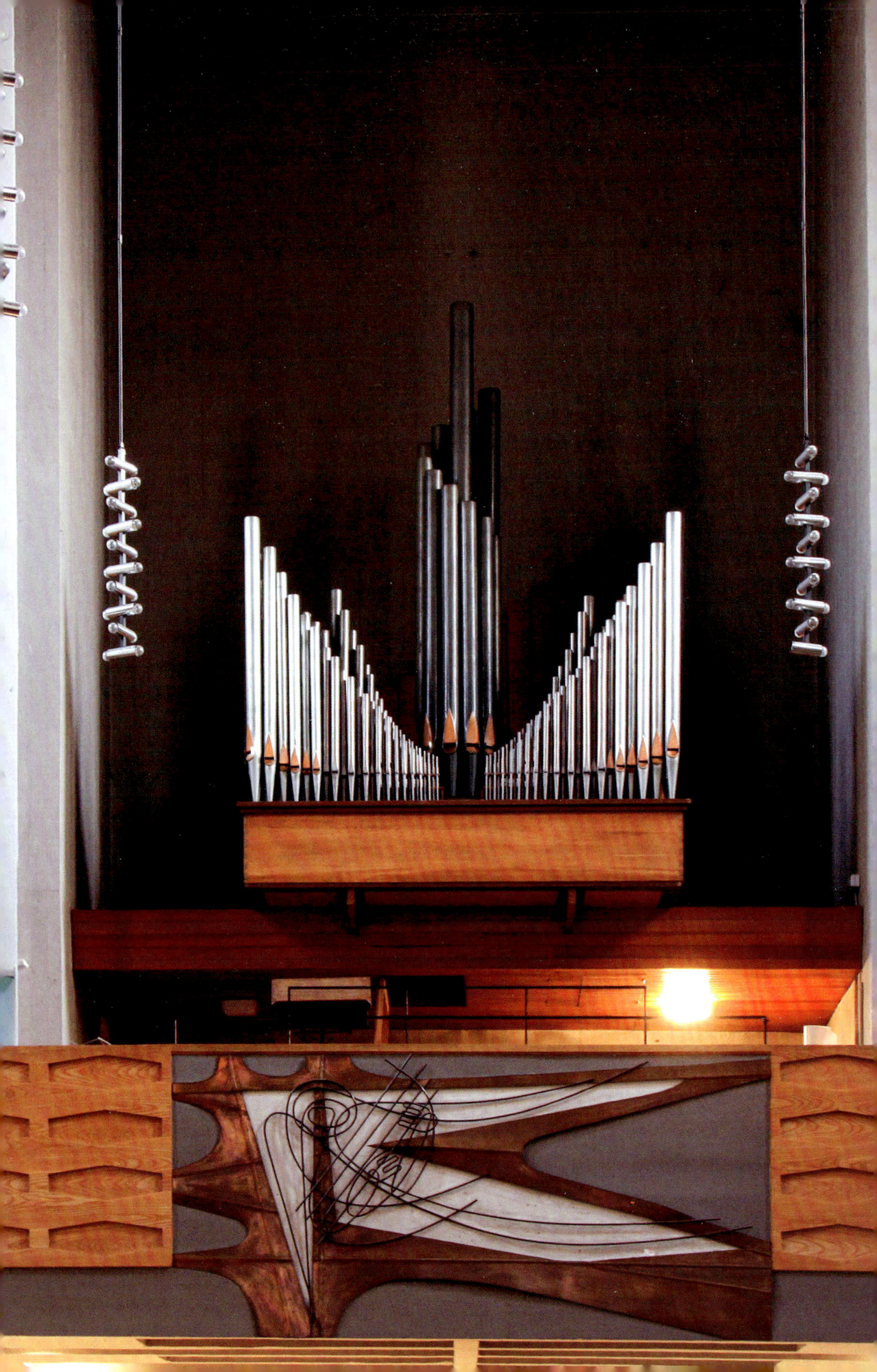

GESCHICHTE:

1953/54	Bau der Orgel durch Hans Klais, Bonn.
April bis Mai 2016	Restaurierung durch Orgelbau Klais, Bonn.

DISPOSITION:

***I. Manual** C–g'''*

Rohrflöte	8'
Weidenpfeife	8'
Principal	4'
Quintadena	4'
Nachthorn	2'
Mixtur 3–4fach	

***II. Manual** C–g'''*

Stillgedackt	8'
Blockflöte	4'
Principal	2'
Cymbel 2–3fach	
Krummhorn	8'

***Pedal** C–f'*

Subbass	16'	
Principalbass	8'	
Gedacktbass	8'	Verlängerung des Subbass 16'
Choralbass	4'	Verlängerung des Principalbass 8'
Flachflöte	2'	Verlängerung des Principalbass 8' / Choralbass 4'

Koppeln: II–I, Sub II–I, I–Pedal, II–Pedal.

Spielhilfen: 2 Freie Combinationen (FC), Tutti (T), Zungenabsteller.

Druckknöpfe unter dem I. Manual: HR (Handregister), FC 1, FC 2, Auslöser, Tutti.

Kegelladen, elektropneumatische Spiel- und Registertraktur.

ADRESSE DER KIRCHE:

Bertramstraße 45, 60320 Frankfurt am Main.

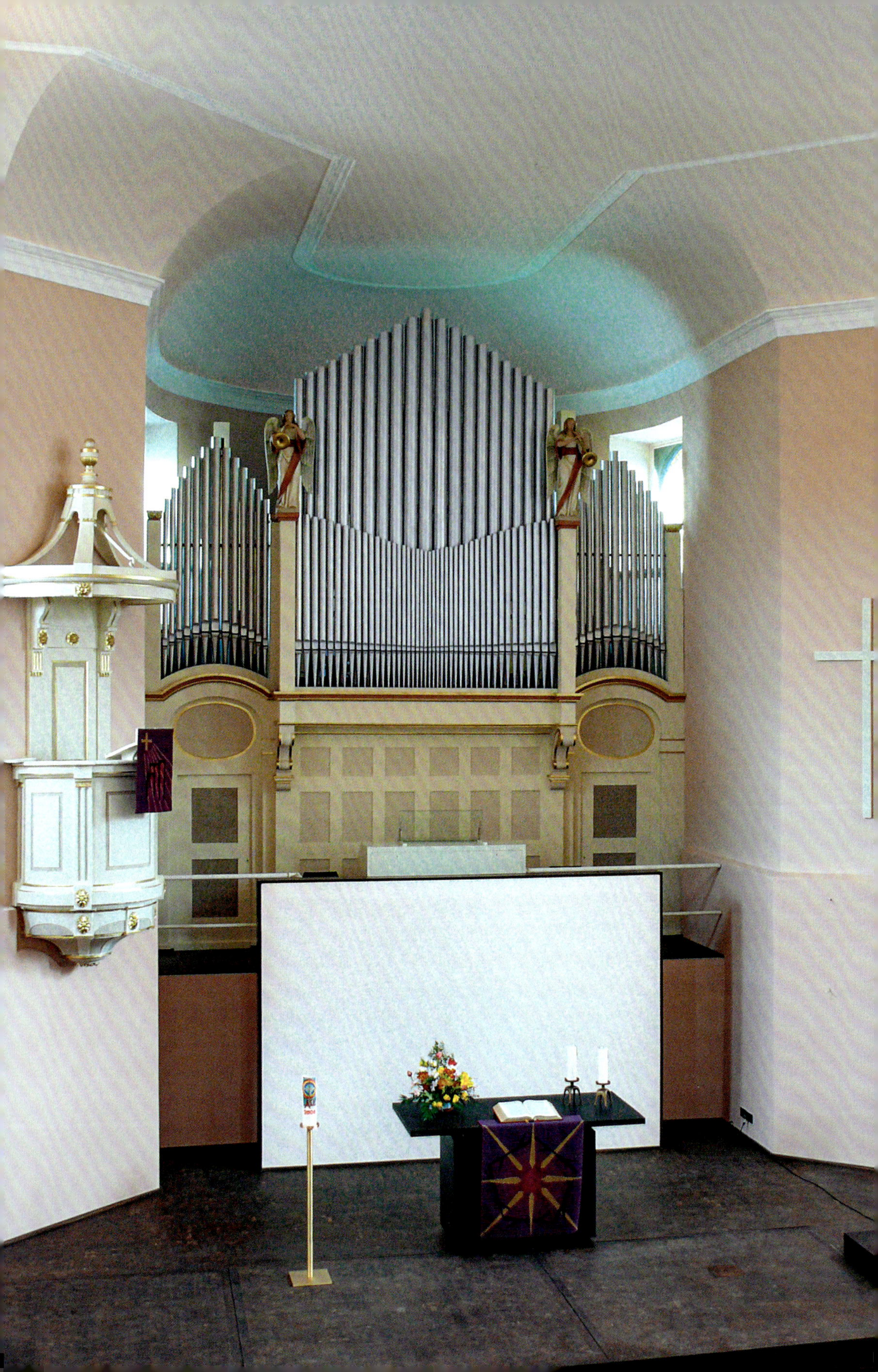

FRANKFURT AM MAIN – NIED

Evangelische Christuskirche

G. F. Steinmeyer & Co., Oettingen, Opus 977, 1908

EVANGELISCHE KIRCHE IN HESSEN UND NASSAU
STADT FRANKFURT AM MAIN
Jahr der Förderung: 2008

Die heutige evangelische Christuskirche wurde im Jahr 1828 als Simultankirche der katholischen und der evangelischen Kirchengemeinde Nied gebaut. Nachdem sich die katholische Gemeinde im Jahr 1908 die St.-Markus-Kirche gebaut hatte, behielt die evangelische Gemeinde den als Saalkirche konzipierten Raum, der seitdem als Christuskirche bezeichnet wird. In diesem Zuge wurde der Innenraum neu ausgestattet: Aus der Erbauungszeit der Kirche wurde nur die Kanzel erhalten. Die Orgel war Bestandteil der Neugestaltung des Kirchenraums. Sie gehört heute zu den wenigen erhaltenen Instrumenten der Werkstatt Steinmeyer dieser Epoche in Hessen und verfügt trotz der Eingriffe in den Jahren 1955 und 1968/69 noch über viel historische Substanz, sodass eine Restaurierung möglich war. Eine Besonderheit dieses Instruments ist der ursprünglich verbaute Wassermotor zur Winderzeugung, der zwar nicht mehr in Betrieb ist, aber in der Kirche aufbewahrt wird.

Im Zuge der geförderten Maßnahme wurde die ursprüngliche Disposition wiederhergestellt, wobei die veränderten Register Mixtur, Trompete 8‘ und Posaune 16‘ zunächst beibehalten wurden. Im technischen Bereich wurde neben der Überholung und Reparatur des historischen Bestandes ein neuer, feststehender Spieltisch am ursprünglichen Standort installiert. Auf die Rekonstruktion der pneumatischen Anlage wurde aus Kostengründen verzichtet. Stattdessen erhielt die Orgel eine neue elektrische Traktur.

GESCHICHTE:

1908 Bau der Orgel durch G. F. Steinmeyer & Co., Oettingen.

1955 Erneuerung der Taschen und klangliche Umgestaltung im Sinne des Neobarock durch die Werkstatt Voigt aus Frankfurt-Höchst.

1971 Umbau durch die Werkstatt Euler, Hofgeismar: Elektrifizierung der Trakturen, Wegfall der Oktavkoppeln, der festen Kombinationen und der Walze; Umbau der Windanlage: Stilllegung des Doppelfaltenbalgs, Einbau von Schwimmerbälgen und eines Tremulanten (II).

1977 Einbau neuer Klangkronen in beiden Manualwerken durch Euler.

1982 Einbau nicht originaler, aber aus der Erbauungszeit stammender Streicher in den Manualwerken (Viola da Gamba 8‘ und Salicional 8‘); Stilllegung der Pedaltransmissionen, stattdessen Bau einer Zusatzlade mit den Registern Gedacktbass 8‘ und Choralbass 4‘.

1986 Austausch der originalen Zungenregister durch neue Register gleichen Namens durch die Werkstatt Hardt, Möttau.

1989 Umstellung verschiedener Aliquoten; abermals Erneuerung der Mixtur (I).

1995 Reparatur und Wiederinbetriebnahme des Doppelfaltenmagazinbalgs.

2009 Restaurierung, Teilrekonstruktion und Erweiterung durch Orgelbau Hardt, Möttau: Wiederherstellung der ursprünglichen Disposition bei Erhalt der später hinzugefügten Zusatzlade sowie Hinzufügung des Untersatz 32‘; Erhalt der elektrischen Traktur und Nutzbarmachung derselben für eine Setzeranlage; neuer Spieltisch.

DISPOSITION:

I. Manual *C–g'''*		**II. Manual** *C–g'''* *(Koppel ausgebaut bis g'''')*		**Pedal** *C–f'*		
Principal	8'	Bordun	16'	Untersatz	32'	C–H 10 2/3', c°–f' Transmission Bourdon 16' (II)
Doppelgedackt	8'	Geigenprincipal	8'	Violon	16'	
Gemshorn	8'	Lieblich Gedackt	8'	Subbass	16'	
Gamba	8'	Conzertflöte	8'	Gedacktbass	16'	Transmission Bourdon 16' (II)
Dolce	8'	Salicional	8'	Octavbass	8'	
Octave	4'	Aeoline	8'	Gedacktbass	8'	Transmission Bourdon 16' (II)
Rohrflöte	4'	Vox coelestis	8'	Violoncello	8'	
Octave	2'	Fugara	4'	Choralbass	4'	Transmission Octave 4' (I)
Mixtur 4fach	2'			Octav	4'	
Trompete	8'			Posaune	16'	

Normalkoppeln, Sub- und Superoktavkoppeln II sowie II–I, Superoktavkoppel I–Pedal, Äquallage II ab.

Automatisches Pianopedal. Drei feste Kombinationen: Piano, Mezzoforte, Tutti. Crescendo (Walze). Schwelltritt (II).

Setzeranlage mit 4.000 Kombinationen. MIDI-Recorder.

Pneumatische Taschenladen.

ADRESSE DER KIRCHE:

Alt-Nied 10, 65934 Frankfurt am Main

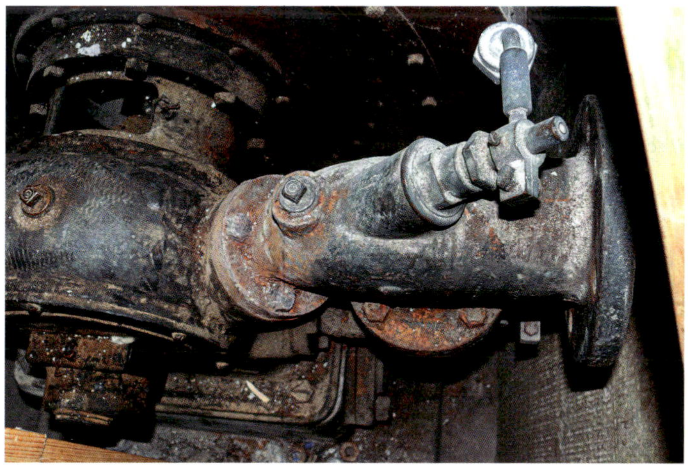

Frankfurt Nied: der erhaltene und eingelagerte Wassermotor.

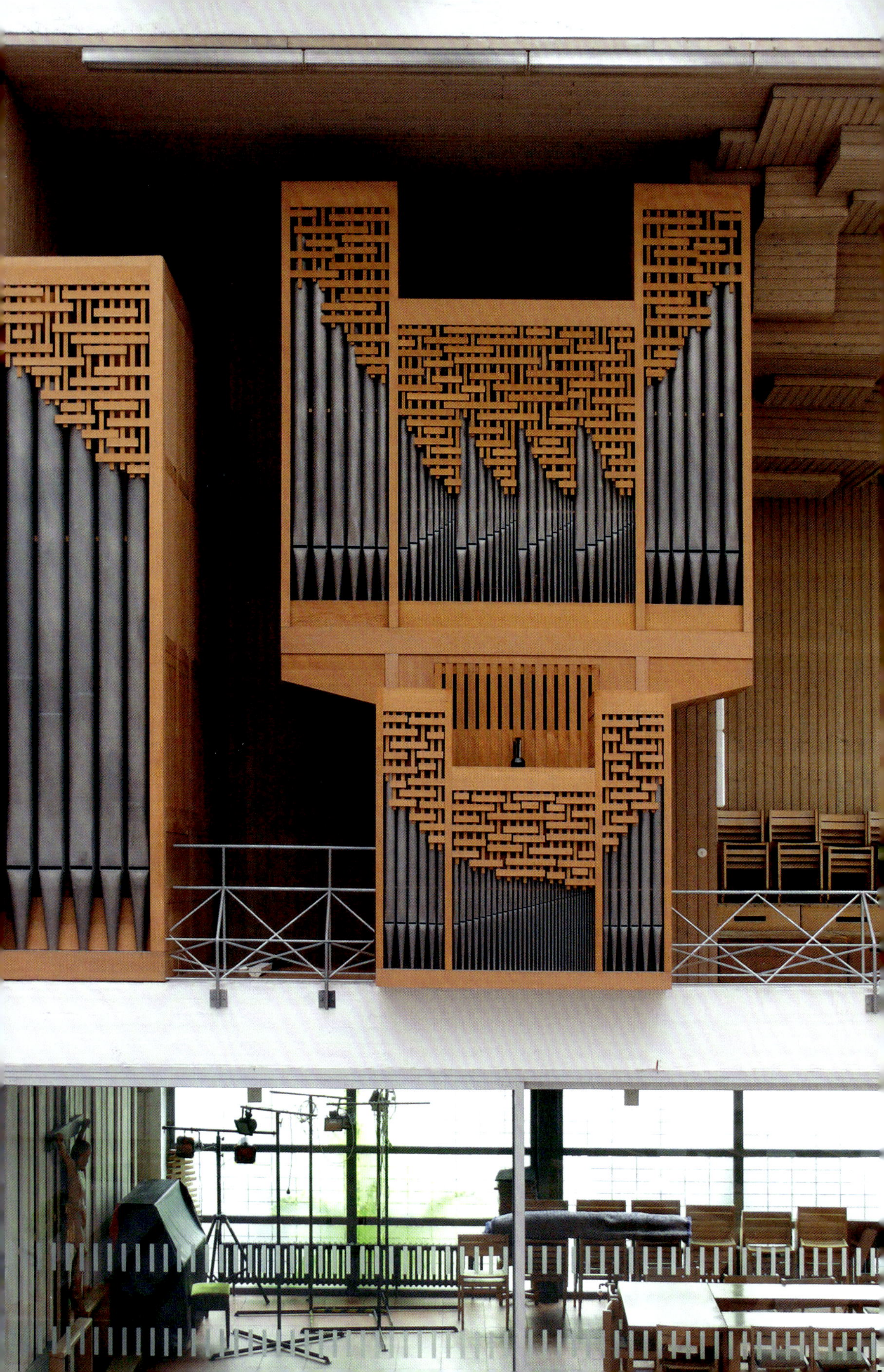

FRANKFURT AM MAIN – NORDWESTSTADT

Evangelische Cantate-Domino-Kirche

Ahrend & Brunzema, Leer-Loga, 1970

EVANGELISCHE KIRCHE IN HESSEN UND NASSAU
STADT FRANKFURT AM MAIN
Jahr der Förderung: 2017

Die evangelische Cantate-Domino-Kirche in der Nordweststadt Frankfurts wurde in den Jahren 1963 bis 1966 nach Plänen von Walter Schwagenscheidt und Tassilo Sittmann errichtet. Ihre Konzeption sollte von Anfang an einer Gemeindearbeit mit kirchenmusikalischem Schwerpunkt dienen, weshalb sie auch ihren besonderen Namen erhielt. Der fast fensterlose Raum ist zusammen mit dem Gemeindesaal und der Glockenwand Bestandteil eines Ensembles, das in die umgebende Bebauung integriert und kaum als kirchliches Gebäude exponiert ist. Der helle Kirchenraum wird durch Glaskuppeln im Dach belichtet. Die weiß geschlämmten Wände sind aus akustischen Gründen mit Lochsteinfeldern versehen. Ein farbiger Behang vor der Altarwand markiert das Zentrum des Raums.

Die Orgel befindet sich auf einer Emporennische an der seitlichen Längswand. Das Instrument wurde im Jahr 1970 von der Werkstatt Ahrend und Brunzema aus dem ostfriesischen Leer im Stil des norddeutschen Barock gebaut, der seinerzeit vor allem im evangelischen Orgelbau als ein Ideal angesehen wurde. Die Werkstatt Ahrend und Brunzema galt zur Erbauungszeit als einer der führenden Betriebe im Bereich der Restaurierung, der die dort gewonnenen Erfahrungen auch in seine Neubauten einfließen ließ.[1] Daher fiel die Wahl des Orgelbauers für den Neubau in der für einen kirchenmusikalischen Schwerpunkt bestimmten Kirche auf diese Werkstatt. Kirche und Orgel bilden somit auch hier eine baulich-ästhetische Einheit.

Aufgrund dieser besonderen Situation und ihrer hohen technischen und künstlerischen Qualität kann dieses verhältnismäßig junge Instrument Denkmaleigenschaften für sich beanspruchen. Die erste umfassende Reinigung und Überholung der Orgel fand über 45 Jahre nach ihrer Erbauung statt und hatte ausschließlich

1 Vgl. Bottendorf (Burgwald): Orgel von Gerald Woehl, Marburg, 1972. S. 77.

die authentische Bewahrung des Bestands zum Ziel. Die Orgel sollte ertüchtigt werden, über die Gottesdienste hinaus auch konzertant gespielt zu werden und damit zum Musikleben der Stadt Frankfurt beizutragen.

GESCHICHTE:

1970 Bau der Orgel durch die Werkstatt Ahrend & Brunzema, Leer-Loga.

2017 Reinigung und Überholung durch Orgelbau Ahrend, Leer-Loga.

DISPOSITION:

I. Rückpositiv *C–f'''*		***II. Hauptwerk*** *C–f'''*		***III. Brustwerk*** *C–f'''*	
Gedackt	8'	Bordun	16'	Holzgedackt	8'
Praestant	4'	Praestant	8'	Holzprinzipal	4'
Rohrflöte	4'	Spitzgedackt	8'	Rohrflöte	2'
Waldflöte	2'	Oktave	4'	Blockflöte	1'
Nasat	2 2/3'	Koppelflöte	4'	Zimbel 2fach	
Sesquialtera 2fach		Oktave	2'	Regal	8'
Scharff 4fach		Quinte	2 2/3'	Carillon (ab c°)	
Krummhorn	8'	Oktave	2'	Tremulant	
Tremulant		Cornett 5fach			
		Mixtur 4fach		***Pedal*** *C–f'*	
		Trompete	8'	Praestant	16'
				Subbass	16'
				Oktave	8'
				Oktave	4'
				Mixtur 5fach	
				Posaune	16'
				Trompete	8'
				Clarine	4'

Schiebekoppel I–II.

Mechanische Schleifladen.

ADRESSE DER KIRCHE:

Ernst-Kahn-Straße 14, 60439 Frankfurt am Main

FRANKFURT AM MAIN – SINDLINGEN

Katholische Kirche St. Dionysius
Hans Klais, Bonn, Opus 886, 1937

BISTUM LIMBURG
STADT FRANKFURT AM MAIN
Jahr der Förderung: 2015

In den Jahren 1823 bis 1825 wurde die katholische Kirche St. Dionysius in Sindlingen nach Plänen von Carl Florian Goetz als klassizistische Hallenkirche errichtet. Ihre Außenfassade wird durch Pilaster, Fenster im palladianischen System und Dreieckgiebel gegliedert. Der Innenraum ist ebenso konsequent gestaltet. Die Schiffe und die Wände sind durch Säulen und Gebälk geprägt, wobei das Mittelschiff von einer Korbbogentonne mit Kassetten überspannt wird.

Das bauzeitliche Gehäuse der Orgel auf der Westempore stammt von der im Jahr 1831 von Bernhard Dreymann errichteten Vorgängerorgel. Es ist dem Kirchengebäude entsprechend in klassizistischer Formensprache mit einem fünfteiligen Prospektaufbau gestaltet. Jeweils zwei äußere Flachfelder umgeben den höher geführten und mit einem Segmentbogen versehenen Mittelturm.

Das Orgelwerk selbst wurde im Jahr 1937 von der Bonner Werkstatt Klais gebaut. Das zweimanualige Instrument mit elektropneumatischen Trakturen und freistehendem Spieltisch zeigt in der Disposition bereits deutlich neobarocke Einflüsse, seine technische Anlage und vor allem die Intonation bezeugen jedoch noch eine klar spätromantische Ausrichtung. Aufgrund des umfangreichen Originalbestands und der künstlerischen Aussagekraft besitzt die Orgel einen hohen Denkmalwert.

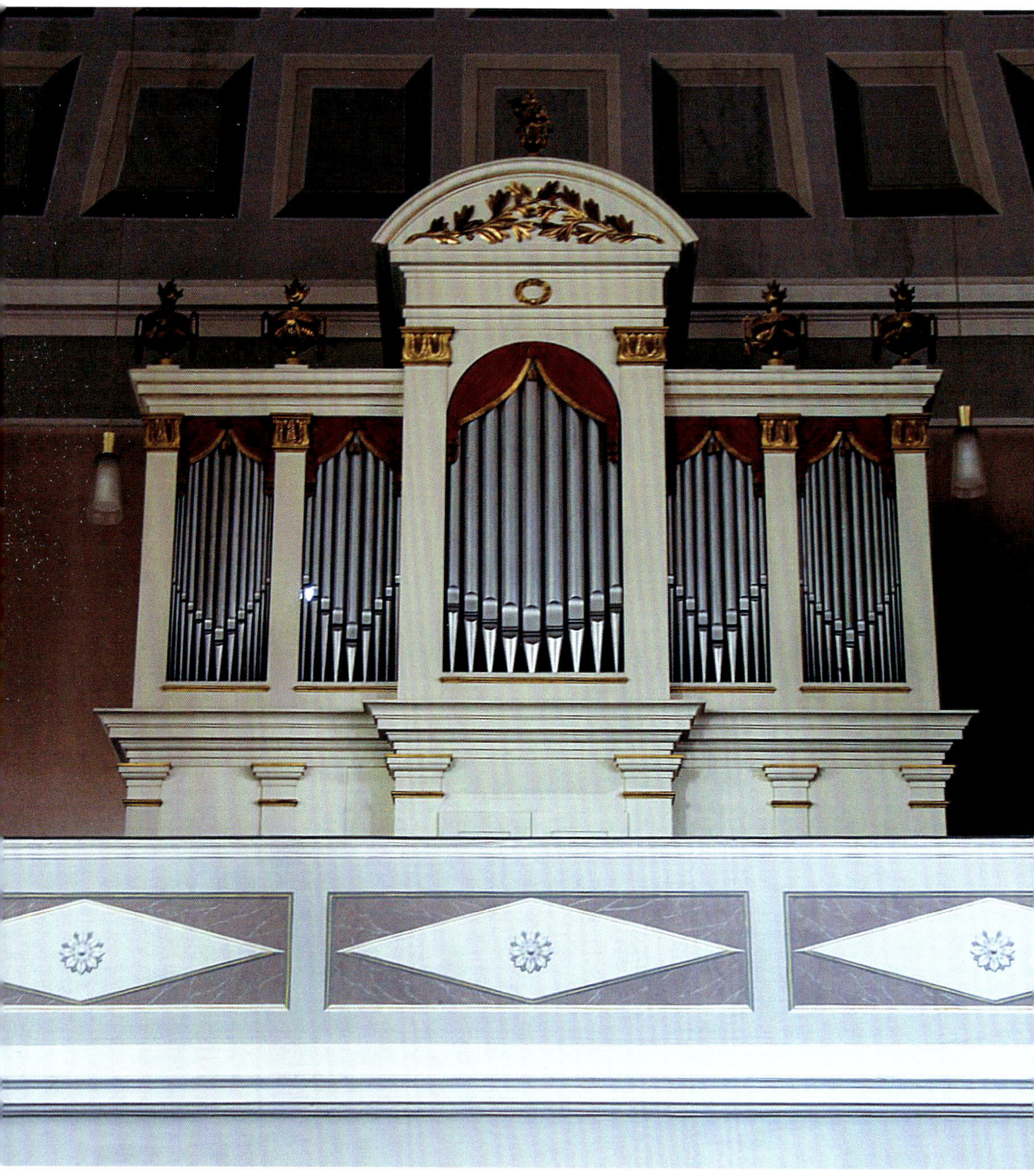

GESCHICHTE:

1937 Bau der Orgel durch Hans Klais, Bonn; das Gehäuse sowie auch ein Teil des Pfeifenmaterials des Vorgängerinstruments von Bernhard Dreymann aus dem Jahr 1830 wurden dabei übernommen.

1958 Orgelpflege- und Stimmvertrag mit Orgelbau Klais, Bonn.

1986 Reparatur und Reinigung nach einem Brandschaden in der Kirche durch Orgelbau Klais.

2015 Restaurierung durch Orgelbau Klais unter Erhalt der historischen elektrischen Anlage und Ergänzung neuer Sicherungselemente.

DISPOSITION:

I. Hauptwerk *C–g'''*

Bordun	16'	
Principal	8'	
Lieblich Gedeckt	8'	
Gemshorn	8'	
Octave	4'	
Rohrflöte	4'	
Quinte	2 2/3'	
Mixtur 4–fach		
Cornett 5fach	ab g°	
Trompete	8'	

II. Schwellwerk *C–g'''*

Holzflöte	8'	
Salicional	8'	
Vox coelestis	8'	ab c°
Principal	4'	
Zartflöte	4'	
Schwegel	2'	
Nachthorn	1'	
Sesquialter 2fach		
Scharff 3–4fach		
Krummhorn	8'	

Pedal *C–f'*

Principalbaß	16'	
Subbaß	16'	
Zartbaß	16'	Transmission aus Bordun 16' (I)
Octavbaß	8'	Extension vom Principalbaß 16'
Gedacktbaß	8'	Extension vom Subbaß 16'
Choralbaß	4'	Extension von Principalbaß 16' und Octavbaß 8'
Flachflöte	2'	
Posaune	16'	
Scharff 3–4fach		
Krummhorn	8'	

Koppeln: II–I, Sub II–I, Sub II–II, I–Pedal, II–Pedal.

Spielhilfen: 2 freie Kombinationen, 3 Festkombinationen, Pedalkombination, Einzelabsteller für die Zungenregister;
Druckknöpfe unter dem I. Manual: HR, FC 1, FC 2, Auslöser, Piano, Forte, Tutti;
Piston: Walze ab; Crescendo-Walze, Schwelltritt.

Kegelladen, elektropneumatische Spiel- und Registertraktur. Freistehender Spieltisch.

ADRESSE DER KIRCHE:

Huthmacherstraße 21, Sindlingen, 65931 Frankfurt am Main

FRAUROMBACH (SCHLITZ)

Evangelische Kirche

Johann Markus Oestreich, Oberbimbach, 1799 (Zuschreibung)

EVANGELISCHE KIRCHE IN HESSEN UND NASSAU
VOGELSBERGKREIS
Jahr der Förderung: 2013

Die evangelische Kirche in Fraurombach ist ein schlichter romanischer Saalbau aus der zweiten Hälfte des 12. Jahrhunderts, dem ein spätgotischer Rechteckchor angefügt und ein Fachwerkobergeschoss aufgesetzt wurde. Von besonderer Bedeutung sind die zu Beginn des 20. Jahrhunderts entdeckten, um das Jahr 1330 entstandenen Wandmalereien am Triumphbogen und im Schiff.

Die Orgel in der Fraurombacher Kirche wurde im Jahr 1799 gebaut und kann mit großer Sicherheit Johann Markus Oestreich aus Oberbimbach zugeschrieben werden. Während die Grundform des fünfteiligen Prospekts mit den beiden übergroßen seitlichen Harfenfeldern dem Typus des Fuldaer Orgelbaus des 18. Jahrhunderts entspricht, weist das Schleier- und Zierwerk bereits eine klar klassizistische Gestaltung auf. Im Jahr 1980 wurde die Orgel erstmals überarbeitet, allerdings mit Materialien und Methoden, die den heutigen Ansprüchen einer denkmalgerechten Restaurierung nicht entsprachen. Mit der im Jahr 2013 geförderten, umfassenden Restaurierung wurden die über drei Jahrzehnte zuvor durchgeführten Arbeiten entsprechend korrigiert und ergänzt.

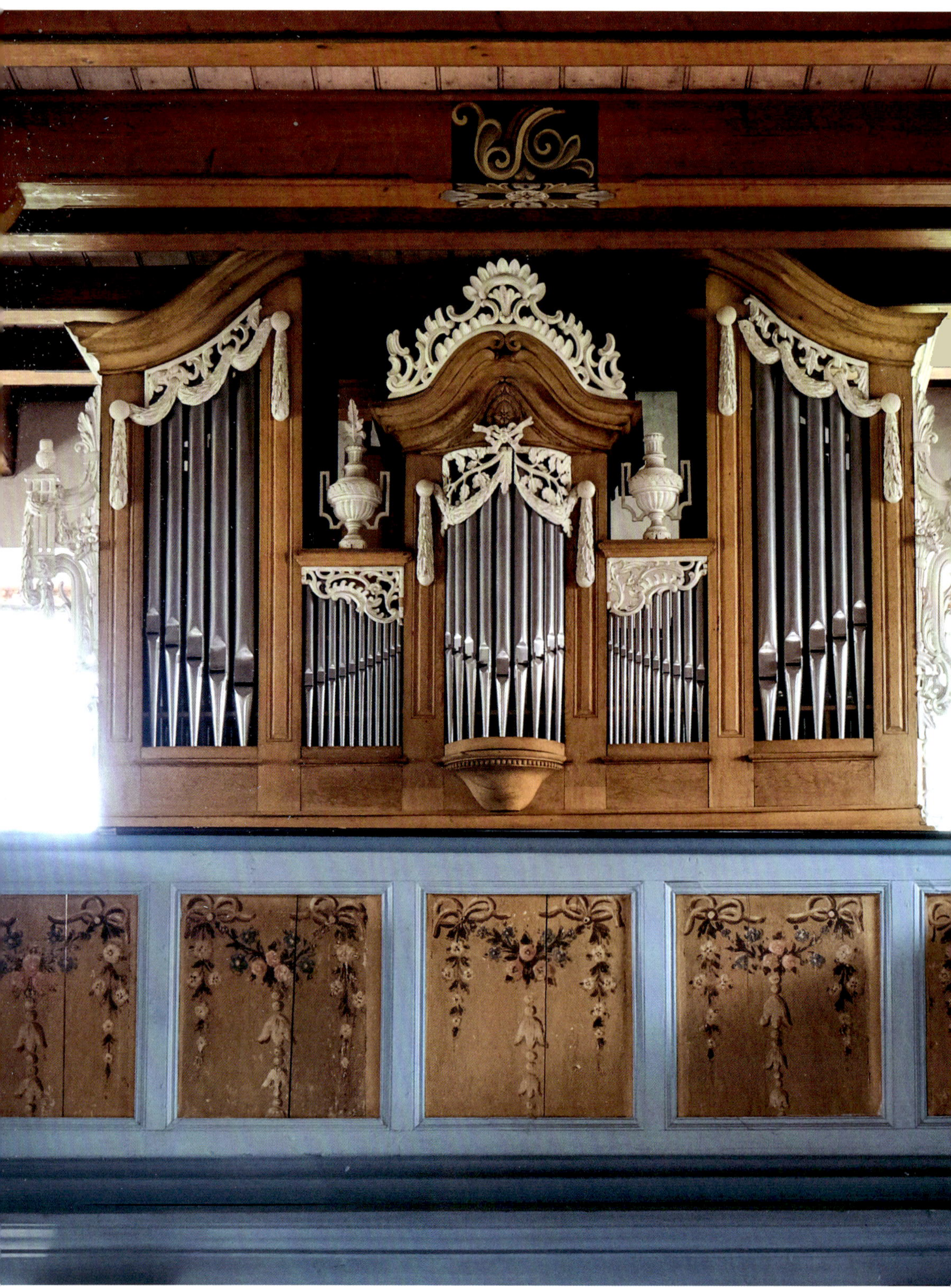

GESCHICHTE:

1798/99	Bau der Orgel wahrscheinlich durch Johann Markus Oestreich, Oberbimbach (Zuschreibung aufgrund der baulichen Merkmale und der wenig später erfolgten Reparatur durch denselben).
1803	Reparatur durch Johann Markus Oestreich.
1827	Reparatur, Reinigung und Intonation durch die Werkstatt Oestreich.
1847	Versetzung der Orgel vom Seiteneingang an den heutigen Standort auf der rückwärtigen Empore durch Johann Heinrich Krämer aus Leusel (Alsfeld).
1869	Umbau durch Adam Eifert, Stadtilm (Thüringen): Erweiterung des Pedalumfangs auf einer neuen Pedalkegellade und mit einem neuen Violonbass, Ausbau des Principal 8‘ und der Gambe auf den gesamten Tonumfang, Austausch der Quint 3‘ gegen eine Hohlflöte 8‘.
1917	Ablieferung der Prospektpfeifen.
unbekannter Zeitpunkt	Einbau neuer Prospektpfeifen aus Zink, Einbau des vorhandenen Doppelfaltenmagazinbalgs und einer elektrischen Gebläsemaschine.
1980	Restaurierung durch Orgelbau Hoffmann, Ostheim vor der Rhön.
2013	Restaurierung durch Orgelbau Andreas Schmidt, Altenhaßlau (Linsengericht).

DISPOSITION:

Manual *C–d‘‘‘*		***Pedal*** *C–c‘*	
Principal	8‘	Subbass	16‘
Viola	8‘	Violonbass	8‘
Gedakt	8‘		
Principal	4‘		
Kleingedakt	4‘		
Quint	3‘		
Octav	2‘		
Mixtur 3fach	1‘		

Pedal fest angehängt.

Manual: mechanische Schleiflade, Pedal: mechanische Kegellade.
Großer Doppelfaltenbalg.

ADRESSE DER KIRCHE:

Hinter der Linde 6, Fraurombach, 36110 Schlitz.

FULDA

Vonderau-Museum
Unbekannter Orgelbauer, um 1700

FÖRDERVEREIN
LANDKREIS FULDA
Jahr der Förderung: 2011

Die sogenannte „Buseck"-Orgel im Vonderau-Museum in Fulda wurde sehr wahrscheinlich in der zweiten Hälfte des 17. Jahrhunderts für die Kapelle der Fuldaer Domdechanei gebaut und wird heute nach dem Domdechanten Bonifaz von Buseck benannt, dessen Wappen im Schnitzwerk abgebildet ist. Nach der Säkularisierung stand das Positiv möglicherweise in der Friedhofskapelle der Dompfarrei am Eichsfeld und im Priesterseminar, sicher aber im Stadtschloss, in dessen Fürstensaal sie im Jahr 1948 aufgestellt wurde. Bevor der Saal in der Mitte der 1970er Jahre saniert wurde, verbrachte man die Orgel in das in einer Halle des städtischen Bauhofs gelegene Depot des Vonderau-Museums.

Obwohl das Orgelpositiv nur über ein Manual und vier Register verfügt, stellt es aufgrund seiner aufwendigen Gehäusegestaltung, seines Alters und Erhaltungszustands ein einzigartiges Zeugnis des Kleinorgelbaus in der hessischen Orgellandschaft dar. Sowohl technisch als auch klanglich ist das Instrument weitgehend unverändert erhalten, und es gehört seit seiner Restaurierung im Jahr 2011 zu den bedeutendsten musikalischen Denkmälern Hessens.

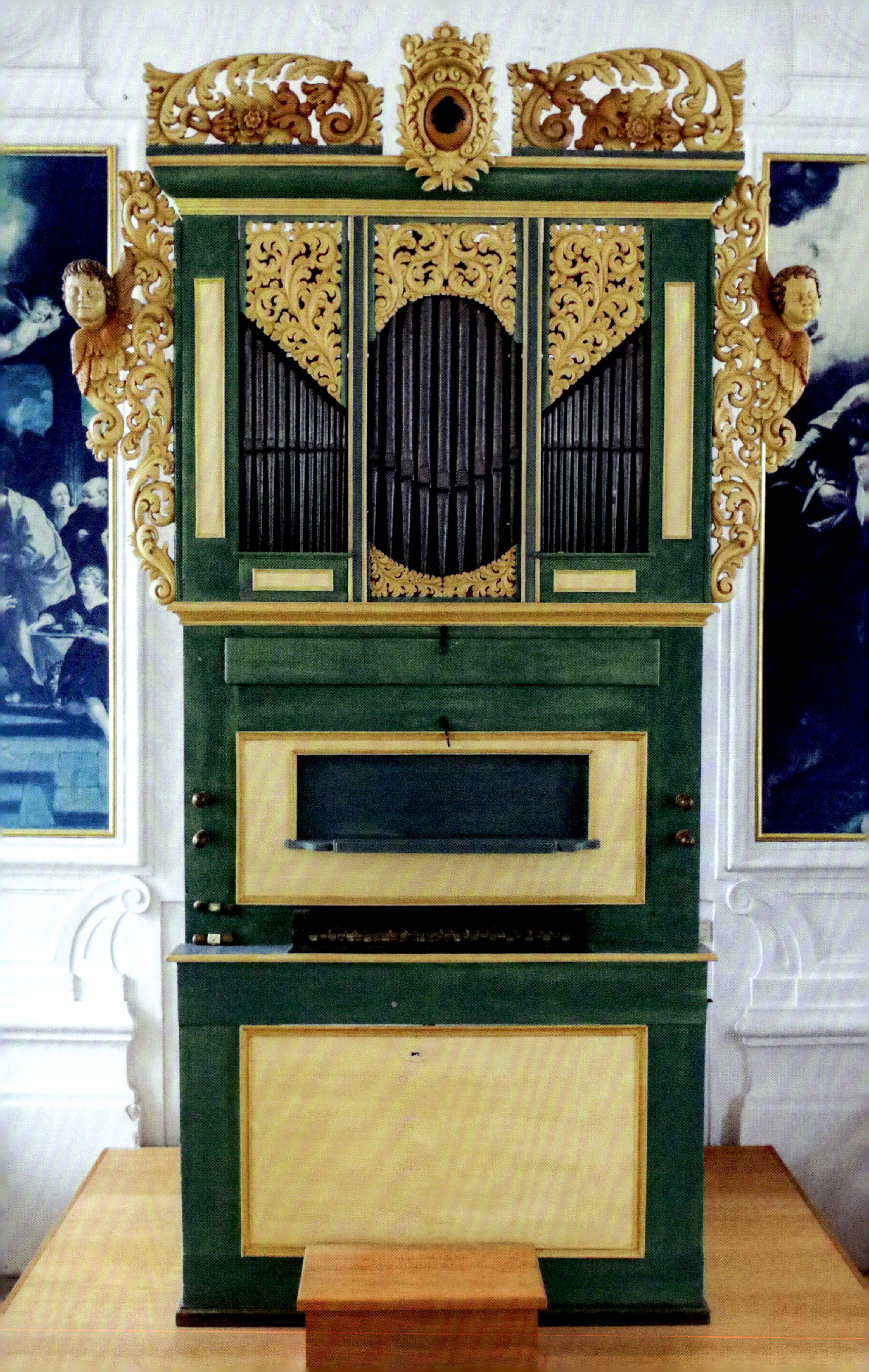

GESCHICHTE:

Zweite Hälfte 17. Jahrhundert	Bau der Orgel durch einen unbekannten Orgelbauer.[1]
um 1700	Anbringen der Akanthusornamente und des Wappens des Domdechanten Bonifaz von Buseck.[2]
1806	Renovierung.
1811	Reparatur durch ein Mitglied der Orgelbauerfamilie Oestreich.
1867	Aufschrift dieser Jahreszahl auf dem Dachkranz.
unbekannter Zeitraum	Einlagerung im Magazin des Schlossmuseums.
1942	Aufstellung im Marmorsaal des Stadtschlosses durch Alban Späth, Fulda.
1948	Versetzung in den Fürstensaal durch Alban Späth.
1970er Jahre	Abbau und Einlagerung im externen Magazin des Vonderau-Museums im Bauhof der Stadt Fulda.
2011	Restaurierung durch Jehmlich Orgelbau, Dresden.

DISPOSITION:

Manual *C, D–c‘‘‘*

Gedackt	8‘	Decken, Böden und Vorschläge Eiche, Seiten Kiefer
Gedackt	4‘	Decken, Böden und Vorschläge Eiche, Seiten Kiefer
Principal	2‘	C, D–a‘ Prospekt, ab b‘ innen, Zinn/Blei
Octave	1‘	Zinn/Blei

Mechanische Schleiflade. Die originale Keilbalganlage im Unterbau ist erhalten.

ADRESSE DES STANDORTS:

Vonderau-Museum, Jesuitenplatz 2, 36037 Fulda

1 Gottfried Rehm gibt unter Berufung auf eine Mitteilung aus dem Jahr 1968 als Baujahr 1658 an. Aufgrund einer verblichenen, schwer lesbaren Inschrift könnte auch 1667 als Baujahr vermutet werden. Vgl.: Gottfried Rehm, *Die Orgeln der Stadt Fulda* (= Norddeutsche Orgeln. Band 6), Wolfenbüttel 1970, S. 195.

2 Vermutung von Gottfried Rehm, a.a.O..

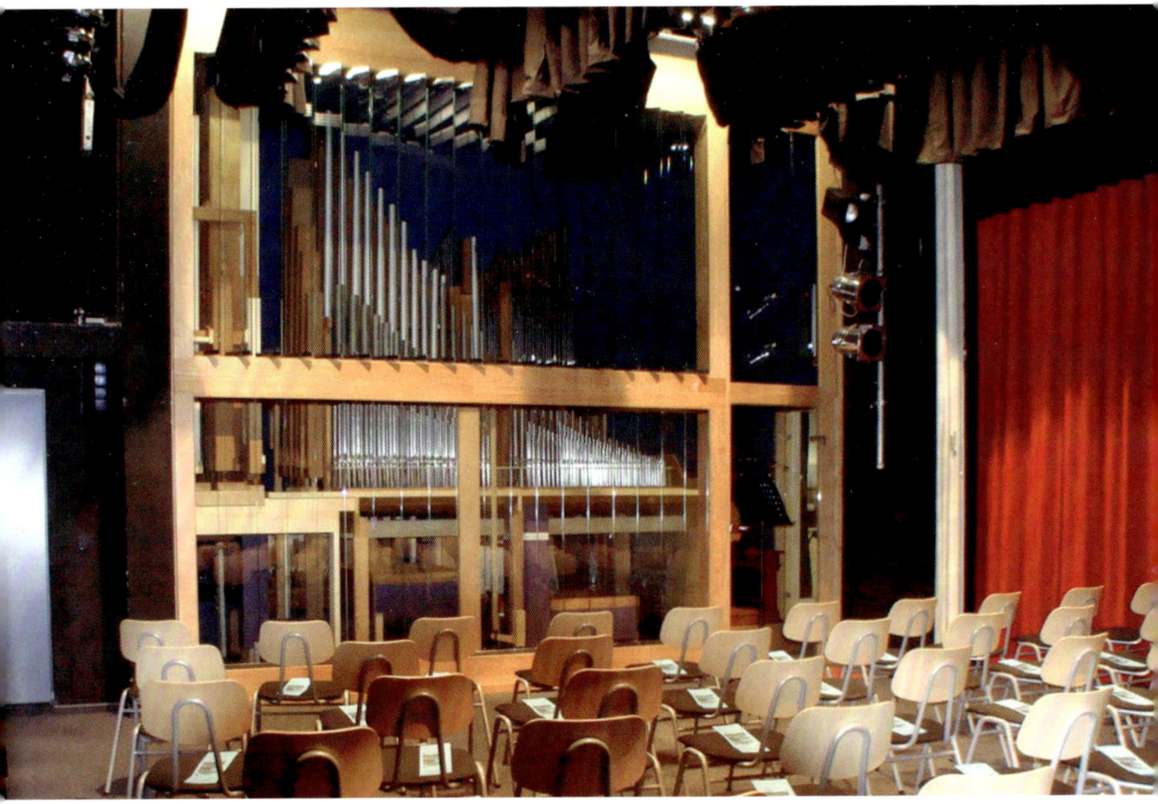

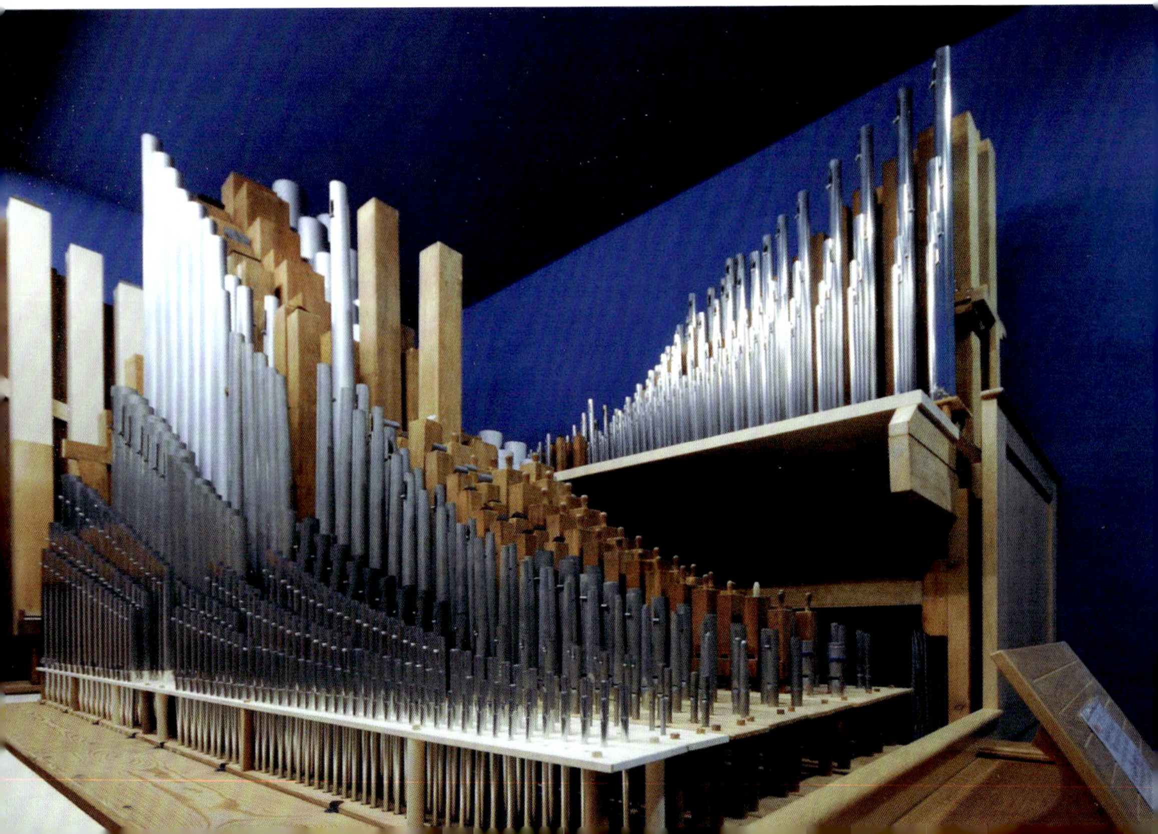

FULDA

Aula der Winfriedschule

Heinrich Hahner, 1879/ Johannes Klais, Bonn, Opus 490, 1912

LANDKREIS FULDA
Jahr der Förderung: 2010

Die Winfriedschule in Fulda wurde im Jahr 1922 als Jungenschule gegründet und erhielt im Jahr 1926 ihren heutigen Namen nach dem Fuldaer Bistumspatron Winfried Bonifatius. Das daraus entstandene Gymnasium erhielt in den Jahren 1957 bis 1961 das heutige Schulgebäude an der Leipziger Straße.

Die in der Aula der Winfriedschule eingebaute Orgel ist älter als das heutige Schulgebäude und stammt aus dem ehemaligen Lehrerseminar. Das Instrument wurde im Jahr 1879 von dem Fuldaer Orgelbauer Heinrich Hahner gebaut. Hahners Sohn August wurde nach dem Tod seines Vaters im Jahr 1889 Mitarbeiter der Werkstatt Johannes Klais in Bonn. Diese baute die Fuldaer Orgel im Jahr 1912 um und führt sie seitdem in ihrem Werkverzeichnis als Opus 490. Im Jahr 1962 wurde das Instrument in die Aula des Neubaus der Winfriedschule übernommen und ohne Gehäuse an der Seite der Bühne aufgestellt. Im Zuge der Restaurierung von 2010 wurde die klangliche Disposition von 1912 wiederhergestellt und die ganze Orgel hinter einen gläsernen Generalschweller gestellt.

Als heute selten gewordenes Beispiel einer Schulorgel und aufgrund ihrer Geschichte, die den lokalen Orgelbau mit dem überregionalen verbindet, hat die Orgel der Fuldaer Winfriedschule einen besonderen Wert.

GESCHICHTE:

1879 Bau der Orgel durch Heinrich Hahner, Fulda, für die Aula des Lehrerseminars.

1912 Pneumatisierung und Umbau durch Johannes Klais, Bonn.

1962 Übertragung der Orgel in die Aula des Neubaus der Winfriedschule und Umbau durch Alban Späth, Fulda: Verzicht auf das Gehäuse, klangliche Aufhellung der Disposition im Sinne des Neobarock.

2010 Wiederherstellung der Disposition von 1912 und Restaurierung durch Elmar Krawinkel, Trendelburg; Bau eines neuen Generalschwellers aus Glas.

DISPOSITION:

I. Hauptwerk *C–g'''*

Bordun	16'
Principal	8'
Gemshorn	8'
Flauto amabile	8'
Octave	4'
Octave	2'
Cornett-Mixtur 3fach	

II. Oberwerk *C–g'''*

Lieblich Gedackt	8'
Gamba	8'
Salicional	8'
Vox coelestis	8'
Flauto dolce	4'
Harmonia aethera 3fach	

Pedal

Subbaß	16'
Octavbaß	8'
Violon d'amour	8'

Koppeln: II–I, Suboctave II–I, Superoctave II–I (ausgebaut), I–Pedal, II–Pedal.

Spielhilfen: Handregister, Freie Kombination, Pianopedal; Piano, Mezzoforte, Forte, Tutti. Jalousieschweller.

ADRESSE DER SCHULE:

Leipziger Straße 2, 36037 Fulda

GOTTSBÜREN (TRENDELBURG)

Evangelische Wallfahrtskirche
Gebrüder Euler, Gottsbüren, 1898/1906

EVANGELISCHE KIRCHE VON KURHESSEN-WALDECK
LANDKREIS KASSEL
Jahr der Förderung: 2003

Der Bau der Wallfahrtskirche in Gottsbüren begann sofort nach Beginn der Wallfahrt im Jahr 1331 und erhielt seine heutige Gestalt durch die Erweiterung um ein Hallenlanghaus mit hohen Seitenschiffen in der zweiten Hälfte des 14. Jahrhunderts. Der zur gleichen Zeit angefügte Westturm geht bereits in Höhe der Traufe in einen verschieferten Fachwerkaufbau über, aus dem sich ein spitzer Helm erhebt. Der Innenraum wirkt durch seine klare gotische Raumstruktur mit geradem Chorabschluss, die das Kreuzrippengewölbe markierende helle Ausmalung sowie die bei der Kirchenrestaurierung im Jahr 1961 freigelegten Wandmalereien aus dem 14. und 15. Jahrhundert.

Auf der Empore über dem Westportal befindet sich die Orgel, die zwei Bauphasen dokumentiert: Mit einiger Wahrscheinlichkeit kann man davon ausgehen, dass das Gehäuse um das Jahr 1755 von den Gottsbürener Orgelbauern David und Stephan Heeren gebaut wurde. Das darin seit dem Jahr 1906 erklingende pneumatische Instrument ist ein Werk aus der Werkstatt Euler, die ebenfalls vor Ort ansässig war und in der Nachfolge der Familie Heeren stand. Damit repräsentiert die Gottsbürener Orgel anderthalb Jahrhunderte lokaler Handwerkskunst.

Da die Orgel durch einen am geänderten Zeitgeschmack orientierten Umbau im Jahr 1961 sowohl ihre klangliche und technische Integrität als Instrument der hohen Romantik verloren hatte, wurde in den 1990er Jahren noch über den Neubau eines neobarock ausgerichteten Orgelwerks nachgedacht. Die erhaltenen Kernbauteile – die Eulerschen Kegelladen, die Windanlage mit den Bälgen und Kanälen sowie nicht zuletzt das in großen Teilen erhaltene Pfeifenwerk – gaben jedoch den Ausschlag für die Entscheidung, den klanglichen Zustand von 1906 wiederherzustellen. Auf die Rekonstruktion der pneumatischen Traktur wurde

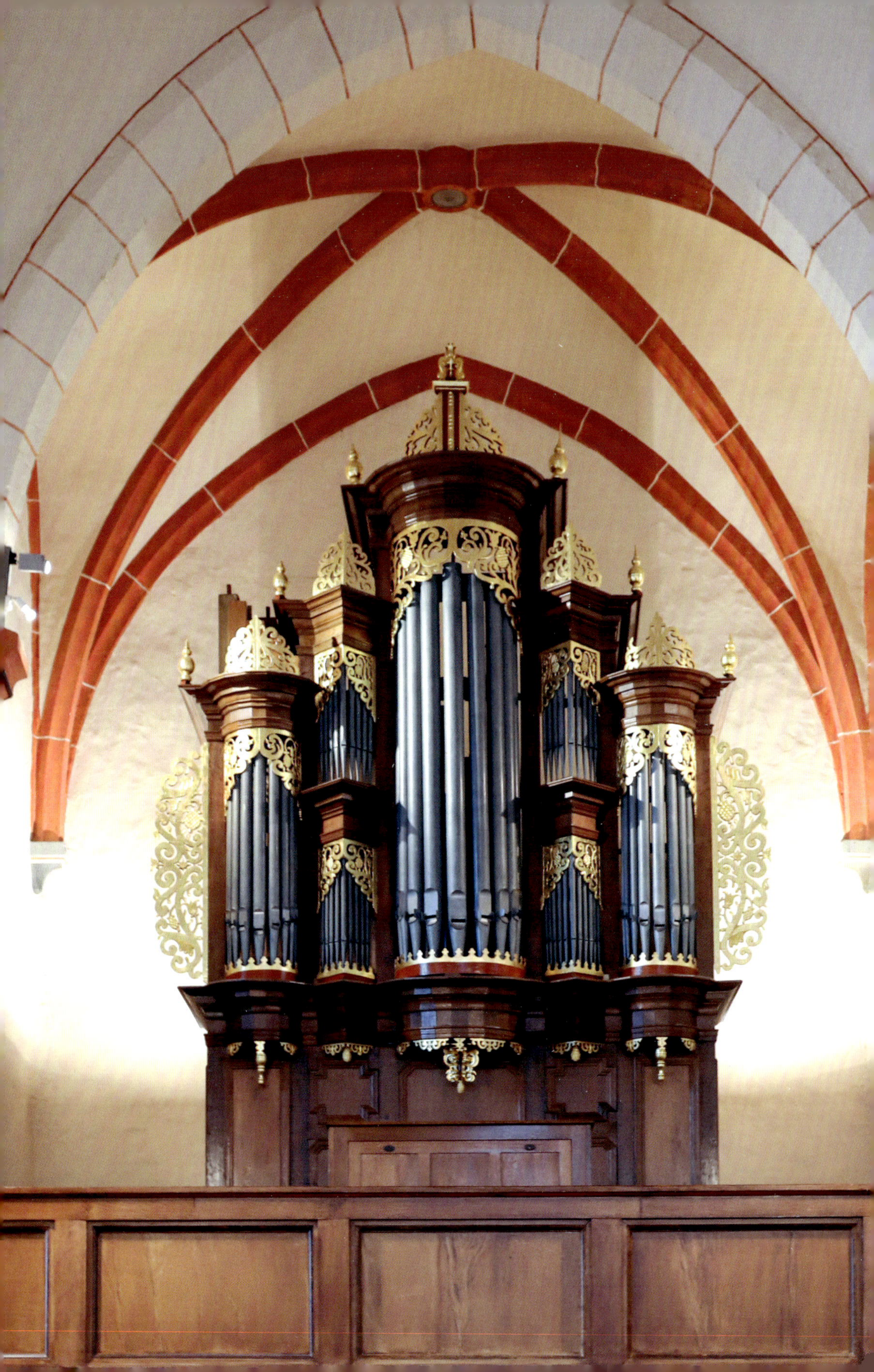

jedoch verzichtet. Stattdessen wurden die erhaltenen pneumatischen Komponenten mit einer mechanischen Ansteuerung der Windladen kombiniert, die an die Stelle der elektrischen Bauteile von 1961 trat.

GESCHICHTE:

um 1755	Bau einer Orgel in der Gottsbürener Kirche wahrscheinlich durch David oder Stephan Heeren, Gottsbüren.
1897	Auftrag eines Orgelneubaus an die Werkstatt Euler, Gottsbüren.
1898	Fertigstellung der Orgel.
1906	Aufbau der neuen Orgel im übernommenen Gehäuse auf der vergrößerten Empore.
1961	Umbau (Teilelektrifizierung der Trakturen) und Erweiterung durch die Werkstatt Euler, Hofgeismar.
1986	Reparatur durch Werner Bosch, Sandershausen.
2004	Restaurierung durch Elmar Krawinkel, Trendelburg: Wiederherstellung der ursprünglichen Disposition, Ersatz der elektrischen Traktur-komponenten von 1961 durch eine neu gebaute Mechanik bei Erhalt der originalen pneumatischen Bauteile.

DISPOSITION:

I. Manual *C–f‘‘‘*

Bordun	16‘	
Principal	8‘	C–H rekonstruiert (Holz)
Hohlfloete	8‘	
Gamba	8‘	rekonstruiert
Octave	4‘	rekonstruiert
Floete	4‘	
Cornett 2–3fach		rekonstruiert
Mixtur 3–4fach	2‘	

II. Manual *C–f‘‘‘*

Geigenprincipal	8‘	rekonstruiert
Lieblich Gedact	8‘	
Salicional	8‘	rekonstruiert
Gemshorn	4‘	

Solo *(zum I. und zum II. Manual)*

Trompete	8‘	

Pedal *C–d‘*

Subbass	16‘	
Octavbass	8‘	
Violonbass	8‘	rekonstruiert
Octavbass	4‘	

Koppeln: I–Pedal, II–Pedal, II–I.

Freie Kombination, Tutti.

ADRESSE DER KIRCHE:

Am Kirchhof 5, Gottsbüren, 34388 Trendelburg

GROSSAUHEIM (HANAU)

Katholische Kirche St. Paul

Gebrüder Späth, Ennetach, Opus 350, 1928

BISTUM FULDA
MAIN-KINZIG-KREIS
Jahr der Förderung: 2018

Die in den Jahren 1905 bis 1907 nach Plänen von August Greifzu erbaute katholische Kirche St. Paul ist eine großvolumige, in neoromanischer Formensprache errichtete Basilika. Bemerkenswert ist ihre Lage direkt am Ufer des Mains. An das dreischiffige Langhaus schließt ein Querhaus an, der Chor ist mit drei Apsiden versehen. Auf der gegenüberliegenden Seite wurde der Hauptturm angeordnet, flankiert von Querbauten und Treppentürmen. Im Inneren überspannt ein Kreuzrippengewölbe das Hauptschiff und den Chor. Die Kirche wurde im Zweiten Weltkrieg stark beschädigt und danach mit vereinfachter Innenausstattung wieder aufgebaut. In den Jahren 1955 bis 1957 – genau 50 Jahre nach ihrer Erbauung – erhielt die Kirche Farbglasfenster des Hanauer Hanauer Malers und Glaskünstlers August Peukert.

Die Orgel auf der rückwärtigen Empore wurde im Jahr 1928 von der Orgelbauwerkstatt Späth aus Ennetach in Württemberg gebaut, die im gleichen Jahr eine Filiale in Fulda eröffnete. Mit 32 Registern auf zwei Manualen – diese mit einem Umfang von fünf vollen Oktaven – und Pedal hat das Werk eine auffällig repräsentative Größe. Es zeigt sich zeittypisch mit einem Freipfeifenprospekt, der selbstbewusst die ganze Breite der Empore einnimmt. Technisch und klanglich ist die Orgel nahezu unverändert erhalten, was ihren besonderen Denkmalwert begründet.

Die geförderte Restaurierung diente der Erhaltung des Bestands, ergänzt durch die Rückführung dreier Register zur Wiederherstellung der ursprünglichen Disposition.

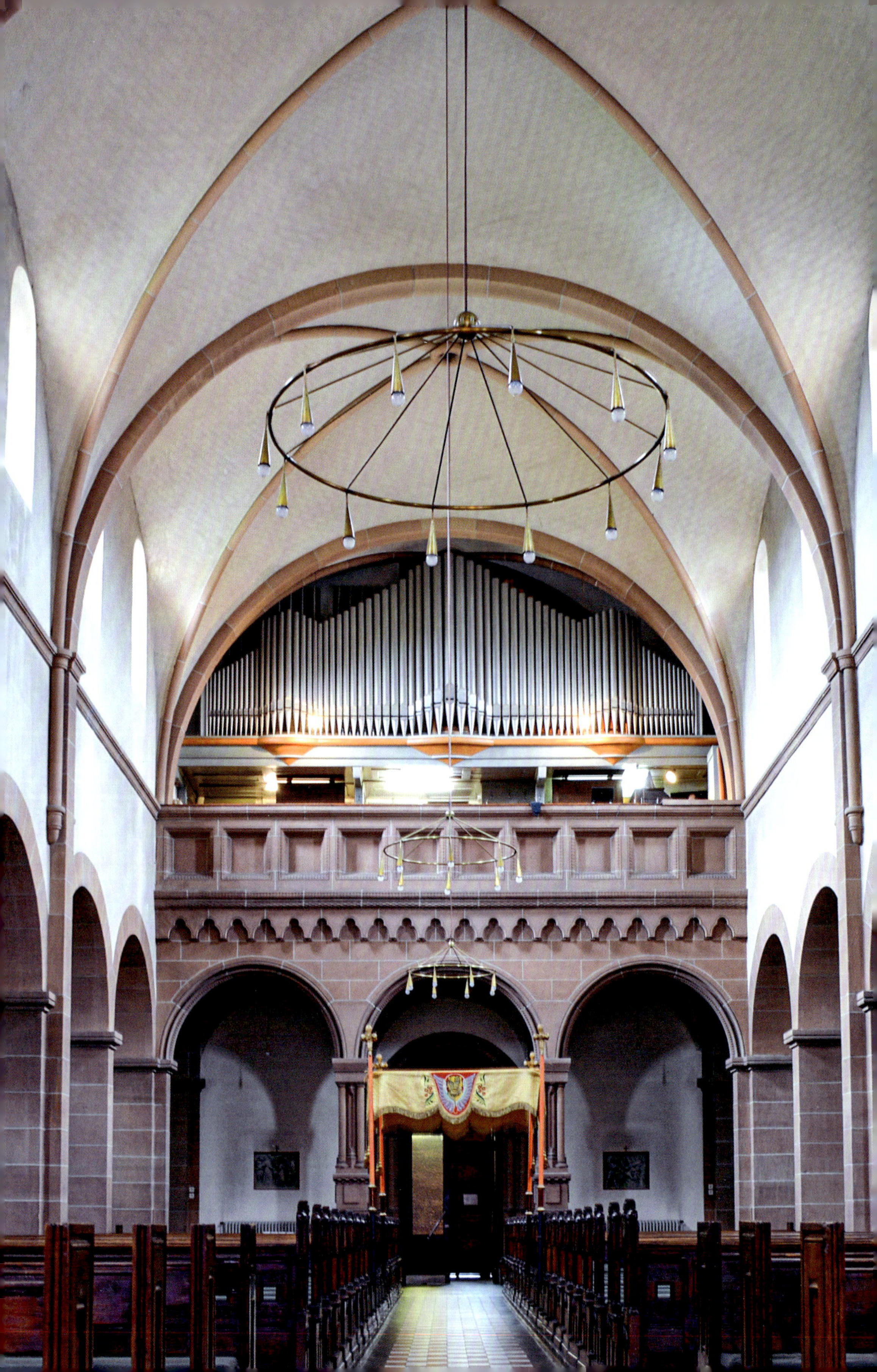

GESCHICHTE:

1928	Bau der Orgel durch die Werkstatt der Gebrüder Späth, Ennetach.
unbekannter Zeitraum	Klangumbau durch Kürzen und Änderungen an den Bärten der drei Register des II. Manuals Viola da Gamba 8', Aeoline 8' und Vox coelestis 8'
1981	Ausreinigung
April bis November 2018	Restaurierung durch Jehmlich Orgelbau, Dresden.

DISPOSITION:

***I. Manual** C–c''''*

Bordun	16'	
Principal	8'	Prospekt
Gedackt	8'	
Flauto major	8'	
Salicional	8'	
Dolce	8'	
Praestant	4'	
Rohrflöte	4'	
Oktave	2'	
Mixtur 3–4fach		
Cornett 2–4fach		
Trompete	8'	

***II. Manual** C–c''''*

Lieblich Gedackt	16'	
Geigenprincipal	8'	
Nachthorn	8'	
Quintade	8'	
Konzertflöte	8'	
Viola di Gamba	8'	rückgeführt
Aeoline	8'	rückgeführt
Vox coelestis	8'	rückgeführt
Fugara	4'	
Klosterflöte	4'	
Waldflöte	2'	
Scharff 3fach		
Oboe	8'	
Tremulant		

Pedal C–f'

Principalbass	16'	
Subbass	16'	
Violonbass	16'	
Zartbass	16'	Transmission Lieblich Gedackt 16' (II)
Octavbass	8'	Prospekt
Cellobass	8'	Transmission Viola di Gamba (II)
Posaune	16'	

Koppeln: Normalkoppeln (II–I, II–Pedal, I–Pedal), Superoktavkoppeln (II–I, II–Pedal, I–I), Suboktavkoppel II–I, Melodiekoppel II–I.

Spielhilfen: Freie Kombination, Pianopedal (5 Register vorwählbar), Registercrescendo als Fußtritt und als Handhebel mit Anzeige (1–12). Druckknöpfe unter dem I. Manual: feste Kombinationen (Piano, Mezzoforte, Forte, Tutti), Auslöser, Freie Combination, Zungen ab, Registerschweller ab, Pianopedal. Mechanischer Schwelltritt mit Anzeige, Tremulant II.

Kegelladen mit einschlagenden Kegelventilen, vollpneumatische Register- und Tontraktur.

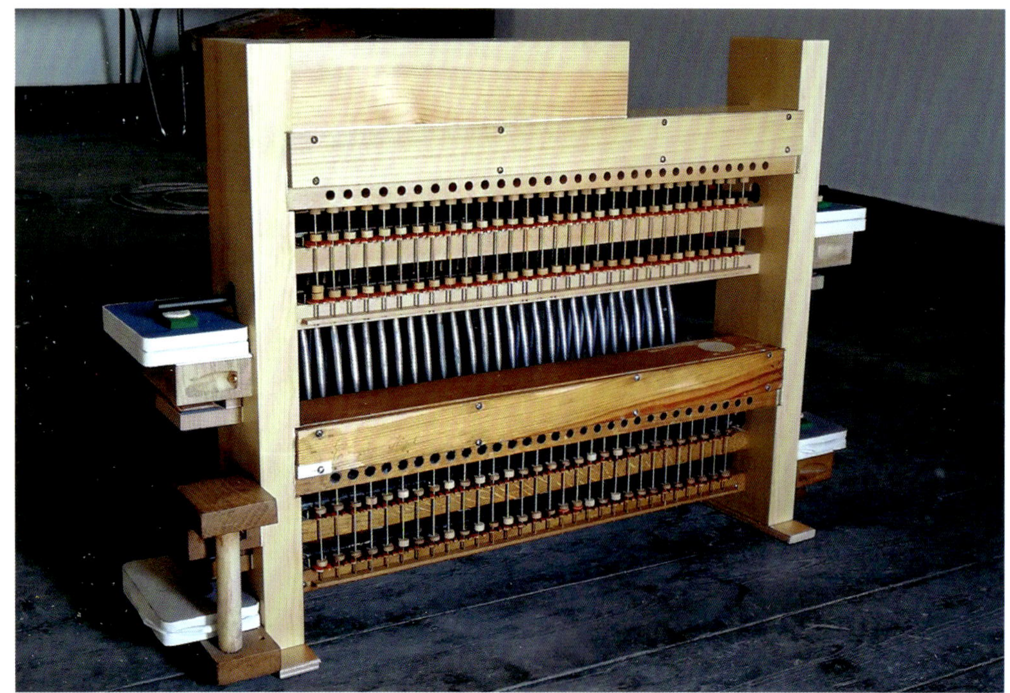

Großauheim: rekonstruierter Transmissionsapparat.

ADRESSE DER KIRCHE:

An der Paulskirche 3, Großauheim, 63457 Hanau

GROSS-EICHEN (MÜCKE)

Evangelische Kirche
Philipp Ernst Wegmann, Frankfurt am Main, 1771

EVANGELISCHE KIRCHE IN HESSEN UND NASSAU
VOGELSBERGKREIS
Jahr der Förderung: 2017

Die evangelische Kirche in Groß-Eichen wurde in den Jahren 1746 und 1747 als barocker Saalbau errichtet. Über dem Dreiachtel-Chorabschluss erhebt sich auf mächtigem Turmschaft ein Haubendachreiter. Die Fassaden werden von zwei übereinander angeordneten Fensterreihen gegliedert. Den Kirchenraum bestimmen die mit biblischen Motiven bemalten Brüstungen der dreiseitig umlaufenden, eine Längsseite frei lassenden Emporen. Altar und Orgel sind im Osten übereinander angeordnet, die Kanzel rechts davon an der Längsseite. Mit dem spätgotischen Taufstein, der das Riedeselsche Wappen trägt, verfügt die Kirche über ein wertvolles Ausstattungsstück aus der Zeit vor ihrer Erbauung.

Die Orgel, die auf erhöhter Empore in die Brüstung eingearbeitet ist, wurde im Jahr 1771 von Philipp Ernst Wegmann aus Frankfurt am Main erbaut. Ein Windladenzettel nennt auch die am Bau beteiligten Gesellen, darunter Wegmanns späteren Nachfolger Johann Friedrich Meynecke. Aufgrund des hohen Anteils klingenden und technischen Bestands aus der in der zweiten Hälfte des 18. Jahrhunderts bedeutenden Frankfurter Werkstatt besitzt die Orgel in Groß-Eichen einen sehr hohen Denkmalwert. Ziel der geförderten Restaurierung war die Wiederherstellung des klanglichen Urzustands sowie von Teilen der Spielanlage. Die Erweiterung des Pedalumfangs wurde als gewachsener Bestand beibehalten.

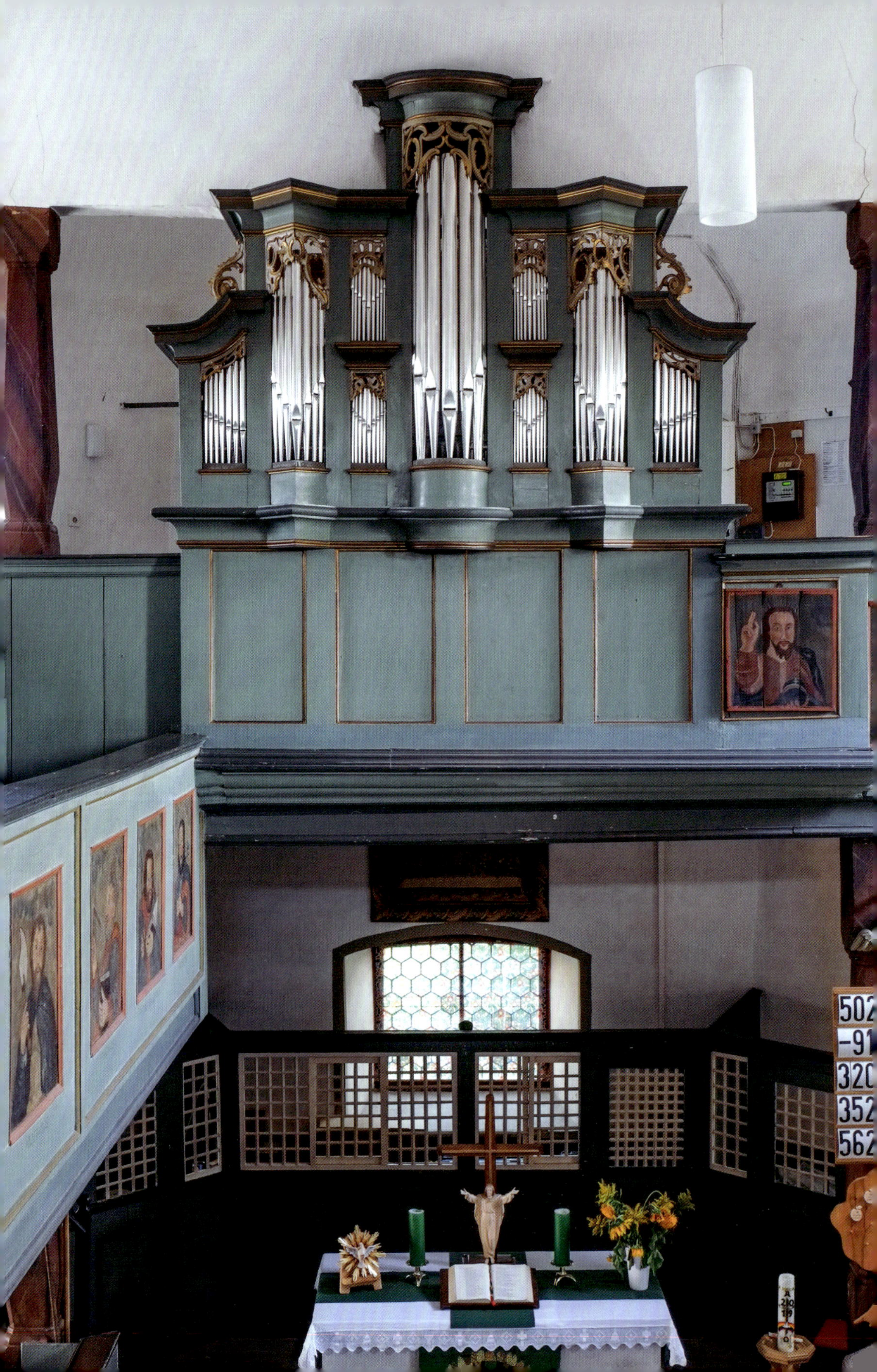

GESCHICHTE:

1771	Bau der Orgel durch die Werkstatt von Philipp Ernst Wegmann in Frankfurt am Main.
1847	Reparatur durch Heinrich Eckhard, Flensungen.
1856	Reparatur durch Bernhard, Romrod.
1904	Reparatur und Umbau durch Förster (August Förster, Lich?): Einbau einer neuen Gamba 8', Übernahme der barocken Gambe in das Register Salicional 8' auf dem Platz der Quinte 2 2/3', Einbau eines Geigenprincipals 8'.
1917	Ablieferung der Prospektpfeifen.
1920	Einbau neuer Prospektpfeifen aus Zink wahrscheinlich durch Förster & Nicolaus, Lich.
1963	Renovierung und Umbau durch Emanuel Kemper & Sohn, Lübeck: Erweiterung des Pedalumfangs, Herausziehen der Manualklaviatur, Wiederherstellung der damals vermuteten Originaldisposition.
1981	Reparatur eines Wasserschadens und Reinigung durch Förster & Nicolaus Orgelbau, Lich.
April 2018 bis August 2019	Restaurierung durch Orgelbau Waltershausen: Rekonstruktion der tatsächlichen Originaldisposition, Rückführung der Veränderungen an der Manualklaviatur, Überarbeitung der Pedalklaviatur unter Beibehaltung der Erweiterung von 1963.

DISPOSITION:

Manual *C–d‘‘‘*

Gedackt	8‘	original
Flauttravers	8‘	original
Viol di gamba	8‘	original
Principal	4‘	Prospekt rekonstruiert nach Heuchelheim, alte Martinskirche
Duiflaut	4‘	original
Octav	2‘	original
[Terz et] Cornet 4fach		rekonstruiert, C–gis° 1 3/5‘; a°–gis‘ + 2‘; a‘–d‘‘‘ + 4‘
Mixtur 4fach		zum Teil original

Pedal *C–c‘ (ursprünglich C–d°)*

Sub-Bass	16‘	C–d° original, dis°–c‘ Kemper 1963
Octav-Bass	8‘	C–d° original, dis°–c‘ Kemper 1963

Pedal-Coppel.

Mechanische Schleifladen. Seitenspielig rechts.

Stimmtonhöhe und Temperierung: a‘ 466 Hz bei 18 °C,
Johann Georg Neidhardt Große Stadt (1724).

ADRESSE DER KIRCHE:

Kirchgasse, Groß-Eichen, 35325 Mücke

HEIDELBACH (ALSFELD)

Evangelische Kirche

Johann Hartmann Bernhard, Romrod, 1818

EVANGELISCHE KIRCHE IN HESSEN UND NASSAU
VOGELSBERGKREIS
Jahr der Förderung: 2008

Die evangelische Kirche in Heidelbach wurde im Jahr 1786 vollständig neu errichtet. Ein zierlicher Haubendachreiter bekrönt das Dach der Dorfkirche. Im Inneren ist sie als ein schlicht gehaltener Saalbau mit dreiseitigem Chor konzipiert. Während die bauzeitlichen Eingangstüren Rokokoformen aufweisen, spricht die Ausstattung einschließlich der sich über dem Altar erhebenden Orgel die Formensprache des frühen Klassizismus.

Obwohl die Orgel erst im Jahr 1818, also gut 30 Jahre nach Fertigstellung der Kirche eingebaut wurde, ist auch sie als originär bauzeitlich zu betrachten, da sie Bestandteil der Erstausstattung ist. Sie wurde von dem unweit ansässigen Vogelsberger Orgelmacher Johann Hartmann Bernhard aus Romrod errichtet.

Durch Holzwurmbefall, Risse in den Windladen und Schäden am Pfeifenwerk war das Instrument am Anfang der 2000er Jahre nur noch eingeschränkt spielbar. Die geförderte Orgelrestaurierung im Jahr 2008 fand im Rahmen einer umfassenden Kirchenrenovierung statt.

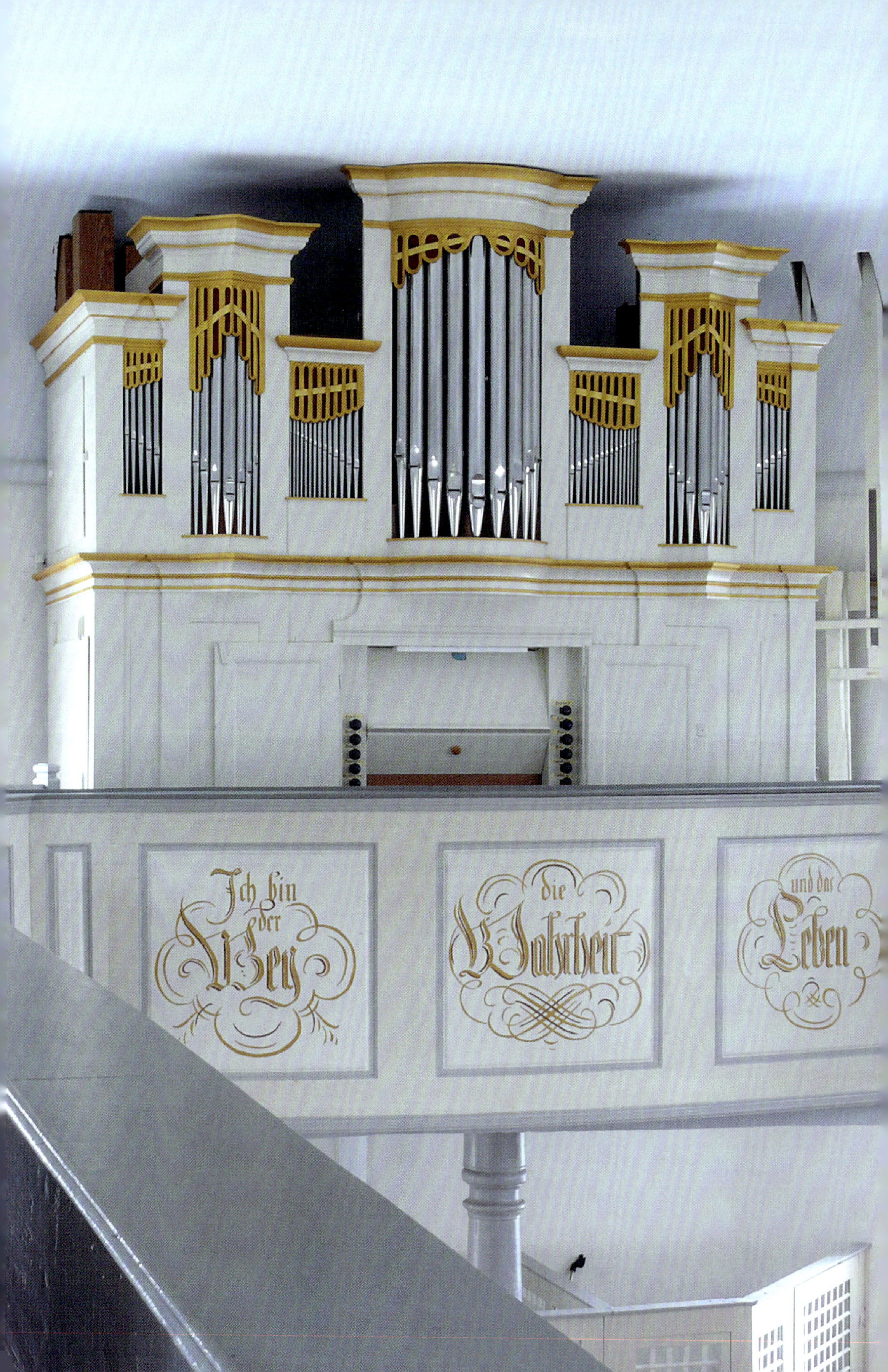
Ich bin der Weg
die Wahrheit
und das Leben

GESCHICHTE:

1818	Bau der Orgel durch Johann Hartmann Bernhard, Romrod.
1880er Jahre	Ersatz eines nicht näher bezeichneten Registers durch eine Flöte 8' durch Lorenz Becker, Leusel.
unbekannter Zeitpunkt	Einbau eines Doppelfaltenmagazinbalgs anstelle von vermutlich zwei Keilbälgen.
1917	Abgabe der Prospektpfeifen.
unbekannter Zeitpunkt	Einbau neuer Prospektpfeifen aus Zink.
1990	Reinigung und Erneuerung der Prospektpfeifen in Zinn durch Bruno R. Döring, Neukirchen.
1999/2000	Neubelederung des Magazinbalgs durch Förster & Nicolaus Orgelbau, Lich.
2008	Restaurierung durch Orgelbau Waltershausen.

DISPOSITION:

Manual *C-f'''*		***Pedal*** *C-c'*	
Principal	4'	Subbaß	16'
Gedackt	8'	Violon	8'
Quintade	8'		
Hohlflöte	8'		
Flöte	4'		
Gemshorn	4'		
Octave	2'		
Flageolett	2'		
Superoctave	1'		
Mixtur 3f.	1 1/2'		

Pedal-Octav-Koppel.

Mechanische Schleifladen.

Stimmtonhöhe: 436 Hz bei 17,6 °C, Temperierung nach Neidhardt III.

ADRESSE DER KIRCHE:

Holzburger Straße 8, Heidelbach, 36304 Alsfeld

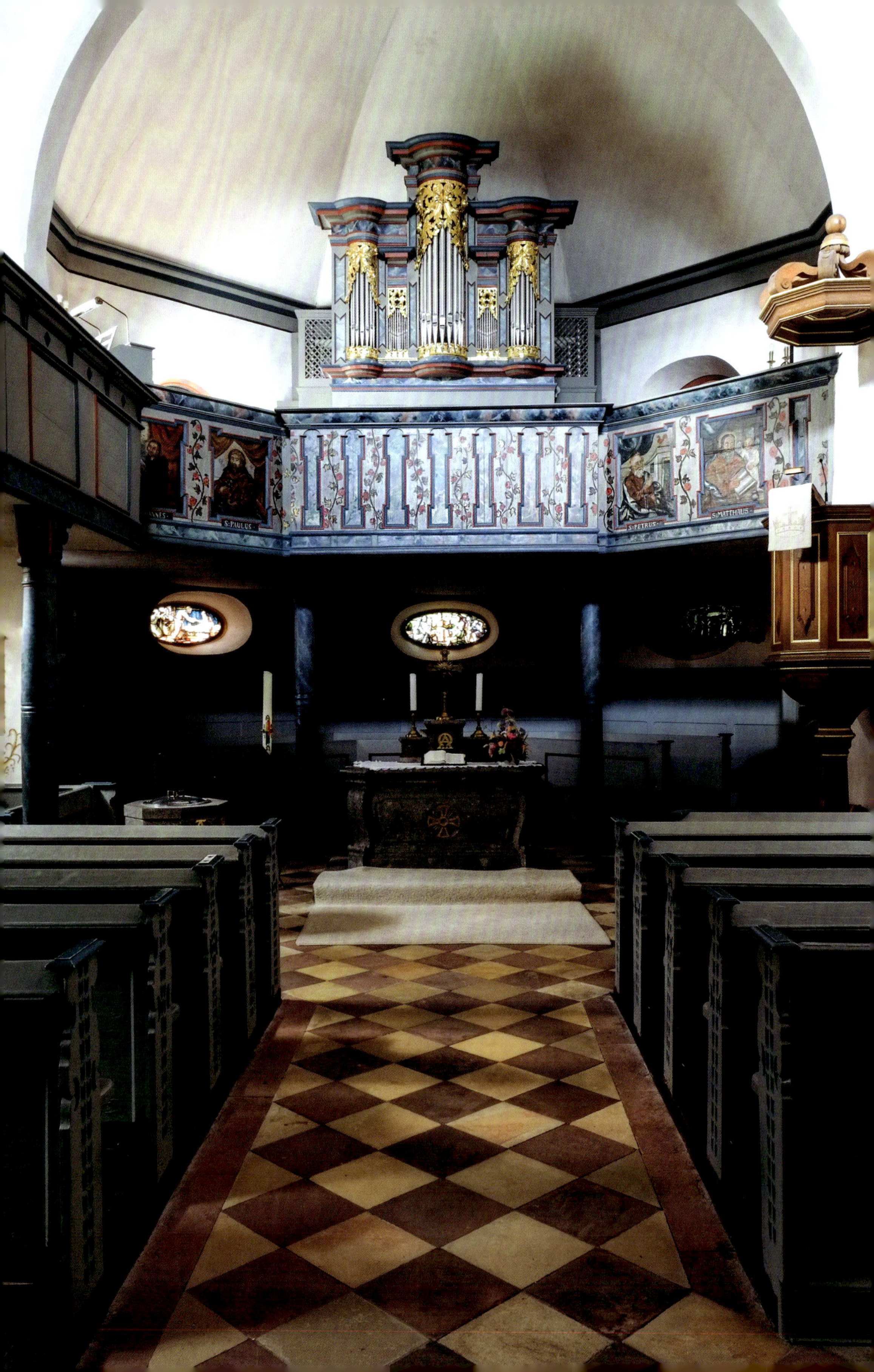
S·PAULUS
S·PETRUS
S·MATTHAUS

HERGERSHAUSEN (BABENHAUSEN)

Evangelische Kirche

G. F. Steinmeyer & Co., Oettingen, 1912, Opus 1137

EVANGELISCHE KIRCHE IN HESSEN UND NASSAU
LANDKREIS DARMSTADT-DIEBURG
Jahr der Förderung: 2007

Die evangelische Kirche in Hergershausen wurde im Jahr 1712 vollendet. Sie ist ein schlicht gehaltener Saalbau mit einem Tonnengewölbe und dreiseitigem Chor. Neben der barocken Kanzel ist auch die im 18. Jahrhundert entstandene Bemalung der Emporenbrüstungen erhalten.

Auch das Gehäuse der Orgel ist als bauzeitlich anzusehen. Es wurde im Jahr 1721 von Johann Christian Dauphin aus Kleinheubach errichtet. Nach mehreren Umbauten im Laufe des 19. Jahrhunderts stellte die Firma Steinmeyer aus Oettingen im Jahr 1912 ein neues Orgelwerk hinter den barocken Prospekt. Prospekt und Werk stellen somit einen gewachsenen Zustand dar, der dem Wirken zweier hervorragender Werkstätten aus unterschiedlichen Epochen zu verdanken ist.

Das mit 15 Registern auf zwei Manualen und Pedal ausgestattete Orgelwerk wurde zeittypisch mit Taschenladen und einer pneumatischen Traktur versehen. Nach 95 Jahren war eine umfassende Restaurierung notwendig geworden.

GESCHICHTE:

1721	Orgelneubau durch Johann Christian Dauphin.
1784	Erweiterung durch Conrad Zahn, Großostheim.
1820	Erweiterung durch Gottlieb Dietz, Zwingenberg.
1840	Restaurierung durch Bernhard Dreymann, Mainz.
1912	Neubau im vorhandenen Gehäuse durch G. F. Steinmeyer & Co., Oettingen.
1917	Abgabe der Prospektpfeifen.
ohne Jahresangabe	Einbau neuer Prospektpfeifen aus Zink.
1986	Reinigung und Erneuerung des Prospekts mit Zinnpfeifen durch Karl Schuke, Berliner Orgelbauwerkstatt.
2002	Erneuerung des Gebläsemotors.
2007	Restaurierung durch Karl Schuke, Berliner Orgelbauwerkstatt.
2017	Reparaturen.

DISPOSITION:

I Hauptwerk *C–g‘‘‘*		***II Schwellwerk*** *C–g‘‘‘*		***Pedal*** *C–f‘*	
Principal	8‘	Geigenprinzipal	8‘	Subbaß	16‘
Viola da Gamba	8‘	Liebl. Gedeckt	8‘	Oktavbaß	8‘
Salicional	8‘	Aeoline	8‘	Violoncello	8‘
Tibia	8‘	Vox coelestis	8‘		
Oktave	4‘	Fugara	4‘		
Gemshorn	4‘				
Mixtur	2 2/3‘				

Koppeln: II–I, Superoktavkoppel II–I, Suboktavkoppel II–I (ab c°), I–Pedal, II–Pedal.

Nebenregister und Spielhilfen: 3 feste Kombinationen (mf - f - ff), Piano-Pedal, Rollschweller, Calcant.

Taschenladen, pneumatische Ton- und Registertraktur.
Freistehender Spieltisch neben dem Orgelgehäuse.
Stimmtonhöhe: 439,8 Hz bei 18,4 °C.

LITERATUR:

Hans Martin Balz, *Die Dauphin-Orgel in Hergershausen und die für sie bestimmte Registrieranweisung*, in: *Acta Organologica* Band 31 *(= Veröffentlichungen der Gesellschaft der Orgelfreunde* 245), Kassel 2009.

ADRESSE DER KIRCHE:

Rodgaustraße, Hergershausen, 64832 Babenhausen

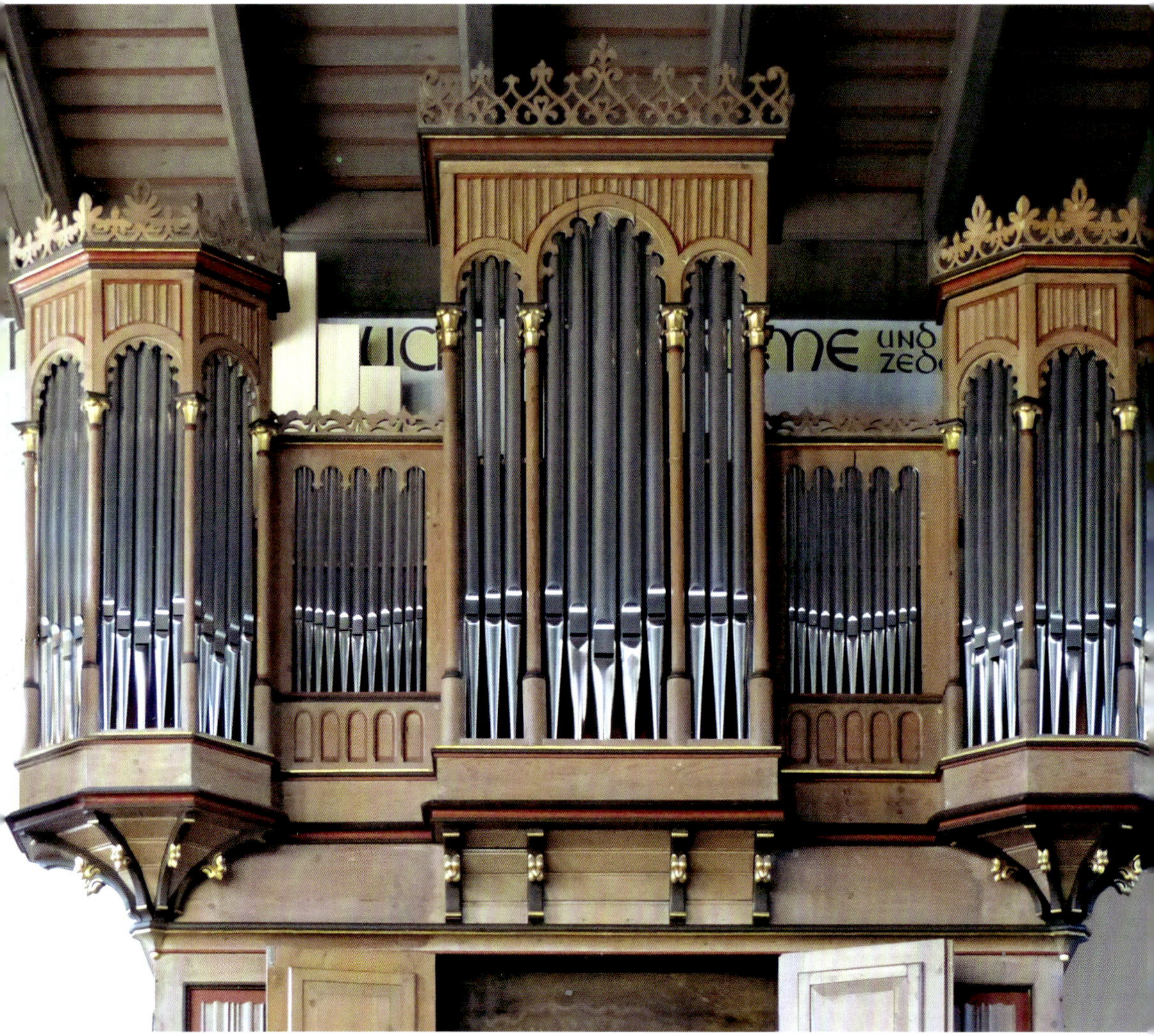

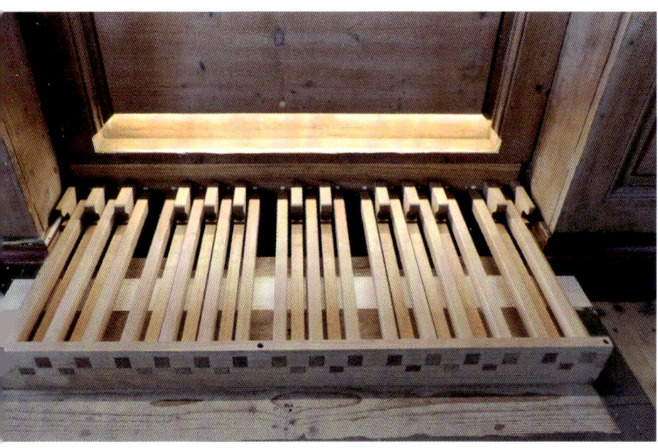

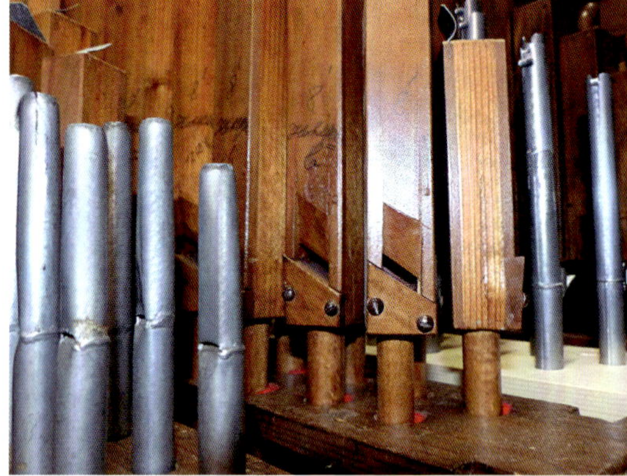

Hettenhausen: die rekonstruierte Pedalklaviatur und ein Blick auf das restaurierte Pfeifenwerk (Besonderheit: die schräg verlaufenden Labien der Holzpfeifen).

HETTENHAUSEN (GERSFELD)

Evangelische Kirche St. Georg

Adam Eifert, Stadtilm, 1879

EVANGELISCHE KIRCHE VON KURHESSEN-WALDECK
LANDKREIS FULDA
Jahr der Förderung: 2020

Die evangelische Kirche St. Georg in Hettenhausen wurde in den Jahren 1878/79 in neoromanischer Formensprache errichtet. Die zweigeschossige Fassade ist als steinsichtiges Quadermauerwerk konzipiert. Der Kirchenbau besitzt ein einfaches Satteldach sowie einen vorgestellten Turm mit Spitzhelm. Die Apsis wurde erst im Jahr 1932 dem Schiff in Stil und Formensprache entsprechend hinzugefügt. Den Saal umgibt im Inneren eine flache Balkendecke und eine dreiseitig umlaufende Empore.

Die Orgel gehört zum Originalbestand der Kirche. Sie wurde im Jahr 1879 von Georg Eifert aus Stadtilm in Thüringen gebaut. Die Gehäusegestaltung nimmt Bezug zur übrigen Ausstattung der Kirche. Das mit einem zentralen Flachturm und polygonalen Ecktürmen versehene Obergehäuse ist jedoch mit neogotischen Schmuckformen versehen. Eifert versah die Orgel zwar in konservativer Bauweise mit mechanischen Schleifladen, verwendete für die Schleifen aber Zink (sic) anstelle des sonst üblichen Eichenholzes, was das Instrument zu einer technologischen Besonderheit macht.

Die Orgel wurde wie viele andere Instrumente der romantischen Epoche in der Nachkriegszeit umdisponiert, ihre originale Balganlage noch im Jahr 2011 stillgelegt und ein neuer Balg angeschlossen. Im Rahmen der geförderten Restaurierung konnte im Jahr 2020 die ursprüngliche Disposition wieder hergestellt und die originale Balganlage wieder in Betrieb genommen werden.

GESCHICHTE:

1879	Bau der Orgel durch Adam Eifert, Stadtilm.
1917	Abgabe der Prospektpfeifen.
Unbekannter Zeitraum	Einbau neuer Prospektpfeifen aus Zink.
1954	Klanglicher Umbau durch die Gebrüder Hoffmann aus Ostheim vor der Rhön: Gambe 8' wurde zu Quinte 2 2/3', Salicional 8' zu Quinte 1 1/3', Flauto angelica 8' wurde durch Scharff 3fach und Violonbass 16' durch Choralbass 4' ersetzt.
1985	Erneuerung der Manualklaviaturen durch die Werkstatt Erich Bauer und Hans Voglrieder aus Oberasbach bei Fürth.
2011	Stilllegung der originalen Windanlage mit einem Doppelfaltenmagazinbalg im weit entfernten Turm und Anschluss einer neuen Windanlage durch Orgelbau Vleugels, Hardheim.
März bis November 2020	Restaurierung durch Jehmlich Orgelbau, Dresden: Wiederinbetriebnahme der originalen Windanlage, Rekonstruktion der originalen Disposition.

DISPOSITION:

I. Manual *C–f'''*		
Bordun	16'	
Principal	8'	rekonstruiert
Viola di Gamba	8'	rekonstruiert
Hohlflöte	8'	
Octave	4'	
Flöte	4'	
Octave	2'	
Mixtur 3–4fach	2'	

II. Manual *C–f'''*		
Flaut angelica	8'	rekonstruiert
Salicional	8'	rekonstruiert
Lieblich Gedackt	8'	
Gedacktflöte	4'	
Waldflöte	2'	

Pedal *C–f'*		
Violonbaß	16'	rekonstruiert
Subbaß	16'	
Octavbaß	8'	
Gedacktbaß	8'	

Koppeln: II–I, Pedalkoppel I.
Calcantenzug (heute Motorschalter), Windcontroleur.

Mechanische Schleifladen.

ADRESSE DER KIRCHE:

Ebersberger Straße, Hettenhausen, 36129 Gersfeld (Rhön)

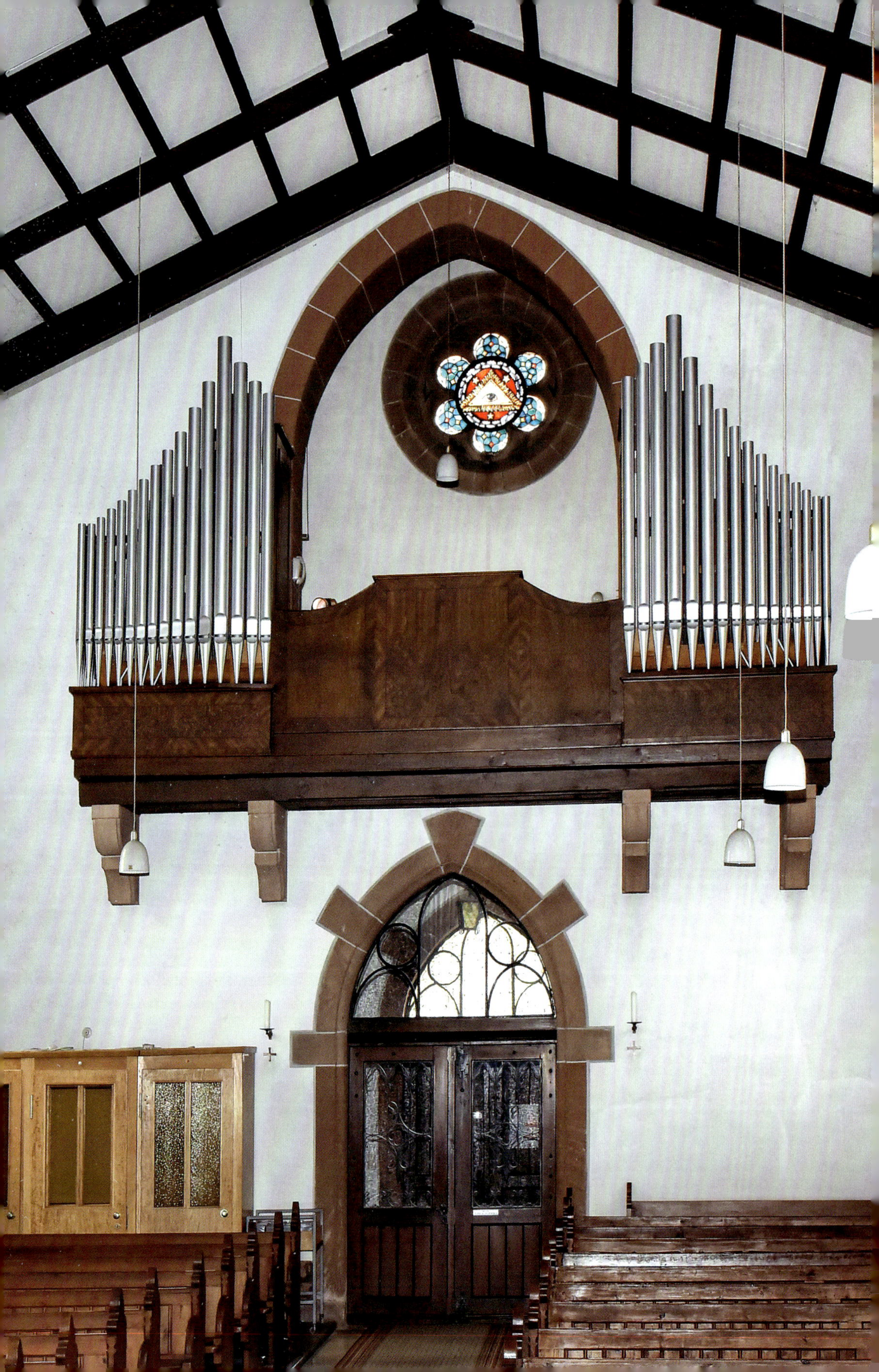

HEUBACH (GROSS-UMSTADT)

Katholische Kirche St. Bartholomäus

E. F. Walcker & Cie., Ludwigsburg, Opus 2628, 1938

BISTUM MAINZ
LANDKREIS DARMSTADT-DIEBURG
Jahr der Förderung: 2019

Die katholische Kirche St. Bartholomäus in Heubach ist ein in neogotischer Formensprache errichteter Saalbau. Sie wurde von 1891 bis 1894 durch Wilhelm von Riefel im Wingertberg oberhalb des Dorfes erbaut, nachdem die Simultannutzung der alten Dorfkirche beendet worden war. St. Bartholomäus ist ein langgestreckter Saalbau mit Satteldach und einem Westturm mit hoch aufragendem, spitzem Turmhelm. Das Langhaus ist durch Lanzettfenster und Stützpfeiler gegliedert. Dem Saal schließt sich ein ausgeschiedener Rechteckchor mit einer angefügten kleinen Apsis an. Der Innenraum reicht bis unter das sichtbare Dach. Ein bemerkenswertes Ausstattungsstück ist der barocke Hochaltar im Chor.

Ihm gegenüber flankiert die Orgel in zwei Prospektteilen den Bogen zum Turm. Ihr Spieltisch ist zentral in die Brüstung der hohen Westempore eingearbeitet. Das einmanualige, nur sechs Register zählende Instrument wurde im Jahr 1938 – am Vorabend des Zweiten Weltkriegs – von der Firma Walcker aus Ludwigsburg gebaut. Es besitzt zeit- und erbauertypisch pneumatische Taschenladen. Die Orgel ist nahezu unverändert erhalten und mit Ihrem Freipfeifenprospekt sowie ihrer erstaunlichen klanglichen Integrität – trotz der den schwierigen wirtschaftlichen Verhältnissen der Erbauungszeit geschuldeten Schwächen des Materials – ein seltenes Zeugnis der Orgelbaukunst der späten 1930er Jahre.

GESCHICHTE:

1938	Erbauung der Orgel durch E. F. Walcker & Cie., Ludwigsburg, mit zum Teil gebrauchten Pfeifen.
August 1941	Nachtrag im Opus-Buch der Firma Walcker: „Sesquialter" durchgestrichen, stattdessen Eintrag „Aeoline 4'".
August bis Dezember 2019	Restaurierung durch Orgelbau Andreas Schmidt, Altenhaßlau (Linsengericht); in diesem Zuge reversible Ergänzung von Rückschlagklappen zur Funktionssicherung der Koppeln und von Stoßfängern an den zu den Laden führenden Windkanälen.

DISPOSITION:

Manual *C–f'''*

Gedeckt	8'	C–d° Holz gedeckt, dis°–dis' Zink gedeckt, f'–f''' Zinn gedeckt
Prinzipal	4'	C–Fis Zink (Prospekt, die anderen 48 Pfeifen sind stumm), G–f''' Zinn (innen), alle Pfeifen mit Expressionen
Blockflöte	4'	C–h° Holz offen (Stimmbleche), c'–f''' Zinn zylindrisch (Stimmschlitze)
Schwiegel	2'	C–fis° Zink (Stimmschlitze), g°–f''' Zinn konisch (Pfeifenstempel: „Cornett")
Aeoline	4'	C–fis° Zink, g°–f''' Zinn, (Pfeifenstempel: „Vox Celeste", Registerschild: „Sesquialter 2-f.")

Pedal *C–d'*

Subbass	16'	C–d' Holz gedeckt (c°–d' Transmission aus Gedeckt 8')

Koppeln: Manual–Pedal, Super Manual–Pedal, Super Manual (alle als Tritt).
Spielhilfe: Tutti (als Tritt).

Pneumatische Taschenlade
(stehende Taschen).

ADRESSE DER KIRCHE:

Erzbergstraße 38, Heubach,
64823 Groß-Umstadt

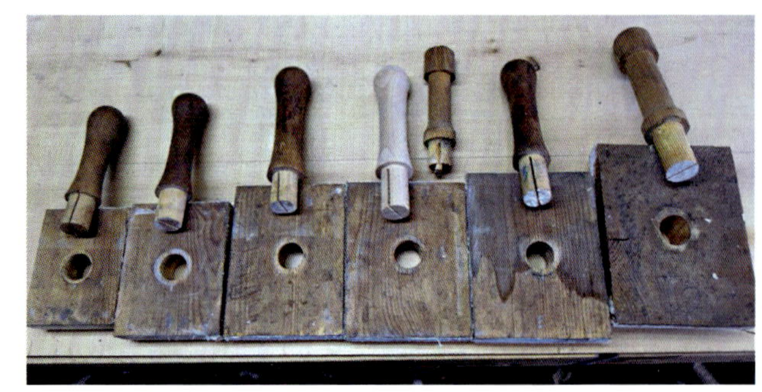

Heubach: Deckel und Griffe von Holzpfeifen während der Restaurierung.

HIRSCHHORN (NECKAR)

Karmeliter-Klosterkirche Mariä Verkündigung

H. Voit & Söhne, Durlach, 1884

BISTUM MAINZ
LANDKREIS BERGSTRASSE
Jahr der Förderung: 2002

Das Hirschhorner Karmeliter-Kloster wurde im Jahr 1406 von Hans V. von Hirschhorn gemeinsam mit seiner zweiten Frau Iland von Dhaun und seinen Brüdern Conrad und Eberhard gestiftet. Im Zuge der Reformation wurde das Kloster um 1743 von Hans IX. von Hirschhorn aufgelöst und um 1769 zum Witwensitz seiner Witwe Anna. Im Jahr 1629 musste das Kloster an den Karmelitenorden zurückgegeben werden, dem dies bereits in den Jahren 1571 und 1596 vom Reichskammergericht zugesprochen worden war. Im Jahr 1803 wurde das Kloster abermals aufgelöst und enteignet. In den folgenden Jahrzehnten wurde die Kirche ihrer ganzen Innenausstattung beraubt. Nachdem der zweimal geplante Abriss nicht durchgeführt worden war, beschloss die Stadt, die im Jahr 1812 in den Besitz der Kirche gekommen war, das Gebäude durch eine Bedachung zu sichern. Im Jahr 1886 schenkte sie die Kirche der katholischen Kirchengemeinde, die sie bis zum Jahr 1912 umfassend renovierte. Weitere Renovierungen fanden in den Jahren 1969 und 1998 statt. Seit 2009 leben wieder Karmeliten im Kloster, nunmehr unter der Führung der indischen Ordensprovinz St. Thomas, einer Tochter der deutschen Provinz.

Die Orgel wurde um 1780 für die Simultankirche St. Aegidius in Seckenheim (Mannheim) gebaut. Sie war lange Zeit der Werkstatt Stumm aus Rhaunen im Hunsrück zugeschrieben worden. Bei der Vorbereitung der geförderten Restaurierung im Jahr 2002 verdichteten sich jedoch die Hinweise, dass Andreas Krämer aus Heidelberg ihr Erbauer war. In das barock-klassische Gehäuse baute – noch in Seckenheim – die Werkstatt Voit aus Durlach ein neues Werk ein. Diese Orgel wurde im Jahr 1910 nach Weinheim und von dort im Jahr 1956 nach Hirschhorn verkauft und dort in der Klosterkirche aufgestellt.

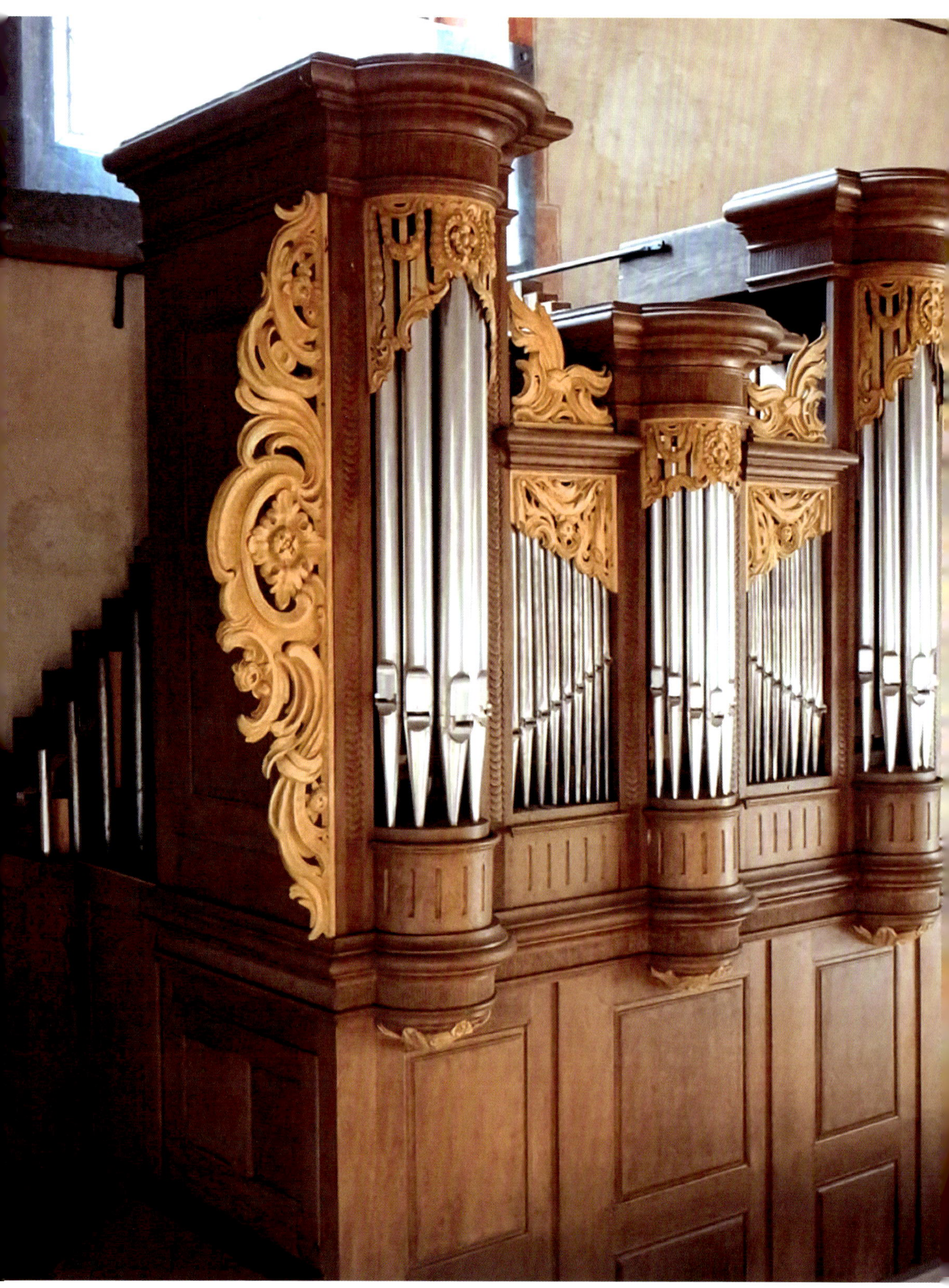

Das Instrument ist ein klingendes und sichtbares Zeugnis der bewegten Baugeschichte der Kirche, die sie heute beherbergt. Gleichzeitig ist mit ihr ein Instrument erhalten, das bemerkenswert die kunsthistorische Sichtweise des späten 19. Jahrhunderts auf ein Denkmal der vorvergangenen Epoche dokumentiert.

GESCHICHTE:

1641	Nachweis einer Orgel in Hirschhorn; dieses Instrument wurde im Jahr 1799 bei einer Schießerei beschädigt.
um 1780	Bau einer Orgel für die Simultankirche St. Aegidius in Seckenheim (Mannheim) vermutlich durch Andreas Krämer, Heidelberg.
1884	Bau einer neuen Orgel von H. Voit & Söhne, Durlach, unter Wiederverwendung des Gehäuses, der Windladen und eines Teils des Pfeifenwerks der mutmaßlichen Krämer-Orgel.
1910	Verkauf dieser Orgel an die Gemeinde Herz-Jesu in Weinheim (Bergstraße).
1956	Verkauf derselben Orgel nach Hirschhorn, Aufstellung in der ehemaligen Karmeliter-Klosterkirche.
1969	Abbau der Orgel durch Steinmeyer wegen Innenrenovierung der Klosterkirche.
1971	Wiederaufbau der gereinigten und reparierten Orgel durch Steinmeyer.
1998	Abbau der Orgel durch Förster & Nicolaus Orgelbau, Lich wegen erneuter Innenrenovierung der Klosterkirche.
Januar bis Juli 2002	Restaurierung durch Förster & Nicolaus Orgelbau, Lich.

DISPOSITION:

Manual *C–d'''*		***Pedal*** *C–c'*	
Gedeckt	8'	Subbaß	16'
Quintadena	8'	Oktavbaß	8'
Spitzflöte	8'	Cello	8'
Salicional	8'		
Vox coelestis	8'		
Principal	4'		
Traversflöte	4'		
Quinte	2 2/3'		
Oktave	2'		
Mixtur III	1 1/3'		

Pedalkoppel.

Mechanische Schleifladen; Pedal fis°–c' pneumatische Taschenlade.

ADRESSE DER KIRCHE:

Klostergasse 22–26, 69434 Hirschhorn (Neckar)

HOCH-WEISEL (BUTZBACH)

Evangelische Kirche
Johann Friedrich Syer, Nieder-Florstadt, 1755

EVANGELISCHE KIRCHE IN HESSEN UND NASSAU
WETTERAUKREIS
Jahr der Förderung: 2021

Die evangelische Kirche in Hoch-Weisel besitzt einen mittelalterlichen Chorturm, welcher als Besonderheit im unteren Teil rundlich ausgeformt ist, dann aber in ein achteckiges Obergeschoss überleitet. Das Schiff wurde im Jahr 1684 neu angebaut. Es ist im Inneren durch hölzerne Rundpfeiler dreiteilig gegliedert. Diese Gliederung setzt sich auch an der Decke fort. Während die Seiten als Flachdecken ausgebildet sind, ist die Mitte mit einem hölzernen Rippengewölbe überspannt. Eine dreiseitig umlaufene Empore verstärkt diesen gliedernden Eindruck. Im Chorraum sind mittelalterliche Wandmalereien sowie das ehemalige Sakramentshaus und der Taufstein erhalten. Die Kanzel stammt aus der Umbauphase im 17. Jahrhundert.

Auch die Orgel ist Teil der erhaltenen barocken Ausstattung. Sie wurde im Jahr 1755 von Johann Friedrich Syer aus Nieder-Florstadt gebaut. Die Werkstatt Syer steht repräsentativ für das hohe handwerkliche Niveau des ländlichen Orgelbaus in Oberhessen in der zweiten Hälfte des 18. Jahrhunderts. Die Orgel in Hoch-Weisel zeichnet sich durch einen hohen Bestand an Originalsubstanz aus. Da die Restaurierung in den Jahren 1975/76 bereits nachhaltig und nach heute gültigen Maßstäben durchgeführt wurde, dienten die im Rahmen der geförderten Restaurierung durchgeführten Arbeiten vor allem der Überholung aller Teile im Sinne der Bestandserhaltung.

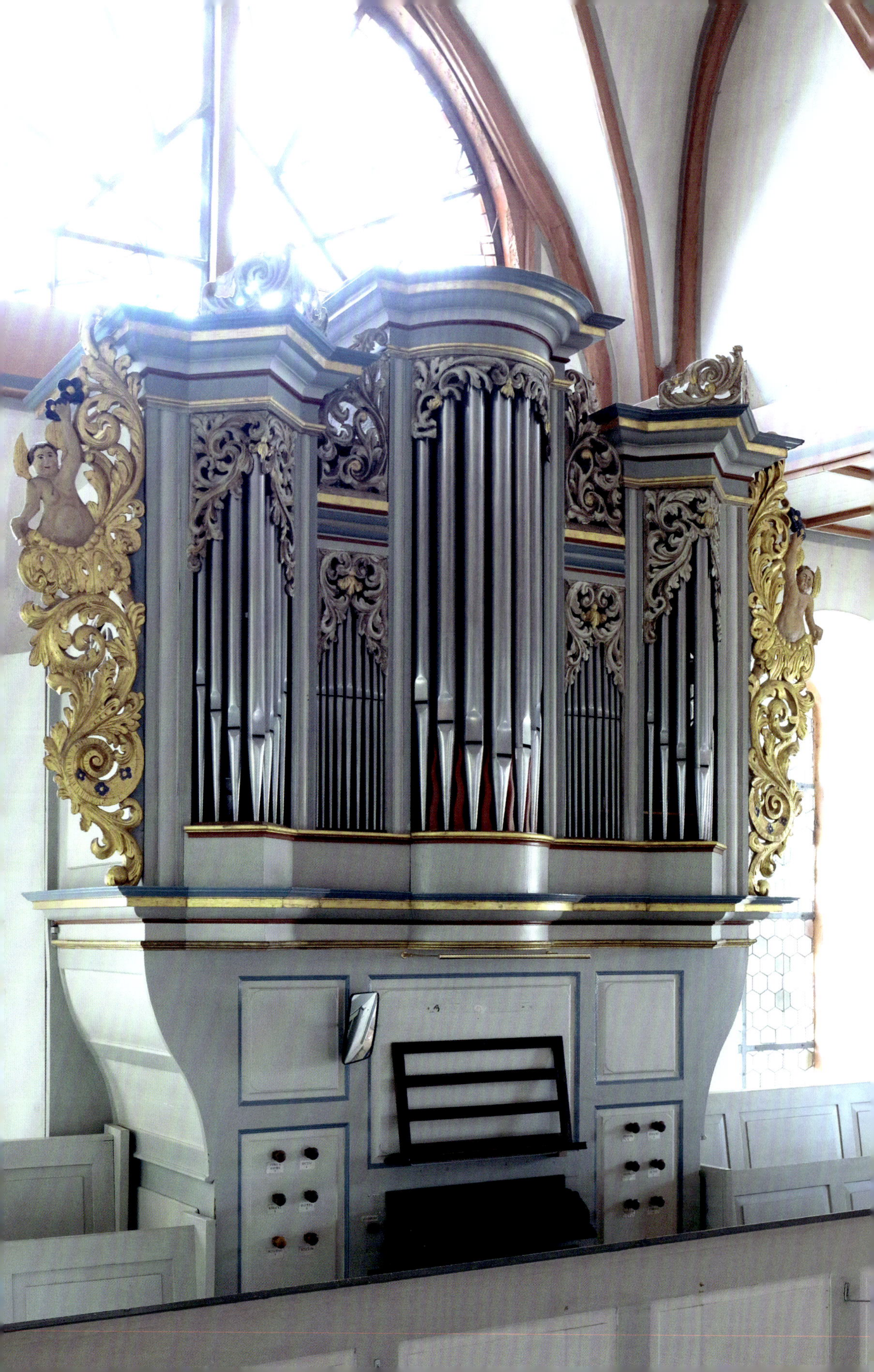

GESCHICHTE:

1755	Bau der Orgel durch Johann Friedrich Syer, Nieder-Florstadt.
1846	Reparatur durch Johann Georg Förster, Lich.
1888	Reparatur durch August Hardt im Auftrag von Gustav Raßmann, Möttau; hierbei evtl. Erneuerung der Pedalklaviatur.
1975/1976	Restaurierung durch Andreas M. Ott, Bensheim; Einbau eines Stoßbalgs unter der Pedalwindlade; Temperierung nach Werkmeister III.
Januar/ Februar 2022	Ausreinigung und Überholung durch Förster & Nicolaus Orgelbau, Lich.

DISPOSITION:

Manual *C-c'''*		***Pedal*** *C-c'*	
Principal	4‘	Subbass	16‘
Principal	8‘	Octavbass	8‘
Viola di Gamba	8‘		
Gedackt	8‘		
Spitzflöte	4‘		
Quinta	3‘		
Octav	2‘		
Gedackt	4‘		
Tercian 2fach	1 3/5‘ + 1 1/3‘		
Mixtur 3fach			

Pedalkoppel mit eigenen Ventilen.

Windablass.

Mechanische Schleiflade.

ADRESSE DER KIRCHE:

Kirchgasse 20, Hoch-Weisel, 35510 Butzbach

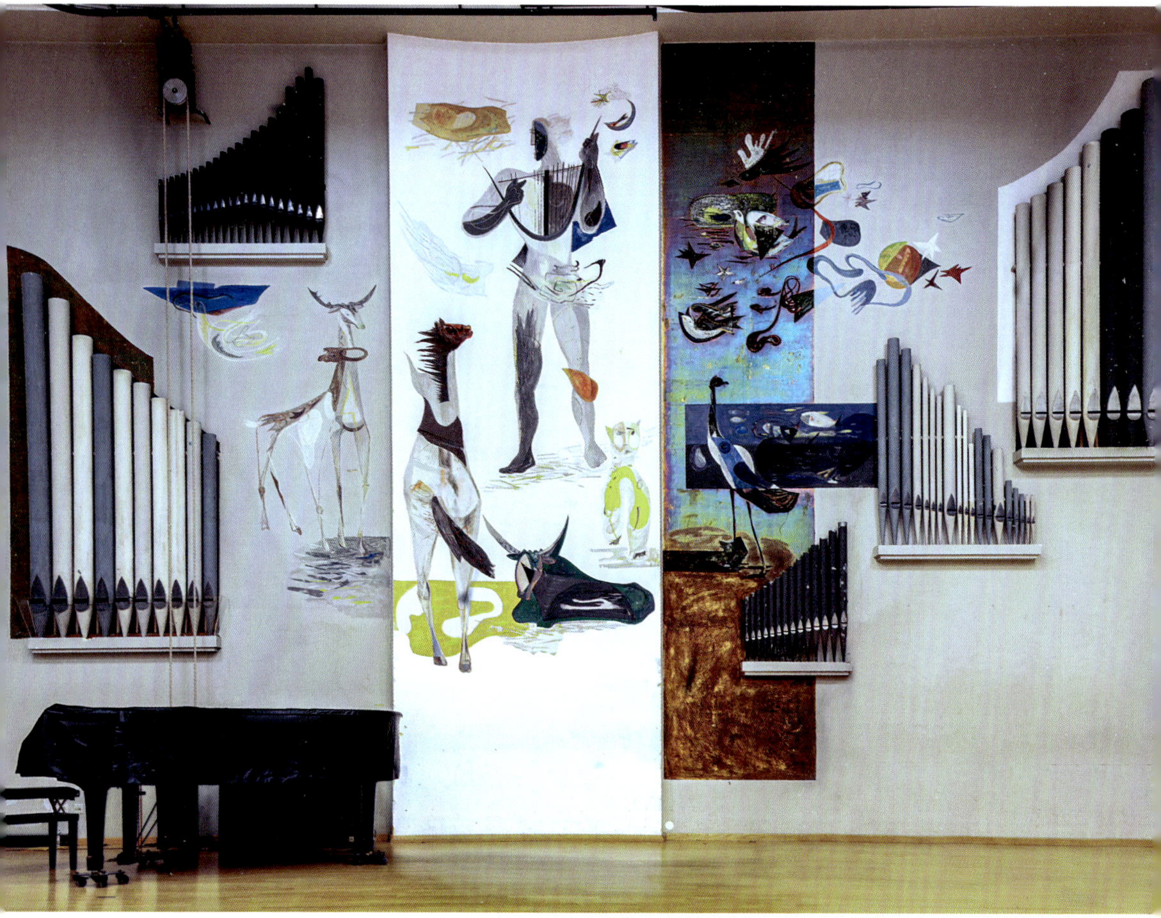

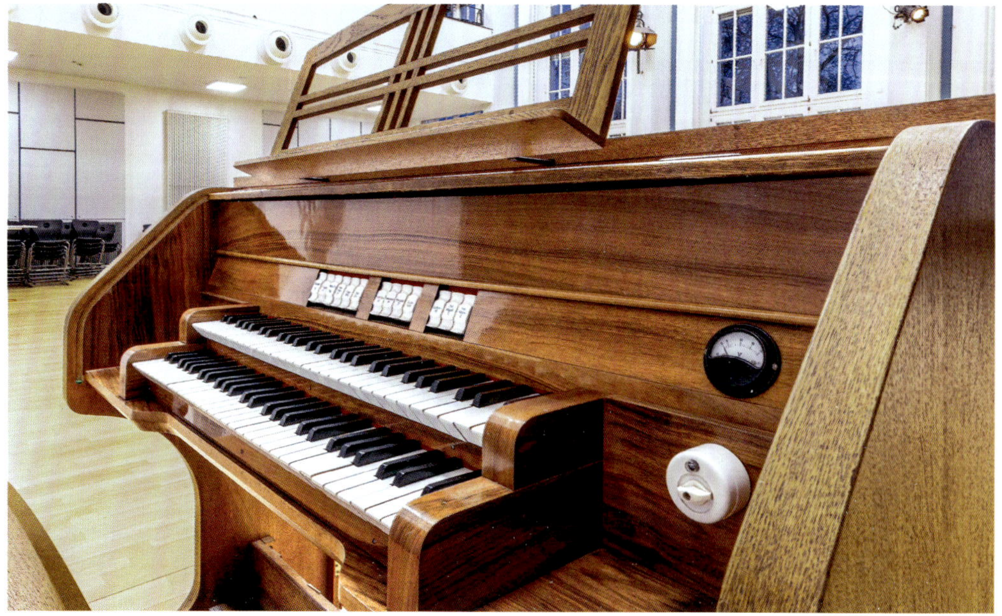

KASSEL

Albert-Schweitzer-Schule

Werner Bosch, Sandershausen, 1954

STADT KASSEL
Jahr der Förderung: 2015

Die im Jahr 1869 als Realschule Erster Ordnung gegründete heutige Albert-Schweitzer-Schule ist eines der ältesten Gymnasien der Stadt Kassel. Ihr heutiges Schulgebäude bezog sie nach dem Zweiten Weltkrieg als „Realgymnasium Kölnische Straße". Im Zuge des Wiederaufbaus wurden dem Gebäude verschiedene Anbauten hinzugefügt, so auch die Aula. Im Jahr 1956 wurde die Schule nach dem deutsch-französischen Arzt und Universalgelehrten Albert Schweitzer benannt, der als Organist und Musikwissenschaftler gerade für die Entwicklung der Orgelkunst im 20. Jahrhundert entscheidende Impulse gab.

Bereits zwei Jahre zuvor entstand an der Stirnseite der Aula ein außergewöhnliches, interdisziplinäres Kunstwerk. Der Kasseler Maler Carl Döbel schuf ein Gemälde in kubistischer Formensprache mit dem programmatischen Titel „Orpheus bezwingt mit Musik die Tiere". In Komposition mit diesem Wandgemälde ließ Werner Bosch eine Orgel in die Wand ein: Sieben Pfeifenfelder durchbrechen und ergänzen die malerische Darstellung und bilden so mit ihr eine künstlerische Einheit.

Nachdem die Orgel über längere Zeit nicht gespielt wurde und das Werk sogar vom Spieltisch getrennt worden war, bildete sich eine Initiative, das Instrument und das Wandgemälde zum 50. Todestag von Albert Schweitzer im Jahr 2015 restaurieren zu lassen. Die Schulleitung, der Elternbeirat und viele Schülerinitiativen förderten das Projekt. Mit der Aufnahme der Restaurierung in das Förderprogramm erfuhr dieses breite Engagement eine besondere Würdigung und das außergewöhnlich aufwendige Restaurierungsprojekt eine effektive Unterstützung.

GESCHICHTE:

1954	Bau der Orgel durch Werner Bosch, Sandershausen.
2012 bis 2015	Restaurierung des Wandgemäldes und der bemalten Orgelpfeifen durch Nüthen Restaurierungen, Erfurt, sowie des Orgelwerks durch Werner Bosch Orgelbau, Niestetal.

DISPOSITION:

I. Manual *C–g‴*

Gedackt	8‘
Prinzipal	4‘
Mixtur 3fach	2‘

II. Manual *C–g‴*

Rohrflöte	8‘
Gemshorn	4‘
Principal	2‘
Quinte	1 1/3‘

Pedal *C–f‘*

Subbaß	16‘

Manualkoppel, Pedalkoppeln I und II.

Elektropneumatische Kegelladen.

LITERATUR:

Carl Döbels revolutionäre Orgelwand, in: *Hessische Nachrichten* Nr. 298 vom 21. Dezember 1954.

Festschrift zur Einweihung der Aula 1954.

ADRESSE DER SCHULE:

Kölnische Straße 89, 34119 Kassel

KASSEL

Katholische Kirche St. Elisabeth

Werner Bosch, Sandershausen, 1964

BISTUM FULDA
STADT KASSEL
Jahr der Förderung: 2014

Seit dem Jahr 2015 beherbergt die katholische Kirche St. Elisabeth in Kassel die im Jahr 1964 für die dortige evangelische Martinskirche erbaute Orgel, die dort zu den zentralen Ausstattungsgegenständen gehörte und als originäres Gestaltungselement anzusehen war. Die Martinskirche in Kassel wurde nach schwerer Beschädigung im Zweiten Weltkrieg ab dem Jahr 1953 nach Plänen von Otto Vogel wiedererrichtet. Sie gilt als Inkunabel des Wiederaufbaus und ist ein Kulturdenkmal von nationalem Rang. Die erst im Jahr 1964 errichtete Orgel wurde ebenfalls noch von Vogel mitgestaltet und markiert den Endpunkt dieser Bautätigkeit.

Die Orgel besitzt jedoch neben der gestalterischen Bedeutung, die sie für ihren ersten Kirchenraum hatte, auch eine hohe musikgeschichtliche Bedeutung. Ihre klangliche Gestaltung entwarf Helmut Bornefeld, einer der wichtigsten Vertreter der neobarock geprägten Orgelbewegung.[1] Seit ihrer Errichtung bis um die Jahrtausendwende wurde sie durch den Organisten und Kantor Klaus Martin Ziegler zu einem Zentrum für zeitgenössische Kirchenmusik. Zahlreiche Uraufführungen, Schallplatteneinspielungen und Rundfunkaufnahmen entstanden mit diesem Instrument. Erbaut durch die vor den Toren Kassels ansässige Orgelwerkstatt Bosch und deren größtes Werk, verkörpert sie zudem Kasseler Musikgeschichte.

Auch die katholische Kirche St. Elisabeth ist ein besonderer Markstein der Geschichte des Wiederaufbaus in Kassel nach dem Zweiten Weltkrieg. Ihre Vorgängerin stand auf der gegenüberliegenden Seite des Friedrichsplatzes, brannte nach einem Bombentreffer im Jahr 1943 aus und wurde im Jahr 1954

1 Vgl. Offenbach Markuskirche, siehe S. 241.

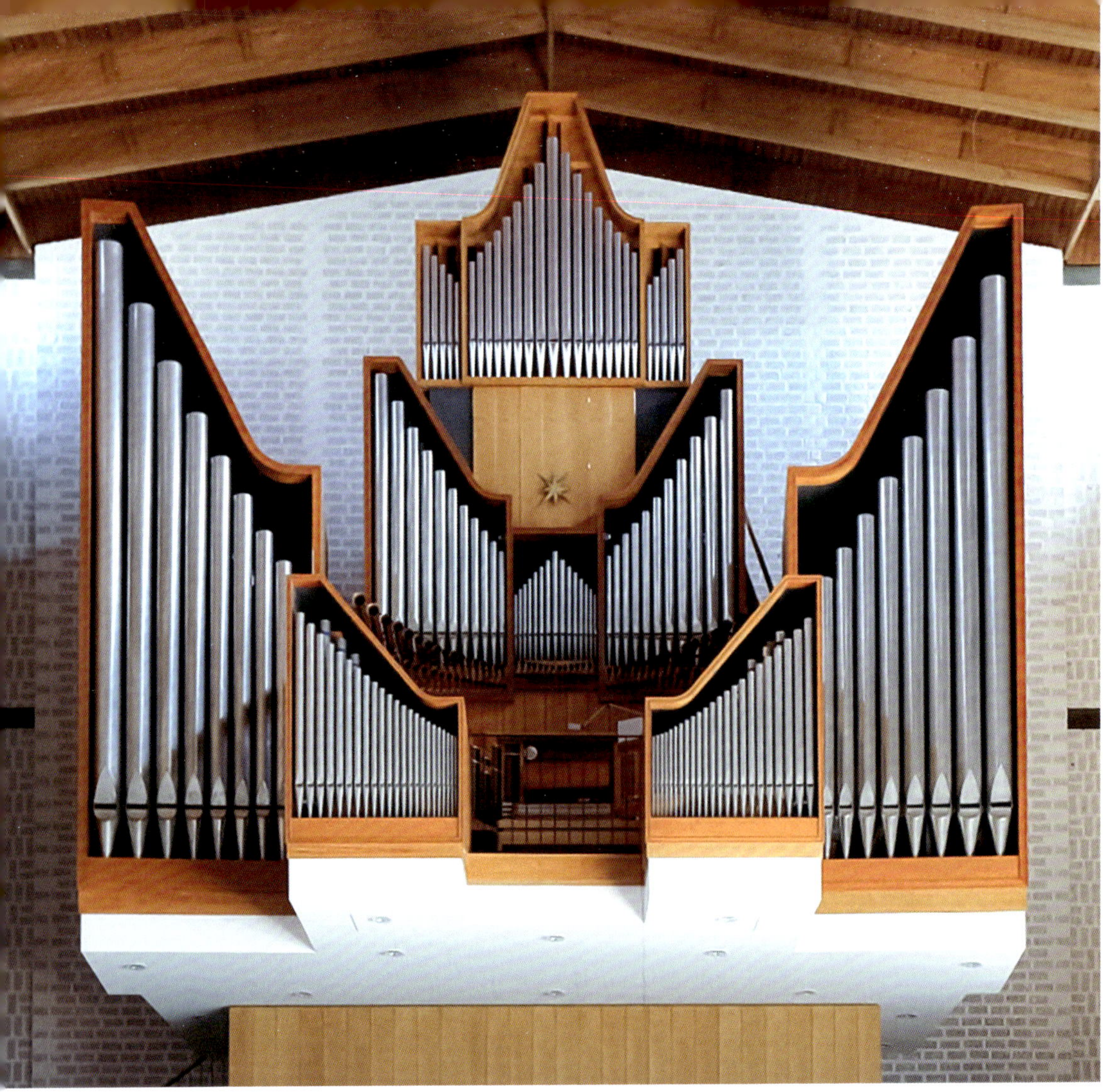

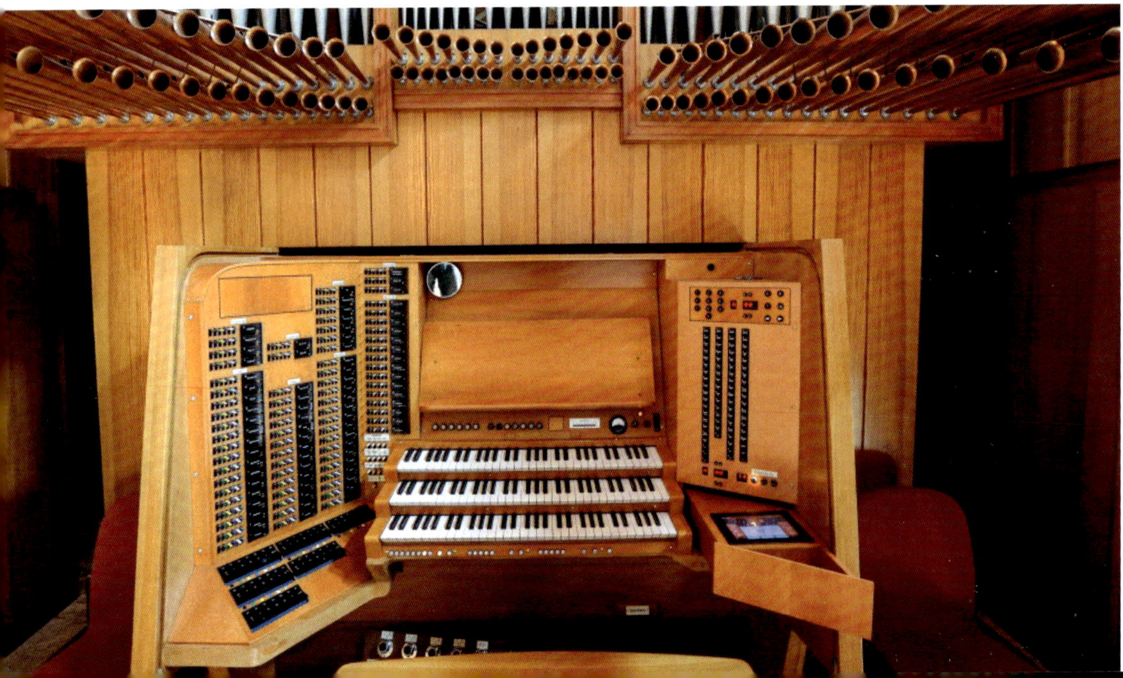

gesprengt, um dem Neubau des Staatstheaters Platz zu machen. Als Neubau aus den Jahren 1959/60 steht St. Elisabeth markant für die umfassende Erneuerung des Kasseler Stadtbildes in der zweiten Hälfte des 20. Jahrhunderts.

Nachdem die erste Orgel der katholischen Kirche St. Elisabeth, die im Jahr 1965 von der Werkstatt Euler in Hofgeismar gebaut worden war, nach Zaprešić in Kroatien verkauft wurde und gleichzeitig in der Martinskirche eine neue Orgel gebaut werden sollte, bot sich die aus kunstgeschichtlicher und denkmalpflegerischer Sicht überaus glückliche Möglichkeit, die Martinsorgel nach St. Elisabeth zu übertragen. Damit konnte dieses für die hessische Orgelgeschichte wichtige Instrument nicht nur in der Stadt gehalten, sondern auch in einem ästhetisch und akustisch entsprechenden Raum zur Geltung gebracht werden.

Das Förderprogramm war mit etwa einem Fünftel der Bausumme an der Verwirklichung dieses außerordentlich wichtigen Orgel-Denkmalprojekts beteiligt.

Am 6. November 2023 stürzte das Dach der Elisabethkirche ein. Dabei wurde die Orgel schwer beschädigt. Der genaue Umfang der Schäden konnte zum Zeitpunkt der Drucklegung dieser Schrift noch nicht festgestellt werden.

GESCHICHTE:

1964 Bau der Orgel durch Werner Bosch, Sandershausen, für die Martinskirche in Kassel nach Plänen und mit Mensuren von Helmut Bornefeld.

2015 Übertragung der Orgel in die Kirche St. Elisabeth und Restaurierung durch Werner Bosch Orgelbau, Niestetal.

2023 Schwere Beschädigung durch den Einsturz des Kirchendachs.

DISPOSITION:

I Rückpositiv *C–c''''*

1.	Gedackt	8'
2.	Quintade	8'
3.	Prinzipal	4'
4.	Flötgedackt	4'
5.	Rohrnasat	2 2/3'
6.	Hohlflöte	2'
7.	Terznone	1 3/5' [+8/9']
8.	Siebenquart	1 1/7' [+16/19']
9.	Scharf 5fach	1'
10.	Unruh 3fach	2/9'
11.	Dulzian	16'
12.	Vox Humana	8'
13.	Messingschalmei	4'
	Tremulant	

II Hauptwerk *C–c''''*

14.	Gedacktpommer	16'
15.	Prinzipal	8'
16.	Gemshorn	8'
17.	Oktave	4'
18.	Nachthorn	4'
19.	Quinte	2 2/3'
20.	Italienisch Prinzipal	2'
21.	Larigot	1 1/3'
22.	Rauschharfe 2fach	4'
23.	Nonenkornett 3fach	2 2/3'
24.	Mixtur 4–6fach	2'
25.	Mixtur 4fach	1'
26.	Trompete	16'
27.	Spanische Trompete	8'
28.	Spanische Trompete	4'
	Tremulant	

III Schwellwerk *C–c''''*

29.	Rohrpommer	8'
30.	Spitzgedackt	8'
31.	Prinzipal	4'
32.	Rohrflöte	4'
33.	Sesquialter 2fach	2 2/3'
34.	Italienisch Prinzipal	2'
35.	Gemshorn	2'
36.	Blockflöte	1'
37.	Sifflöte	1 1/3'
38.	Obertöne 3fach	1 1/7'
39.	Grobmixtur 6–8fach	1 1/3'
40.	Quintzimbel 4fach	1/3'
41.	Fagott	16'
42.	Hautbois	8'
	Tremulant	

Pedal *C–g'*

43.	Prinzipal	16'
44.	Untersatz	16'
45.	Baßzink	10 2/3' [+6 2/5']
46.	Oktavbaß	8'
47.	Gedecktbaß	8'
48.	Hintersatz 4fach	5 1/3'
49.	Rauschwerk 3fach	5 1/3'
50.	Choralbaß 4fach*	4'
51.	Rohrpfeife*	4'
52.	Glöckleinton 2fach*	2'
53.	Kontrafagott	32'
54.	Posaune	16'
55.	Kopftrompete*	8'
56.	Clairon*	4'
57.	Cornett*	2'
	*Tremulant**	

* auf separater Sololade

Nebenregister: Zimbelstern.

Koppeln: I–II, III–II, III–I, I–Pedal, II–Pedal, III–Pedal.

Spielhilfen: wählbar zwischen den ursprünglichen Spielhilfen (6 freie Kombinationen, Tutti, Zungenabsteller, Pleno- und weitere Gruppenzüge für jedes Manual- und Pedalwerk) oder der Setzeranlage.

ADRESSE DER KIRCHE:

Friedrichsplatz 13, 34117 Kassel

KRAUTHAUSEN (SONTRA)

Evangelische Kirche
Unbekannter Orgelbauer, 18. Jahrhundert

EVANGELISCHE KIRCHE VON KURHESSEN-WALDECK
WERRA-MEISSNER-KREIS
Jahr der Förderung: 2005

Die Dorfkirche in Krauthausen besteht aus einem romanischen Kirchengebäude mit gewölbter Apsis aus dem 12. Jahrhundert. Im 17. Jahrhundert wurde das Schiff mit einer neuen Mitteldecke versehen und mit einer Empore in rustikalen Renaissanceformen ausgestattet. In dieser Gestalt ist die Kirche bis heute erhalten.

Die kleine Orgel in der Krauthäuser Kirche stellt eine Besonderheit in der hessischen Orgellandschaft dar. Sie ist ein ursprünglich nur aus einem Manualwerk mit vier Registern bestehendes Positiv. Der Erbauer und die Herkunft des Instruments sind unbekannt. Aufgrund der Prospektgestaltung mit Knorpelwerk und der Anordnung der Pfeifenfelder kann das Instrument in das frühere 18. Jahrhundert datiert werden. Während solche Orgelpositive, die zu Beginn des 18. Jahrhunderts im ländlichen Raum verbreitet waren, vielerorts in den folgenden Jahrzehnten durch größere Instrumente ersetzt wurden und damit untergingen, blieb das heute in Krauthausen als Kirchenorgel genutzte Instrument erhalten, das in den Jahren 1832/33 dort aufgestellt wurde.

Anders als bei größeren Orgelwerken, die im Jahr 1917 ihre Prospektpfeifen für die Rüstung abgeben mussten, wurden in Krauthausen sämtliche Metallpfeifen, also nahezu das gesamte Pfeifenwerk beschlagnahmt. Erst im Jahr 1952 wurde das Positiv wieder spielbar gemacht, ohne damit jedoch dem Anspruch einer dem Originalinstrument entsprechenden Restaurierung gerecht werden zu wollen. Auch die Überholung im Jahr 1981 folgte einem rein pragmatischen Ansatz. Erst die im Jahr 2005 geförderte und im Jahr 2006 abgeschlossene Restaurierung stellte die seinem hohen Denkmalwert entsprechende technische und klangliche Integrität des Positivs wieder her.

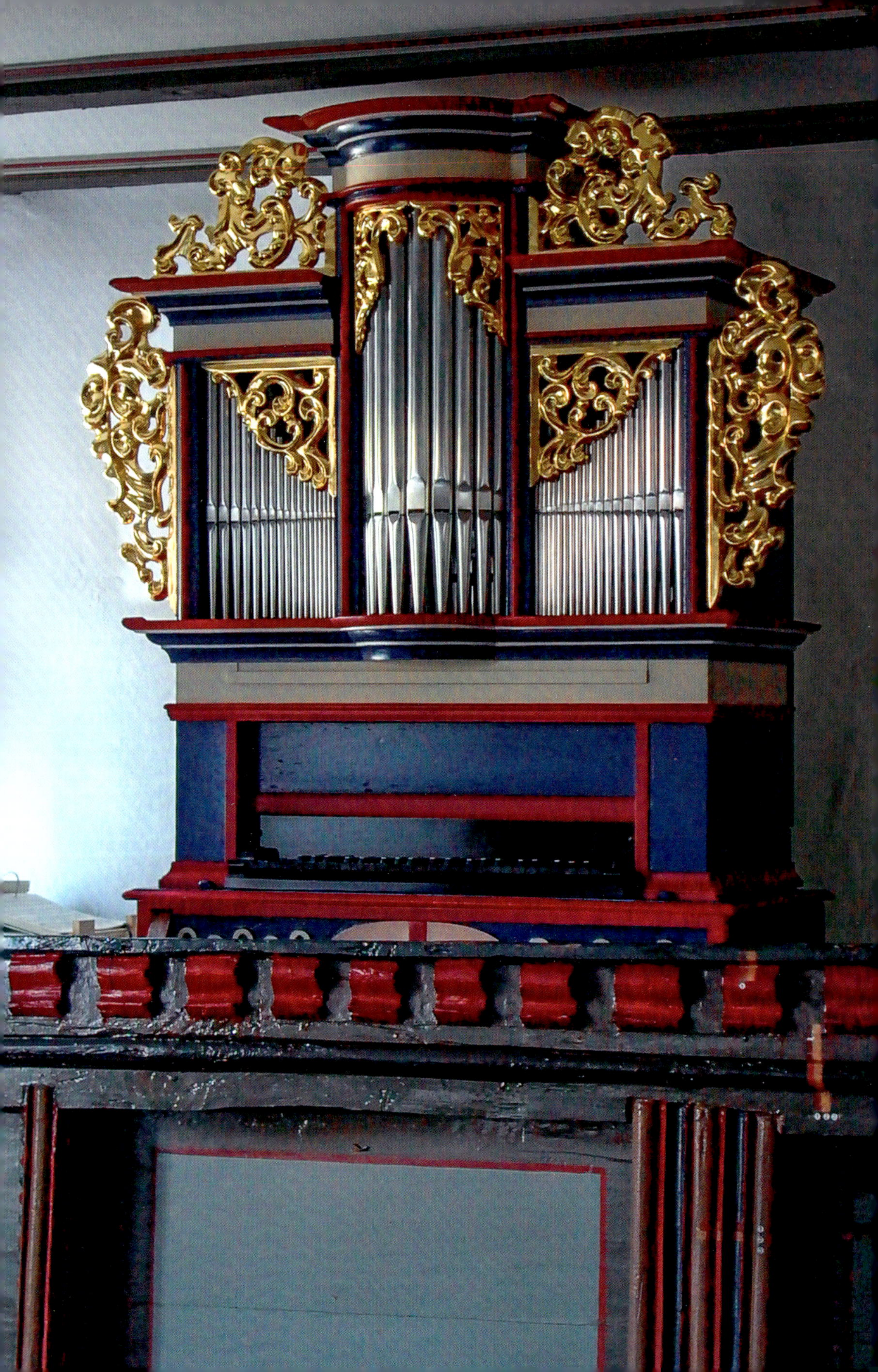

GESCHICHTE:

18. Jahrhundert	Bau des Positivs durch einen unbekannten Orgelbauer.
1832/33	Ankauf des Positivs für die Kirche in Krauthausen.
1851	Anbau einer Pedalklaviatur.
1917	Ablieferung aller Metallpfeifen.
1952	Pragmatische Wiederspielbarmachung mit Pfeifenmaterial nach zeitgenössischer Mensur und Intonation.
1981	Überholung: Bau eines neuen Windkastens, Einbau moderner Schleifendichtungen.
2006	Restaurierung durch Orgelbau Mebold, Siegen: Ergänzung fehlender Gehäuseteile, neue Farbfassung; Restaurierung der Windlade und der Spielanlage, Bau eines neuen Windkastens in Eiche; Rekonstruktion der Windanlage (Mehrfaltenbalg mit Schöpfer); Rekonstruktion des Pfeifenwerks.

DISPOSITION:

Manual *C–f'''*

Gedeckt	8'
Gedeckt	4'
Principal	2'
Quinte	1 1/3'

Stimmton: a' = 440 Hz bei 17 °C.

ADRESSE DER KIRCHE:

Ulfetalstraße 22, Krauthausen, 36205 Sontra

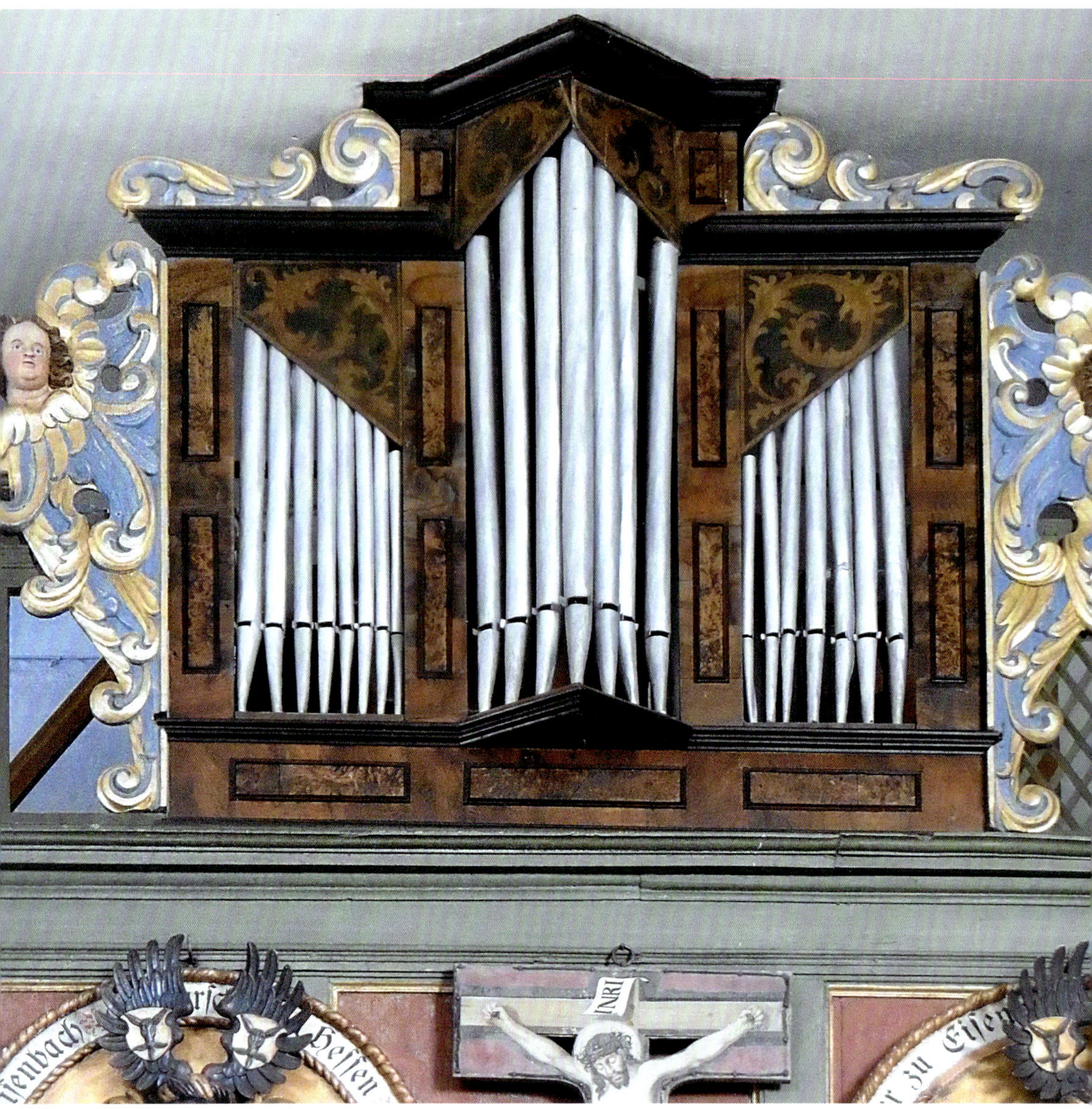
INRI

LAUTERBACH

Schloss Eisenbach

Förster & Nicolaus, Lich, Opus 121, 1907

PRIVATBESITZ
VOGELSBERGKREIS
Jahr der Förderung: 2022

Die Kirche des Schlosses Eisenbach befindet sich losgelöst von den Wohngebäuden als eigenständiger Kirchenbau auf dem Schlossareal. Anstelle eines spätmittelalterlichen Vorgängerbaus wurde sie ab dem Jahr 1671 neu errichtet. Das auf quadratischem Grundriss angelegte, massive Erdgeschoss trägt ein Obergeschoss in Fachwerkbauweise. Das Satteldach, das eine Längsausrichtung des Gebäudes andeutet, wird von einem Haubendachreiter bekrönt.

Das Innere des Saals umgibt eine dreiseitig umlaufende Empore. Dem Eingang gegenüber sind Altar und Kanzel übereinander angeordnet. Rechts und links davon, ebenerdig am Ende der Empore, wurden die Herrschaftslogen eingerichtet. Die Orgel steht korrespondierend mittig auf der Empore über dem Eingang.

Der Orgelprospekt stammt vermutlich aus der Erbauungszeit der Schlosskirche. Er ist klassisch dreiteilig aufgebaut mit zwei Flachfeldern und einem höheren und auskragenden Mittelturm. Die geschnitzten Ohren seitlich des Gehäuses sind mit Rankwerk und figürlichen Darstellungen versehen. Auch die Flachfelder tragen geschnitzte und bemalte Bekrönungen, der Mittelturm reicht bis unter die Kirchendecke.

Das Orgelwerk wurde im Jahr 1907 von der Werkstatt Förster & Nicolaus aus Lich neu in das barocke Gehäuse eingebaut und besitzt zweifellos einen eigenen Denkmalwert. Es ist nahezu unverändert erhalten, allein die im Jahr 1917 eingezogenen stummen Prospektpfeifen wurden durch Attrappen aus mit Silberfolie belegter Pappe ersetzt. Die geförderte Maßnahme diente als sensible Restaurierung der Bestandserhaltung des Instruments.

GESCHICHTE:

1778	Reparatur von drei Bälgen durch „Orgelmacher H. Bernhard zu Romrod“.
1788	Reparaturen durch „Orgelmacher Oestreich zu Bimbach“.
1907	Bau eines neuen Orgelwerks in das vorhandene Gehäuse durch Förster & Nicolaus, Lich für 1.780 Mark.
seit 1922	Betreuung durch die Erbauerwerkstatt.
1937	Reinigung.
1940	Einbau eines elektrischen Gebläsemotors.
1952	Reinigung.
2000	Ersatz abhanden gekommener Pfeifen aus Werkstattbestand, Schädlingsbekämpfung.
2022/23	Restaurierung durch Förster & Nicolaus Orgelbau, Lich: u. a. Neubelederung des Doppelfaltenmagazinbalgs, Einbau eines langsamlaufenden Gebläsemotors, Überarbeitung der Windanlage.

DISPOSITION:

Manual *C–f‘‘‘*

Principal	8‘	C–H Holz offen
Salicional	8‘	C–H gemeinsam mit Gedackt 8‘
Gedackt	8‘	C–h° Holz, ab c‘ Naturguss
Octave	4‘	

Pedal *C–d‘*

Subbass	16‘

Pedalcoppel, Superoctavcoppel (nicht ausgebaut).
Feste Kombination Fortissimo (Tutti) und Auslöser als Druckknöpfe unter der Manualklaviatur.

Pneumatische Kegellade.

ADRESSE DER KIRCHE:

Schloss Eisenbach, 36341 Lauterbach (Hessen)

LEUN

Evangelische Kirche

Philipp Heinrich und Johann Georg Bürgy, Homburg vor der Höhe, 1808

EVANGELISCHE KIRCHE IM RHEINLAND
LAHN-DILL-KREIS
Jahr der Förderung: 2007

Ein wehrhafter, mächtiger Westturm aus dem 14. Jahrhundert, ein im 16. Jahrhundert noch in spätgotischer Formensprache errichtetes Schiff und ein querhausartiger Anbau an der Südseite prägen das Äußere der evangelischen Kirche in Leun ebenso wie der Kontrast des weiß verputzten Mauerwerks mit den Schiefergedeckten Dachflächen.

Die Orgel befindet sich seit dem Jahr 1973 auf einer in den Eingang zum Querhaus eingezogen Empore. Ihr ursprünglicher Standort war die Westempore. Trotz verschiedener Umbauten ist noch ein hoher Anteil an Originalsubstanz des im Jahr 1808 von den Gebrüdern Bürgy aus Homburg vor der Höhe gebauten Instruments vorhanden. Dies und die regelmäßige Nutzung der Orgel in Gottesdiensten und Konzerten veranlassten die Kirchengemeinde zur Durchführung der im Jahr 2007 geförderten Restaurierung.

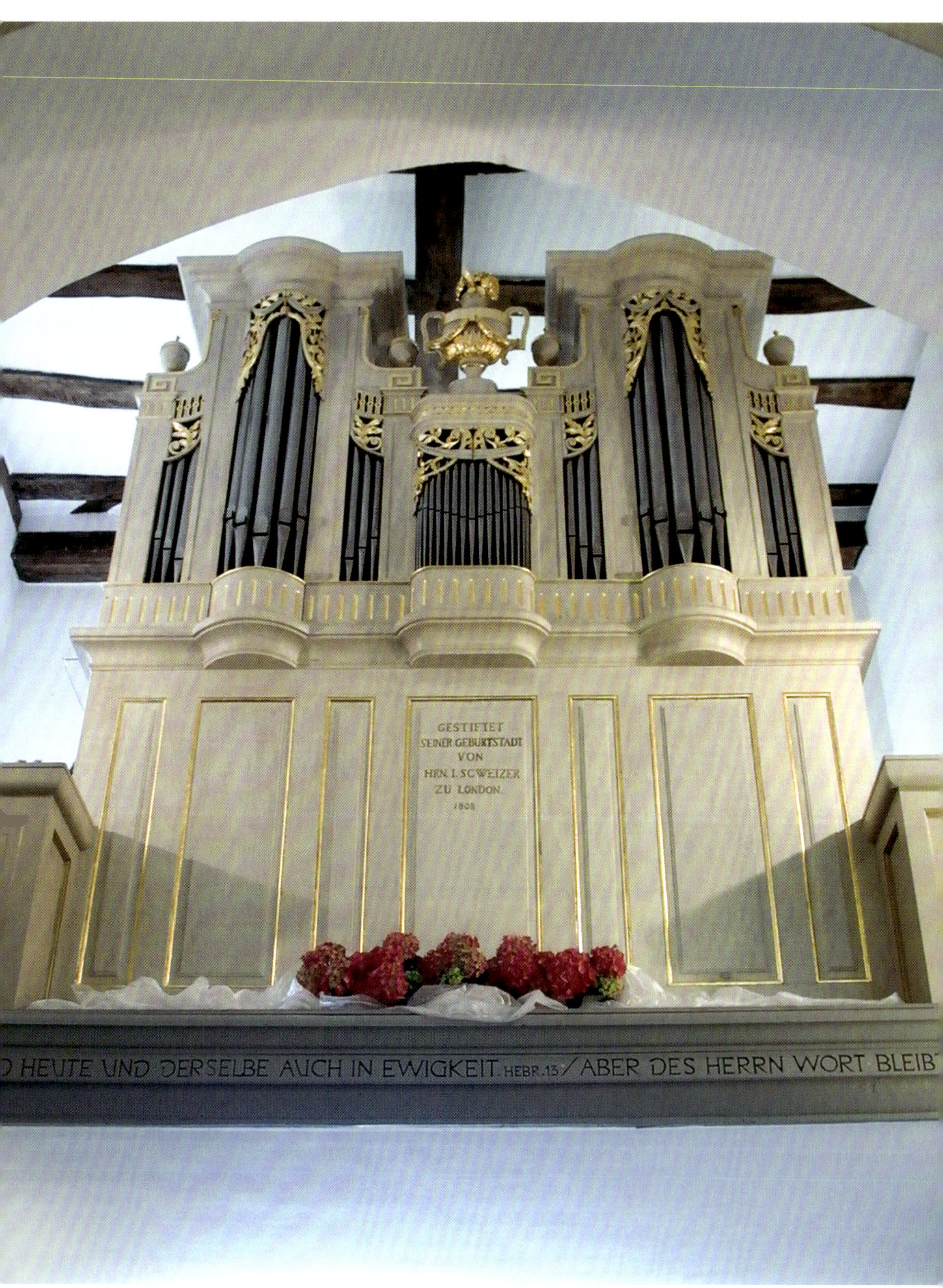
GESTIFTET
SEINER GEBURTSTADT
VON
HRN. I. SCWEIZER
ZU LONDON
1808
HEUTE UND DERSELBE AUCH IN EWIGKEIT. HEBR. 13 / ABER DES HERRN WORT BLEIB

GESCHICHTE:

1808 Bau der Orgel durch die Brüder Philipp Heinrich und Johann Georg Bürgy aus Homburg vor der Höhe.

1810 Stimmvertrag mit der Werkstatt Bürgy in Homburg und Gießen.

1898 Beginn eines Stimmvertrags mit Ludwig Eichhorn, Weilmünster.

1917 Ablieferung der Prospektpfeifen.

1918 Einbau eines stummen Prospekts „von Holz in Aluminumbronze", Ersatz des Krummhorns durch Principal 8' sowie des Posaunenbass zu einem Prinzipal 4' durch Heinrich Eichhorn, Weilmünster.

1938 Einbau neuer Prospektpfeifen aus Zink, Reparaturen und Holzwurmbekämpfung durch Adolf Eppstein, Weilmünster.

1952 Zurückversetzen der Orgel an die Turmwand; Erneuerung der Windanlage mit einem elektrischen Gebläsemotor und einem Magazinbalg; Einbau neuer Register Spitzflöte 8', Quinte 1 1/3' und Salicional 8' sowie neuer Zinkpfeifen im Prinzipal 8' und des gesamten Oktavbass 4' durch August Hardt, Möttau.

1973 Reinigung und Überholung, Holzwurmbekämpfung, Versetzen der Orgel auf eine neue Empore im Eingang zum Querhaus und des Magazinbalgs auf den Dachboden, Einbau einer neuen Manualklaviatur, Erneuerung der Register Principal 4' und Flöte travers 8' Diskant in Zinn sowie des Salicional 8' durch Günter Hardt; der geplante Einbau der Zungenregister fand nicht statt.

2008 Restaurierung des gewachsenen Bestands und Rekonstruktion der Zungenregister durch Orgelbau Mebold, Siegen.

DISPOSITION:

Manual *C–f'''*	
Bordun	8'
Salicional	8'
Flûte traversière (Diskant)	8'
Prinzipal	4'
Flöte	4'
Cornett 4fach (Diskant)	4'
Quinte	2 2/3'
Oktave	2'
Mixtur 4fach	1'
Kromorn (Bass/Diskant)	8'

Pedal *C–c'*	
Subbass	16'
Violonbass	8'
Fagott-Bass	16'

Pedalkoppel. Tremulant.
Mechanische Schleifladen.

ADRESSE DER KIRCHE:

Pfarrgasse 9, 35638 Leun

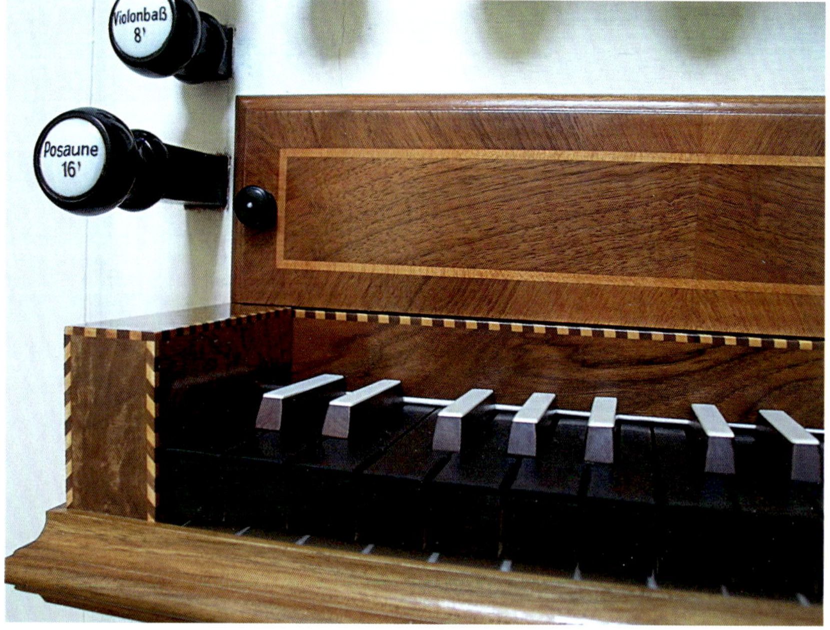

Leun: Detail der restaurierten Spielanlage.

LÜTZEL-WIEBELSBACH (LÜTZELBACH)

Evangelische Kirche

Heinrich Bechstein, Groß-Umstadt, 1906

EVANGELISCHE KIRCHE IN HESSEN UND NASSAU
ODENWALDKREIS
Jahr der Förderung: 2021

Die evangelische Kirche von Lützel-Wiebelsbach steht weithin sichtbar auf einer Anhöhe außerhalb des eigentlichen Ortes. Sie wurde in den Jahren 1770 bis 1774 auf dem früheren Standort einer Burg errichtet. Der barocke Saalbau ist mit einem dreiseitigen Schluss und einem Giebeldachreiter mit barocker Haube versehen. Ihre Architektur wird zeittypisch durch eine Pilastergliederung betont. Die spätbarocke, zum Rokoko verweisende Ausstattung des Innenraums ist erhalten.

In dem bauzeitlichen Orgelprospekt von Johann Christian Dauphin aus dem Jahr 1789 befindet sich seit dem Jahr 1906 ein Orgelwerk aus der Werkstatt von Heinrich Bechstein, das seinerseits Denkmalwert besitzt. Im Zuge der geförderten Restaurierung sollen die klanglichen Veränderungen aus dem Jahr 1956 zum mutmaßlichen Urzustand zurückgeführt und darüber hinaus konstruktive Verbesserungen im Bereich der pneumatischen Trakturen vorgenommen werden.[1]

1 Die Restaurierung befand sich zur Zeit der Redaktion dieser Dokumentation in der Vorbereitungsphase.

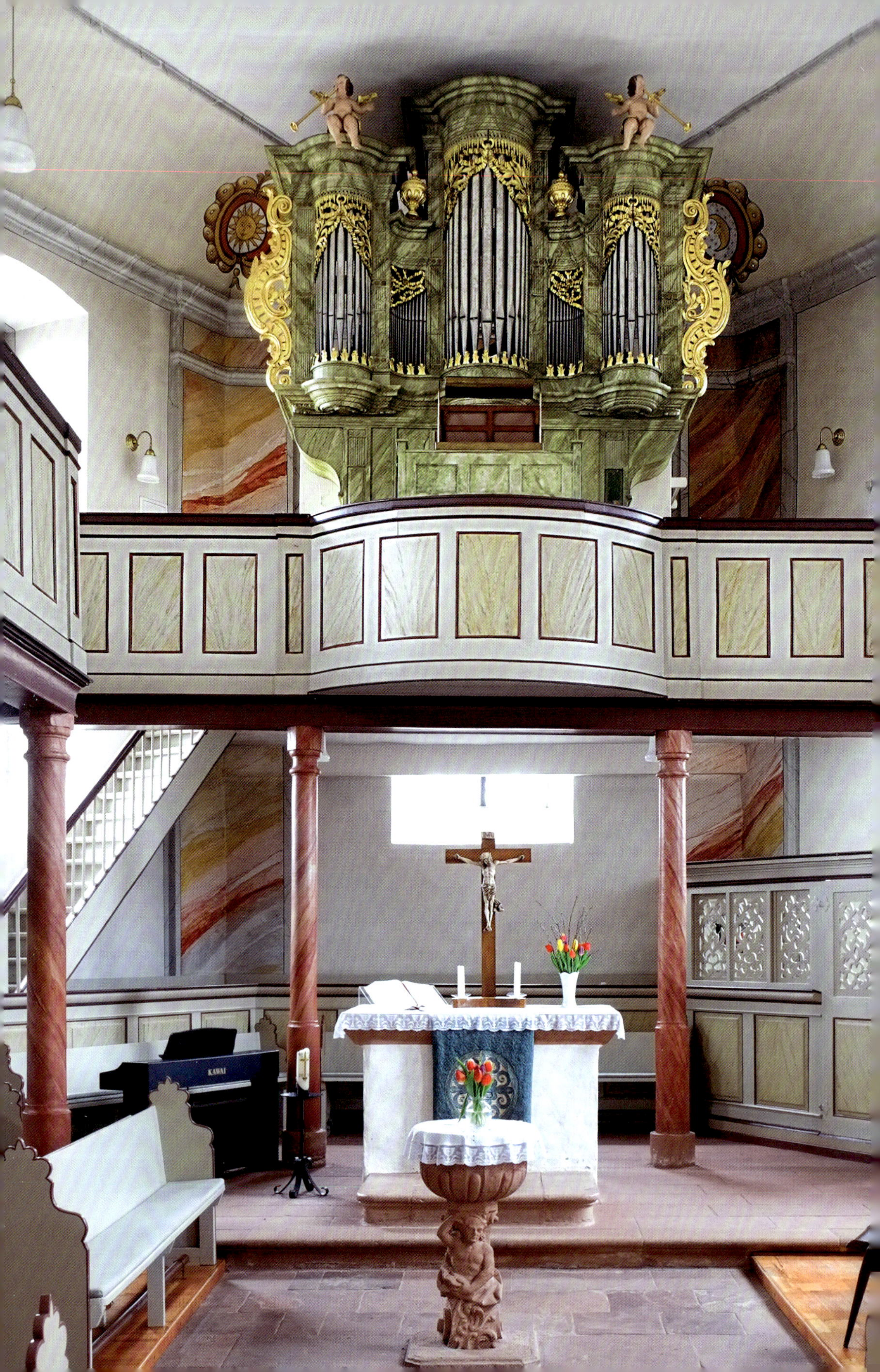
KAWAI

GESCHICHTE:

1789	Bau einer Orgel durch Johann Christian Dauphin, Kleinheubach.
1906	Bau einer neuen Orgel in das vorhandene Gehäuse durch Heinrich Bechstein, Groß-Umstadt.
1917	Ablieferung der seit 1906 stummen Prospektpfeifen.
1956	Einbau von neuen Prospektpfeifen aus Zinn und Umbau durch Werner Bosch, Sandershausen: Ergänzung von Gedacktbaß 8‘ (aus dem Bourdon 8‘) und Prinzipal 4‘ auf einer neuen Kegellade für das Pedal, Umbau der Gambe 8‘ zu einer Quintade 8‘, Ergänzung einer Terz 1 3/5‘ und Einbau einer neuen Mixtur, Umgestaltung des Spieltischs.
1973	Reparatur durch G. F. Steinmeyer & Co., Oettingen.
1998	Renovierung im Anschluss an die zuvor durchgeführte Kirchenrenovierung durch Förster & Nicolaus Orgelbau, Lich.
2023/24	Restaurierung durch Förster & Nicolaus Orgelbau, Lich: Wiederherstellung des mutmaßlichen klanglichen Urzustands, konstruktive Verbesserungen der Pneumatik.

DISPOSITION:[2]

Manual *C–f‘‘‘*		***Pedal*** *C–d‘*	
Prinzipal	8‘	Subbaß	16‘
Gambe	8‘		
Flöte	8‘		
Bourdon	8‘		
Salicional (Dolce)	8‘		
Oktave	4‘		
Quinte	2 2/3‘		
Oktave	2‘		

Pedalkoppel, Superoctavkoppel (nicht ausgebaut).
Feste Kombinationen: Piano, Mezzoforte, Tutti.

Pneumatische Kegellade. Freistehender, zum Kirchenraum ausgerichteter Spieltisch.

ADRESSE DER KIRCHE:

Friedhofstraße, Lützel-Wiebelsbach, 64750 Lützelbach

2 Die hier angegebene Disposition wurde aufgrund von Archivstudien ermittelt. Im Zuge der Restaurierung soll sie anhand des Befunds am Instrument verifiziert werden.

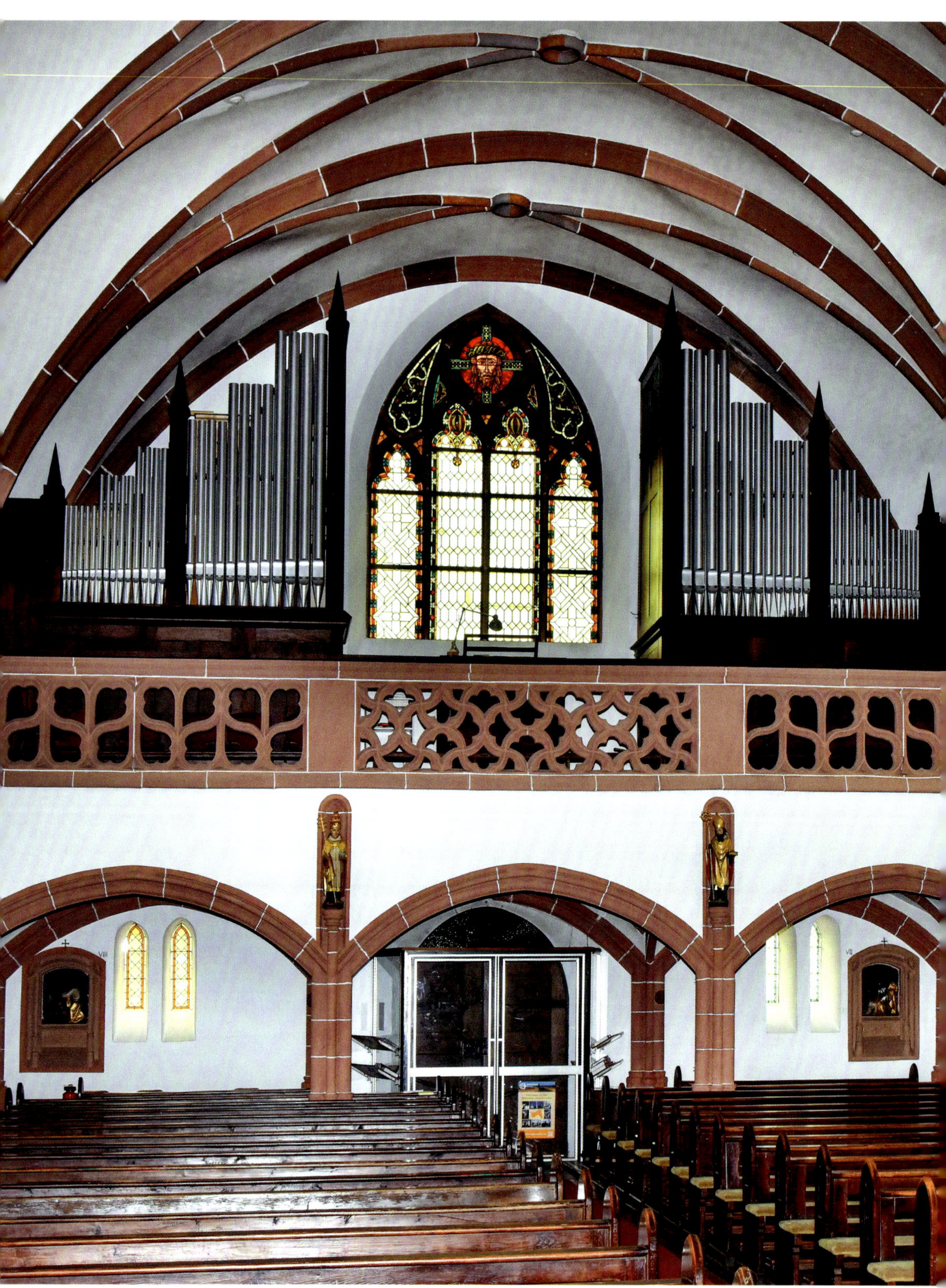

MOSBACH (SCHAAFHEIM)

Katholische Kirche St. Johannes Baptist
Christian Gerhardt & Söhne, Boppard, 1930

BISTUM MAINZ
LANDKREIS DARMSTADT-DIEBURG
Jahr der Förderung: 2018

Die katholische Kirche St. Johannes der Täufer ist eine aus dem 13. Jahrhundert stammende Ordenskirche der einstmals mit einer Kommende in Mosbach ansässigen Johanniter. Das ursprüngliche Langhaus wurde im Jahr 1906 zugunsten eines quergelagerten Neubaus ersetzt. Der heutige Querarm nahm den frühgotischen, zweigeschossigen Chor auf, in dem Reste der spätmittelalterlichen Ausstattung erhalten sind. Auch der Turmhelm auf dem Westturm entstand im Zuge des Umbaus im Jahr 1906.

Die Orgel befindet sich auf der Empore und flankiert mit ihrem zweiteiligen Freipfeifenprospekt wirkungsvoll das große, mittig angeordnete Spitzbogenfenster, vor dem in zentraler Position der Spieltisch steht. Das Instrument wurde im Jahr 1930 von der Werkstatt Christian Gerhardt & Söhne aus Boppard als vollpneumatisches Werk erbaut. Es verfügt trotz der mit nur 16 Registern begrenzt erscheinenden Disposition über eine enorme klangliche Farbigkeit und eine erstaunliche dynamische Breite vom leisesten Pianissimo bis zum strahlend-wuchtigen Tutti. Zu unbekannter Zeit wurde die Disposition im Schwellwerk und im Pedal im Sinne einer Barockisierung verändert. Im Zuge der geförderten Restaurierung in den Jahren 2018/19 wurden die ursprüngliche Disposition sowie das verloren gegangene Schwellwerk rekonstruiert.

GESCHICHTE:

1930	Bau der Orgel durch Christian Gerhardt & Söhne, Boppard.
1950er bis 1980er Jahre	Umbauten in der Windanlage, Beseitigung des Schwellkastens, Umdisposition des II. Manuals und des Pedalwerks.
1988	Reinigung und Pflegevertrag mit Orgelbau Bernhard Schmidt, Altenhaßlau (Linsengericht).
1995	Pflegevertrag mit Orgelbau Andreas Schmidt, Altenhaßlau (Linsengericht).
Mai 2018 bis August 2019	Restaurierung durch Andreas Schmidt: Rekonstruktion des Schwellkastens, Wiederherstellung der ursprünglichen Disposition.

DISPOSITION:

***I. Manual* Hauptwerk** *C–f‴ (linke Seite mit Blick zum Altar)*

Bordun	16‘	
Principal	8‘	Prospekt
Gamba	8‘	
Salicional	8‘	
Octav	4‘	
Doppelflöte	4‘	
Mixtur Cornett	2-3f.	C-H: 2 2/3‘ + 2‘, ab c° + 1 3/5; repetiert nicht
Trompete	8‘	

***II. Manual* Schwellwerk** *C–f‴ (rechtes Teilgehäuse hinten)*

Lieblichgedackt	8‘
Aeoline	8‘
Vox coeleste	8‘
Sonor-Klarinette	8‘
Gemshorn	4‘

Pedal *C–d‘ (rechtes Teilgehäuse vorne)*

Violonbass	16‘
Subbass	16‘
Oktavbass	8‘

Koppeln: Superoktavkoppel (ausgebaut), Sub II–I, Manual II–I, Pedal I, Pedal II.

Spielhilfen: 5 Festkombinationen, freie Kombination, Pianopedal, Registercrescendo als Tritt, Schwelltritt (mechanisch).

Pneumatische Taschenladen (stehende Taschen).

ADRESSE DER KIRCHE:

Kirchgasse, Mosbach, 64850 Schafheim

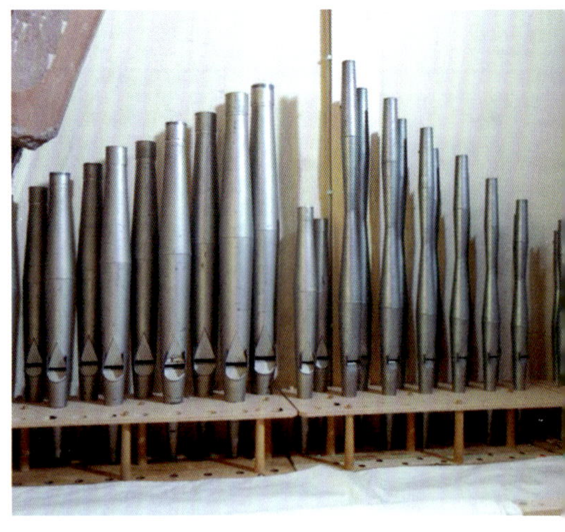

Mosbach: Blick auf die Sonor-Klarinette 8' mit ihrer eigentümlichen, (doppelt-)bauchigen Bauform.

MÜNCHHAUSEN

Evangelische Martinskirche auf dem Christenberg
Eduard Vogt, Korbach, 1882

EVANGELISCHE KIRCHE VON KURHESSEN-WALDECK
LANDKREIS MARBURG-BIEDENKOPF
Jahr der Förderung: 2023

Auf einer schon in keltischer Zeit besiedelten Anhöhe entstand im 8. und 9. Jahrhundert eine fränkische Siedlung, in deren Mitte bereits eine Kirche stand. Nach mehreren An- und Umbauten erhielt diese ihre heutige bauliche Form im Jahr 1520, als dem Langhaus anstelle der vorherigen Rundapsis ein spätgotischer Chor mit Fünfachtelschluss hinzugefügt wurde. Der mit seinem Spitzdachreiter versehene Chor überragt das Dach des Saals im Osten, im Westen steht ihm der wehrhafte Turm mit seinem ebenfalls spitzen Helm und vier Wehrerkern markant gegenüber. Im Jahr 1817 wurden die spätgotischen Gewölbe entfernt, die den Saal in zwei Schiffe teilten und eine doppelte Emporenanlage eingebaut. Bei einer Renovierung im Jahr 1953 wurde diese wieder entfernt und der Raum mit einer Flachdecke versehen.

Die Orgel, die auf Betreiben des Heimat- und Geschichtsverein Münchhausen e. V. restauriert und in der Martinskirche auf dem Christenberg aufgestellt werden soll, stand ursprünglich in der Dorfkirche in Münchhausen. Als diese im Jahr 1973 zugunsten eines Neubaus mit Ausnahme des Turms niedergelegt wurde, verbrachte man die Teile an mehrere Lagerorte im Dorf. Im Jahr 1986 wurden die Teile von Karl-Heinz Bieker zusammengeführt und in Goßfelden (Lahntal) als Teil seiner Hausorgel verbaut. Nachdem diese im Jahr 2020 durch einen Brand beschädigt und aufgegeben wurde, erfolgte eine erneute Einlagerung in Münchhausen in der Absicht, die technische und klangliche Gestalt der Vogt-Orgel wiederherzustellen und das Instrument an seinem ersten Bestimmungsort einer neuen Nutzung zuzuführen.

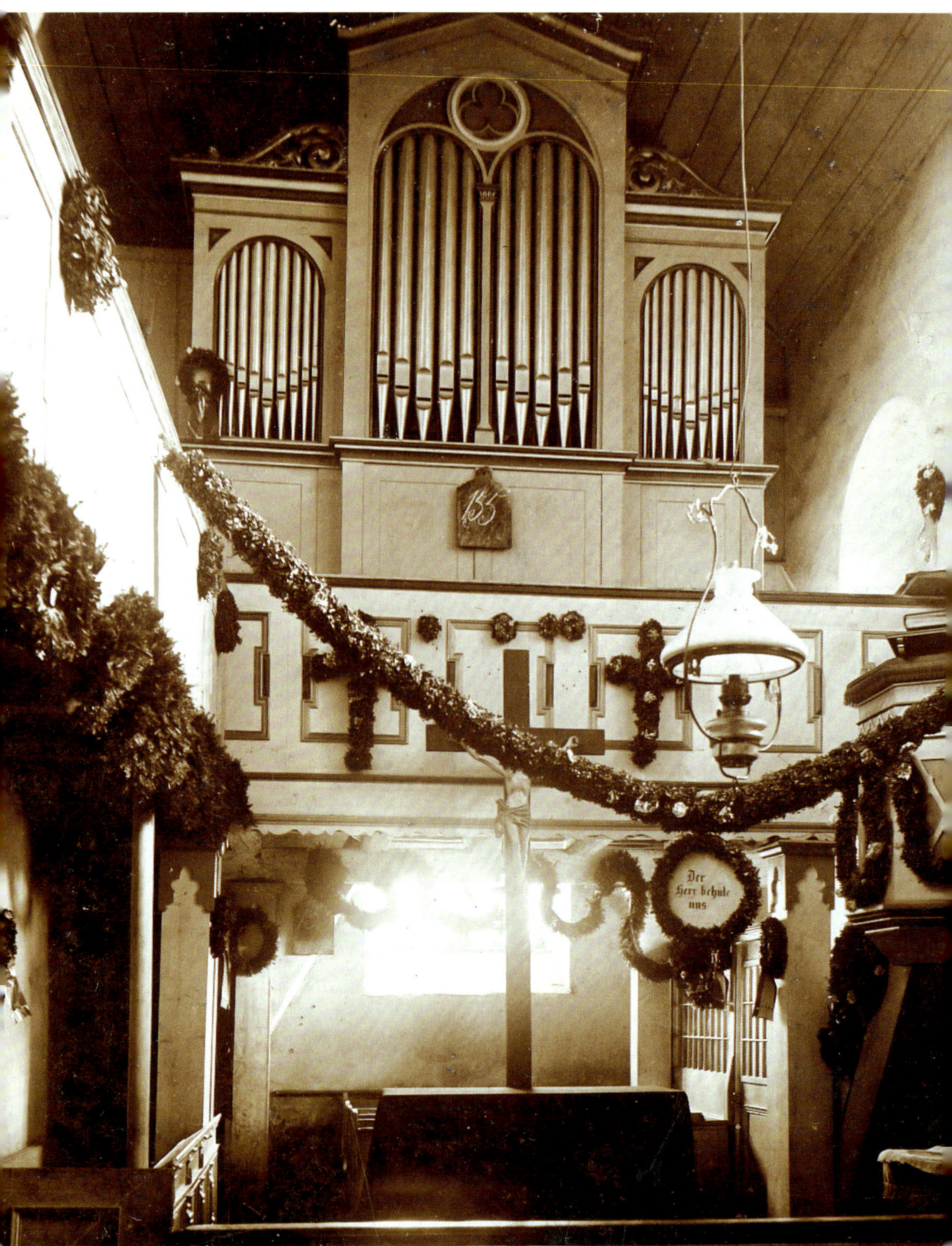

Münchhausen: die Vogt-Orgel um 1900 an ihrem ursprünglichen Standort in der Dorfkirche.

Hervorzuheben ist das große kulturelle Engagement des örtlichen Heimat- und Geschichtsvereins, der nicht nur die Mittelbeschaffung, sondern auch die rechtliche Trägerschaft dieses Restaurierungsprojekts verantwortet. Die Maßnahme wird nicht nur im Rahmen des gemeinsamen Förderprogramms, sondern auch von der Deutschen Stiftung Denkmalschutz gefördert.

GESCHICHTE:

1882	Bau der Orgel durch Eduard Vogt aus Korbach für die evangelische Kirche in Münchhausen.
unbekannter Zeitraum	Einbau eines elektrischen Gebläsemotors, Dispositionsänderungen (Stilllegung des kleinsten Chores der Mixtur, Einbau einer Quinte 1 1/3‘ anstelle des Salicional).
1973	Abbruch der Kirche und Einlagerung der Orgel in Privaträumen in Münchhausen.
1978	Schäden an den Windladen durch Löschwasser bei einem Brand an einem der Lagerorte.
1986 ff.	Transport der Orgel nach Goßfelden (Lahntal), Wiederauf- und Umbau als Bestandteil einer dreimanualigen Hausorgel durch Karl-Heinz Bieker.
2020	Schäden durch Ruß bei einem Brand in einem Nachbarraum, Abbau und Einlagerung der Originalteile in Münchhausen.
geplant 2023/24	Restaurierung durch Andreas Schmidt Orgelbau aus Altenhaßlau und Wiederaufbau in der Martinskirche auf dem Christenberg in Münchhausen.

DISPOSITION:

Untermanual *C–f'''*

Principal	8'	C–Fis Holz gedeckt, G–g' Zink Prospekt (Rekonstruktion), ab gis' innen
Hohlflöte	8'	Holz
Gedackt	8'	Holz
Octave	4'	
Flöte	4'	C–f'' offen, fis''–f''' Konisch
Octave	2'	(Rekonstruktion)
Mixtur 2–3fach	1 1/3'	abweichend von Registerschild („3–4f. 2'")

Obermanual *(Hinterwerk) C–f'''*

Flauto traverso	8'	Holz, C–H gedeckt, nicht überblasend
Salicional	8'	C–H gemeinsam mit Flauto traverso (Rekonstruktion)
Zartflöte	4'	C–f'' Holz offen, fis''–f''' konisch

Pedal *C–c'*

Subbass	16'	Holz
Octavbass	8'	Holz

Manualkoppel, Pedalkoppel I.

Mechanische Schleifladen.

ADRESSE DER KIRCHE:

Christenberger Str. 3, 35117 Münchhausen

NIEDENSTEIN

Evangelische Kirche

Carl Friedrich Wilhelm, Kassel 1844

EVANGELISCHE KIRCHE VON KURHESSEN-WALDECK
SCHWALM-EDER-KREIS
Jahr der Förderung: 2020

Im Jahr 1777 wurde die evangelische Kirche in Niedenstein als zweistöckiger Fachwerkbau errichtet. Im Äußeren ist das ursprünglich fachwerksichtige, später verputzte Kirchengebäude auf einem hohen Sandsteinsockel schlicht mit großen Fensterachsen gestaltet. Sein Satteldach bekrönt ein Haubendachreiter. Im Inneren ist der Saal von einer dreiseitig umlaufenden Empore und der hochwertigen, neogotischen Ausstattung aus dem 19. Jahrhundert, insbesondere dem Gestühl aus Eichenholz, geprägt.

Die Orgel aus dem Jahr 1844 weist hingegen noch eine eher klassizistische Prospektgestaltung mit zwei hohen, flachen Außenfeldern und einem ebenso flachen und niedrigeren, dreiteiligen Mittelfeld auf. Der Prospekt ist mit Kanneluren und floralem Schmuck ausgestaltet. Das Instrument wurde insbesondere im 20. Jahrhundert mehrfach verändert und war im Vorfeld der geförderten Restaurierung nur noch bedingt spielbar. Zunächst war geplant, die Orgel abzubauen und während der aufwendigen, mehrere Jahre beanspruchenden Kirchenrenovierung einzulagern, sie konnte aber im Jahr 2021 in restauriertem Zustand vorübergehend in der Stadtkirche in Fritzlar aufgestellt werden, wo sie bis zu ihrer Rückführung nach Niedenstein in Gottesdiensten und Konzerten gehört werden kann.

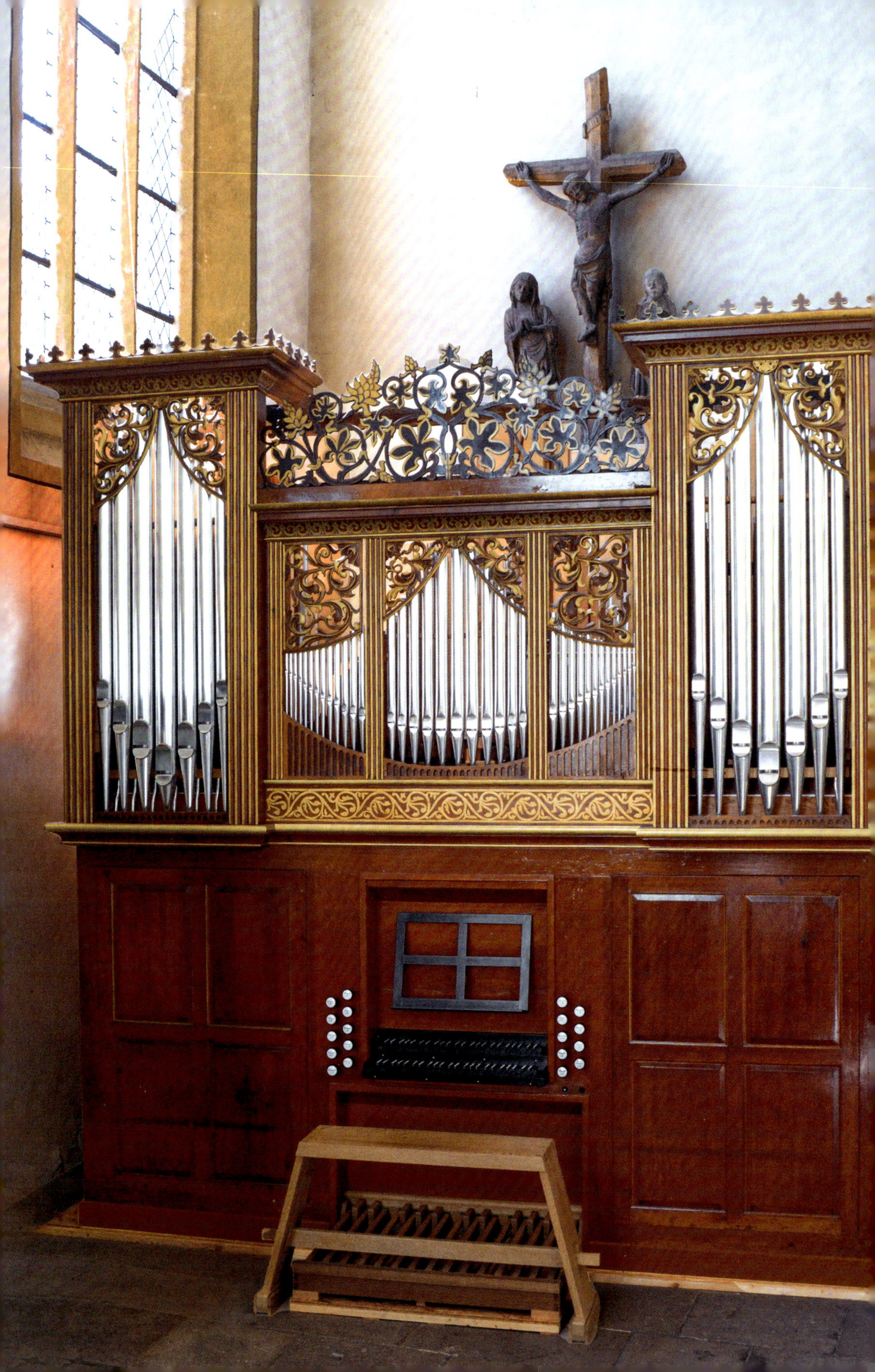

GESCHICHTE:

1844	Bau der Orgel durch Carl Friedrich Wilhelm, Kassel.
vor 1933	Aufgabe der originalen Keilbalganlage auf dem Dachboden und Einbau eines Parallelfaltenbalges.
nach 1933	Entfernen der Register Quintade 16‘, Flageolett 2‘; Einbau eines Salicional 8‘.
1950	Einbau einer Zimbel durch Werner Bosch, Sandershausen.
1958	Entfernen der Register Gambe 8‘ und Traversflöte 8‘; Einbau eines Rauschwerks 4fach unter Einbeziehung des Oktavbass 4‘; Einbau einer neuen Pedalklaviatur und einer neuen Koppel I–Pedal durch Bosch.
1975/76	Herstellung eines Hintergehäuses aus Pressspanplatten; Einbau eines gebrauchten Gebläsemotors durch Orgelbau Lötzerich, Ippinghausen (Wolfhagen).
1984	Arbeiten am Spieltisch, u. a. Austausch der Pedalklaviatur durch Bruno Döring, Neukirchen.
2020	Restaurierung und Rekonstruktion des ursprünglichen Zustands durch Mathias Mebold, Siegen.
Januar 2021	Aufbau der Orgel in der evangelischen Stadtkirche Fritzlar.

DISPOSITION:

I. Manual *C–f'''*		***II. Manual*** *C–f'''*		***Pedal*** *C–c'*	
Quintatön	16'	Gedackt	8'	Subbass	16'
Principal	8'	Geigenprincipal	8'	Octavbass	8'
Hohlflöte	8'	Gemshorn	4'	Octavbass	4'
Gambe	8'	Traversflöte	4'	Posaune	16'
Octave	4'	Flageolett	2'		
Blockflöte	4'				
Gedackt	4'				
Octav	2'				
Mixtur 4fach	2'				

Manualkoppel II–I, Pedalkoppel I.

Mechanische Schleifladen.

ADRESSE DER KIRCHEN:

Vorübergehender Standort:
Stadtkirche Fritzlar,
Gießener Str. 22, 34560 Fritzlar

Ursprünglicher und vorgesehener Standort:
Evangelische Kirche Niedenstein,
Am Kirchplatz 2, 34305 Niedenstein

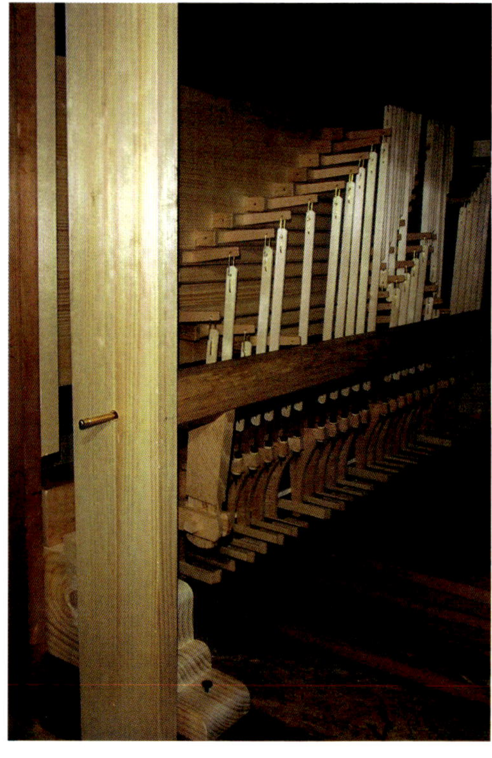

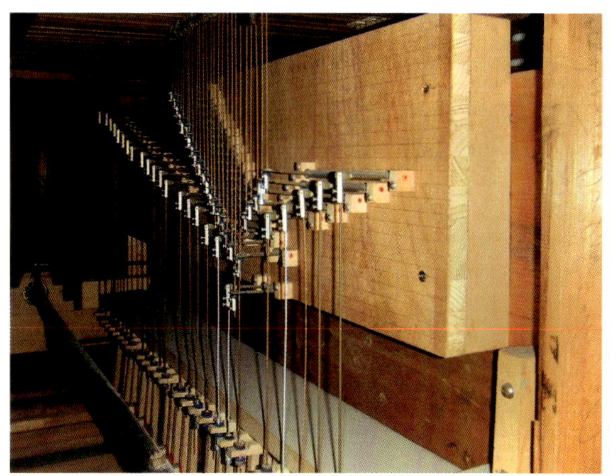

Niedenstein: die Pedalkoppel vor und nach der Restaurierung.

NIEDERGRÜNDAU (GRÜNDAU)

Evangelische Bergkirche

Georg Franz Ratzmann und Sohn, Ohrdruff / Wilhelm August Ratzmann, Gelnhausen, 1839

EVANGELISCHE KIRCHE VON KURHESSEN-WALDECK
MAIN-KINZIG-KREIS
Jahr der Förderung: 2006

Die evangelische Bergkirche liegt in dominierender, weithin sichtbarer Lage auf dem Bergkegel nahe Niedergründau im Bereich des ehemaligen Friedhofs. Sie hatte zwei Vorgängerbauten an gleicher Stelle, wovon der wuchtige Westturm zeugt, der auf das 12. Jahrhundert zurückgeht und um das Jahr 1566 erneuert worden war. Das Langhaus der Bergkirche wurde in den Jahren 1838 bis 1840 errichtet, erhielt seine heutige innere Gestalt aber erst nach einer umfassenden Renovierung in den Jahren 1884/85, die aufgrund früh aufgetretener Bauschäden notwendig geworden war. Die klassizistische, flachgedeckte, durch Pfeiler in drei Schiffe unterteilte Halle erweckt den Eindruck eines weiten und lichten Saales.

Die Orgel ist an der westlichen Schmalseite der dreiseitig umlaufenden Emporen aufgestellt, gegenüber von Altar und Kanzel. Sie wurde gleichzeitig mit der Vollendung der Kirche von Wilhelm August Ratzmann gebaut, der sich im Zuge des Niedergründauer Orgelbaus aus dem väterlichen Betrieb loslöste und im benachbarten Gelnhausen seine eigene Werkstatt gründete, aus der in den folgenden Jahrzehnten zahlreiche Orgeln im Kinzigtal hervorgehen sollten. Die Orgel der Bergkirche ist somit das erste und zugleich das größte Werk der Gelnhäuser Werkstatt Ratzmann. Damit und mit ihrem monumentalen, von Säulen gegliederten Prospekt gilt sie als eines der Hauptwerke des hessischen Orgelbaus im 19. Jahrhundert.

Nie durchgreifend verändert, zeigt sich das Instrument klanglich und technisch fast im Urzustand. Der querspielig im Inneren des Orgelgehäuses angelegte Spieltisch bringt eine komplizierte Trakturführung mit sich, die im Laufe der Zeit zu einer extremen Schwergängigkeit führte. Dies betraf sowohl die Ton- als auch die Registertraktur. Nicht zuletzt dank der Förderung durch das Restaurierungsprogramm konnte die Sanierung der Traktur auf behutsamem und denkmal-

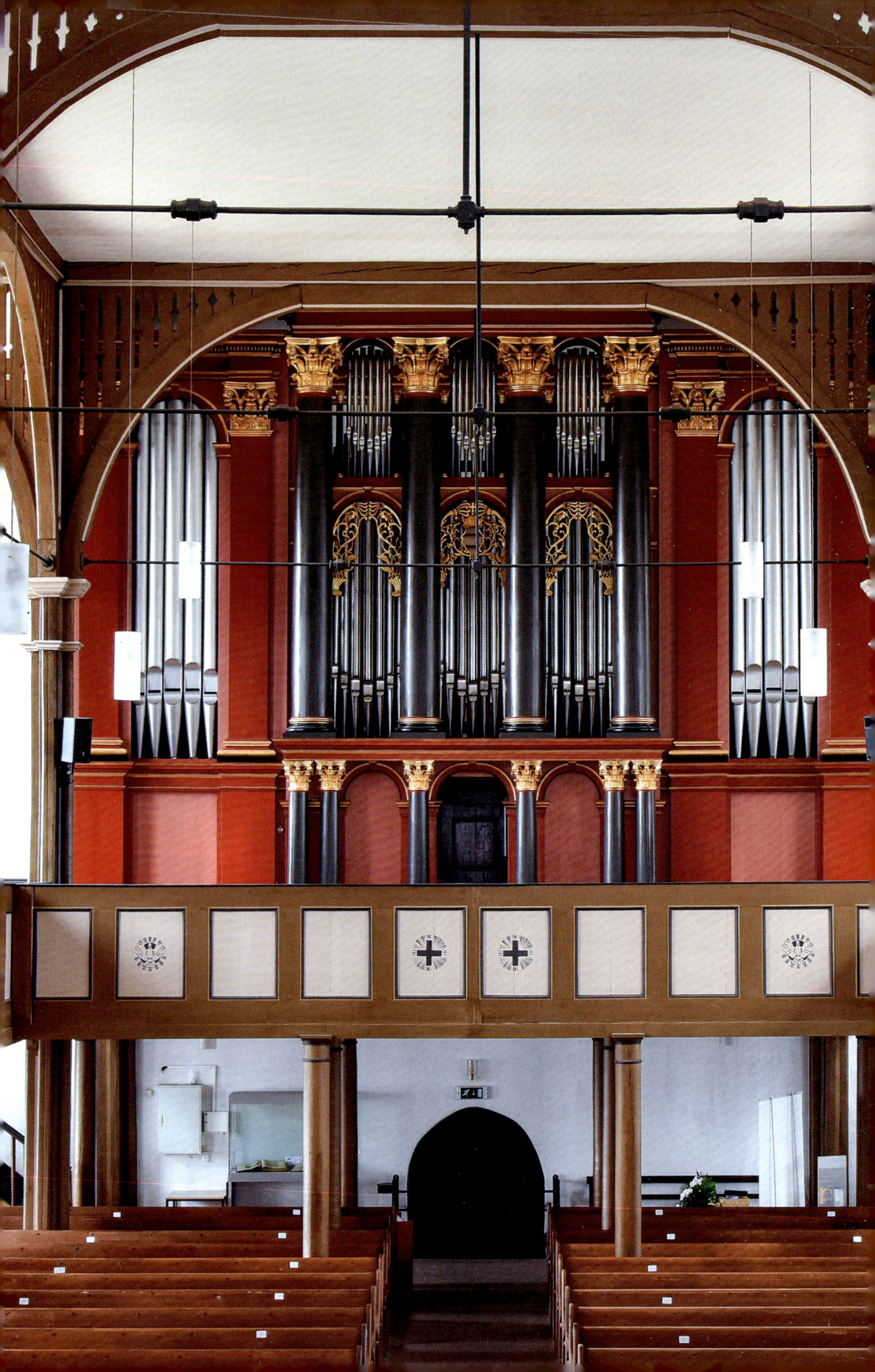

gerechtem Wege beschritten werden, nachdem bereits weniger verträgliche Alternativen im Gespräch waren, so die Verlegung des Spieltischs mit Neubau weiter Teile der Trakturen oder gar deren Elektrifizierung.

GESCHICHTE:

1839	Bau der Orgel durch Georg Franz Ratzmann und Sohn, Ohrdruff (Firmenschild am Spieltisch), de facto von Wilhelm August Ratzmann, Gelnhausen.
1886	Reparatur durch Wilhelm Ratzmann, Gelnhausen.
um 1900	Umhängen der Traktur zur Tieferstimmung der Orgel auf den modernen Kammerton.
1917	Ablieferung der Prospektpfeifen.
1927	Einbau neuer Prospektpfeifen aus Zink sowie eines elektrischen Gebläsemotors durch die Gebrüder Link, Giengen an der Brenz.
1952	Reparaturen durch Paul Tesche, Wetzlar, für die Werkstatt Walcker, Ludwigsburg.
1981	Renovierung durch Förster & Nicolaus Orgelbau, Lich: Restaurierung des ursprünglichen Verlaufs der Tontraktur und der originalen Stimmtonhöhe sowie Einbau neuer Prospektpfeifen aus Zinn.
2006	Restaurierung durch Orgelbau Waltershausen.

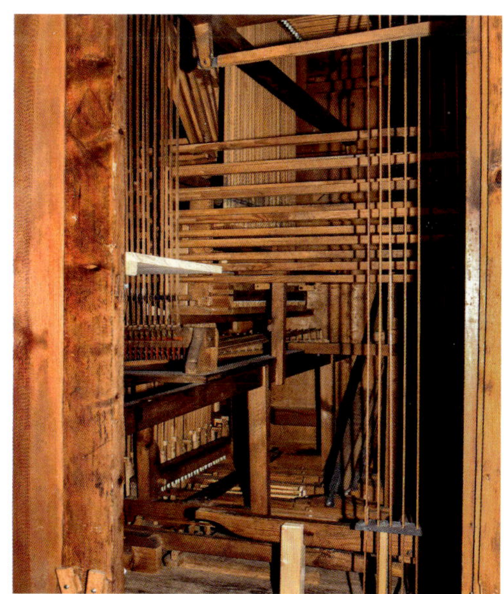

Niedergründau: Blick in das Untergehäuse mit der aufgrund der eingebauten Spielanlage komplizierten Trakturführung.

DISPOSITION:

***I. Manual* Hauptwerk** *C–f'''*		***II. Manual* Oberwerk** *C–f'''*		***Pedal*** *C–d'*		
Bourdon	16'	Quintade	16'	Untersatz	32'	Holz, zum Teil im Prospekt
Prinzipal	8'	Prinzipal	8'	Prinzipal	16'	
Hohlflöte	8'	Flöte travers	8'	Subbass	16'	
Gamba	8'	Harmonica	8'	Violon	16'	
Bourdon	8'	Stillgedackt	8'	Oktavbass	8'	
Oktave	4'	Salizional	8'	Viola da Gamba	8'	
Spitzflöte	4'	Waldflöte	4'	Posaune	16'	
Hohlflöte	4'	Flauto travers	4'			
Oktave	2' + 1'	Oktave	4'			
Mixtur 4fach		Oktave	2'			
Cymbel 3fach	1/2'	Mixtur 4fach				
Trompete	8'	Vox caelestis	8'			

Koppeln: II–I, I–Pedal

Mechanische Schleifladen.

LITERATUR:

Nikolaus E. Pfarr: *Die Ratzmann-Orgel der evangelischen Bergkirche Niedergründau (= Die Orgelbauerfamilie Ratzmann aus Ohrdruff, Thür. – Gelnhausen und ihr Werk. Bd. 10)*. Selbstverlag, Mittelgründau 2008.

ADRESSE DER KIRCHE:

Schieferbergstraße 33, Niedergründau, 63584 Gründau

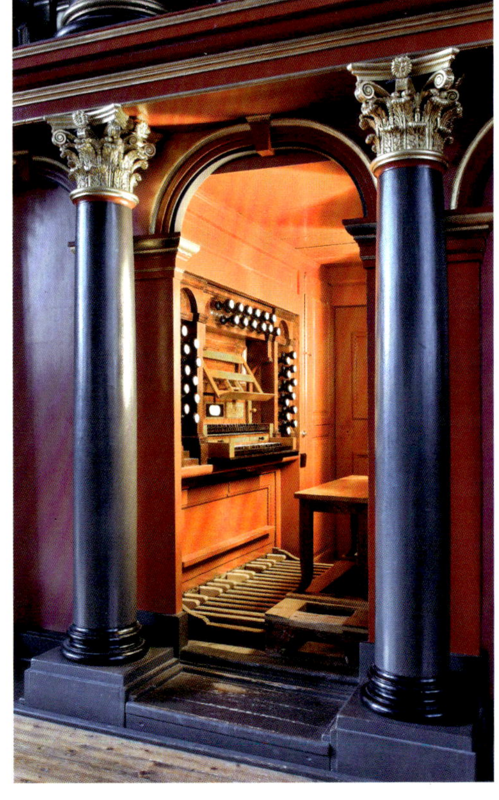

Niedergründau: Spieltischnische.

NIEDER-WEISEL (BUTZBACH)

Evangelische Kirche
Gebrüder Link, Giengen an der Brenz, Opus 717, 1929

EVANGELISCHE KIRCHE IN HESSEN UND NASSAU
WETTERAUKREIS
Jahr der Förderung: 2016

Die evangelische Kirche in Nieder-Weisel ist ein ursprünglich spätromanischer Kirchenbau. Aus dem 12. Jahrhundert stammen der Kirchturm und Teile der Südwand des Schiffs. Zwei Umbauten in der Mitte des 16. und am Anfang des 17. Jahrhunderts bestimmen das heutige Erscheinungsbild der Kirche, das außen besonders von dem Staffelgiebel an der Westfassade und innen von der prächtig stuckierten Flachdecke aus dem Jahr 1616 geprägt ist. Eine dreiseitig umlaufende Empore wie auch die Kanzel entstanden in derselben Bauphase.

Die Orgel, die die gesamte Breite der rückwärtigen Empore ausfüllt, wurde im Jahr 1929 von den Gebrüdern Link aus Giengen an der Brenz gebaut. Ihr Freipfeifenprospekt greift mit einem sehr breiten Mittelfeld und jeweils dreiachsigen, die Deckenunterzüge unterspielenden äußeren Seitenfeld-Gruppen die Raum- und Deckenstruktur auf. Die Disposition des pneumatischen Orgelwerks wurde nie verändert. Im Zuge der geförderten Maßnahme wurde die Windanlage am ursprünglichen Standort rekonstruiert. Nötig war darüber hinaus auch der Austausch einiger von Bleizucker befallenen Röhrchen im Spieltisch.

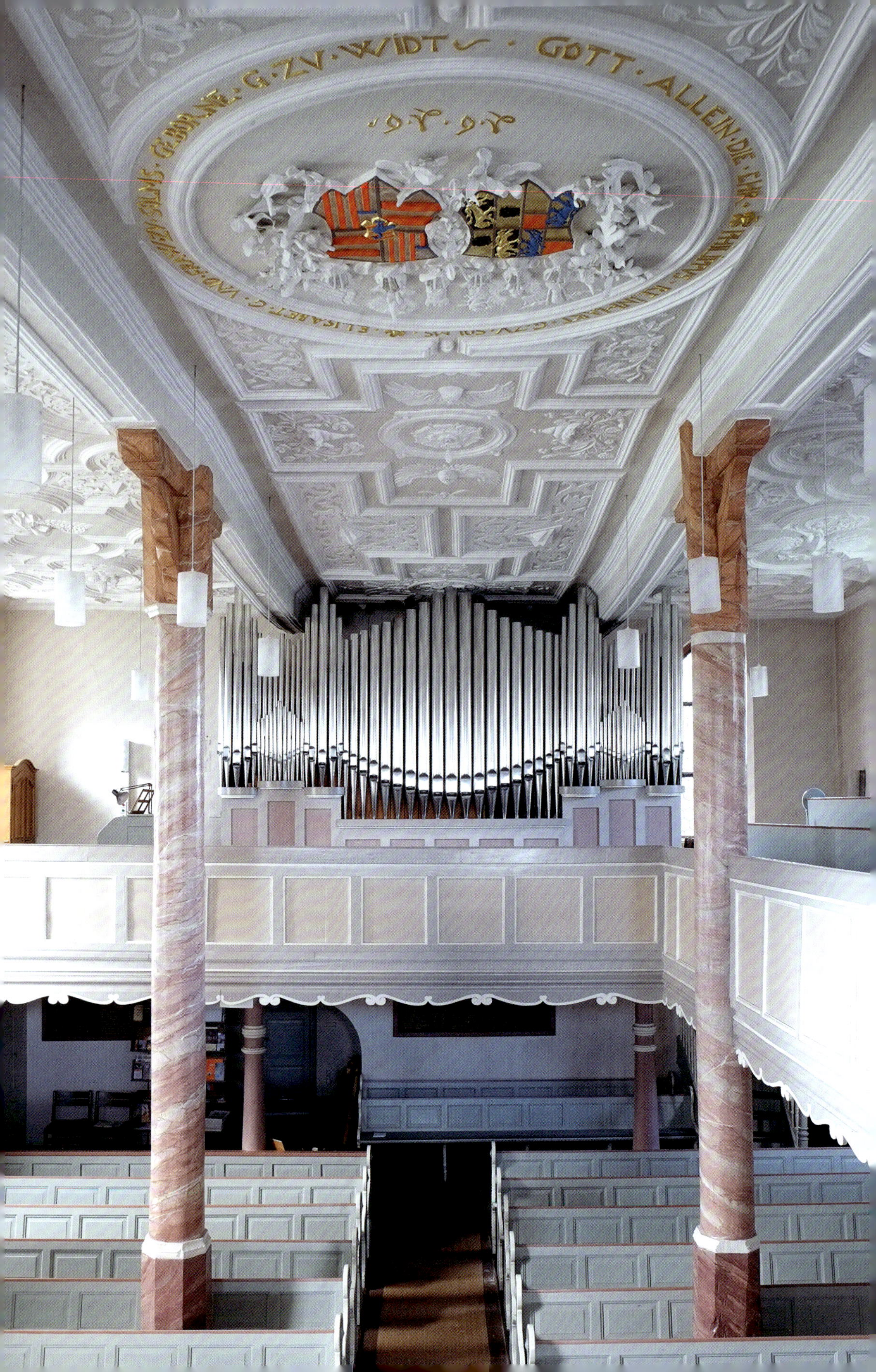
GEBORNE·G·ZV·WIDT
GOTT·ALLEN·DIE·EHR

GESCHICHTE:

1929	Bau der Orgel durch die Werkstatt Gebrüder Link, Giengen an der Brenz.
1975	Reinigung durch die Erbauerfirma; hierbei Erneuerung der Membranen.
1980	Austausch des Doppelfaltenmagazinbalgs durch einen kleinen, federbelasteten Schwimmerbalg.
1990	Einbau neuer Prospektpfeifen aus Zinn durch Förster & Nicolaus Orgelbau, Lich; die originalen Zinkpfeifen wurden größtenteils im Prospekt der romantischen Orgel der Markuskirche in Butzbach eingebaut.
Januar bis Mai 2017	Restaurierung durch Förster & Nicolaus Orgelbau, Lich; Erneuerung der Windanlage am ursprünglichen Standort: neuer Doppelfalten-magazinbalg und neuer Gebläsemotor (Langsamläufer).

DISPOSITION:

***I. Manual** C–g'''*

Principal	8'	
Gamba	8'	
Gedackt	8'	
Dolce	8'	
Oktav	4'	
Quintflöte	2 2/3'	
Flautino	2'	
Mixtur 4–5fach		zieht Quintflöte und Flautino mit, ab c° mit Terz 1 3/5'

***II. Manual** (Schwellwerk) C–g''' (ausgebaut bis g'''')*

Konzertflöte	8'	
Viola alta	8'	
Aeoline	8'	
Vox coelestis	8'	zieht Aeoline mit
Gemshorn	4'	
Rohrflöte	4'	
Piccolo	2'	
Harmonia aethera 3–4fach		ohne Terz, zieht Piccolo mit

***Pedal** C-f'*

Subbass	16'	
Ged. Bass	16'	Windabschwächung
Oktavbass	8'	
Cello	8'	Transmission Viola alta

Koppeln: Normalkoppeln, Oberoktavkoppeln II–II und II–I.

Spielhilfen: Handregister ab, Automatisches Piano Pedal (als Registerwippen); Tutti, Auslöser (als Druckknöpfe); Crescendowalze mit Anzeiger, Windanzeiger.

Pneumatische Kegelladen, Traktur Abstrom, Windladen Zustrom, seitenspielig links.

Stimmton: a' 434 Hz bei 18,9 °C.

ADRESSE DER KIRCHE:

Butzbacher Str. 4, Nieder-Weisel, 35510 Butzbach

OBERELSUNGEN (ZIERENBERG)

Evangelische Kirche
Johann Stephan Heeren, Gottsbüren, 1798

EVANGELISCHE KIRCHE VON KURHESSEN-WALDECK
LANDKREIS KASSEL
Jahr der Förderung: 2001

Die Kirche in Oberelsungen wurde in den Jahren 1798 und 1799 als frühklassizistischer Saalbau errichtet, dem ein Westturm mit eingeschossiger, schiefergedeckter Haube angelagert ist. Das außen unverputzte Mauerwerk steht im Kontrast zu dem von hellen, großen Fensterbahnen an den Längsseiten und an der Ostwand strukturierten Innenraum. Die dreiseitig umlaufende Empore lässt die Ostwand frei, an der sich Altar und Kanzel befinden. Ihnen gegenüber steht auf dem hinteren Teil der Empore die Orgel, ein Werk des landgräflichen Hoforgelbauers Stephan Heeren aus Gottsbüren. Einer Inschrift im Prospektkranz zufolge war die Orgel „drei Wochen vor Pfingsten im Jahr 1798" fertiggestellt. Möglicherweise übernahm Heeren das Orgelgehäuse aus einer anderen oder der Vorgängerkirche, da es im Gegensatz zur klassizistischen Ausstattung der Kirche noch in der Formensprache des Rokoko gestaltet ist und Spuren am Gehäuse darauf hindeuten, dass es einmal an einem anderen Ort stand.

Trotz zweier Umbauten im 19. und im 20. Jahrhundert blieben neben dem Gehäuse die Windladen und Teile des Pfeifenwerks, die Spiel- und Registertraktur sowie die Windanlage mit einem Keilbalg und der Tretvorrichtung erhalten.
Die geförderte Restaurierung im ersten Jahr des Förderprogramms diente vor allem der Substanzerhaltung und der Rekonstruktion einiger Register sowie der Spielanlage.

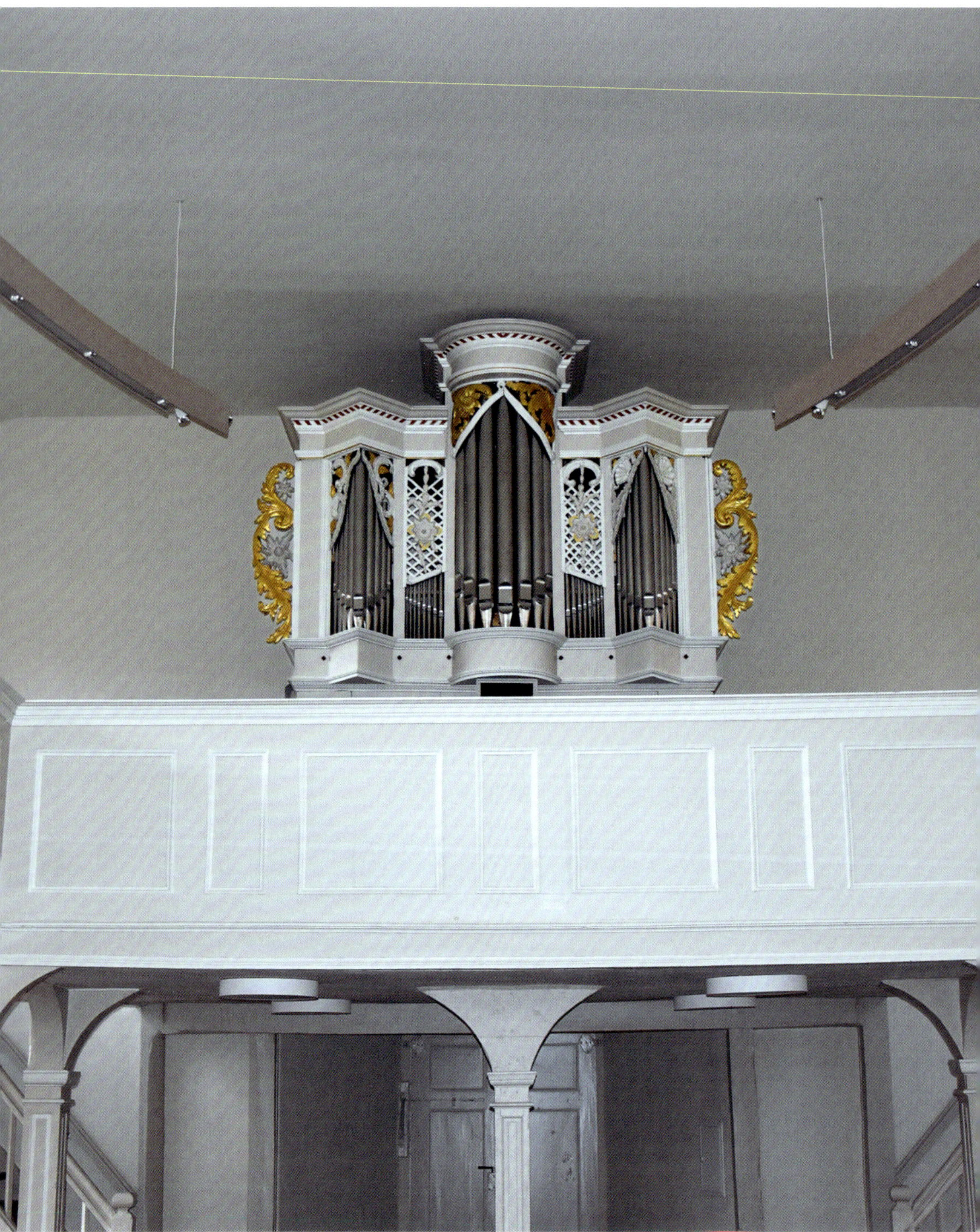

GESCHICHTE:

1798	Bau der Orgel durch Stephan Heeren, Gottsbüren.
1857	Arbeiten an der Orgel durch Carl und Gustav Wilhelm, Kassel.
1917	Abgabe der Prospektpfeifen.
unbekannter Zeitpunkt	Einbau neuer Prospektpfeifen aus Zink.
ca. 1962	Umgestaltung der Spielanlage und Einbau neuer Klaviaturen durch die Werkstatt Euler, Hofgeismar.
Sommer 2001 bis Januar 2002	Restaurierung durch Werner Bosch Orgelbau, Niestetal: Rekonstruktion der Spielanlage mit neuen Klaviaturen nach historischem Vorbild, Rekonstruktion des Prospekts in Zinn, der Gamba 8‘, der Octave 2‘ und der Mixtur sowie von Teilen der Octave 4‘ und des Gemshorn 4‘.

DISPOSITION:

I. Manual *C–c‘‘‘*

Principal	8‘	
Gedackt	8‘	
Gambe	8‘	aus dem II. Manual
Octave	4‘	
Gemshorn	4‘	
Octave	2‘	
Mixtur 3fach	1‘	

II. Manual *C–c‘‘‘*

Gambe	8‘	auch im I. Manual spielbar
Hohlflöte	8‘	
Gedackt	4‘	
Flageolet	2‘	

Pedal *C–c‘*

Subbass	16‘
Octavbass	8‘
Octavbass	4‘

Manualkoppel, Pedalkoppel 2001 neu angelegt.

Kalkantenzug als Motorschalter.

Mechanische Schleifladen. Vorderspielig.

Temperatur und Stimmton: Neidhardt Kleine Stadt, ca. 3/4 Ton höher als moderne Normalstimmung.

ADRESSE DER KIRCHE:

An der Kirche / Nothfelder Straße, Oberelsungen, 34289 Zierenberg

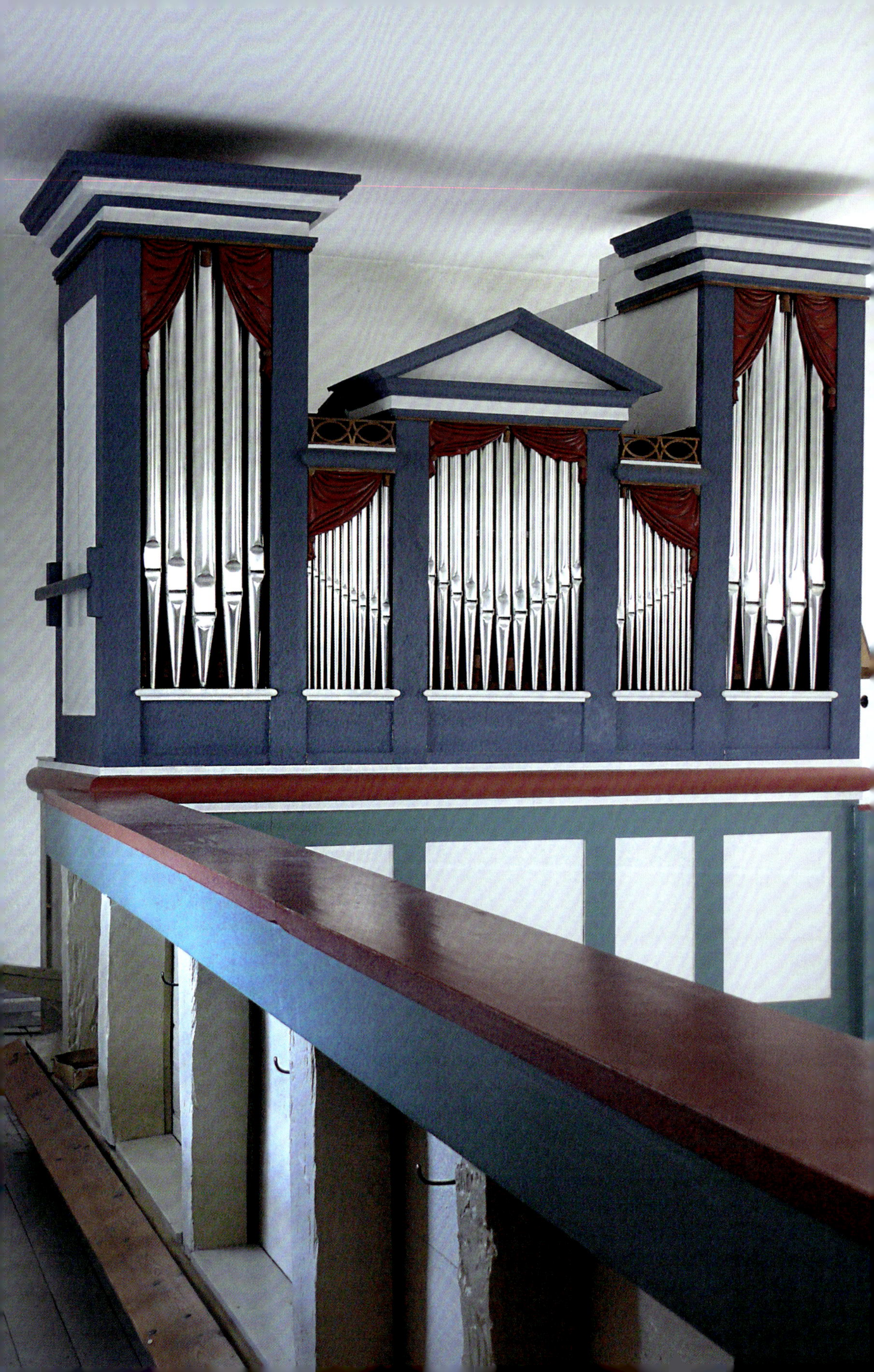

OBERLAUKEN (WEILROD)

Evangelische Kirche
Daniel Raßmann, Weilmünster, 1833

EVANGELISCHE KIRCHE IN HESSEN UND NASSAU
HOCHTAUNUSKREIS
Jahr der Förderung: 2011

Auf einer Anhöhe oberhalb von Oberlauken steht umgeben vom Friedhof des Dorfes die evangelische Kirche. Sie wurde ab dem Jahr 1801 unter Verwendung der Vorgängerkirche als klassizistischer Saalbau errichtet. Das Kirchlein besitzt eine dreiseitig umlaufende Empore. An der Ostseite sind übereinander Altar und Orgel angeordnet, seitlich daneben die Kanzel. Die im Jahr 1833 von Daniel Raßmann aus dem unweit gelegenen Möttau gebaute Orgel kann als bauzeitlich zur Kirche angesehen werden, da sie sich – den Bauidealen derselben Epoche verpflichtet – in den Stil der sie umgebenden Ausstattung einfügt.

Das Instrument in Oberlauken wurde von dem in jener Zeit noch in Weilmünster ansässigen Werkstattgründer Daniel Raßmann gebaut. Unvorteilhafte Umbauten waren weitgehend reversibel, und so konnte mit der geförderten Restaurierung im Jahr 2011 annähernd der ursprüngliche Zustand wiederhergestellt und im Bereich der Spielanlage vollendet werden.

GESCHICHTE:

1833	Bau der Orgel durch Daniel Raßmann aus Möttau.
1884	Reparaturen durch Gustav Raßmann.
1917	Ablieferung der Prospektpfeifen.
unbekannter Zeitpunkt	Veränderung der Windanlage, Einbau neuer Prospektpfeifen aus Zink, Austausch der Manualklaviatur und Veränderung des Trakturangriffs.
1968	Reparatur durch die Gebrüder Oberlinger aus Windesheim.
2011	Restaurierung durch Orgelbau Mebold Siegen: Rekonstruktion der Prospektpfeifen aus Zinn und einer neuen Manualklaviatur in der Bauweise Daniel Raßmanns, Rückführung von Veränderungen in der Traktur, Lieferung von neuen Registerschildchen anstelle der seit 1833 provisorischen.

DISPOSITION:

Manual *C–f‘‘‘*

Gedackt	8‘	Holz
Principal	4‘	C–c‘‘ im Prospekt
Gamba	4‘	
Flöte	4‘	Holz offen
Flageolett	2‘	
Mixtur 3fach	2‘	c‘‘ 4‘

Pedal *C–f°*
angehängt

Mechanische Schleiflade.

Stimmtonhöhe: a‘ 430 Hz bei 18 °C

ADRESSE DER KIRCHE:

Oberlauken, 61276 Weilrod

OBER-OFLEIDEN (HOMBERG/OHM)

Evangelische Kirche St. Martin

Jean Ratzmann, Gelnhausen, 1873 / Rothermel & Sohn, Zwingenberg, 1877

EVANGELISCHE KIRCHE IN HESSEN UND NASSAU
VOGELSBERGKREIS
Jahr der Förderung: 2023

Der Kontrast zwischen dem unverputzten, mit nur wenigen kleinen Fensteröffnungen versehenen Bruchsteinmauerwerk und den schiefergedeckten Dächern – hoch aufragend über dem Schiff und über dem Chor sowie mit vier Wehrerkern in der Turmhaube – prägt das äußere Bild der evangelischen Kirche St. Martin in Ober-Ofleiden. Die im romanisch-gotischen Übergangsstil erbaute Saalkirche endet in einem eingezogenen Chor mit Fünfachtelschluss. Im Südwesten ist ihr der wehrhafte Turm vorangestellt.

Im Inneren der Kirche erinnern die Dienste an den Wänden an die früheren Gewölbe. Ihre Einrichtung erhielt die Kirche im Jahr 1741. Zu ihr gehörte auch eine Empore im Altarraum als Aufstellungsort für die Orgel. Im Jahr 1873 baute Jean Ratzmann dort ein neues Instrument, das im 20. Jahrhundert auf die gegenüberliegende Empore versetzt wurde, nachdem man die Empore über dem Altar entfernt hatte. Im Jahr 1973 entschied sich die Gemeinde für den Bau einer neuen Orgel, da man den Zustand des durch Holzwurm geschädigten Instruments als irreparabel ansah. Das Gehäuse der Ratzmann-Orgel wurde auf dem Dachboden der Kirche eingelagert, wo sich auch die nunmehr stillgelegte Balganlage befand.

Im Jahr 2021 entschied die Gemeinde, sich von dem kleinen Instrument mit nur sechs Registern auf einem Manual und Pedal zu trennen. Im Orgellager der EKHN in Ruddingshausen, das im gleichen Jahr geschlossen wurde, war ein in Größe und Stil vergleichbares Instrument ohne Gehäuse aus der Werkstatt Rothermel in Zwingenberg eingelagert, das bis 1978 in der evangelischen Kirche in Zotzenbach (Rimbach/Odenwald) stand. Damit bot es sich an, dieses Werk zu restaurieren und in das in Ober-Ofleidener Gehäuse einzubauen. Der Plan lag umso näher, als

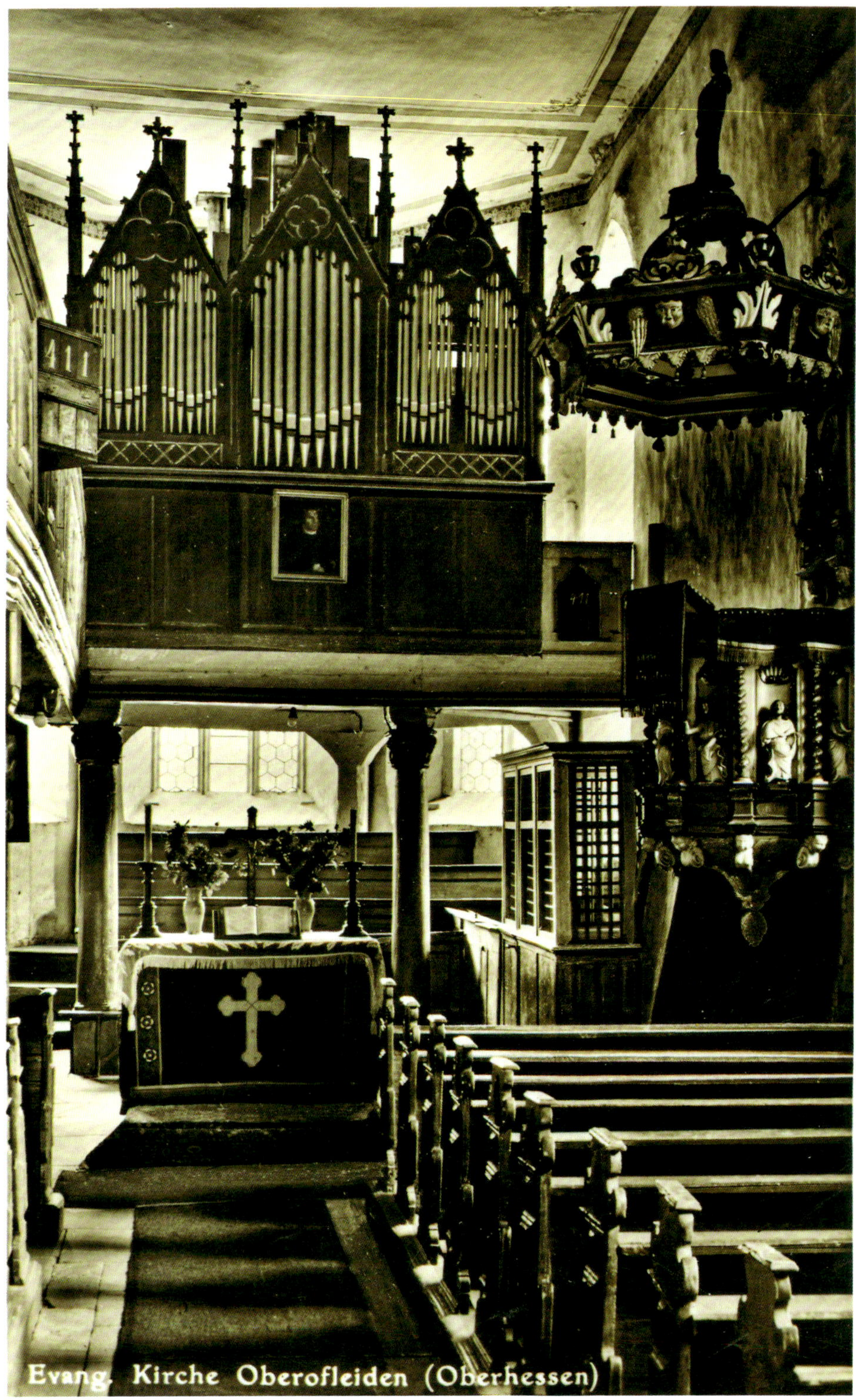

Ober-Ofleiden: Die Ratzmann-Orgel um 1910.

die Werkstatt Rothermel der Gemeinde Ober-Ofleiden im Jahr 1871 ebenfalls ein Angebot machte, dem Ratzmann aber wegen des günstigeren Preises vorgezogen wurde.

Die Rothermel-Orgel hatte in Zotzenbach eine vorderspielige Anlage mit Blick zum Altar. Das Ober-Ofleidener Instrument war als Brüstungsorgel seitenspielig. Die linksseitige Spielanlage war durch die Versetzung auf die hintere Empore allerdings überaus eng. Bei der Zusammenführung des Werks und des Gehäuses wird die Spielanlage auf die rechte Seite verlegt.

Mit der im Jahr 2024 geplanten Wiederinbetriebnahme des Zotzenbacher Werks in dem Ober-Ofleidener Gehäuse wird ein wichtiges Zeugnis der Geschichte der Zwingenberger Orgelbautradition der Familien Dietz und Rothermel wiedererstehen. Zugleich wird die oberhessische Orgellandschaft eine vor einem halben Jahrhundert verloren gegangene Vertreterin des romantischen Orgelklangs zurückgewinnen.

GESCHICHTE:

1873	Bau einer neuen Orgel in der evangelischen Kirche in Ober-Ofleiden durch Jean Ratzmann aus Gelnhausen mit zuletzt zehn Registern.
unbekannter Zeitraum	Abbau der Empore im Altarraum und Versetzung der Orgel von dort auf die gegenüber liegende Empore.
1973	Stilllegung der Orgel und Einlagerung des Gehäuses sowie der Kastenbalganlage auf dem Dachboden der Kirche.
1877	Bau einer neuen Orgel durch die Werkstatt Rothermel & Sohn aus Zwingenberg für die evangelische Kirche in Zotzenbach im Odenwald.
1978	Abbau des Orgelwerks und Bau einer neuen Orgel im Gehäuse von 1877, Einlagerung auf dem Dachboden der Kirche.
1984	Überführung des Orgelwerks in das Orgellager der EKHN in Ruddingshausen durch Andreas M. Ott, Bensheim.
2023/24	Restaurierung des Werks aus Zotzenbach und Einbau in das Gehäuse aus Ober-Ofleiden durch Werner Bosch Orgelbau, Sandershausen; Aufstellung in Ober-Ofleiden am Standort von 1973; Verlegung des Spieltischs an die rechte Seite.

DISPOSITION:

Manual *C–f'''*

Bourdon	16'	ab c°, Holz, ab c'' Zinn
Prinzipal	8'	C–Dis Holz, ab E Prospekt (fehlte im Lager)
Flöte	8'	C–h° Holz, ab c' Zinn, ab c'' überblasend (?)
Salicional	8'	C–H Holz, ab c° (?) Metall
Oktave	4'	Zinn
Fugara	4'	Zinn
Dolce	4'	Zinn
Flageolet	2'	Zinn
Mixtur 3fach	2'	Zinn

Pedal *C–c'*

Subbass	16'	Holz
Violon	16'	C–F akustisch, ab Fis offen, Holz

Pedalkoppel (als Zug).

2 feste Kombinationen: Piano, Forte (als Tritte).
Mechanische Kegelladen, seitenspielig rechts.

ADRESSE DER KIRCHE:

Welckerstraße 27, Ober-Ofleiden, 35315 Homberg (Ohm)

OBERWEIMAR (WEIMAR)

Evangelische Kirche
Johann Christian Köhler, Frankfurt am Main, 1747

EVANGELISCHE KIRCHE VON KURHESSEN-WALDECK
LANDKREIS MARBURG-BIEDENKOPF
Jahr der Förderung: 2010

Im Jahr 1733 wurde die evangelische Kirche in Oberweimar als barocker Saalbau errichtet, in den ein Westturm mit zweigeschossigem Haubendachreiter eingestellt ist. Den Kirchensaal umzieht eine dreiseitig umlaufende, an den Längsseiten doppelgeschossige Empore. Die Kanzel befindet sich über dem Altar an der Ostwand, ihnen gegenüber steht die Orgel auf der Westempore, ein im Jahr 1747 erbautes Werk aus der Werkstatt von Johann Christian Köhler aus Frankfurt am Main.

Der geförderten Restaurierung in den Jahren 2010 und 2011 ging bereits eine solche im Jahr 1971 voraus, die im Verhältnis zu den Maßgaben der Zeit bereits recht behutsam durchgeführt wurde. Daher wurde das Ergebnis dieser ersten Restaurierung als gültig anerkannt und daran angeknüpft. Inhalt der neuerlichen Maßnahme waren vor allem Verbesserungen in der Spieltraktur sowie die Rekonstruktion der beiden bisher fehlenden Register im Pedal.

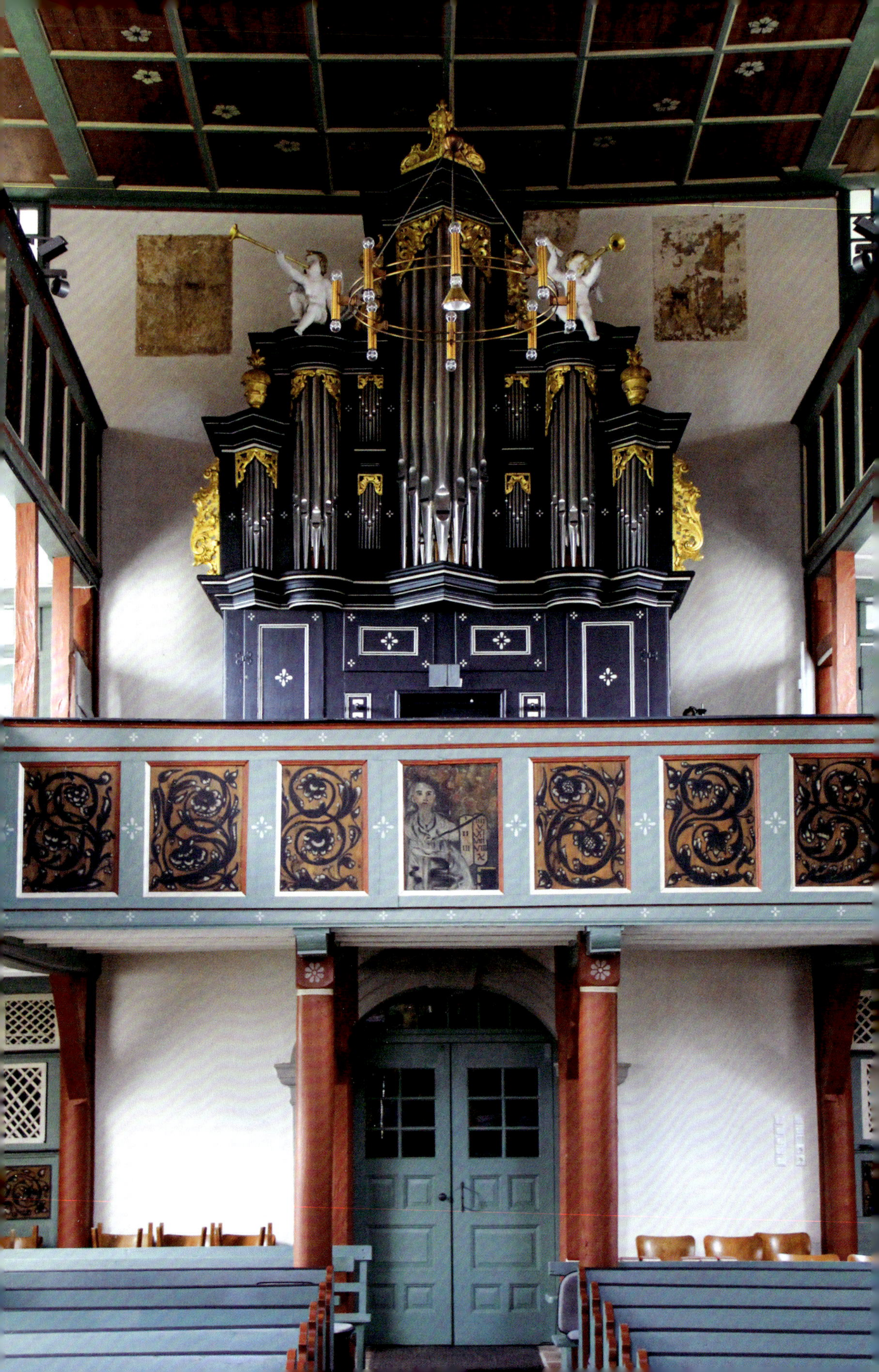

GESCHICHTE:

1747	Bau der Orgel durch Johann Christian Köhler aus Frankfurt am Main.
1816	Reparatur durch Johann Caspar Ruetz, Amöneburg.
1831	Reparatur durch Friedrich Ziese.
1844	Reparatur durch Karl Ziese, Ellingerode.
1859	Arbeiten durch August Röth, Ziegenhain.
1863	Reparatur durch Jakob Karl Ziese, Ellingerode.
um 1960	Umfangreichere Arbeiten durch eine unbekannte Werkstatt.
1971	Restaurierung durch Gerald Woehl, Marburg: Annäherung an die ursprüngliche Disposition bei Erhaltung der durch Umbauten gewonnenen modernen Stimmtonhöhe, Austausch der nicht mehr originalen Klaviaturen und Neugestaltung der Spielanlage.
2010/11	Restaurierung durch Gerald Woehl: Beseitigung von Trocknungsschäden, Rekonstruktion der bisher fehlenden Pedalregister, konstruktive Verbesserung der Tontraktur, optische Überarbeitung der Spielanlage zur besseren Einbindung in den historischen Kontext, Anlegen einer ungleich schwebenden Stimmung.

DISPOSITION:

Manual *C–c'''*

Quintathön	16'	historisch
Principal	8'	
Groß Gedackt	8'	historisch
Viola di Gamba	8'	historisch
Octave	4'	
Flauta travers	4'	historisch
Quint	3'	
Octava	2'	
Waldflöte	2'	
Sexquialtera 2fach		
Mixtur 4fach		

Pedal *C–c'*

Subbaß	16'	historisch
Principal Baß	8'	historisch
Octaven Baß	4'	2010/11
Posaunen Baß	16'	2011/11

Pedalcoppel. Tremulant.

Mechanische Schleiflade.

ADRESSE DER KIRCHE:

Obergasse, Oberweimar, 35096 Weimar (Lahn)

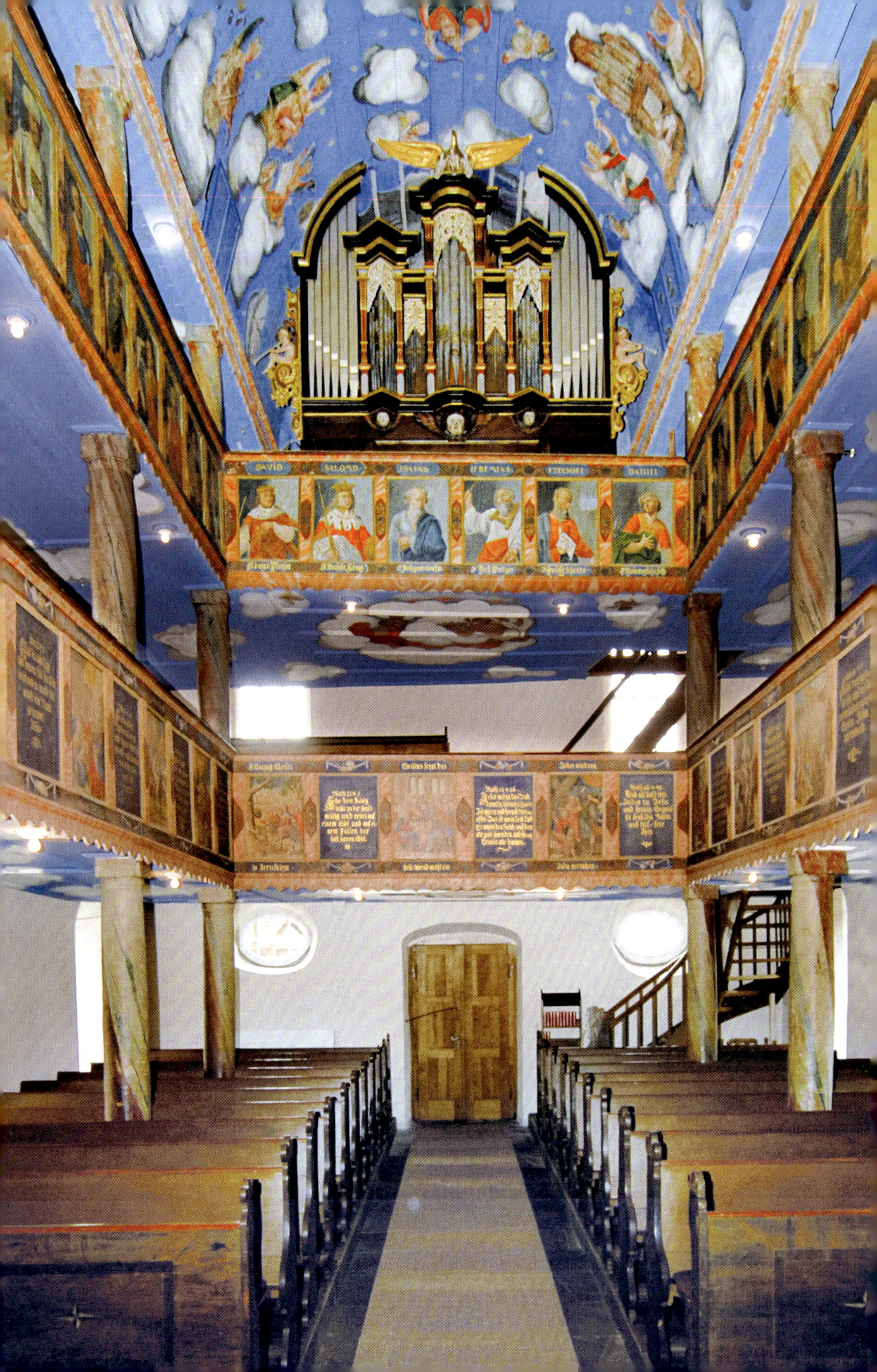
DAVID
SALOMO
ESAIAS
IEREMIAS
EZECHIEL
DANIEL

ODENSACHSEN (HAUNETAL)

Evangelische Kirche
Gebrüder Ratzmann, Gelnhausen, 1905

EVANGELISCHE KIRCHE VON KURHESSEN-WALDECK
LANDKREIS HERSFELD-ROTENBURG
Jahr der Förderung: 2004

Mit ihrer überreichen Ausstattung im ländlichen Barockstil ist die evangelische Kirche in Odensachsen ein besonderes Kleinod. Die ursprünglich mittelalterliche Dorfkirche besitzt einen spätgotischen Chorturm mit vier Wichhäuschen. Das heutige Schiff wurde am Anfang des 18. Jahrhunderts errichtet. Der Innenraum wird durchzogen von einer dreiseitigen, zweigeschossigen Empore, deren durchgeführte Holzpfosten eine hölzerne Mitteltonne tragen. Außergewöhnlich ist die vollständige Ausmalung aller hölzernen Ausstattungsstücke, insbesondere der Emporenbrüstungen und der Tonne, diese mit musizierenden Engeln. Hinter dem Altar erhebt sich die Kanzel auf einem baldachinartigen Überbau.

Die Orgel präsentiert sich als zweifaches Kunstwerk: Während das Gehäuse und die prächtig bemalten und ziselierten Prospektpfeifen aus dem 17. oder dem Anfang des 18. Jahrhunderts stammen, ist das bestehende Orgelwerk im Jahr 1905 von den Gebrüdern Ratzmann aus Gelnhausen neu gebaut worden.

In den Jahren vor der Restaurierung bestand in der Kirchengemeinde der Wunsch nach einem Neubau des Orgelwerks. Nach eingehender Beratung erkannte sie aber den Denkmalwert des solide gebauten und nur wenig veränderten Instruments und entschied sich schließlich für seine Erhaltung. Die geförderte Restaurierung selbst betraf aber nicht nur das Ratzmannsche Werk, sondern auch die überaus wertvollen, seit dem Jahr 1905 nicht mehr klingenden Prospektpfeifen. Hier stellte sich die äußerst komplexe und delikate Aufgabe, einerseits die Bemalung der Pfeifen zu sichern und andererseits der fortschreitenden Korrosion des Pfeifenmetalls zu begegnen. Angesichts der erheblichen Kosten, die mit dieser zweifachen Restaurierung verbunden waren, erwies sich das gemeinsame Förderprogramm hier als ein besonders hilfreiches Instrument zur Erhaltung eines akut gefährdeten Kulturguts.

GESCHICHTE:

ca. 1660	Bau einer Orgel an unbekanntem Ort durch einen unbekannten Erbauer.
1715	Aufstellung dieser Orgel in Odensachsen.
1721	Erweiterung der Orgel um ein Pedalwerk mit hölzernen Prospektpfeifen; die heutige Prospektform entsteht.
1905	Einbau eines neuen Orgelwerks in das historische Gehäuse durch die Gebrüder Ratzmann, Gelnhausen.
1953	Reparatur an der Balganlage.
unbekannter Zeitraum	Umbau der Balganlage mit einem neuen Schwimmerbalg.
2006	Restaurierung des Orgelwerks durch Andreas Schmidt Orgelbau, Altenhaßlau (Linsengericht), hierbei: Rekonstruktion der Balganlage, Rekonstruktion fehlender Pfeifen in der Superoktavkoppel.
2005–2007	Restaurierung der Prospektpfeifen durch Alexander Eckert, Lichtenwald.

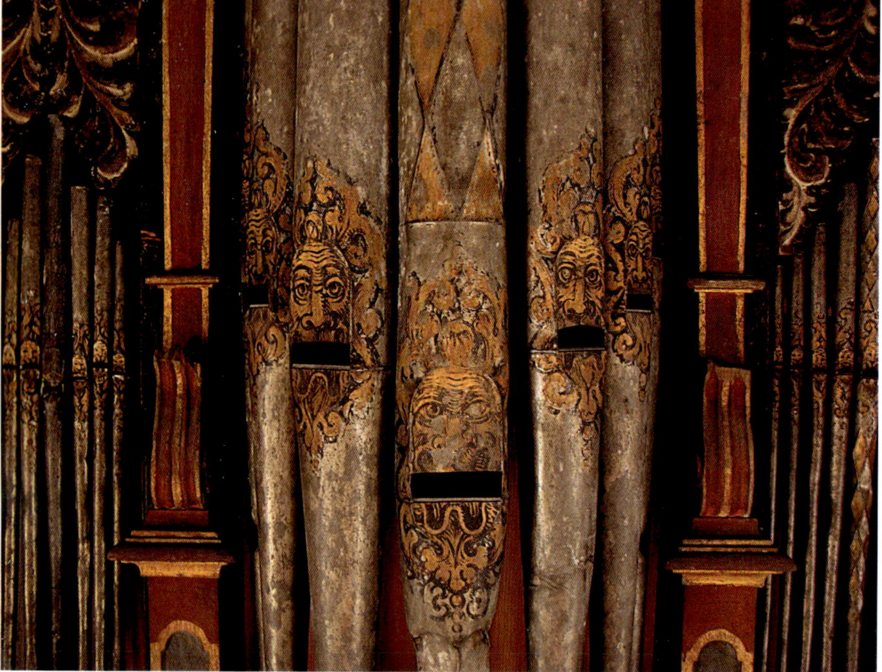

Odensachsen: Blick auf die aufwendig bemalten Prospektpfeifen vor der Restaurierung.

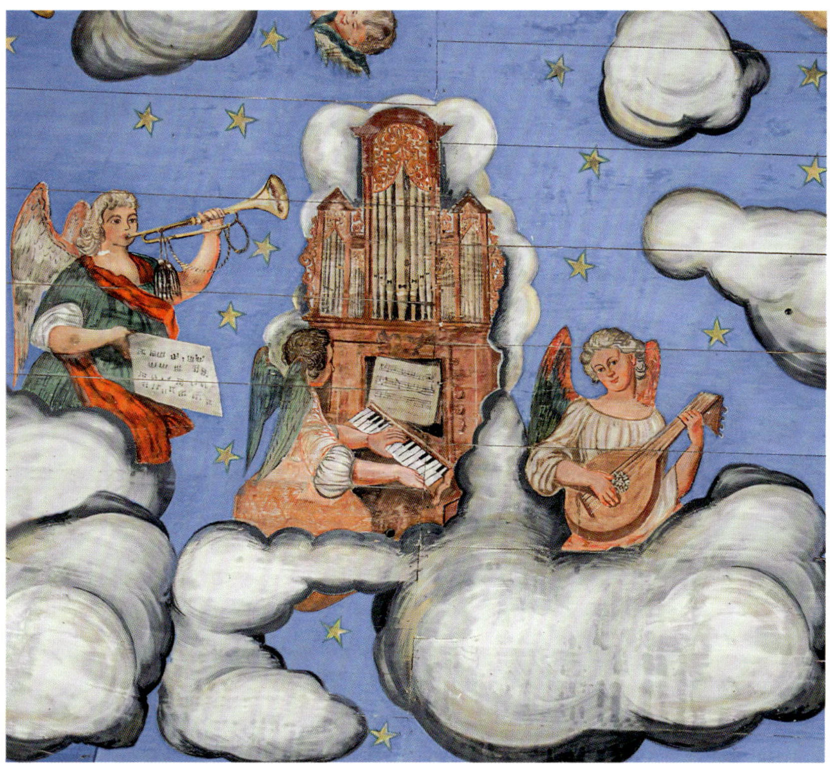

Odensachsen: musizierende Engel, Detail der Ausmalung des Deckengewölbes.

DISPOSITION:

I. Manual *C–f''' (Superoktavkoppel ausgebaut bis f'''')*

Principal	8'
Hohlflöte	8'
Viola di Gamba	8'
Oktav	4'
Cornett 2–3fach	

II. Manual *C–f'''*

Lieblich Gedeckt	8'
Salicional	8'
Flöte	4'

Pedal *C–d'*

Subbass	16'

Koppeln (Registerwippen): Superoktavkoppel I, Suboktavkoppel II–I, Manualkoppel II–I, Pedalkoppel I, Pedalkoppel II.

Spielhilfen (Druckknöpfe): Tutti, Auslöser.

Pneumatische Kegelladen.

ADRESSE DER KIRCHE:

Am Kirchenring 6, Odensachsen, 36166 Haunetal

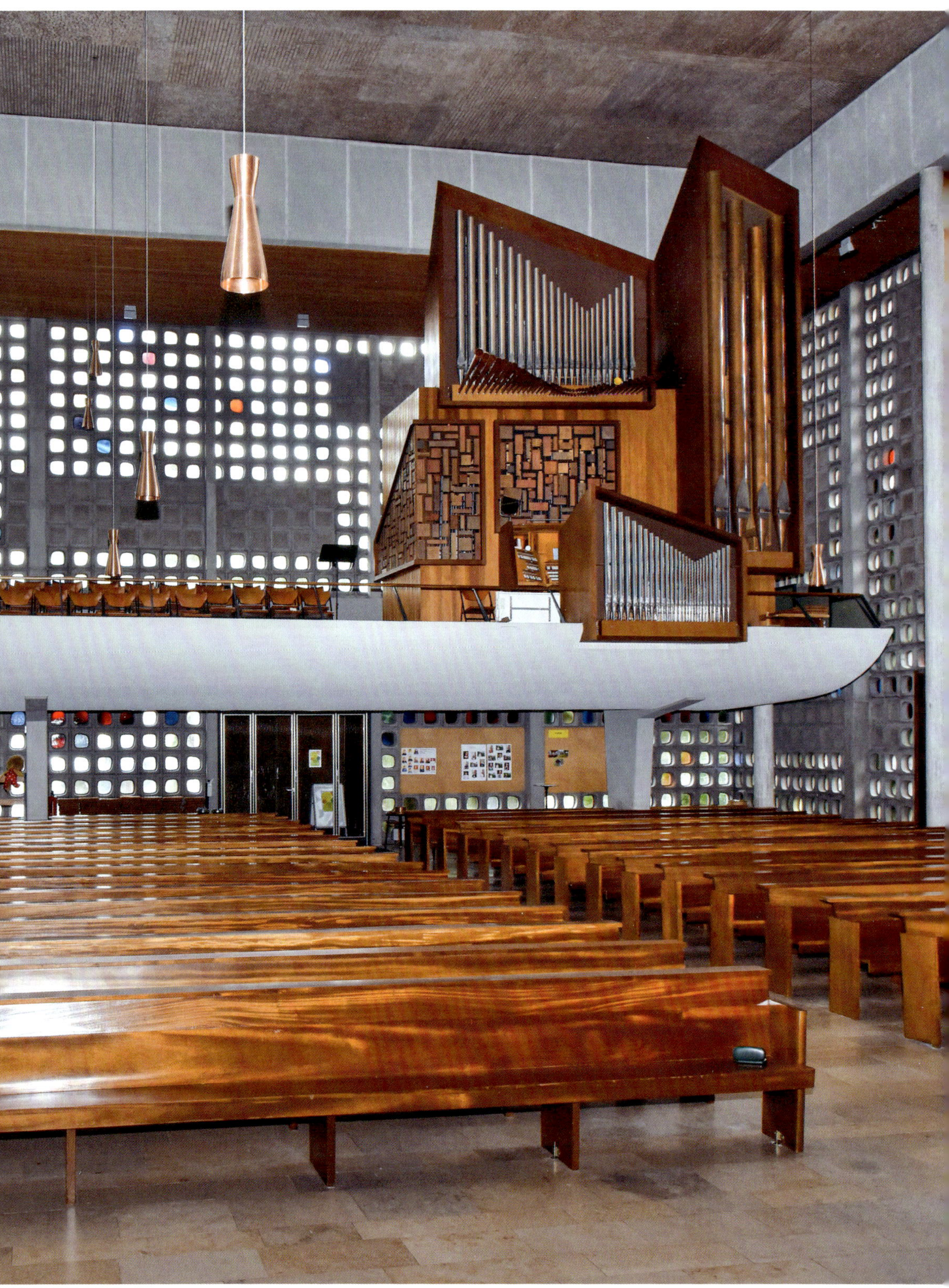

OFFENBACH AM MAIN

Evangelische Markuskirche

Gebrüder Link, Giengen an der Brenz, 1962

EVANGELISCHE KIRCHE IN HESSEN UND NASSAU
STADT OFFENBACH
Jahr der Förderung: 2009

Die evangelische Markuskirche in Offenbach wurde im Jahr 1961 nach Plänen von Fritz Reichard errichtet. Dem Stil ihrer Erbauungszeit verpflichtet, wurde sie in Betonskelettbauweise konzipiert und mit einer sehr aufwendigen Buntverglasung gestaltet. Der mit schlanken Rundpfeilern ausgestatte Kirchenraum gründet auf einem Rechteck und ist klar zum Altar hin ausgerichtet. Die einem Schiffsboden ähnlich gerundete Orgelempore setzt im hinteren Bereich des Raums einen markanten Akzent.

Das Konzept der im Jahr nach der Vollendung der Kirche von der Firma Gebrüder Link aus Giengen an der Brenz gebauten Orgel stammt von Helmut Bornefeld, einem der einflussreichsten Orgelsachverständigen jener Zeit.[1] Die Ideale der deutschen Orgelbewegung der Nachkriegszeit hinsichtlich Klangaufbau und Intonation wurden in der Orgel der Offenbacher Markuskirche mit besonderer Konsequenz verwirklicht. Sie stellt damit ein künstlerisch durchaus nicht unumstrittenes, aber zweifellos denkmalwürdiges Zeugnis einer jüngeren Epoche dar.

---

1 Vgl. Kassel Martinskirche / St. Elisabeth, siehe S. 186.

GESCHICHTE:

1962 Bau der Orgel durch die Werkstatt Gebrüder Link aus Giengen an der Brenz.

1987 Reinigung und Überholung durch Förster & Nicolaus Orgelbau, Lich; hierbei Austausch der Schleifenzugmotoren durch -magnete und Ergänzung der Koppel III–I.

2010 Reinigung, Überholung und Einbau einer Setzeranlage durch Jehmlich Orgelbau, Dresden.

DISPOSITION:

I. Rückpositiv *C–c''''*

Rohrpommer	8'
Kopftrompete	8'
Prinzipal	4'
Flötgedackt	4'
Rohrnasat	2 2/3'
Italienisch Prinzipal	2'
Terznone1	3/5' + 8/9'
Blockflöte	1'
Scharf 5fach	1'
Tremulant	

II. Hauptwerk *C–c''''*

Quintade	16'
Prinzipal	8'
Gemshorn	8'
Trompete	8'
Oktave	4'
Spillpfeife	4'
Quinte	2 2/3'
Nonenkornett 3fach	2 2/3'
Hohlflöte	2'
Larigot	1 1/3' + 1'
Mixtur 4–6fach	1 1/3'
Tremulant	

III. Brustwerk *C–c''''*

Sordun	16'
Gedackt	8'
Rohrflöte	4'
Schalmei	4'
Prinzipal	2'
Sifflöte	1 1/3'
Hörnlein	1 1/7' + 16/19'
Terzzimbel 3fach	1/3'
Tremulant	

Pedal *C–f'*

Großpedal

Prinzipal	16'
Untersatz	16'
Posaune	16'
Holzprinzipal	8'
Baßzink 4fach	5 1/3'

Kleinpedal

Gedackt	8'
Rohrpfeife	4'
Choralbaß	4' + 2' + 1 1/3'
Clairon	4'
Glöckleinton	2' + 1'
Tremulant Kleinpedal	

Gruppenzüge:
A: Vorpleno Pedal 16'
B: Pleno Pedal 16'
C: Pleno Rückpositiv
D: Kornett Rückpositiv
E: Vorpleno Hauptwerk
F: Pleno Hauptwerk
G: Gesamtpleno 16'
H: Zungenpleno 16'
I: Tutti
K: Pleno Brustwerk
L: Einzelregister aus Gruppenzügen

Koppeln: I–Pedal, II–Pedal, III–Pedal, I–II, III–II als Wippen und Pistons in Wechselwirkung sowie in den freien Kombinationen; III–I als Druckknopf, übergeordnet.

Spielhilfen: 4 freie Kombinationen und Auslöser als Druckknöpfe, 2 freie Pedalkombinationen und Auslöser als Druckknöpfe und Pistons in Wechselwirkung.
Setzeranlage mit 4.000 Kombinationen und Chip-Speicherkarten.

Schleifladen, mechanische Spieltraktur, Pedalkoppeln mechanisch, Manualkoppeln elektrisch, elektrische Registertraktur.

LITERATUR:

Musik und Kirche 4/1964.

ADRESSE DER KIRCHE:

Obere Grenzstraße 90, 63071 Offenbach am Main

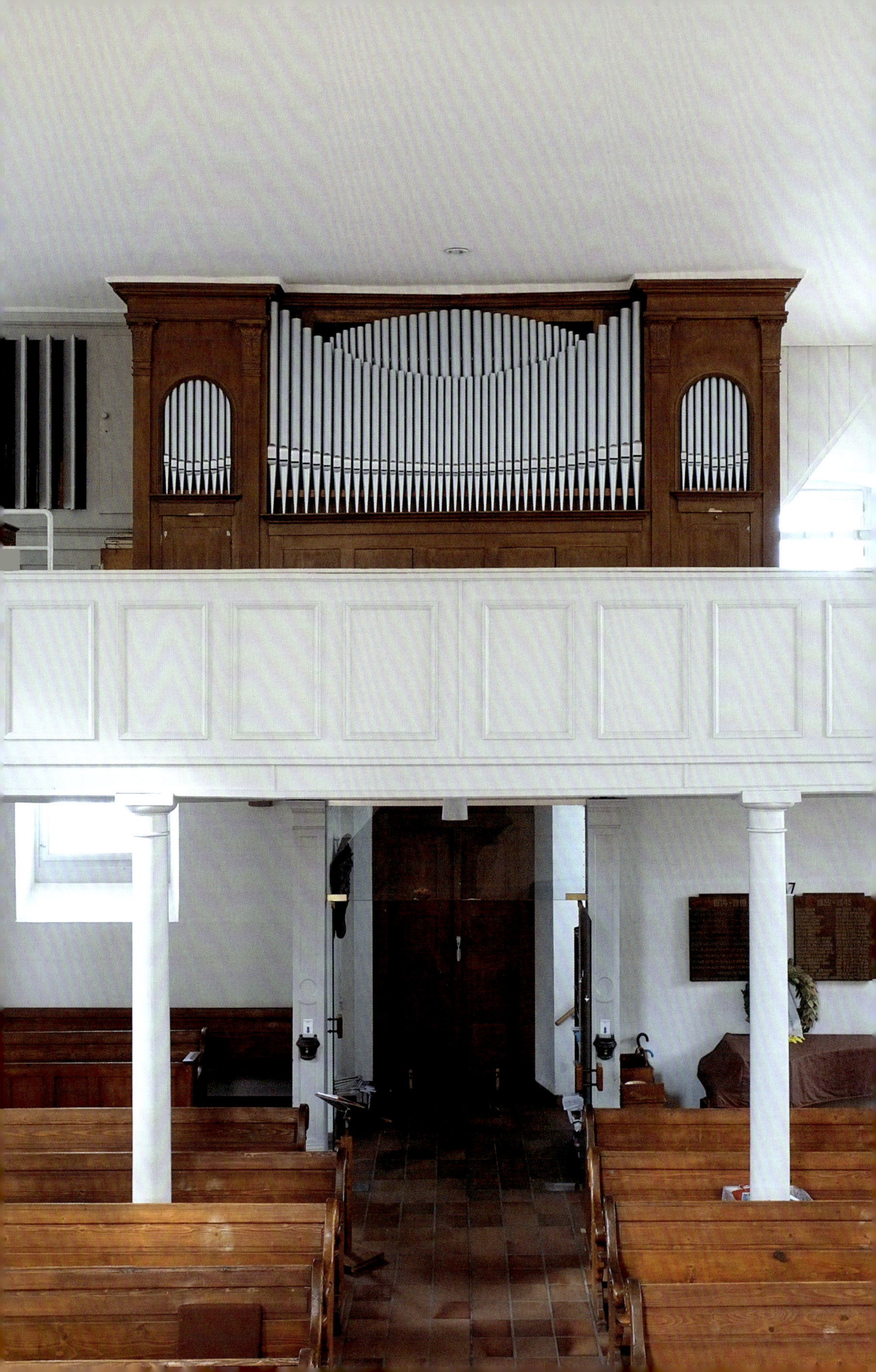

OFFENBACH AM MAIN

Französisch-Reformierte Kirche

Eberhard Friedrich Walcker, Ludwigsburg, Opus 30, 1838/ E. F. Walcker & Cie., Ludwigsburg, Opus 1234, 1905/ G. F. Steinmeyer & Co., Oettingen, 1954 und 1967

EVANGELISCHE KIRCHE IN HESSEN UND NASSAU
STADT OFFENBACH
Jahr der Förderung: 2015

Die französisch-reformierte Kirche in Offenbach wurde in den Jahren 1717/18 im Rahmen der Ansiedlung hugenottischer Glaubensflüchtlinge errichtet. Dem reformierten Ideal entsprechend stellt sie sich als schlichter, barocker Saalbau dar. Im Jahr 1874 erhielt das Gebäude eine historisierende, mit Stilelementen der Renaissance versehene Westfassade und eine entsprechende Bekrönung des Turms. Die Kirche wurde im Zweiten Weltkrieg nur wenig beschädigt und war bereits im Jahr 1947 wiederhergestellt.

Die Orgel hat im Verhältnis zum Kirchenraum eine beachtliche Größe. Sie wurde im Wesentlichen im Jahr 1905 von der Werkstatt Walcker unter Verwendung des Gehäuses und einiger Register des vorhandenen Instruments derselben Werkstatt aus dem Jahr 1838 gebaut. Im Jahr 1954 fand ein weiterer Umbau statt, nunmehr durch die Werkstatt Steinmeyer. Der so gewachsene Mischbestand weist sowohl technisch als auch klanglich eine außerordentlich hohe Qualität auf, die den Denkmalwert dieser besonderen Orgel begründet.

Die geförderte Restaurierung umfasste neben der technischen Instandsetzung auch die gezielte Rekonstruktion zweier von Steinmeyer veränderter Register und der weggefallenen Transmissionen. Aufgrund der geringen Gemeindegröße war die Förderung ein wesentlicher Bestandteil und Voraussetzung für die Durchführung der Maßnahme und damit den Erhalt der Orgel.

GESCHICHTE:

1838	Bau der Orgel durch Eberhard Friedrich Walcker aus Ludwigsburg mit 13 Registern auf zwei Manualen und Pedal mit mechanischen Schleifladen.
1905	Neubau der Orgel durch E. F. Walcker & Cie., Ludwigsburg unter Verwendung von Teilen des Prospekts sowie des Pfeifenwerks aus der Vorgängerorgel.
1954	Umbau durch G. F. Steinmeyer & Co., Oettingen: Dispositionsveränderungen, Ersatz der Kegelladen des II. Manuals durch Taschenladen, Einbau eines gebrauchten Spieltischs der Werkstatt Steinmeyer vom Anfang des 20. Jahrhunderts.
1967	Weitere Dispositionsänderungen durch Steinmeyer.
1982	Renovierung durch Förster & Nicolaus Orgelbau, Lich: Reinigung, Neubeledern der Taschen und Bälgchen, Erneuerung der Membranen.
2014	Neubelederung des Doppelfaltenmagazinbalgs und Isolierung des Balghauses durch Förster & Nicolaus.
Januar bis Oktober 2016	Restaurierung durch Jehmlich Orgelbau, Dresden: Rekonstruktion der Trompete 8‘ anstelle der Steinmeyerschen Kopftrompete anhand noch vorhandener Pfeifen, Rekonstruktion des Cello 8‘ entsprechend der vorhandenen Gambe 8‘, Rekonstruktion der Transmissionen, Ergänzung der Superoktavkoppel I-I.

DISPOSITION:

I. Manual *C–g'''*	
Principal	8'
Gamba	8'
Gedeckt	8'
Oktav	4'
Flûte harmonique	4'
Quinte	2 2/3'
Piccolo	2'
Terz	1 3/5'
Mixtur	1 1/3'
Trompete	8'

II. Manual *C–g'''*	
Bordun	16'
Gemshorn	8'
Bordun	8'
Quintatön	8'
Principal	4'
Flûte travers	4'
Waldflöte	2'
Quinte	1 1/3'
Cymbel 2fach	1'

Pedal *C-f'*		
Subbaß	16'	
Kontrabaß	16'	
Gedecktbaß	16'	Transmission II
Cello	8'	
Gemshornbaß	8'	Transmission II
Choralbaß	4'	Transmission II

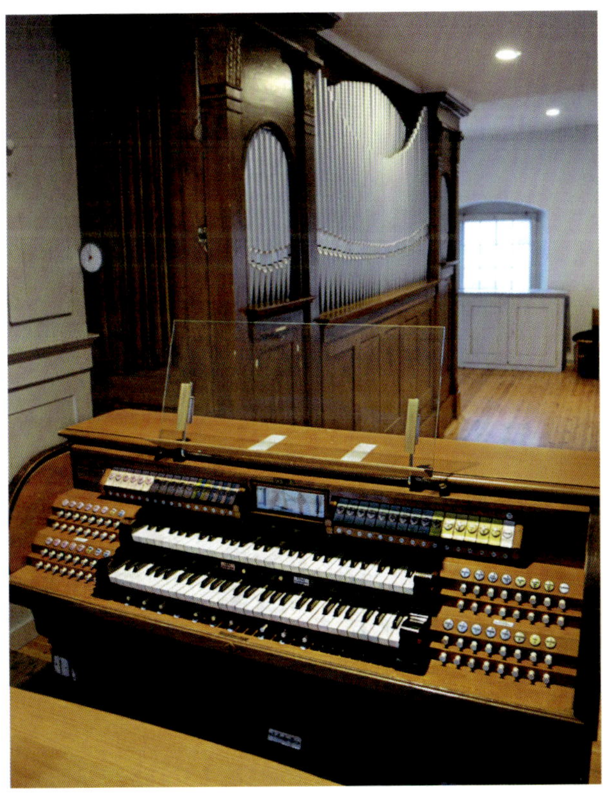

Koppeln: Pedal-Copula zum II. Manual, Pedal-Copula zum I. Manual, Manual-Copula, Suboctav-Copula II. zum I. Manual, Superoctav-Copula II. zum I. Manual, Superoctav-Copula I. zum I. Manual (2015 ergänzt).

Spielhilfen: Crescendo (Walze) mit Anzeige, Schwellwerk I. Manual & Pedal als Hebeltritt, Schwellwerk II. Manual als Balanciertritt mit Anzeige, Schwellwerk I. an Schwellwerk II. (schaltbar über die Registerwippe „Calcant") Windanzeiger,
Feste Kombinationen als Druckknöpfe unter dem I. Manual: PP. – P. – MF. – O. – F. – FF. – Tutti.
Weitere Druckknöpfe unter dem I. Manual: Hand-Register ab, Walze ab, Pianopedal.
Druckknöpfe unter dem II. Manual: I. Freie Combination – Auslöser – II. Freie Combination.
Handregister als Wippen über dem II. Manual. Freie Combinationen als Kleinzüge links und rechts der Manualklaviaturen.

Kegelladen (I. Manual) und Taschenladen (II. Manual mit stehenden Taschen, Pedal mit liegenden Keilbälgchen), pneumatische Ton- und Registertraktur.

ADRESSE DER KIRCHE:

Herrnstraße 43, 63065 Offenbach am Main

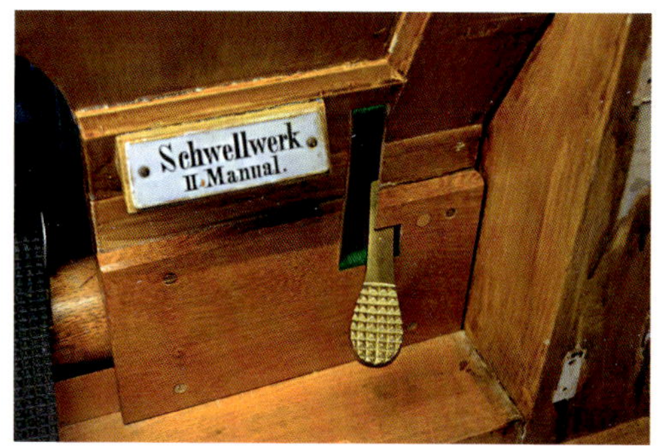

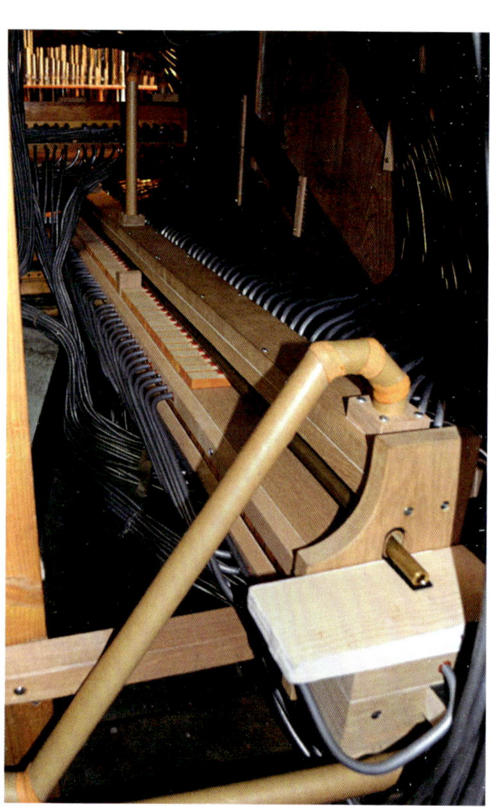

Offenbach, franz.-ref. Kirche: Balanciertritt des Schwellers und die neue pneumatische Superoctav-Copula (I).

OFFENBACH AM MAIN

Katholische Kirche St. Marien

Johannes Klais, Bonn, Opus 528, 1914

BISTUM MAINZ
STADT OFFENBACH
Jahr der Förderung: 2023

Die katholische Marienkirche in Offenbach ist „Unserer lieben Frau vom heiligen Rosenkranz" geweiht. Sie ist gemeinsam mit dem Pfarr- und dem Küsterhaus Teil eines baulichen Ensembles, zwischen dem sich ein Vorhof bildet, der als Paradies mit einer Balustrade zur Bieberer Straße abgegrenzt ist. Die Gesamtanlage beeindruckt durch die Einheitlichkeit der neobarocken Formensprache, in die neoklassizistische und Jugendstilelemente eingelassen sind. Die Kirche wurde im Jahr 1913 nach Plänen des Mainzer Dombaumeisters Ludwig Becker errichtet. Ihre originale Innenausstattung ist nahezu vollständig erhalten. Die einzige Veränderung erfuhr sie durch den Bau eines Voraltars im Zuge der Liturgiereform nach dem II. Vatikanischen Konzil.

Die Orgel aus der Werkstatt Klais in Bonn aus dem Jahr 1914 ist integraler Bestandteil der ursprünglichen Innenausstattung. Ihr zweiteiliger Prospekt nimmt die gesamte Emporenbreite ein, lässt dabei das Mittelfenster aber wirkungsvoll frei. In dem ornamentenreichen neobarocken Gehäuse steht ein ursprünglich vollpneumatisches Werk, dessen Disposition von der elsässischen Orgelreform beeinflusst ist. Es ist eines der wenigen erhaltenen größeren Werke dieses Typs im Rhein-Main-Gebiet. Im Jahr 1973 wurde die Orgel nach rein funktionalen Vorgaben umgebaut und mit elektrischen Trakturen versehen. Der originale, zweifellos neobarock gestaltete Spieltisch ging dabei verloren. Der große Kostendruck, der bei diesem Umbau herrschte, bewahrte das Instrument vor Eingriffen in das Pfeifenwerk. Eine Instandsetzung im Jahr 2001 veränderte nichts an der gewachsenen Substanz.

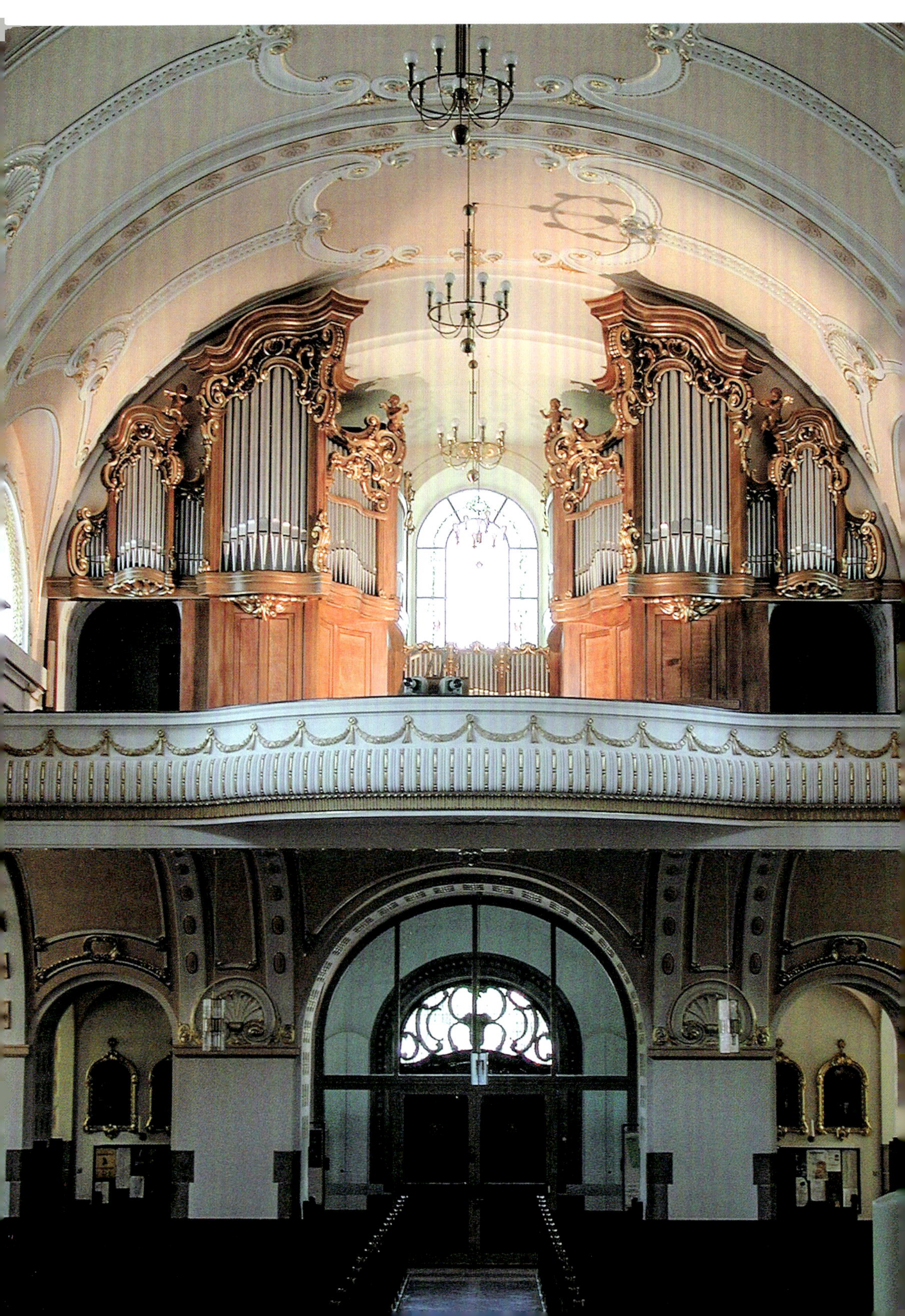

Aufgrund der herausragenden Bedeutung der Orgel als wesentliches Element des neobarocken Denkmalensembles und als Zeugnis der deutschen Orgelbaugeschichte von nationalem Rang wird ihre Restaurierung nicht nur im Rahmen des gemeinsamen Förderprogramms, sondern auch des Sonderförderprogramms des Bundes und von weiteren Förderern unterstützt.

GESCHICHTE:

1914	Bau der Orgel durch Johannes Klais, Bonn.
1973	Elektrifizierung der Trakturen durch die Erbauerfirma, Entfernen des pneumatischen Spieltischs; neuer Spieltisch in einfacher Bauart, Erniedrigung des Winddrucks im Schwellwerk und im Pedal von 110 mmWS auf 82 mmWS.
2001	Abbau der Orgel im Zuge der Kirchenrenovierung sowie Wiederaufbau, Reinigung und Instandsetzung des gewachsenen Bestands durch Orgelbau Klais.
geplant 2023–2025	Restaurierung durch Orgelbau Klais, Bonn: Rekonstruktion der pneumatischen Traktur, des Spieltischs und Wiederherstellung des ursprünglichen Winddrucks.

DISPOSITION:

I. Manual **Hauptwerk** *C–g'''*

Bordun	16'	C–h' Holz gedeckt, ab c'' Zinn gedeckt
Principal	8'	C–h° Zink, C–fis° Prospekt, ab g' innen, ab c' Zinn
Fugara	8'	C–f° Zink, ab fis° Zinn, durchgehend zylindrisch offen, Expressionen, Seitenbärte, Rollbart
Flauto amabile	8'	C–F Holz gedeckt, Fis–h' Holz offen, ab c'' Zinn
Doppel-Gedackt	8'	C–h° Holz gedeckt (C–H mit einem Labium, ab c° Doppellabium), c'–g'' Zinn gedeckt doppelt labiert, ab gis'' Zinn offen einfach labiert
Dulciana	8'	C–f° Zink, ab fis° Zinn, durchgehend zylindrisch offen, Expressionen, Seitenbärte, Rollbart
Octave	4'	C–H Zink, C–B im Prospekt, ab c° Zinn
Quinte	2 2/3'	Zinn offen, als „Mixtur" gestempelt
Super Octave	2'	Zinn, als „Mixtur" gestempelt
Mixtur 4–5fach		C–h° 1 1/3' + 1', ab c' + 4', zieht Quinte und Superoctave mit
Trompete	8'	Stiefel aus Zink, C–h° Becher Zink, ab c' Zinn, ab fis'' doppelte Becherlänge

***II. Manual* Schwellwerk** *C–g''' (für Oktavkoppel ausgebaut bis g'''')*

Flöten-Principal	8'	C–h° Zink, ab c' Zinn, Expressionen
Bordunal-Flöte	8'	C–h° Holz gedeckt, c'–g'' Zinn gedeckt, ab gis'' Zinn offen
Solo-Gamba	8'	C–f° Zink, ab fis° Zinn, Expressionen, Seitenbärte und Holzrolle
Aeoline	8'	C–f° Zink, ab fis° Zinn, Expressionen, Seitenbärte, Messingbügel
Vox coelestis	8'	ab f°, Zinn, Expressionen, Seitenbärte, Messingbügel
Quintatön	8'	C––H Zink gedeckt, c°–g''' Zinn gedeckt, ab gis''' Zinn konisch offen mit Expressionen
Flauto Traverso	4'	C–h° Holz offen, ab c' Zinn überblasend mit Expressionen
Violine	4'	Zinn, 4', Seitenbärte und Holzrollen, Messingbügel, Expressionen, Chor der Harmonia ätheria
Quintflöte	2 2/3'	Zinn konisch offen, Expressionen, repetiert auf gis'''
Flautino	2'	Zinn offen zylindrisch, Expressionen, repetiert auf gis'''
Terzflöte	1 3/5'	Zinn offen konisch, Expressionen, repetiert auf gis'''
Harmonia aetheria 4fach	2 2/3'	Zinn offen, Expressionen, 2 2/3' + 2' + 1 3/5', zieht Violine 4' mit
Horn	8'	Stiefel aus Zink, C–h° Becher Zink, c'–g''' Becher Zinn (Drehdeckel), c'''–g''' doppelte Becherlänge, ab gis''' labial Zinn

Pedal *C–f'*

Violonbass	16'	C–f° Holz offen, ab fis° Zink offen mit Expressionen
Subbass	16'	Holz gedeckt, bogenförmig aufgeschnitten
Zartbass	16'	Windabschwächung vom Subbass
Principal	8'	Zink, C––fis° im Prospekt, ab g° auf der Lade
Salicet	8'	Transmission aus Dulciana (I)
Posaune	16'	Becher Zink, Stiefel Holz

Koppeln: Normalkoppeln, Oktavkoppeln sub und super II–I, Melodiekoppel I–II, Generalkoppel, Leerlaufkoppel.

Spielhilfen: Registerschweller ab, Auslöser, Handregister, Freie Kombination, feste Kombinationen Piano/Forte/Tutti, Zungen ab, automatisches Pedal ab, Registerschweller, Jalousieschweller.

Pneumatische Kegelladen. Winddruck: 110 mmWs.

ADRESSE DER KIRCHE:

Bieberer Straße 55, 63065 Offenbach am Main

PETERSBERG

Katholische Kirche St. Peter (Liobakirche)

Wilhelm Sauer, Frankfurt (Oder), Opus 523, 1895

BISTUM FULDA
LANDKREIS FULDA
Jahr der Förderung: 2006

Hoch auf dem Petersberg – einem der rings um Fulda angeordneten, mit einer Kirche oder einem Kloster bekrönten Berge – steht weithin sichtbar die Kirche St. Peter, die dem Berg und dem Ort den Namen gab. Als frühere Grabeskirche der heiligen Lioba wird sie noch heute auch als Liobakirche bezeichnet. Die ehemalige Klosterkirche wurde unter dem Fuldaer Abt Rabanus Maurus in den 830er Jahren errichtet. Vom ersten Bau sind die Krypta und romanische Mauerwerkspartien im Chor erhalten. Das Langhaus wurde im 15. Jahrhundert neu errichtet und nach Kriegszerstörungen in der frühen Neuzeit wieder aufgebaut.

Bestandteil der vornehmlich barocken Innenausstattung ist die Orgel, die um das Jahr 1750 von einem unbekannten Orgelbauer errichtet worden war und in deren Gehäuse die Werkstatt Wilhelm Sauer im Jahr 1895 ein neues Werk einbaute. Die Restaurierung des weitgehend unverändert erhaltenen Instruments im Jahr 2006 stand am Ende einer umfassenden Renovierung der gesamten Kirchenanlage auf dem Petersberg.

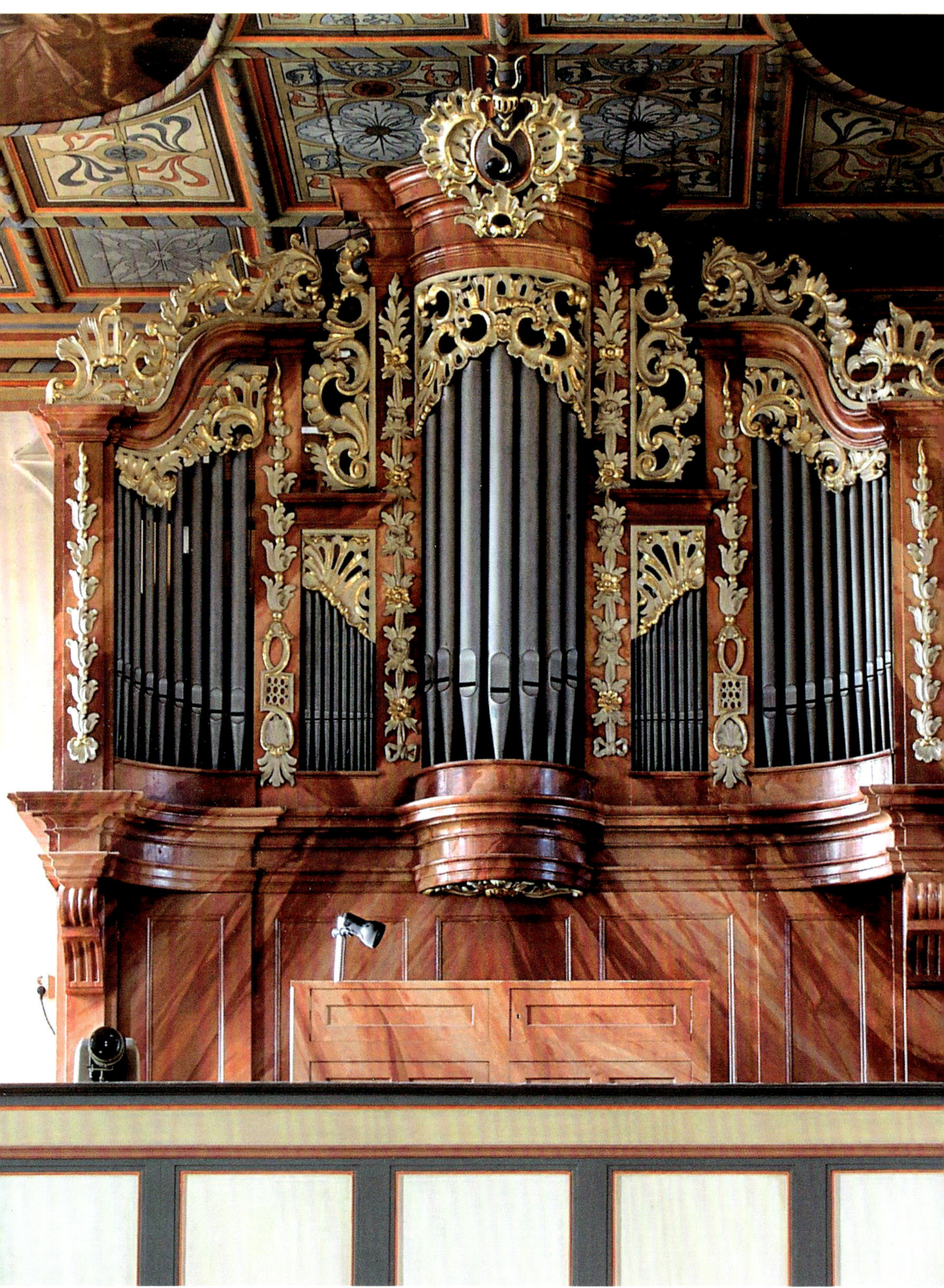

GESCHICHTE:

um 1750	Bau einer Orgel mit 12 Registern durch einen unbekannten Orgelbauer.
1895	Neubau der Orgel im vorhandenen Gehäuse durch Wilhelm Sauer, Frankfurt (Oder).
1918	Orgelpflegevertrag mit Kaspar Schedel aus Fulda.
1926–1975	Betreuung durch Alban Späth, Fulda (seit 1972 Späth, Ennetach).
1979	Restaurierung und Aufstellung in der Mitte der Empore durch Otto Hoffmann, Ostheim v. d. Rhön.
2006/07	Restaurierung durch Hermann Eule Orgelbau, Bautzen

DISPOSITION:

I. Manual *C–f'''*

Bordun	16'
Principal	8'
Viola di Gamba	8'
Hohlflöte	8'
Gedeckt	8'
Octave	4'
Floete	4'
Rauschquinte	2 2/3' + 2'
Mixtur 4fach	

II. Manual *C–f'''*

Geigenprincipal	8'
Salicional	8'
Lieblich Gedeckt	8'
Flauto dolce	4'

Pedal *C–d'*

Violon	16'
Subbass	16'
Octavbass	8'

Koppeln als Tritte: Pedalcoppel, Manualcoppel, Collectivpedal.

Mechanische Kegelladen. Vorderspielig mit Blickrichtung zum Altar.

ADRESSE DER KIRCHE:

An St. Peter 2, 36100 Petersberg (Hessen)

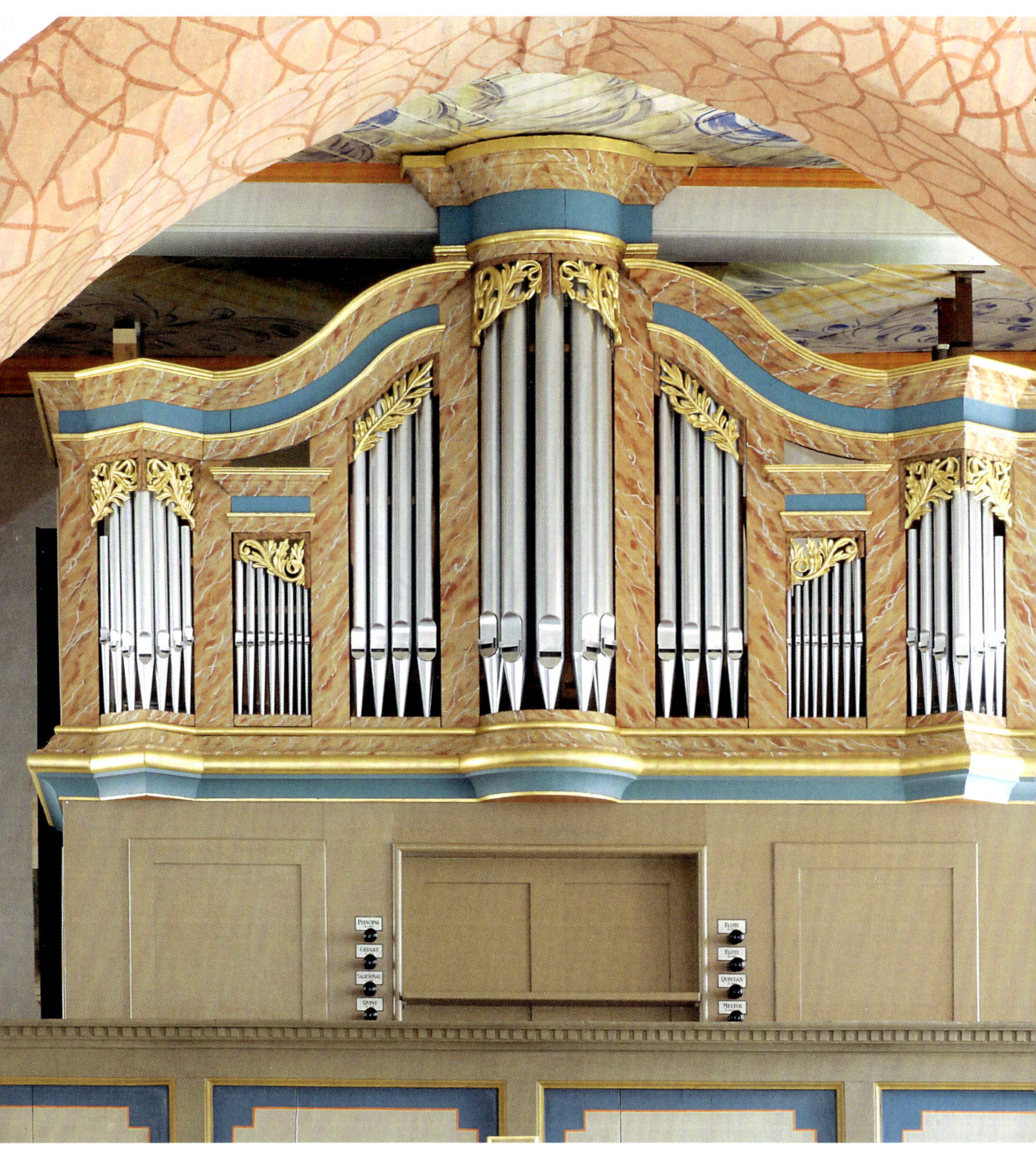
PRINCIPAL
GEDAKT
FLOTE
FLOTE
MIXTUR

PFORDT (SCHLITZ)

Evangelische Kirche

Augustin und Joseph Oestreich, Oberbimbach und Bachrain, 1849

EVANGELISCHE KIRCHE IN HESSEN UND NASSAU
VOGELSBERGKREIS
Jahr der Förderung: 2010

Die auf einem kreuzförmigen Grundriss erbaute evangelische Kirche in Pfordt wurde im Jahr 1615 an gleicher Stelle wie ihr im 12. Jahrhundert entstandener Vorgängerbau errichtet. Im Jahr 1894 wurde der in neogotischen Formen gestaltete Glockenturm dem Westportal der älteren Kirche vorgesetzt und mit einem schiefergedeckten, achtseitigen Aufsatz mit hohem und spitzem Helm versehen.

Das Kircheninnere wurde im Jahr 1711 mit einer umlaufenden Emporenanlage ausgestattet, die bei einer Kirchenrenovierung im Jahr 1981 mit Ausnahme der Orgelempore entfernt wurde. Zur gleichen Zeit wurde auch das Ensemble aus Altar, Kanzel und Orgel aufgebrochen, um die Kanzel an die rechte Seite des Chorbogens zu verlegen.

Die weitgehend original erhaltene Orgel ist ein Werk der Vettern Augustin Oestreich aus Oberbimbach und Josef Oestreich aus Bachrain aus dem Jahr 1850. Die im Jahr 2010 durchgeführte Restaurierung der Orgel machte das zuvor stillgelegte Instrument wieder spielbar. Neben der Reinigung der stark von Schimmel befallenen Holzoberflächen war auch die Restaurierung der erhaltenen Balganlage Bestandteil der geförderten Maßnahme.

GESCHICHTE:

1849	Bau der Orgel durch Augustin Oestreich, Oberbimbach, und Josef Oestreich, Bachrain.
1850	Abnahme durch den Friedberger Seminarlehrer Carl Thurn.
1917	Ablieferung der Prospektpfeifen.
unbekannter Zeitpunkt	Einbau neuer Prospektpfeifen aus Zink.
1952	Einbau eines elektrischen Gebläsemotors und Wiederherstellung der Register Violon 8‘ und Oktave 2‘ durch Förster & Nicolaus Orgelbau, Lich.
1979	Reinigung und Instandsetzung durch Förster & Nicolaus.
Oktober 2010 bis April 2011	Restaurierung durch Orgelbau Andreas Schmidt, Altenhaßlau (Linsengericht).

DISPOSITION:

Manual *C–f‘‘‘*		***Pedal*** *C–c‘*	
Gedakt	8‘	Subbas	16‘
Flöte	8‘	Violon	8‘
Quintan	8‘		
Salicional	8‘		
Principal	4‘		
Flöte	4‘		
Quinta	3‘		
Mixtur 4fach	2‘		

Nebenzüge: Coppel, Wind.

Mechanische Schleifladen. Vorderspielig.

Stimmton: a‘ = 460 Hz bei 20 °C.

ADRESSE DER KIRCHE:

Kirchgasse 1, Pfordt, 36110 Schlitz

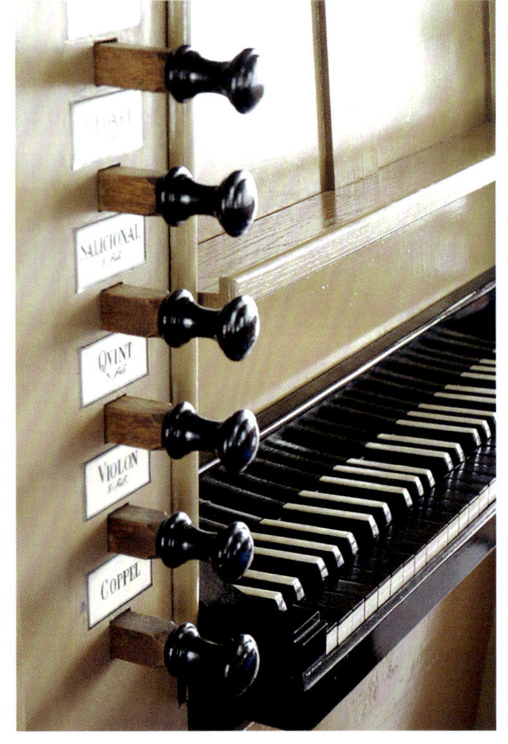

REICHENBACH (LAUTERTAL)

Evangelische Kirche
Georg Christian und Gottlieb Rothermel, Zwingenberg, 1873

EVANGELISCHE KIRCHE IN HESSEN UND NASSAU
LANDKREIS BERGSTRASSE
Jahr der Förderung: 2002

Die evangelische Kirche in Reichenbach wurde im Jahr 1748 mit Unterstützung des Erbacher Grafen anstelle einer Kapelle aus dem 15. Jahrhundert errichtet. Der dem Saal vorgelagerte Turm ist mit einer zweigeschossigen, oktogonalen Zwiebelhaube bedeckt. Der lichte Innenraum wird wesentlich durch die mächtige, zweiteilige Emporenanlage, die in schmale Felder gegliederte, mit Rankenmotiven bemalte Kassettendecke und nicht zuletzt durch das Ensemble von Altar, Kanzel und Orgel geprägt. Die Holzsichtigkeit der beiden letzteren Elemente korrespondiert mit den beiden großzügigen, Kanzel und Altar flankierenden Portalen.

In das bauzeitliche Orgelgehäuse baute die Zwingenberger Werkstatt Rothermel im Jahr 1873 ein neues Werk ein, das durch seine ungewöhnliche Disposition auffällt, da das zweite Manual als Echo- oder Pianowerk mit nur drei Registern und ohne Gedackt 8‘ besetzt ist. Im Zuge der geförderten Restaurierung wurde im Jahr 2002 die klangliche Integrität des nur geringfügig veränderten Instruments wieder hergestellt.

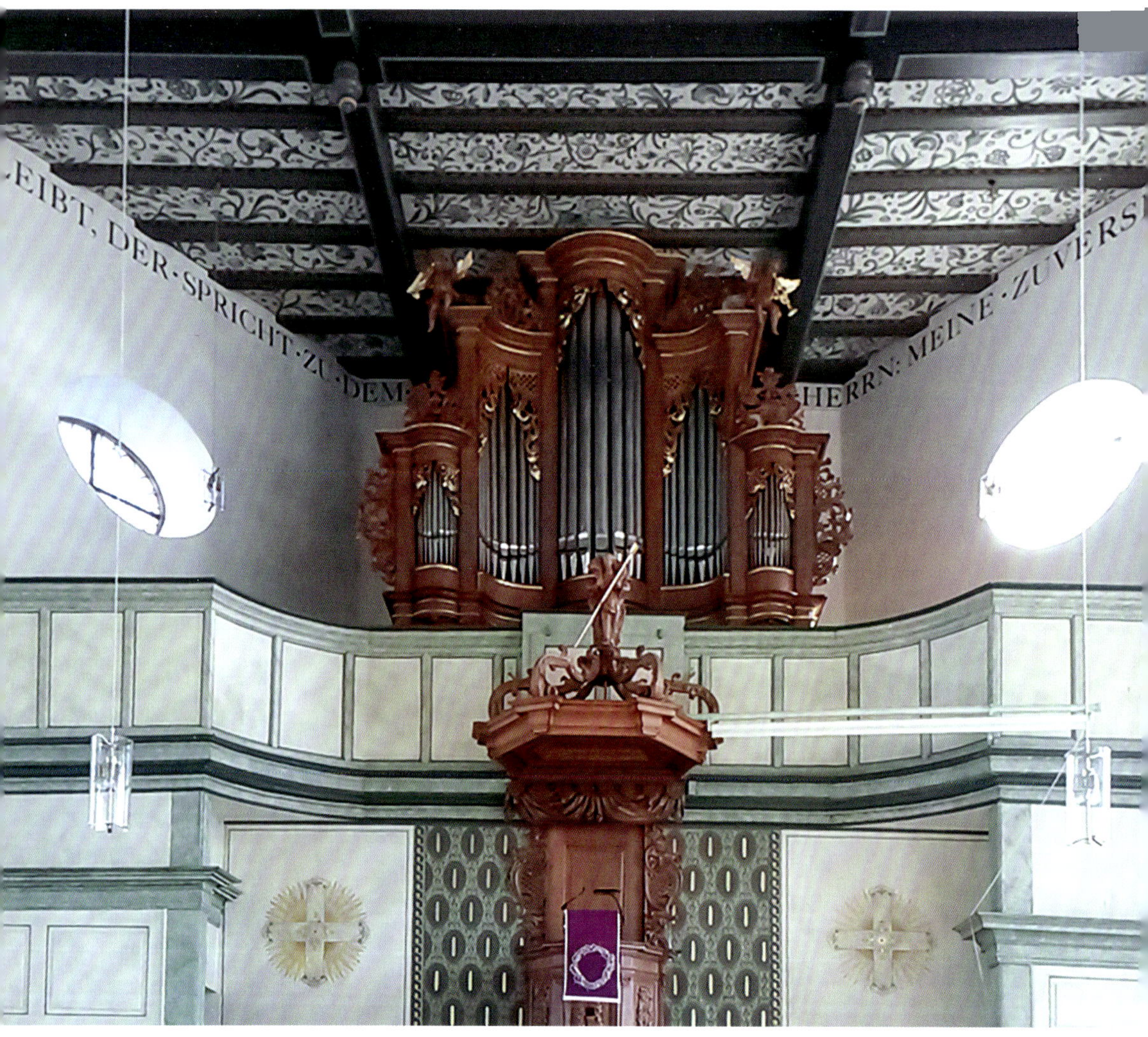
EIBT, DER·SPRICHT·ZU·DEM·
HERRN: MEINE·ZUVERS

GESCHICHTE:

1747/48 Bau einer Orgel durch Johann Georg Hugo aus Aschaffenburg.

1796 Reparatur durch Johannes Oberndörfer, Jugenheim.

1873 Einbau eines neuen Werks in das vorhandene Gehäuse durch Georg Christian und Gottlieb Rothermel, Zwingenberg. Hierbei wurde die Breite des Gehäuseunterbaus dem Oberbau angeglichen.

1913 Reinigung und Einbau eines Doppelfaltenmagazinbalgs durch Förster & Nicolaus, Lich.

1917 Ablieferung der Prospektpfeifen und später Ersatz durch Zinkpfeifen.

1976 Überholung, neue Prospektpfeifen in Zinn sowie Austausch des Registers Salicional 8‘ gegen eine Rauschquinte (2‘ + 1 1/3‘) durch die Firma Walcker, Murrhardt.

1997 Stilllegung der Orgel wegen Unspielbarkeit und Renovierung der Kirche.

2002 Restaurierung durch Andreas M. Ott, Bensheim; Rekonstruktion des Salicional 8‘.

DISPOSITION:

I. Manual *C–f‘‘‘*

Quintadena	16‘	C–f° Holz, gedeckt
Principal	8‘	C–b‘‘ Prospekt (1976)
Gedackt	8‘	C–h° Holz, gedeckt
Octav	4‘	
Hohlflöte	4‘	Holz
Quint	3‘	konisch
Flageolet	2‘	konisch
Mixtur 4fach	2‘	ab c° 2 2/3‘

II. Manual *C–f‘‘‘*

Salicional	8‘	2002
Dolce	8‘	Holz, C–H gedeckt
Flöte	4‘	Metall

Pedal *C–d‘*

Principalbaß	16‘	Holz, offen
Subbaß	16‘	Holz, gedeckt
Cello	8‘	Holz, offen, Streichbärte

Manualcoppel, Pedalcoppel.
4 feste Kombinationen als Fußhebel (addierend, Koppeln nicht enthalten).
Ventilzug (heute ohne Funktion).

Mechanische Kegelladen.
Vorderspielig mit freistehendem Spieltisch und Blick zum Kirchenraum.
Gleichschwebende Temperatur. Stimmtonhöhe: a‘ = 435 Hz bei 14 °C.

ADRESSE DER KIRCHE:

Nibelungenstraße 263, Reichenbach, 64686 Lautertal (Odenwald)

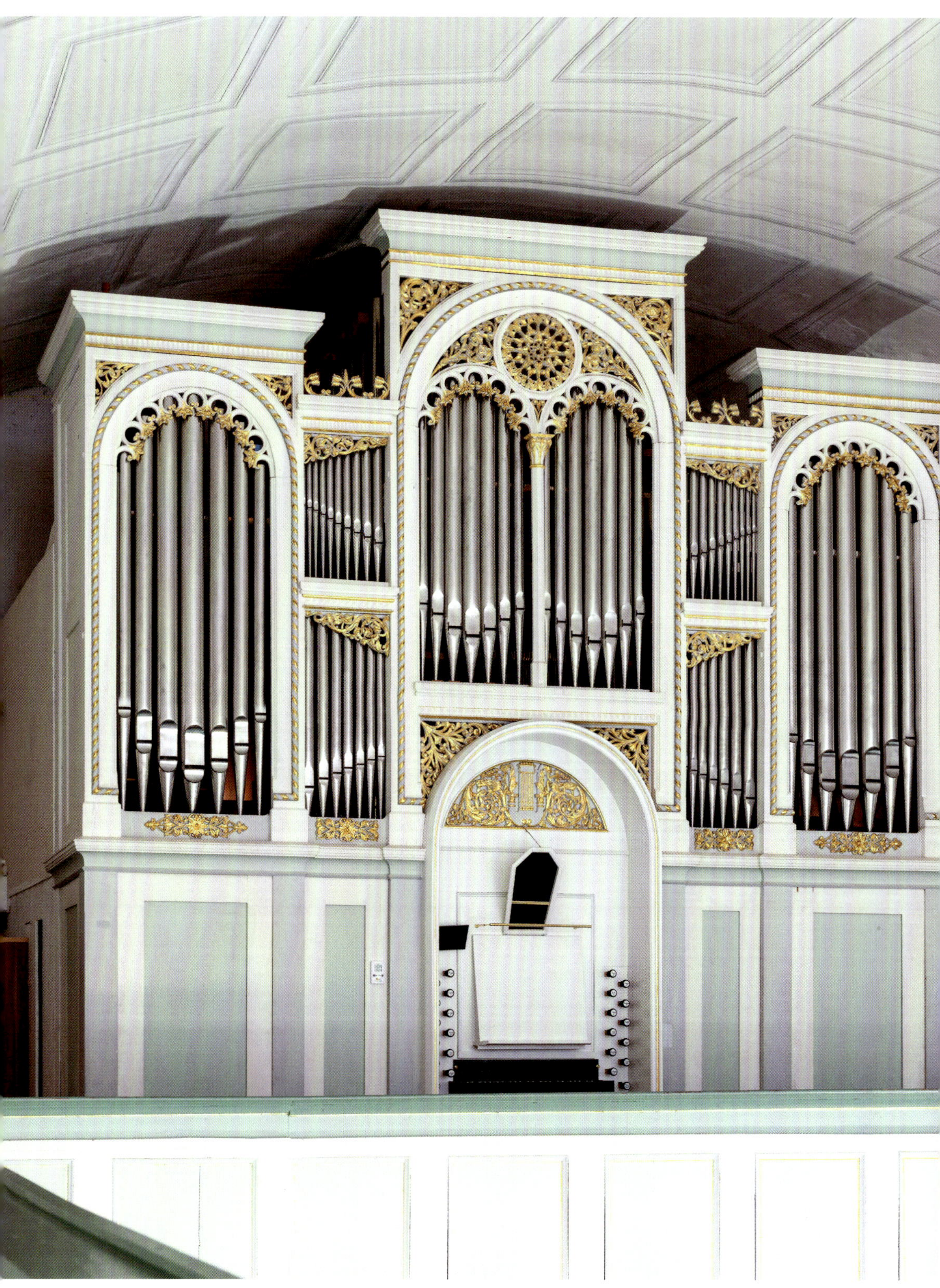

RHODEN (DIEMELSTADT)

Evangelische Kirche
Jakob Vogt, Korbach, 1852

EVANGELISCHE KIRCHE VON KURHESSEN-WALDECK
LANDKREIS WALDECK-FRANKENBERG
Jahr der Förderung: 2016

Die evangelische Kirche in Rhoden wurde in den Jahren 1735 bis 1754 – das Mauerwerk des Vorgängerbaus einbeziehend – als barocker Saalbau errichtet. Die Pläne stammten von Julius Ludwig Rothweil und seinem Sohn Franz Friedrich Rothweil, den Baumeistern der Schlösser in Arolsen, Weilburg und Neuwied. Der wuchtige Westturm entstand bereits in der zweiten Hälfte des 16. Jahrhunderts, die Haube wurde erst um 1750 aufgesetzt. Der Innenraum wird von einem flachbogigen Holztonnengewölbe und zweigeschossigen, dreiseitig umlaufenden Emporen bestimmt. Im Chor erhebt sich die Kanzel über dem Altar.

Die Orgel befindet sich mittig auf dem obersten Emporenrang. Sie ist ein Werk des Korbacher Orgelbauers Jakob Vogt von 1852. Sie besitzt einen fünfteiligen, noch in spätklassizistischen Formen gestalteten Prospekt. Mit 22 Registern auf zwei Manualen und Pedal hat das Werk eine stattliche Größe.

Gravierende Eingriffe in die klangliche und technische Substanz konnten im Zuge der bereits im Jahr 1988 durchgeführten Restaurierung revidiert werden, da ein Großteil des in den Jahren 1963/64 ausgebauten Materials in der Orgel und in der Balgkammer eingelagert waren. Der Anlass für die neuerliche Restaurierung in den Jahren 2016/17 waren Schimmelbefall, Undichtigkeiten im windführenden System, Schwergängigkeit der Spielanlage und gravierende Mängel der Intonation des Pfeifenwerks.

GESCHICHTE:

Christi Himmelfahrt 1657	Eine neue Orgel von Peter Grebe, Lippstadt, wird erstmals gespielt. Bereits zuvor war eine Orgel vorhanden, da dem Orgelbauer Teile des alten Werks überlassen wurden.
1735	Die Kirche und mit ihr die Orgel werden bei einem Stadtbrand zerstört.
1752	Bau einer zweimanualigen Orgel durch Johann Philipp Reinecke, Rhoden.
1811	Ankauf der Orgel aus der Petrikirche Höxter.
1852	Bau der heute noch vorhandenen Orgel durch Jakob Vogt, Korbach
1917	Abgabe der Prospektpfeifen.
unbekannter Zeitraum	Einbau neuer Prospektpfeifen aus Zink.
1963/64	Umbau durch die Firma Euler, Hofgeismar: Tieferstimmung auf den modernen Kammerton durch Rücken um zwei Halbtöne, Einsetzen von Pfeifen aus Lagerbestand für die Töne C und Cis, Elektrifizierung der Registertraktur, Einbau eines Serienspieltischs, neue Spieltraktur in Aluminium.
unbekannter Zeitraum	Umdisposition von 5 Registern, Erneuerung der Posaune 16‘.
1988	Restaurierung durch Stephan Böttner, Frankenberg (Eder): Rekonstruktion des Spieltischs, der mechanischen Trakturen und der originalen Disposition; Beibehaltung des heutigen Stimmtons, Neubau der Pfeifen C und Cis in passender Bauart und Mensur.
2016/17	Restaurierung durch Orgelbau Mebold, Siegen: Ausreinigung, Vervollständigung der 1988 erfolgten Restaurierung nach höheren konservatorischen Maßstäben, Nachintonation.

DISPOSITION:

I. Manual *C–f'''*		***II. Manual*** *C–f'''*	
Bordun	16'	Quintatön	16'
Principal	8'	Geigenprincipal	8'
Hohlflöte	8'	Salicional	8'
Gedact	8'	Flauto travers	8'
Gamba	8'	Hohlflöte	4'
Octave	4'	Spitzflöte	4'
Fugara	4'	Flageolett	2'
Quinte	3'	Cornett 3fach	
Octave	2'		
Mixtur 4fach	2'	***Pedal*** *C-c'*	
		Subbaß	16'
		Violon	16'
		Octavbaß	8'
		Posaune	16'

Manualkoppel, Pedalkoppel.

Mechanische Schleifladen.

LITERATUR:

Ev. Kirchengemeinde Rhoden, *Festschrift zu Einweihung der Orgel am 6. November 1988.*

ADRESSE DER KIRCHE:

Lange Straße 8, Rhoden, 34474 Diemelstadt

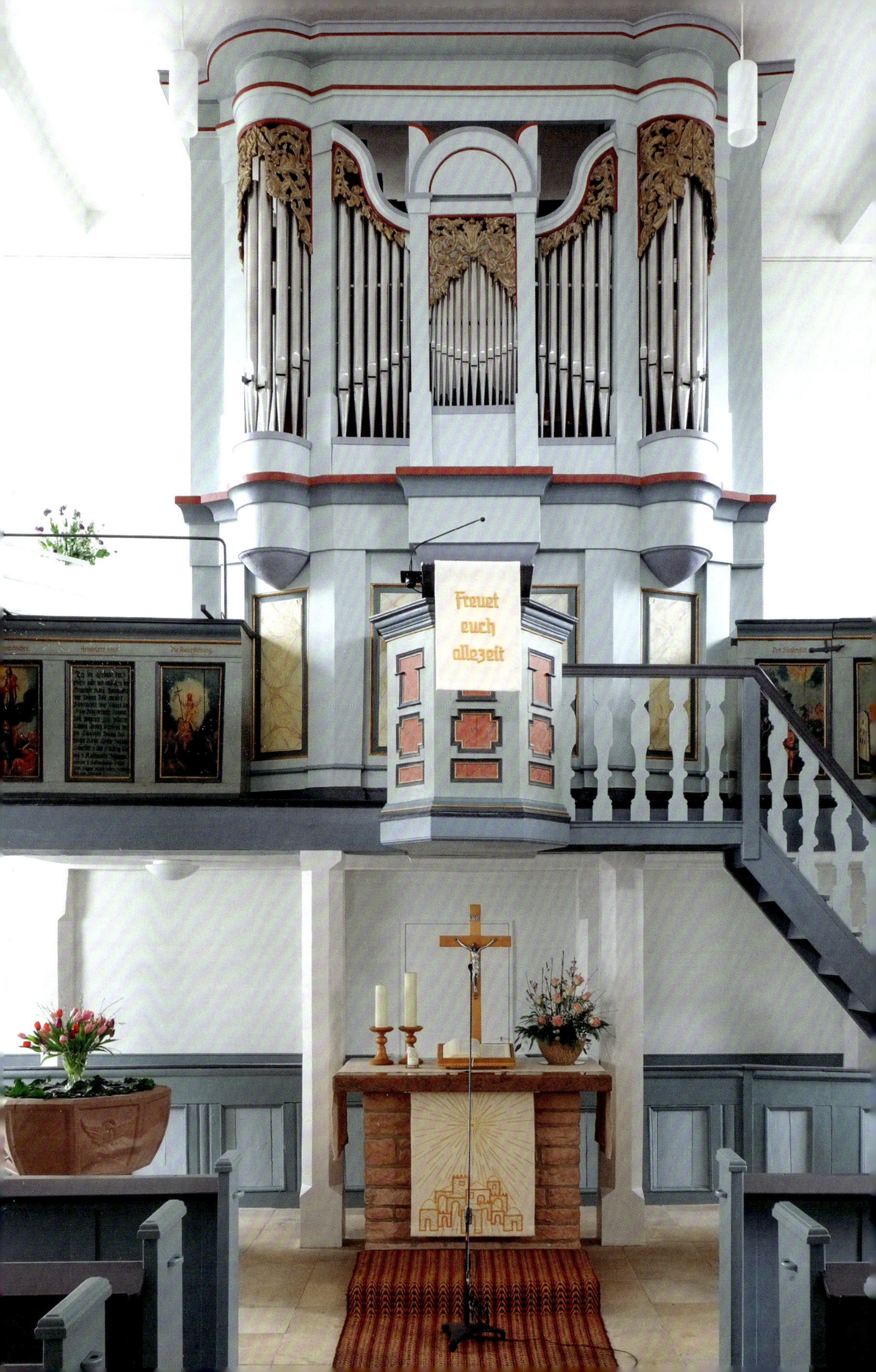
Freuet
euch
allezeit

ROTH (ESCHENBURG)

Evangelische Kirche

Johannes Mayer, Worms, 1750

EVANGELISCHE KIRCHE IN HESSEN UND NASSAU
LAHN-DILL-KREIS
Jahr der Förderung: 2018

Die evangelische Kirche in Roth besitzt einen mittelalterlichen Chorturm mit Zeltdach. Das Schiff wurde nach Plänen von Landbaumeister Hofmann aus Darmstadt in den Jahren 1823/24 in Fachwerkbauweise neu errichtet. Auch die Emporen stammen aus dieser Bauzeit. Die mutmaßlich aus der Vorgängerkirche übernommene Kanzel und die Orgel befinden sich an der Ostseite der Kirche.

Die Orgel, die sich heute in Roth befindet, wurde in den Jahren 1749/50 von Johannes Mayer aus Worms für die Burgkirche in Friedberg gebaut. Johannes Mayer gehörte zu den bedeutenden Orgelbauern seiner Zeit, der große Werke auch für den Dom St. Bartholomäus in Frankfurt, die Dreifaltigkeitskirche in Worms und die Stadtkirche in Friedberg baute. Die Orgel der Friedberger Burgkirche kam im Jahr 1849 nach Roth. Trotz der aus diesem Anlass vorgenommenen Veränderungen und eines umfangreicheren Umbaus von 1971 war so viel originales Pfeifenwerk erhalten, dass eine sichere Rekonstruktion der ursprünglichen Disposition möglich war. Diese war der Hauptgegenstand der im Jahr 2019 durchgeführten Restaurierung.

Eine Besonderheit des Instruments ist das seltene Diskant-Solo-Register Suavial 8‘. Seit der Mitte des 18. Jahrhunderts wurden weit überwiegend in der Schweiz Register dieses Namens gebaut. Johannes Mayer bot es im Jahr 1752 auch der reformierten Friedrichskirche in Worms an. Die neun in Roth erhaltenen Pfeifen, auf deren Grundlage die Rekonstruktion des Registers möglich war, gelten als die ältesten erhaltenen dieser Bauart überhaupt. Dies und die große Bedeutung Johannes Mayers für den mittelrheinischen Orgelbau des 18. Jahrhunderts begründen den außerordentlichen Denkmalwert der Rother Orgel.

GESCHICHTE:

1749/50	Bau der Orgel für die alte Burgkirche St. Georg in Friedberg durch Johannes Mayer, Worms.
1808	Aufstellen der Orgel in der neuen Burgkirche nach 25jähriger Einlagerung.
1849	Übertragung des Instruments nach Roth durch Johann Georg Förster; hierbei Neubau der Balganlage und einer neuen Pedallade mit erweitertem Tonumfang, Ergänzen des Tons Cis im Manual, Umbau auf Seitenspieligkeit.
1917	Abgabe der Prospektpfeifen.
1930	Einbau neuer Prospektpfeifen aus Zink; Austausch eines Registers; wahrscheinlich Erneuerung der Balganlage (Einfaltenmagazinbalg).
1971	Wiederherstellung der vermuteten Erstdisposition und Einbau neuer Prospektpfeifen aus Zinn; Erneuerung der Spielanlage und der Trakturen unter Verwendung alter Teile (Erhalt der Klaviaturen), Einbau eines Regulierbalgs für die Manuallade, neue Windkästen durch Günther Hardt, Möttau.
2019	Restaurierung durch Uwe Hardt, Möttau (Weilmünster): Wiederherstellung der ursprünglichen Disposition durch Rekonstruktion des Registers Suavial anhand erhaltener Pfeifen, der Mixtur mit vorhandenen Pfeifen sowie der Register Terz und Cimbel, Einbau eines Doppelfaltenmagazinbalgs und Entfernen der Windladenschwimmer.

DISPOSITION:

Manual *C–c'''*

Prinzipal	8'	C–d° Holz, ab dis° im Prospekt
Salicional	8'	C–H Holz, ab c° Metall
Suavial (ab c')	8'	rekonstruiert anhand erhaltener Pfeifen
Bordun	8'	C–h° Holz (Raßmann), ab c' Metall
Oktave	4'	
Gedackt	4'	
Quinte	2 2/3'	
Oktave	2'	
Terz	1 3/5'	rekonstruiert
Mixtur 3fach	2'	rekonstruiert mit Originalmaterial
Cymbal 1fach	1'	auf dem alten Stock rekonstruiert

Pedal *C–d'* (Mayer: CD–a°, 1849 Cis und b°–c' hinzugefügt, 1971 cis' und d' hinzugefügt)

Subbass	16'	

Pedalkoppel.

Manual: mechanische Schleiflade; Pedal: Ventillade.

Stimmton: a' 452 Hz bei 13,5 °C.

ADRESSE DER KIRCHE:

An der Kirche 2, Roth, 35713 Eschenburg

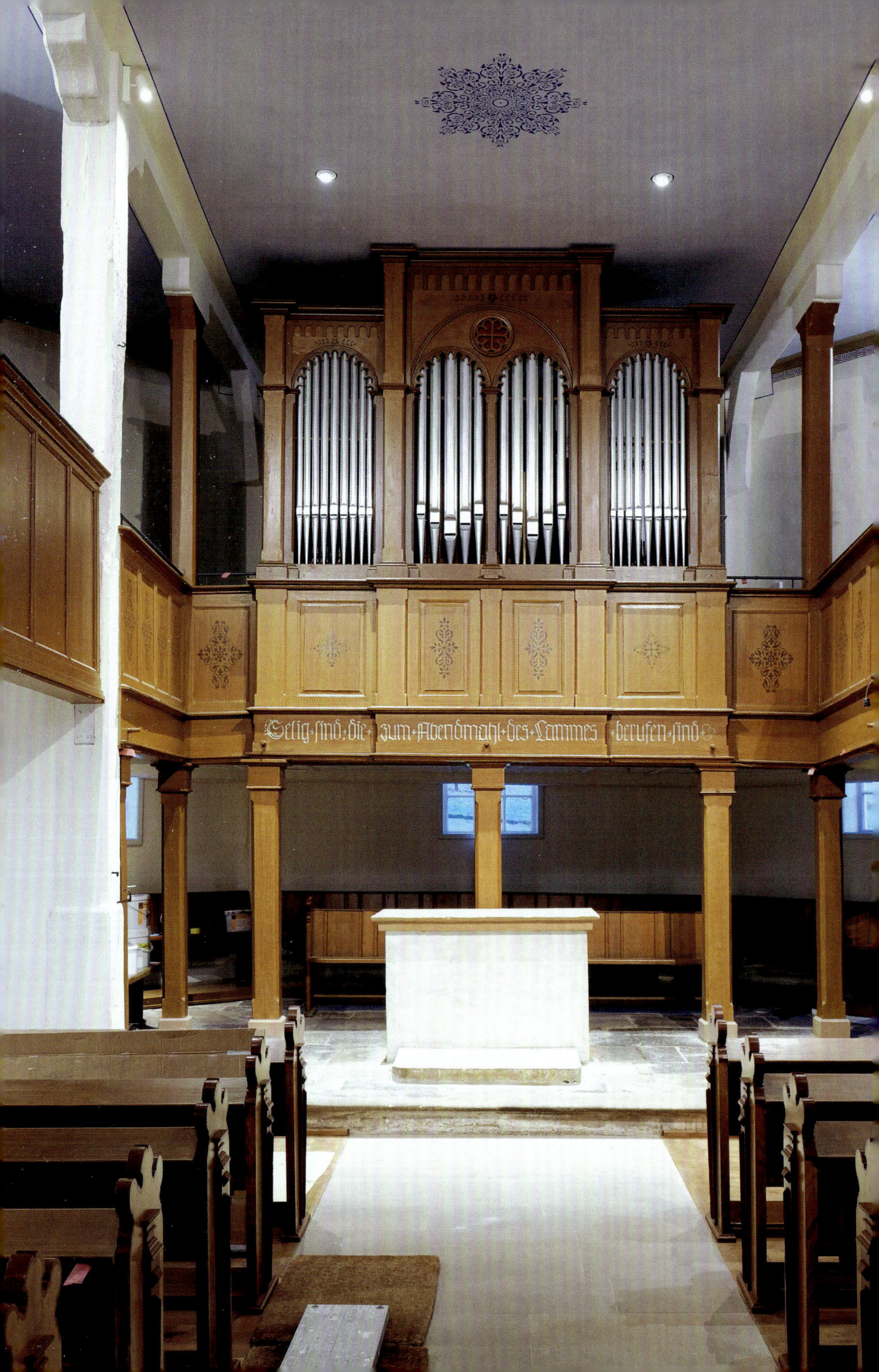
Selig sind die zum Abendmahl des Lammes berufen sind

RUDINGSHAIN (SCHOTTEN)

Evangelische Kirche
Friedrich Wilhelm Bernhard, Romrod, 1857

EVANGELISCHE KIRCHE IN HESSEN UND NASSAU
VOGELSBERGKREIS
Jahr der Förderung: 2016

Die evangelische Kirche in Rudingshain ist eine der für den hohen Vogelsberg typischen, in schlichtem Barock gestalteten Fachwerkkirchen, die mit einem Holzschindelbehang versehen sind. Sie wurde in den Jahren 1672/73 als Saalbau mit dreiseitigem Schluss errichtet. An der Chorseite erhebt sich aus dem Satteldach ein achteckiger Haubendachreiter. Der Innenraum ist durch die umlaufende Emporenanlage mit zur Decke durchgeführten Holzstützen geprägt. Die herausragenden Ausstattungsstücke sind die Kanzel aus dem Jahr 1685 und die auf der Ostseite über dem Altar in die Emporenbrüstung eingelassene Orgel.

Das Instrument wurde im Jahr 1857 von Friedrich Wilhelm Bernhard aus Romrod gebaut und ist nahezu unverändert erhalten. Die im Ersten Weltkrieg eingezogenen Prospektpfeifen wurden bereits im Jahr 1982 rekonstruiert. Im Zuge der Gesamtsanierung der Kirche wurde ab dem Jahr 2015 auch die Orgel restauriert. Schwerpunkte der geförderten Maßnahme waren die Beseitigung von Schimmel, die nachhaltige Behebung von Undichtigkeiten sowie Arbeiten zur Herstellung einer leichteren Gängigkeit der Spieltraktur.

GESCHICHTE:

1857	Bau der Orgel durch Friedrich Wilhelm Bernhard, Romrod.
1917	Ablieferung der Prospektpfeifen.
unbekannter Zeitpunkt	Einbau neuer Prospektpfeifen aus Zink.
1982	Reinigung und Rekonstruktion des Prospekts mit Zinnpfeifen.
September 2015 bis Januar 2022	Restaurierung durch Förster & Nicolaus Orgelbau, Lich.

DISPOSITION:

Manual *C–f'''*

Quintatön	16'
Principal	8'
Bordun	8'
Flöt	8'
Salicional	8'
Octav	4'
Flöt	4'
Mixtur 4fach	2'

Pedal *C–d'*

Subbaß	16'

Das Pedal ist fest an das Manual angehängt.

Mechanische Schleifladen. Seitenspielig links. Zwei Kastenbälge.

ADRESSE DER KIRCHE:

Schulstraße 1, Rudingshain, 63679 Schotten

RÜCKERSHAUSEN (AARBERGEN)

Evangelische Kirche
Johann Christian Köhler, Frankfurt am Main, 1754

EVANGELISCHE KIRCHE IN HESSEN UND NASSAU
RHEINGAU-TAUNUS-KREIS
Jahr der Förderung: 2021

Die evangelische Kirche in Rückershausen ist ein aus Bruchsteinen gemauerter Saalbau mit Satteldach und westlichem Dachreiter mit Spitzhelm. Im Osten schließt ein dreiseitiger, etwas höher gelegener Chor die Kirche ab. In der schlichten barocken Ausstattung der Kirche mit einer Kanzel aus der Mitte des 18. Jahrhunderts und einem Tonnengewölbe tritt die Orgel hervor.

Sie wurde im Jahr 1754 von dem Frankfurter Orgelbauer Johann Christian Köhler gebaut. Obwohl dessen Urheberschaft nicht durch Akten bezeugt ist, kann ihm das Instrument aufgrund der für ihn typischen Bauart und Qualität zweifelsfrei zugeschrieben werden. Die ursprünglich nur aus einem Manualwerk bestehende Orgel erhielt erst im 20. Jahrhundert – vermutlich in den 1920er Jahren – ein Pedal mit einem Subbass 16'. Bei einem als Restaurierung deklarierten Umbau im Jahr 1972 wurden viele wertvolle Teile der Windanlage, der Traktur und des Pfeifenwerks entfernt. Dies betraf vor allem das Material des Köhlerschen Werks, aber auch die später hinzugefügte Pedalwindlade. Im Zuge der Restaurierung von 2021 wurden diese Teile aufwendig rekonstruiert. Die Pedallade wurde mit Mitteln des 18. Jahrhunderts neu angefertigt und um eine nach Köhler-Vorbildern gebaute Zungenstimme erweitert.

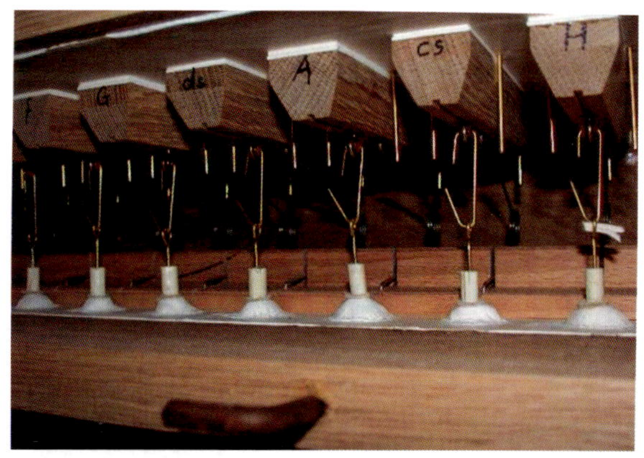

Rückershausen: Blick in den Ventilkasten nach der Restaurierung.

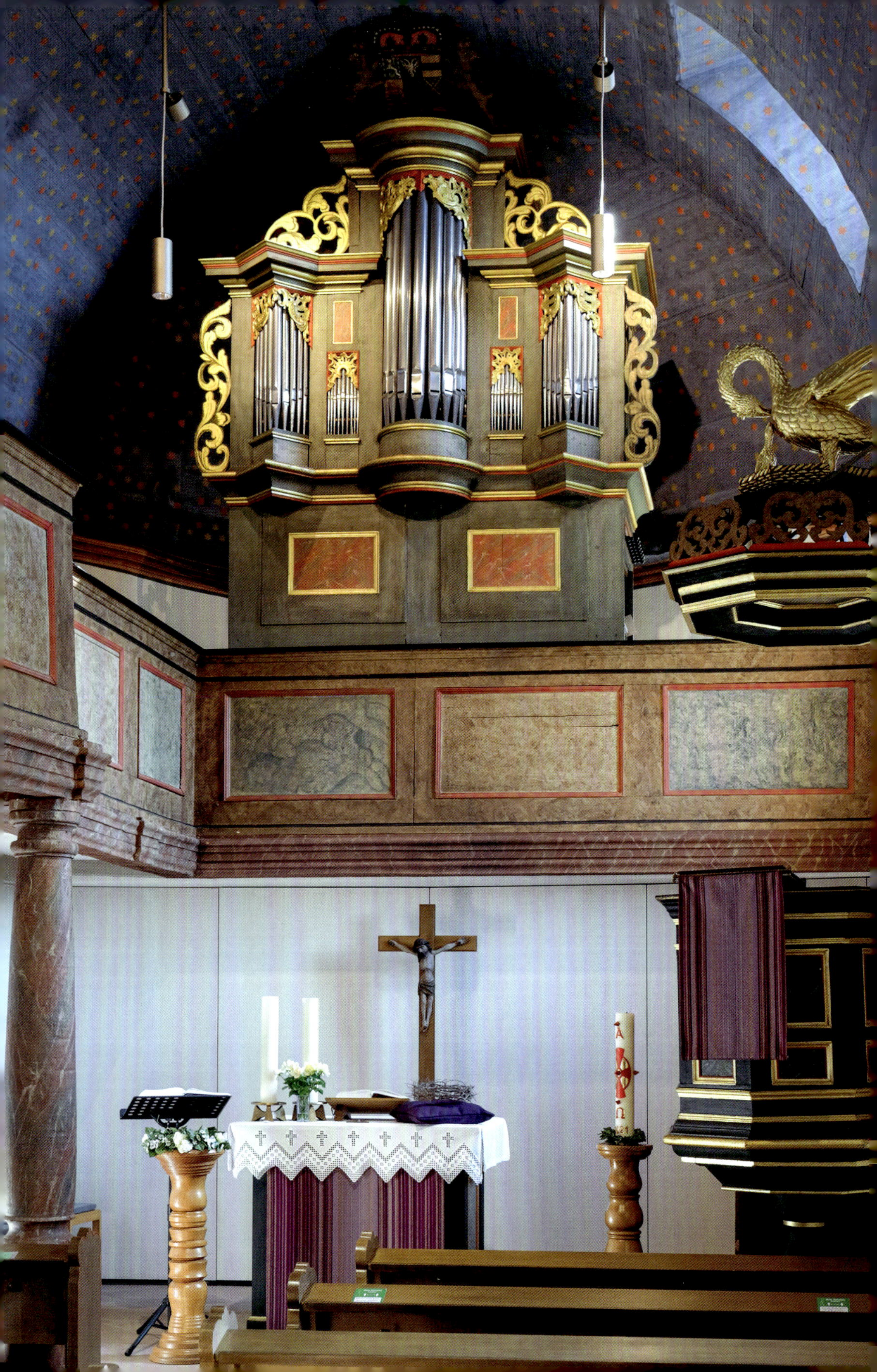

GESCHICHTE:

1754	Die Orgel wird als „ganz neu" bezeichnet.
1912	Reparatur durch die Werkstatt Raßmann/Hardt, Weilmünster.
1917	Abgabe der Prospektpfeifen.
1926	Einbauer neuer Prospektpfeifen aus Zink.
ohne Jahresangabe	Einbau eines Pedalwerks und eines Subbasses (C-e°).
ohne Jahresangabe	Einbau eines Gebläsemotors der Firma Laukhuff mit Dochtschmierung.
1971/72	Umbau durch die Gebrüder Oberlinger, Windesheim.
2000	Reinigung durch Gebrüder Oberlinger.
2001	Erneute Reinigung durch Gebrüder Oberlinger nach einem Schwelbrand in der Kirche.
2021	Restaurierung durch Förster & Nicolaus Orgelbau, Lich.

DISPOSITION:

Manual *C–c'''*		***Pedal*** *C-d'*		
Gedakt	8'	Subbaß	16'	
Salicinal	8'	Posaun	8'	neu 2021 nach Vorbildern in Haintchen, Bobenhausen II und Nieder-Moos
Principal	4'			
Kleingedact	4'			
Sessquialtra (2fach)	2 2/3'			
Octav	2'			
Sifflöt	1 1/3'			
Mixtur (3fach)	1'			

Pedalkoppel

Mechanische Schleifladen.

Winddruck: 60 mmWs. Stimmton und Temperatur: 464 Hz bei 16 °C, Neidhardt II (1724).

ADRESSE DER KIRCHE:

Friedrich-Ebert-Straße 2a, Rückershausen, 65326 Aarbergen

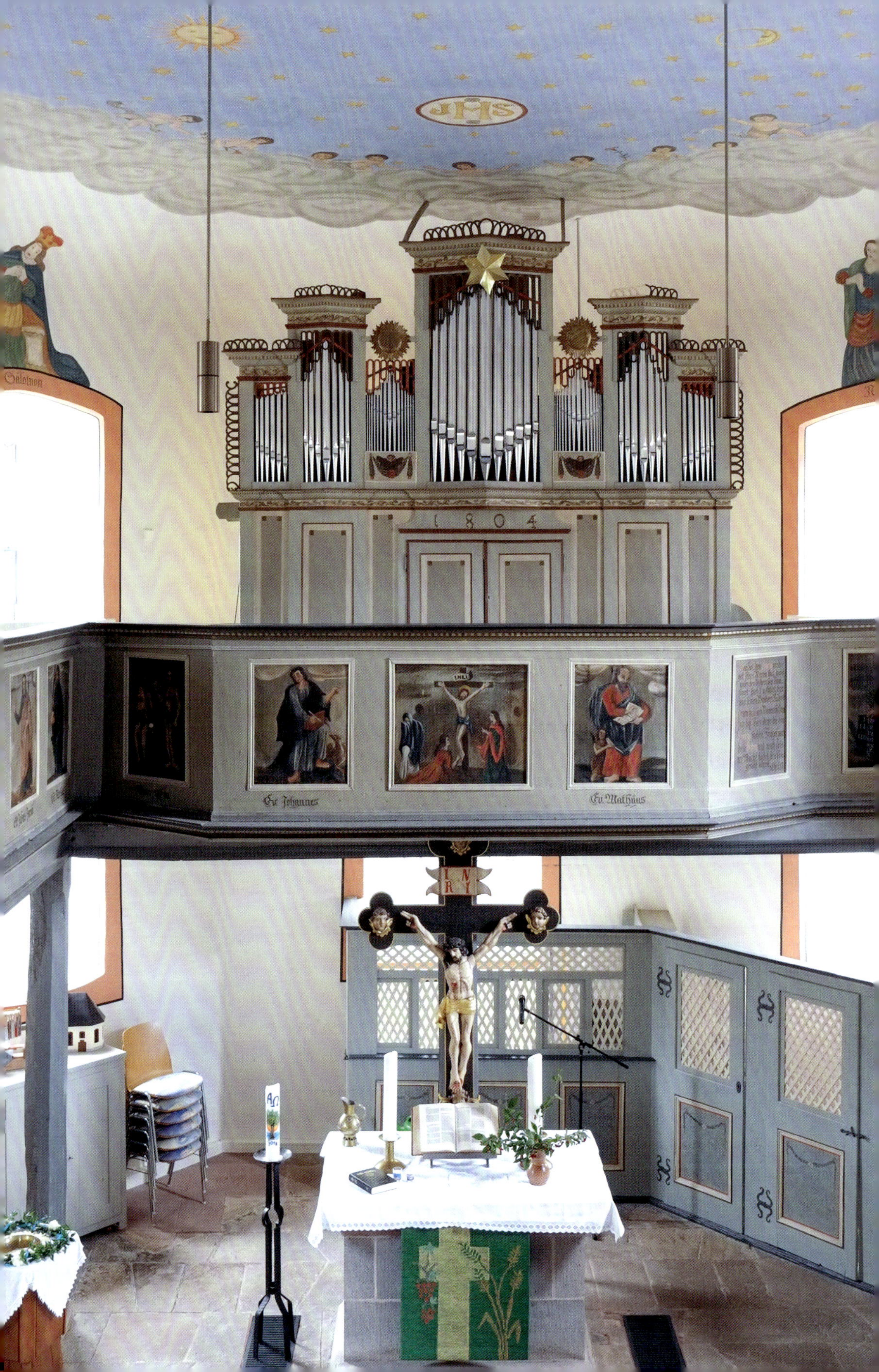
1804
Ev. Johannes
Ev. Mathäus

RÜDDINGSHAUSEN (RABENAU)

Evangelische Kirche
Gebrüder Link, Giengen an der Brenz, 1912

EVANGELISCHE KIRCHE IN HESSEN UND NASSAU
LANDKREIS GIESSEN
Jahr der Förderung: 2017

Die evangelische Kirche von Rüddingshausen wurde im Jahr 1768 als barocke Saalkirche in regionaltypischer Formensprache errichtet. Das massive und verputzte Kirchengebäude wird von einem zweigeschossigen, schiefergedeckten Haubendachreiter über dem Westgiebel bekrönt. Das durch drei große Fensterbahnen gegliederte Schiff endet in einem dreiseitigen Chor. Die prägenden Elemente des Saals sind der Deckenspiegel mit Sternenhimmelmotiven, die mit biblischen Gestalten und Szenen bemalten Emporenbrüstungen sowie die Orgel auf der Ostempore über dem Altar.

Ihr Gehäuse stammt noch von der bereits im Jahr 1804 sehr wahrscheinlich von Johann Hartmann Bernhard gebauten Orgel. Der Prospekt hat einen siebenteiligen Aufbau und zeigt – der Tradition des 18. Jahrhunderts folgend – einen Wechsel von Spitztürmen und Flachfeldern, während das Zierwerk bereits in individuellen klassizistischen Formen gestaltet ist. Hinter diesen Prospekt baute im Jahr 1912 die Werkstatt der Gebrüder Link aus Giengen an der Brenz ein neues Orgelwerk. Es ist in archetypischer Weise als einmanualige Dorforgel konzipiert und nahezu unverändert erhalten.

GESCHICHTE:

1804	Bau einer Orgel durch Johann Hartmann Bernhard, Romrod.
1912	Neubau durch die Gebrüder Link aus Giengen an der Brenz im vorhandenen Gehäuse.
1958	Einbau eines elektrischen Gebläsemotors.
1964	Reinigung und Holzwurmbekämpfung.
seit 1966	Wartung durch Förster & Nicolaus Orgelbau, Lich.
April/Mai 2018	Restaurierung durch Förster & Nicolaus Orgelbau, Lich: Reinigung und Instandsetzung, Einbau eines neuen Gebläsemotors mit Schutzkasten, Ergänzung fehlender Ornamente am Gehäuse, Erneuerung der Prospektpfeifen, umfassende Überarbeitung der pneumatischen Anlage.

DISPOSITION:

Manual *C–f'''*

Principal	8'
Gedeckt	8'
Viola di Gamba	8'
Salicional	8'
Octav	4'
Rohrflöte	4'

Pedal *C–d'*

Subbass	16

Pedalkoppel, Superoktavkoppel Manual.

Pneumatische Kegelladen.

ADRESSE DER KIRCHE:

Steineckerweg 18, Rüddingshausen, 35466 Rabenau

RÜDIGHEIM (NEUBERG)

Evangelische Kirche
Johann Georg Zinck, Ostheim (Nidderau), 1789

EVANGELISCHE KIRCHE VON KURHESSEN-WALDECK
MAIN-KINZIG-KREIS
Jahr der Förderung: 2016

Die evangelische Kirche in Rüdigheim war ursprünglich Teil der dort ansässigen Johanniterkommende, die bis zu ihrer Aufhebung im Jahr 1803 auch das Patronat der Kirche innehatte. Ihre heutige Bauform erhielt sie ab dem Jahr 1260. Unter Verwendung von Teilen eines Vorgängerbaus aus dem frühen 12. Jahrhundert wurde ein einschiffiges Langhaus mit zwei Jochen errichtet, dem sich in gleicher Höhe und Breite der Chor mit einem Fünfachtelschluss anschließt. Der Raum besitzt frühgotische Maßwerkfenster und Kreuzrippengewölbe, deren ursprüngliche Farbigkeit bei einer Kirchenrestaurierung in den Jahren 1957/58 wieder hergestellt wurde. Das heutige Bodenniveau sowie das Portal und den Dachreiter in neogotischer Formensprache erhielt die Kirche bereits bei einer umfassenden Renovierung in den Jahren 1839/40.

Die Orgel auf der Westempore gegenüber dem Chor ist das einzige Relikt der Kirchenausstattung des 18. Jahrhunderts. Sie wurde im Jahr 1789 von Johann Georg Zinck aus Ostheim gebaut. Im Zuge der genannten Kirchenrenovierung von 1957/58 wurde auch die Orgel renoviert und neu disponiert. Hierbei ging man aber weitaus weniger sensibel mit dem historischen Bestand um als bei der Restaurierung des Kirchenraums. Nachdem im Jahr 1974 ein in Tonumfang und Disposition vergrößertes Pedalwerk an die 16 Jahre zuvor verkleinerte Windanlage angeschlossen und ein neuer Spieltisch aus Serienproduktion eingebaut wurde, war das Instrument für mehrere Jahrzehnte nur bedingt spielbar. Nach langer Vorbereitung wurde es in den Jahren 2016/17 restauriert. Dabei wurden Teile des gewachsenen Bestands übernommen, soweit sie in den historischen Kontext integrierbar waren (insbesondere die Pedalwindlade), originale Elemente aufwendig restauriert (Windladen, Regierwerk, Teile der Manualtraktur, zwei Register) sowie große Teile des Pfeifenwerks und die Balganlage nach historischen Vorbildern rekonstruiert. Das Ergebnis zeigt den Idealtyp einer größeren wetterauisch-hanauischen Dorforgel des 18. Jahrhunderts.

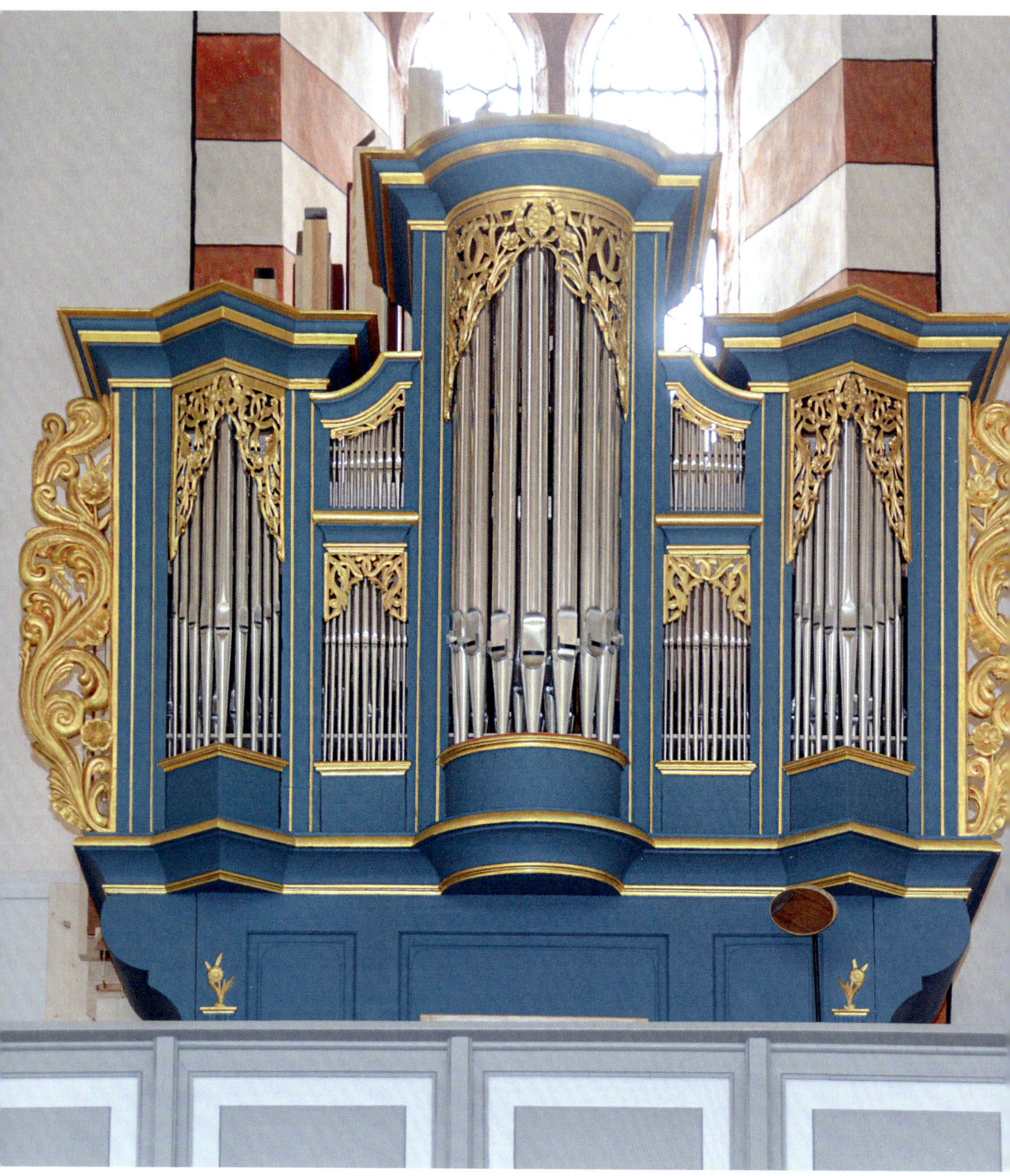

GESCHICHTE:

1789	Bau der Orgel durch Johann Georg Zinck, Ostheim (Nidderau).
bis 1834	Einige Jahre Wartung durch den Orgelbauer Stampf.
1835	Reparatur durch Friedrich Christian Helbig, Hanau.
1839	Reparatur durch Johann Georg Degenhard, Hanau.
1844	Übertragung der Orgel von der heute nicht mehr vorhandenen Ostempore auf die Westempore und Instandsetzung durch Friedrich Christian Helbig.
1859	Reparatur durch Georg August Ignaz Appun, Hanau.
unbekannter Zeitpunkt	Ersatz des Quintatön durch eine Harmonieflöte.
1917	Ablieferung der Prospektpfeifen.
1948	Reparatur und Einbau neuer Prospektpfeifen aus Zinn durch Richard Schmidt, Gelnhausen.
1958	Renovierung und Umbau durch Orgelbau Voigt, Frankfurt Höchst: Einbau eines elektrischen Gebläsemotors, Umbau der Windanlage, Austausch fast aller Metallpfeifen, Neudisponierung.
1974	Umbau durch Bernhard Schmidt, Gelnhausen: Einbau eines Serienspieltischs, Vergrößerung des Pedalwerks.
November 2016 bis Juli 2017	Restaurierung durch Förster & Nicolaus Orgelbau, Lich: Wiederherstellung der Originaldisposition und Besetzung einer Leerschleife aufgrund des Aktenbefunds und Spuren auf der Windlade nach Vorbildern aus der Orgelbauerfamilie Zinck-Syer und von Andreas Heinemann, Beibehaltung der Pedallade und Besetzung mit einer Disposition nach Angeboten von Johann Georg Zinck, Rekonstruktion der Spielanlage nach Bad Vilbel (Auferstehungskirche) und Stockheim sowie der Balganlage nach Bad Vilbel.

DISPOSITION:

***Manual** C–c'''*

Gedact	8'	Holz, Zinck
Quintatön	8'	
Principal	4'	Prospekt
Gedact	4'	C-d' Holz, dis'–c''' Metall; C–h° Zinck
Violon	4'	Holz (sic)
Quint	3'	
Octav	2'	
Tertz	1 3/5'	
Superoctav	1'	
Mixtur 3fach	1'	

***Pedal** C–c'*

Principalbass	8'	Holz
Violonbass	8'	Holz
Subbass	16'	C–f° Voigt 1958, fis°–c' Schmidt 1974

Pedalkoppel als Zug (C–f° eigene Ventile), Motorschalter als Kleinzug.

Mechanische Schleifladen. Moderner Stimmton, gleichschwebende Stimmung.

ADRESSE DER KIRCHE:

Kirchstraße 1, Rüdigheim, 63543 Neuberg

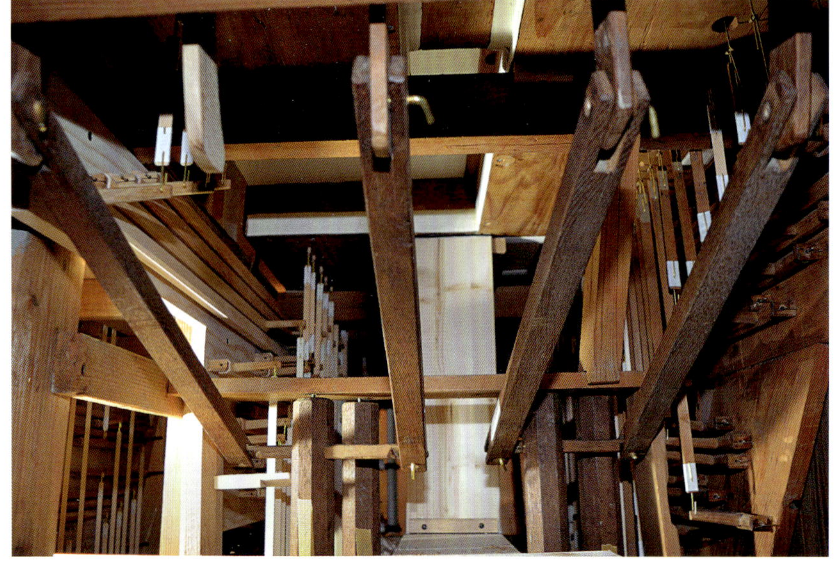

Rüdigheim: Blick in das Untergehäuse m Details von Ton- und Registertraktur: rech das Wellenbrett zum Manualwerk, links das Wellenbrett zu den Koppelventilen der Pedalkoppel.

RUMPENHEIM (OFFENBACH AM MAIN)

Evangelische Schlosskirche
Christian Friedrich Voigt, Igstadt, 1852

EVANGELISCHE KIRCHE IN HESSEN UND NASSAU
STADT OFFENBACH
Jahr der Förderung: 2003

Als Schlosskirche wird die in den Jahren 1756 bis 1761 erbaute Rumpenheimer Kirche erst seit dem 19. Jahrhundert bezeichnet, nachdem die Familie von Edelsheim ihr benachbartes, einstiges Herrenhaus im Jahr 1768 an Prinz Karl von Hessen-Kassel verkauft und die spätere kurfürstliche Familie es in mehreren Zügen zu einem Schloss ausgebaut hatte und damit eine bauliche Beziehung zur Kirche hergestellt worden war. Die außen unverputzt gebliebene Saalkirche ist nach Süden gerichtet und dort dreiseitig abgeschlossen. Im Norden ist dem mit einem Satteldach bedeckten Schiff ein Turm mit gestufter Haube vorgebaut. Im Inneren folgt sie einem in der Grafschaft Hanau-Münzenberg im 18. Jahrhundert oft verwirklichten Raumkonzept mit dreiseitiger Empore, übereinander angeordneten Hauptstücken Altar und Kanzel mit gegenüberliegender Orgel auf der Empore über dem Eingang.

Die heutige Orgel ersetzte im Jahr 1852 ein Instrument aus der Bauzeit der Kirche. Das von Friedrich Voigt aus Igstadt (Wiesbaden) erbaute Werk wurde der Gemeinde von Herzog Adolf von Nassau geschenkt, nachdem dieser Prinzessin Adelheid Marie von Anhalt-Dessau geheiratet hatte, die mütterlicherseits aus dem Haus Hessen stammte und dem Schloss Rumpenheim verbunden war.

Der farblich gefasste Orgelprospekt ist zeittypisch flächig mit drei größeren Haupt- und zwei kleineren Zwischenfeldern gestaltet und historisierend mit stilisierten Kreuzblumen bekrönt. Trotz gravierender Eingriffe in die historische Substanz des Instruments waren um die Jahrtausendwende noch wesentliche Teile erhalten – ein großer Anteil des Pfeifenwerkes, die Windladen und die Bälge –, denen einen Denkmalwert zugesprochen werden muss. Die geförderte Maßnahme verstand sich als erste Bauphase einer umfassenden Restaurierung, die sich zunächst auf eine Teilrekonstruktion der ursprünglichen Disposition und die Sanierung des gewachsenen Bestands beschränkte.

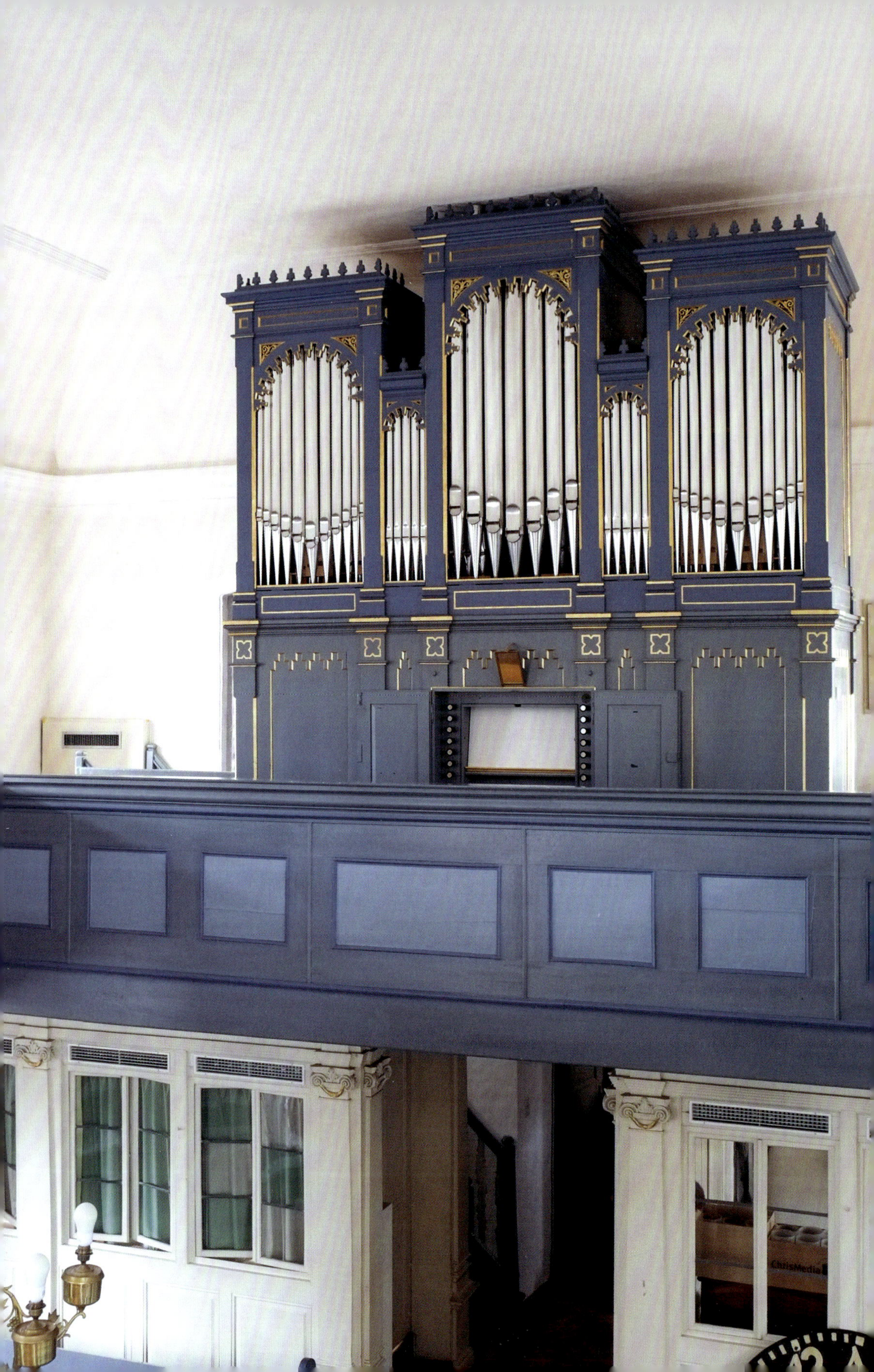
ChrisMedia

GESCHICHTE:

1852	Bau der Orgel durch Friedrich Voigt aus Igstadt (Wiesbaden).
1867	Reparaturen durch Orgelbauer Appun aus Hanau.
1901	Einbau eines Registers, das bei einem Umbau der Orgel in der Frankfurter Paulskirche frei wurde – wahrscheinlich ein Gemshorn 8', das später wieder entfernt wurde.
1917	Abgabe der Prospektpfeifen.
wahrscheinlich 1925	Einbau neuer Prospektpfeifen aus Zink.
1955	Dispositionsänderung durch Förster & Nicolaus Orgelbau, Lich.
1967	Einbau neuer Manualklaviaturen, nachdem die alten durch Fehlbedienung der Heizung irreparabel beschädigt worden waren.
wahrscheinlich 1973	Einbau eines neuen elektrischen Gebläsemotors.
1974	Überholung durch Förster & Nicolaus, u. a. Einbau zweier Stoßfänger vor der Manuallade.
2000	Einbau eines Schutzkastens für den Gebläsemotor sowie eines Ansaugkanals zur Kirche und Überholung der Klaviaturen durch Förster & Nicolaus.
2003	Teilrestaurierung durch Förster & Nicolaus: Teilrekonstruktion der originalen Disposition (s. u.), Freilegung der originalen Registerschildchen.
2006	Sicherung und Wiederspielbarmachung durch Förster & Nicolaus Orgelbau, Lich.

DISPOSITION:

I. Manual *C–f'''*		
Bordun	16'	ab c°, c°–h° 2003
Principal	8'	C–e' Prospekt (Zink)
Viola di Gamba	8'	C original, sonst 2003 rekonstruiert
Gedackt	8'	
Octave	4'	
Gemshorn	4'	
Quinte	3'	
Octave	2'	
Cornette 3fach	4' + 3 1/5' + 2 2/3'	ab c', zum Teil original, Aufbau 2003 rekonstruiert
Mixtur 3-fach		nicht original

II. Manual *C–f'''*		
Flauto dolce	8'	2003
Salicional	8'	C–Fis mit Flauto dolce, G–H 2003
Principal	4'	c'–f' 2003
Blockflöte	2'	ursprünglich Flöte travers 4'

Pedal C–c'		
Violonbass	16'	Holz, aus der Voigt-Orgel in Niederzeuzheim von 1866
Subbass	16'	
Octavenbass	8'	Holz

Koppeln: II–I (Schiebekoppel), I–Pedal.
Windablass.

Mechanische Schleifladen. Vorderspielig. Balganlage mit drei Pistonbälgen original erhalten. Pedalkoppel mit eigenen Ventilen. Die Schiebekoppel ist während des Spiels schaltbar.

Stimmtonhöhe: 439,5 Hz bei 15 °C.

ADRESSE DER KIRCHE:

Schlossgartenstraße 5 (im Schlosspark), Rumpenheim, 63075 Offenbach am Main

SCHÖNSTADT (CÖLBE)

Evangelische Martinskirche

Gebrüder Ratzmann, Gelnhausen, 1898

EVANGELISCHE KIRCHE VON KURHESSEN-WALDECK
LANDKREIS MARBURG-BIEDENKOPF
Jahr der Förderung: 2003

Die evangelische Martinskirche in Schönstadt wurde in den Jahren 1896/97 als neogotische Staffelkirche gebaut. Kurz vor dem Abbruch der Vorgängerkirche waren in deren Chorraum spätgotische Wandmalereien entdeckt worden. Auf Betreiben von Ludwig Bickell wurde der Chor daher vom Abriss zunächst ausgespart, um die Malereien zu dokumentieren. Um gleichzeitig mit dem Bau der neuen Kirche zu beginnen, wurde der Plan um 90 Grad gedreht und das Gebäude nicht wie üblich nach Osten, sondern nach Norden ausgerichtet.

Die Kirche steht auf einem kreuzförmigen Grundriss. Dem Langhaus ist im Süden ein eingezogener Turm vorgestellt, aus dem sich ein hohes Pyramidendach erhebt. Das gesamte Gebäude blieb außen natursteinsichtig und ist mit durch Gauben und Kugelspitzen reich gegliederten Schieferdächern bedeckt. Den durch großzügige Dreipassfenster beleuchteten Innenraum überspannen Kreuzrippengewölbe. In die neogotische Ausstattung wurden aus der Vorgängerkirche das Taufbecken aus dem Jahr 1594 sowie die barocke Kanzel aus dem 18. Jahrhundert integriert.

Die Orgel wurde ein Jahr nach Fertigstellung der neuen Kirche eingebaut und bildet mit dieser eine bauliche und ästhetische Einheit. Das von den Gebrüdern Ratzmann auf pneumatischen Kegelladen erbaute Instrument wurde im Jahr 1978 mit elektrischen Trakturen und einem neuen Spieltisch versehen. Der alte, ursprüngliche Spieltisch wurde auf dem Dachboden der Kirche aufbewahrt. Das Restaurierungskonzept von 2003 umfasste die Rekonstruktion der pneumatischen Anlage unter Wiederverwendung des originalen Spieltischs sowie die Wiederherstellung der ursprünglichen Disposition mit den größtenteils noch vorhandenen originalen Pfeifen.

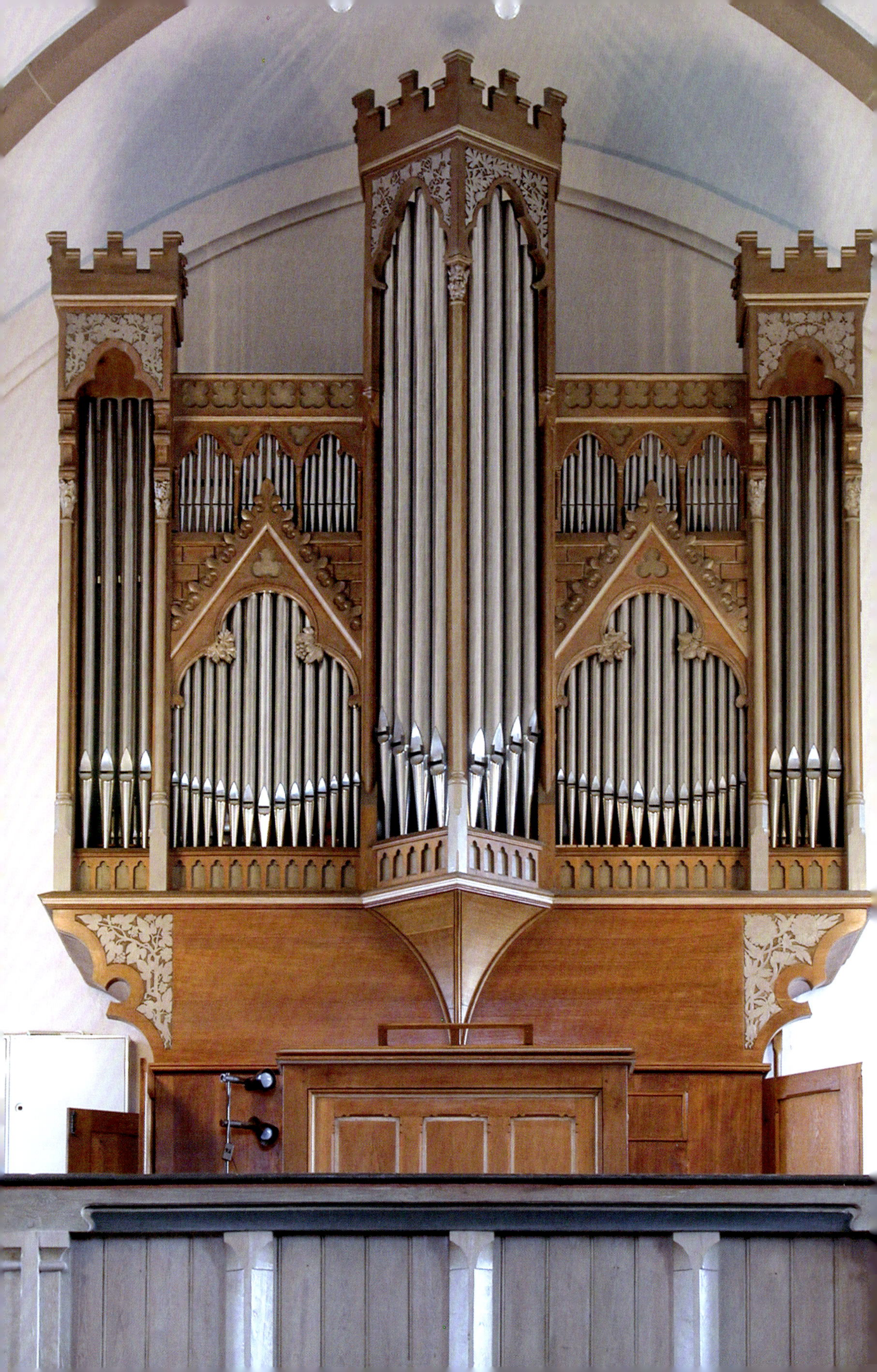

GESCHICHTE:

1898	Bau der Orgel durch die Gebrüder Ratzmann, Gelnhausen.
1917	Abgabe der Prospektpfeifen.
ohne Jahresangabe	Einsetzen von Prospektpfeifen aus Zink.
unbekannter Zeitraum	Aufhellung der Disposition: Wegfall der Gambe, an ihre Stelle trat der Salicional aus dem II. Manual, dort wurde stattdessen eine Quinte 1 1/3‘ eingesetzt; das Violoncello 8‘ im Pedal wurde zu einem Choralbass 4‘ verkürzt.
1978	Renovierung durch Bernhard Schmitt, Gelnhausen: Einbau neuer Prospektpfeifen aus Zinn, Elektrifizierung der Trakturen und Einbau eines neuen, elektrischen Spieltischs.
Januar 2003 bis April 2004	Restaurierung durch Orgelbau Andreas Schmidt, Altenhaßlau (Linsengericht): Wiederherstellung der ursprünglichen Disposition, Rekonstruktion der pneumatischen Trakturen, Restaurierung und Wiederinbetriebnahme des originalen Spieltischs.

DISPOSITION:

I. Manual *C–f‘‘‘*	
Principal	8‘
Flöte	8‘
Viola da Gamba	8‘
Octav	4‘
Mixtur 3fach	2 2/3‘

II. Manual *C–f‘‘‘*	
Lieblich Gedeckt	8‘
Salicional	8‘
Flauto dolce	4‘

Pedal *C–d‘*	
Subbass	16‘
Violoncello	8‘

Koppeln: Manual-Coppel, Octav-Coppel, Pedal-Coppel, Calcant.
Feste Kombinationen: Mezzoforte, Forte, Tutti.

Pneumatische Kegelladen.

ADRESSE DER KIRCHE:

Am Berg 7, Schönstadt, 35091 Cölbe

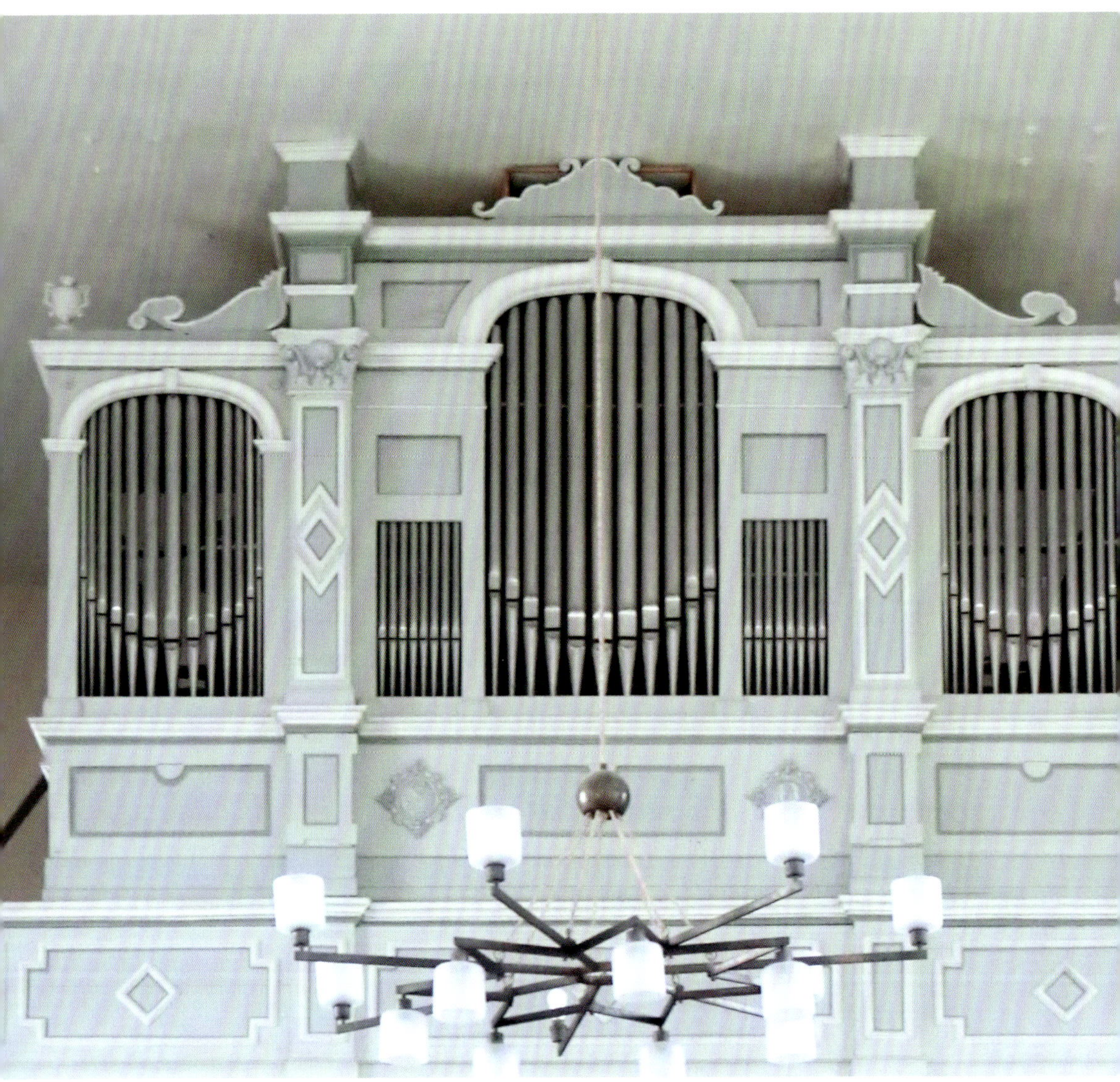

SEELBACH (VILLMAR)

Evangelische Kirche
Gebrüder Voigt, Igstadt, 1877

EVANGELISCHE KIRCHE IN HESSEN UND NASSAU
LAHN-DILL-KREIS
Jahr der Förderung: 2011

Im August des Jahres 1873 brannte die evangelische Kirche in Seelbach bis auf das Mauerwerk aus. Diese im Jahr 1772 vollendete Barockkirche war ihrerseits an die Stelle einer durch Feuer zerstörten Kapelle getreten. In den Jahren 1874 bis 1876 wurde die Kirche in denselben Dimensionen und in gleicher äußerer Bauhülle wieder aufgebaut, nun aber in neobarocker Formensprache. Der Saalbau wird an der Außenfassade durch Lisenen gegliedert. Die gewestete Kirche besitzt einen dreiseitigen Chorschluss und einen dreigeschossigen Haubendachreiter. Der Innenraum ist mit einer dreiseitigen Emporenanlage ausgestattet, in deren Schmalseite der verglaste Herrschaftsstand eingebaut ist. Darüber ist eine zweite Emporenebene angebracht, in die die Brüstungsorgel aus dem Jahr 1877 eingelassen ist. Das Gehäuse und der Prospekt des von den Gebrüdern Voigt aus Igstadt erbauten Instruments bildet somit eine bauliche Einheit mit der Innenausstattung.

Die mit Ausnahme der Prospektpfeifen klanglich unverändert erhaltene Orgel wurde im Jahr 1971 umfassend renoviert. Bei der im Jahr 2011 geförderten Restaurierung wurde ein Teil der seinerzeit vorgenommenen Umbauten im Bereich der Windanlage, der Windladen und der Trakturen beibehalten und instandgesetzt. Die damals vorgenommene Veränderung des Pedaleinschubs an der Spielanlage wurde jedoch rückgängig gemacht und eine neue Pedalklaviatur mit verlängerten Tasten gebaut.

GESCHICHTE:

1877 Bau der Orgel durch die Gebrüder Voigt, Igstadt.

1917 Ablieferung der Prospektpfeifen.

1971 Renovierung durch Förster & Nicolaus Orgelbau, Lich: Einbau neuer Prospektpfeifen aus Zinn, Umbau der Spielanlage zur Vergrößerung des Pedaleinschubs, Überholung der Trakturen mit zeitgenössischen Mitteln und Materialien, Einbau eines Stoßbalgs.

2011/12 Restaurierung durch Förster & Nicolaus Orgelbau, Lich: Beseitigung von Schimmel und Reinigung, Einbau einer neuen Pedalklaviatur mit verlängerten Tasten zur Ermöglichung des Pedalspiels auch mit dem Absatz (Einlagerung der originalen Pedalklaviatur sowie der originalen Orgelbank im Inneren der Orgel), Überarbeitung des Stoßbalgs und der Trakturen auf der Grundlage der Renovierung von 1971.

DISPOSITION:

I. Manual **Hauptwerk** *C–f'''*

Bordun	16'	ab c°
Prinzipal	8'	
Gedackt	8'	
Viola di Gamba	8'	
Octave	4'	
Gemshorn	4'	
Quinte	3'	
Octave	2'	
Mixtur 4fach	2'	
Trompete	8'	Bass/Diskant

II. Manual **Unterwerk** *C–f'''*

Lieblich Gedackt	8'
Flöte travehr	8'
Salicional	8'
Flöte amabile	4'

Pedal *C–c'*

Quintviolon	16'
Subbaß	16'
Octavenbaß	8'

Koppeln: Manualcoppel, Pedalcoppel.
Nebenzug: Windablaß.

Brüstungsorgel, seitenspielig links.
I. Manual: Terzstellung im Vordergehäuse. II. Manual: chromatische Stellung im Untergehäuse.
Pedal: diatonische Stellung dahinter.

Mechanische Schleifladen. Stimmtonhöhe: a' = 447,6 Hz bei 18 °C. Winddruck: 60 mmWs.

ADRESSE DER KIRCHE:

Pfarrhausstraße 3, Seelbach, 65606 Villmar

SIMMERSHAUSEN (HILDERS)

Katholische Kirche St. Johannes der Täufer

Johann Eckarts, Empfertshausen, 1747

BISTUM FULDA
LANDKREIS FULDA
Jahr der Förderung: 2014

Die katholische Kirche St. Johannes der Täufer in Simmershausen ist ein um das Jahr 1600 errichteter, einfacher Rechteckbau mit einem historisierenden Chorturm vom Ende des 19. Jahrhunderts. Das Schiff besitzt hohe Giebel und nachgotisch orientierte, spitzbogige Fenster. Über dem Hauptportal befindet sich eine Widmungstafel des Würzburger Fürstbischofs Julius Echter von Mespelbrunn. Die Ausstattung im Inneren entstammt verschiedenen Zeitschichten und vereint spätmittelalterliche Statuen und Figurengruppen, einen Taufstein aus der Renaissance sowie barocke Seitenaltäre und Emporen.

Die Orgel ist nach bisherigen Erkenntnissen ein Werk von Johann Eckarts aus Empfertshausen in der Rhön und wird auf das Jahr 1747 datiert. Sie wurde im Jahr 1885 erworben und in der Simmershäuser Kirche aufgestellt. Bis um das Jahr 1960 blieb sie in ihrem Bestand erhalten, wurde jedoch in zwei Umbauphasen in den Jahren 1963 und 1973 stark verändert. Aufgrund des durch die Umbauten erlittenen Qualitätsverlusts sowie mangelnder Pflege verfiel der technische und klangliche Zustand in der Folgezeit so weit, dass das Instrument in den 2000er Jahren kaum mehr spielbar war.

Nach einer intensiven Diskussion, bei der unter anderem auch die Anschaffung eines elektronischen Instruments erwogen wurde, hat sich die Kirchengemeinde dazu entschieden, ihre historische Orgel restaurieren zu lassen. Gerade in diesem Fall, in dem der Sanierungsaufwand besonders hoch war, erwies sich das gemeinsame Förderprogramm für die Kirchengemeinde als wichtige Motivation und wirksame Unterstützung zum Erhalt ihrer Orgel.

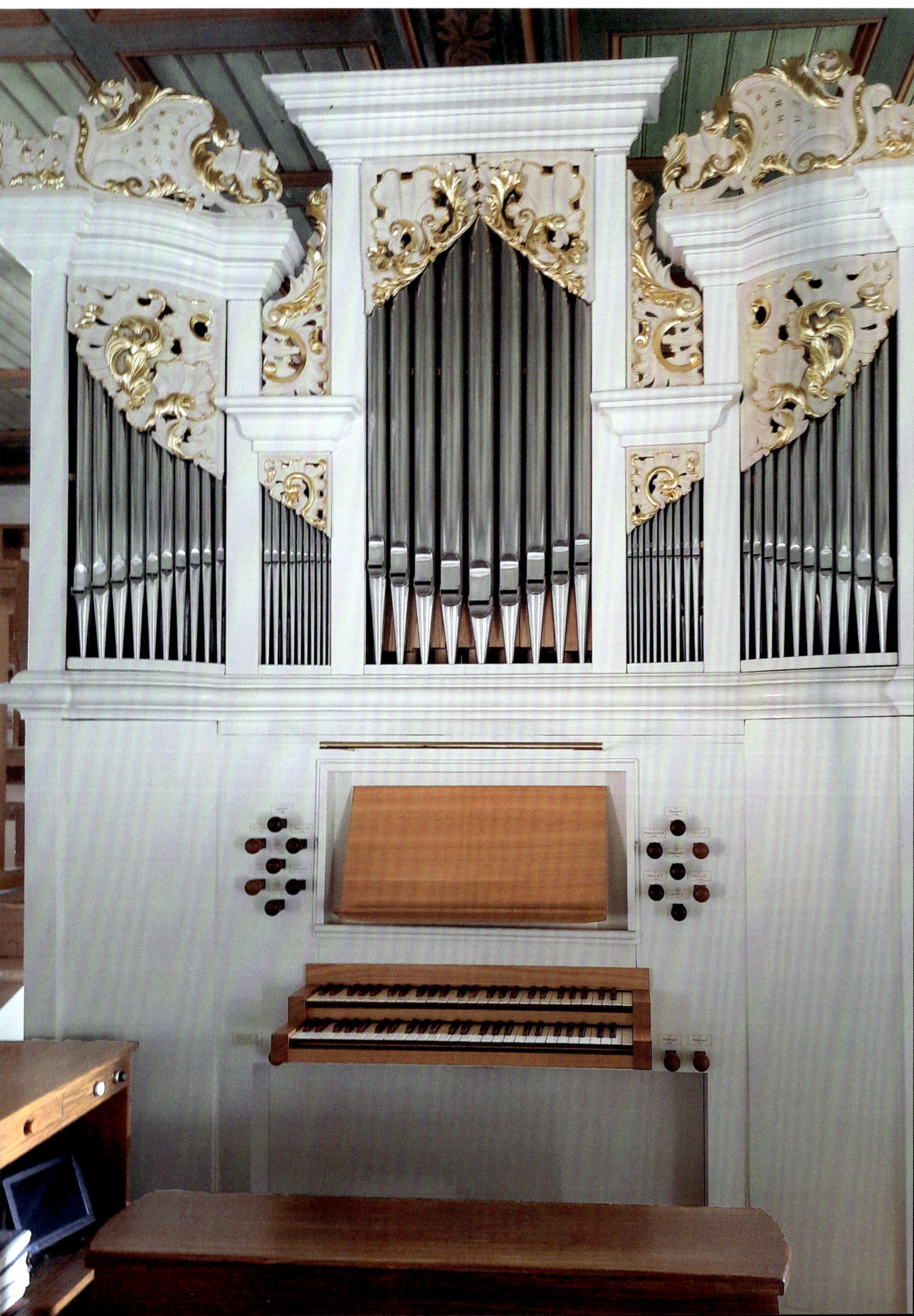

GESCHICHTE:

1747	Bau der Orgel durch Johann Eckarts, Empfertshausen, für die evangelische Kirche in Erbenhausen (Thüringen).
1885	Übertragung der Orgel nach Simmershausen und Aufbau durch Wilhelm Hey, Sondheim/Rhön.
1904	Die Orgel wird weiter nach hinten versetzt; daher werden die Ornamente auf dem Mittelturm entfernt.
1917	Abgabe der Prospektpfeifen.
1929	Einbau neuer Prospektpfeifen aus Zink und eines elektrischen Gebläsemotors durch Georg Markert, Ostheim vor der Rhön.
1963	Umbau durch Wolfgang Hey, Sondheim/Rhön: Austausch von drei Registern, Erweiterung des Pedalumfangs.
1973	Erweiterung durch die Gebrüder Hey, Urspringen (Ostheim vor der Rhön): Anbau eines zweiten Manuals mit elektropneumatischer Registertraktur und größerem Umfang (C–f''').
2015/16	Restaurierung und Teilneubau durch Kilian Gottwald, Amöneburg: Die Zweimanualigkeit wurde belassen, das II. Manual aber nun auch mit einer mechanischen Registertraktur ausgestattet; neue, einarmige Manualklaviaturen, Rückbau des Spielschranks von 1973; Umstellung der Disposition zur Wiedergewinnung eines dem Prospekt entsprechenden Klangbilds auf der Grundlage des erhaltenen Materials und nach Vorbildern des 18. Jahrhunderts.

DISPOSITION:

***I. Manual* Hauptwerk** *C–f'''* (die Töne Cis und cis'''–f''' leerlaufend, aber in der Koppel II–I vorhanden)

Principal	8'	C–H aus Traversflöte, ab c° vorhanden
Traversflöte	8'	teils aus Lagerbestand, teils neu
Praestant	4'	Prospekt
Kleingedackt	4'	aus vorhandener Rohrflöte
Quinte	2 2/3'	vorhanden
Octave	2'	historische Pfeifen
Mixtur 3fach		aus vorhandenen Pfeifen

***II. Manual* Positiv** *C–f'''*

Gedackt	8'	vorhanden
Salicional	8'	tiefste Töne aus Gedackt, Register aus Lagerbestand
Flauto dolce	4'	aus vorhandener Spillflöte 4'
Flageolet	2'	aus vorhandenem Flötenprincipal 2'
Sesquialtera 2fach		größtenteils vorhanden, tiefe Lage 2 2/3' neu

Pedal *C–d'* (Cis sowie cis' und dis' leerlaufend, aber in beiden Pedalkoppeln vorhanden)

Subbaß	16'	vorhanden
Octavbaß	8'	aus vorhandenem Principal 8' und Baßflöte 4'

Koppeln: II–I, I–Pedal, II–Pedal.

Mechanische Schleifladen.

Stimmton: a' 440 Hz bei 16 °C. Leicht ungleich schwebende Temperierung (Kilian Gottwald) in Anlehnung an Modelle von Johann Georg Neidhardt.

ADRESSE DER KIRCHE:

An der Kirche, Simmershausen,
36115 Hilders

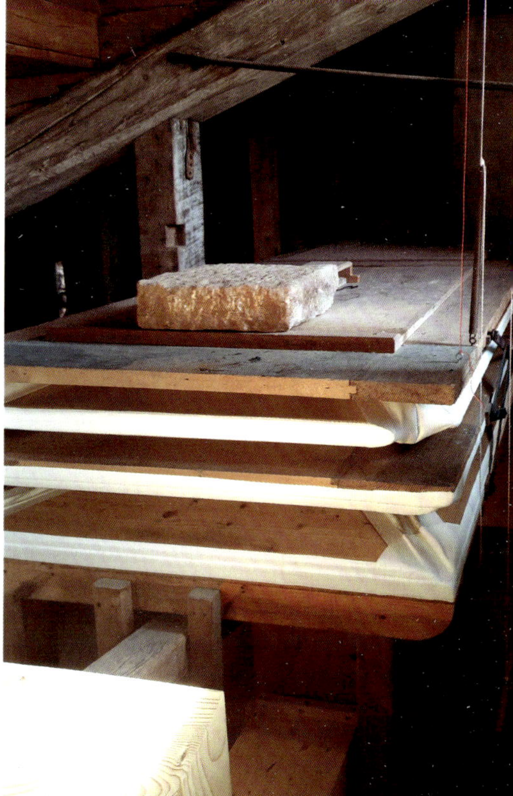

Simmershausen: der restaurierte Doppelfaltenmagazinbalg.

SPRINGEN (HEIDENROD)

Evangelische Odilienkirche
Johann Friedrich Macrander, Frankfurt am Main, 1710

EVANGELISCHE KIRCHE IN HESSEN UND NASSAU
RHEINGAU-TAUNUS-KREIS
Jahr der Förderung: 2020

Die evangelische Odilienkirche in Springen ist eine ursprünglich mittelalterliche Saalkirche mit Fünfachtelschluss und mittig angeordnetem Haubendachreiter. Im Inneren wird der Kirchenraum durch die dreiseitig umlaufende Empore gegliedert. Im Chor befinden sich gegenüberliegend die Kanzel und der Pfarrstand. Die Kanzel und die Gestühlswangen werden um 1600 datiert.

Die Orgel wurde – der im evangelischen Raum beliebten Anordnung der Prinzipalstücke nachempfunden – hinter dem Altar an der Rückwand des Chores aufgestellt. Sie wurde im Jahr 1710 von Johann Friedrich Macrander aus Frankfurt für die Kirche in Rödelheim gebaut und erst im Jahr 1872 in die Dorfkirche nach Springen versetzt. Ihr Prospekt entspricht in der fünfteiligen Anlage der klassischen Anordnung des mitteleuropäischen Normalprospekts und weist in der Gestaltung der Vorsätze unter den Pfeifenfeldern sowie der Spielanlage die für ihren Erbauer typischen Merkmale auf.

Macranders Werkstatt brachte etwa 30 Orgelbauten hervor, von denen jedoch nur wenige erhalten sind. Obwohl auch in Springen in den 1960er Jahren Veränderungen am Instrument durchgeführt wurden, die zu einem erheblichen Substanzverlust führten, waren die erhaltenen Teile – Gehäuse, Windladen, einige Pfeifen und die auf dem Dachboden eingelagerten Spanbälge – unbedingt erhaltenswert. Sie motivierten die Gemeinde, den großen Aufwand von Rekonstruktion und Restaurierung ihrer Orgel auf sich zu nehmen. Auch hier war das Förderprogramm eine entscheidende Hilfe bei der Wiederherstellung und Bewahrung des historischen Instruments.

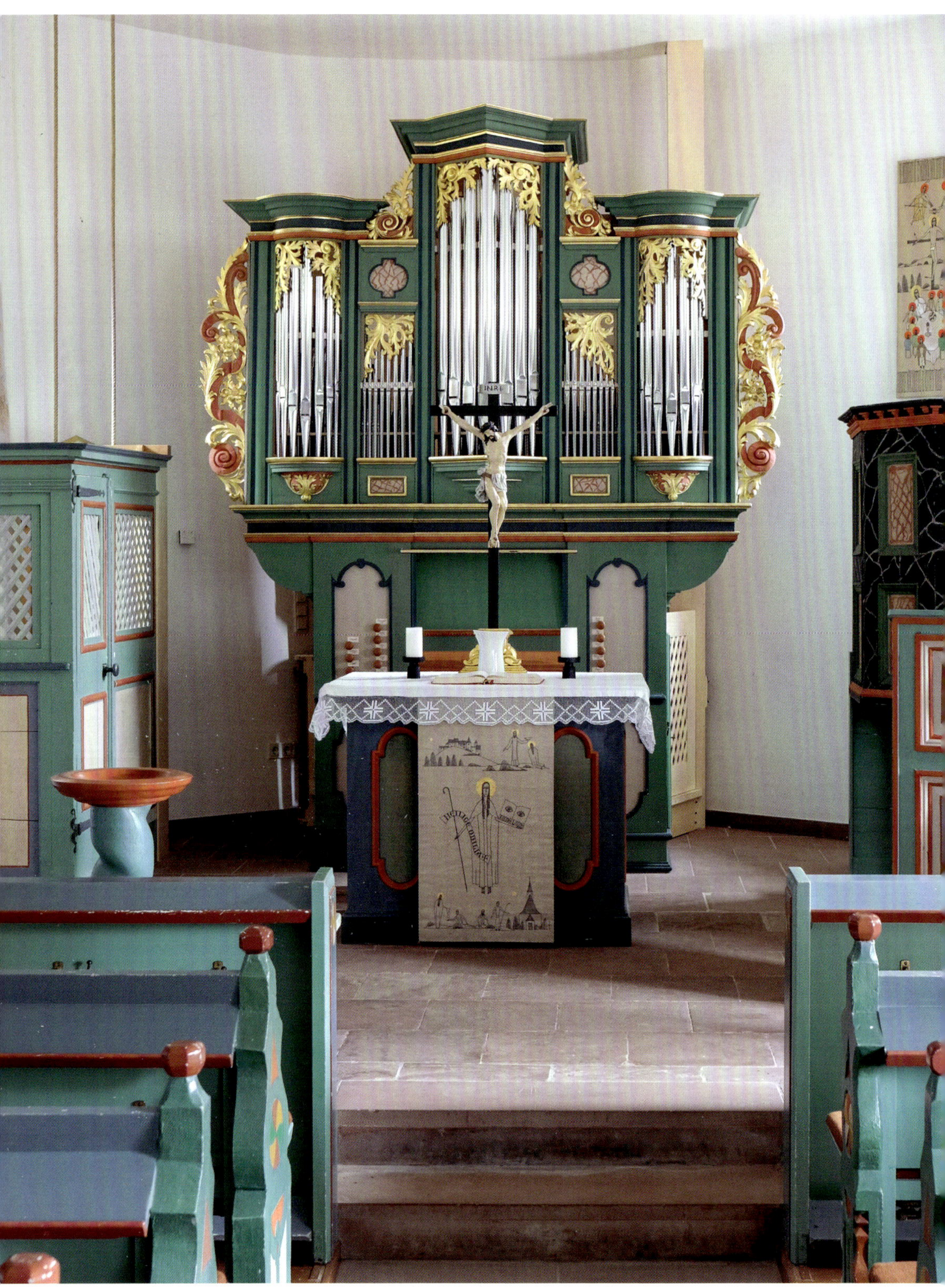

GESCHICHTE:

1710	Bau der Orgel durch Johann Friedrich Macrander, Frankfurt am Main, für die evangelische Kirche in Rödelheim.
1776	Reparaturvertrag mit Johann Conrad Bürgy.
1872/73	Übertragung der Orgel nach Springen durch die Orgelbauwerkstatt Embach in Frauenstein (Wiesbaden).
1893	Reparatur und Erweiterung durch die Werkstatt Eichhorn, Weilmünster: Einbau eines eigenständigen Pedalwerks, Erneuerung der Spielmechanik sowie der Prospektpfeifen, Austausch einzelner Register.
1915	Weitere klangliche Veränderungen durch Heinrich Eichhorn.
1917	Abgabe der Prospektpfeifen.
1928	Arbeiten in unbekanntem Umfang, vermutlich hier auch Einbau neuer, broncierter Zinkpfeifen im Prospekt.
um 1963	Einbau eines elektrischen Gebläsemotors.
1967/68	Umfassender Umbau durch Erich Breitmann, Nieder-Olm: Erneuerung der Pedallade, Umbau der Manuallade, Neubau der Spielanlage und der Spieltraktur, Änderungen an der Registertraktur, Verlegung der Winderzeugung in das Untergehäuse, umfangreiche Eingriffe in das Pfeifenwerk.
1996	Erneuerung des Subbaß durch die Werkstatt Gerhardt, Boppard.
2021 bis 2023	Restaurierung und Teilrekonstruktion durch Rainer Müller, Merxheim.

DISPOSITION:

Manual *C, D–c'''*

Bourdon	8'	c°–h° original
Viola di Gamba	8'	C, D–cis° Holz gedeckt, d°–c''' Metall zylindrisch offen; b°, h°, f'' aus Erstbestand
Principal	4'	Prospekt; b°, h° und e''–c''' innen; Aufschnittbärte, Labien halbrund gerissen
Spitzflöte	4'	konisch offen, Aufschnittbärte, Aufschnitte leicht gerundet; D aus Erstbestand
Quinte	3'	zylindrisch offen, Prinzipalmensur
Octav	2'	zylindrisch offen, Prinzipalmensur
Terz	1 3/5'	zylindrisch offen, Prinzipalmensur
Mixtur 3fach		zylindrisch offen, Prinzipalmensur
Cimbel	1'	zylindrisch offen, Prinzipalmensur; repetiert bei c'' zu 2'

Pedal *C, D–c'*

Subbass	16'	1996, Mensur um vier Halbtöne geweitet, C und D 2023
vakant		Lade und Traktur vorbereitet für Trompete 8'

Coppel: Pedalkoppel als schaltbare Tastenkoppel.

Mechanische Schleifladen.

Stimmton: 466 Hz bei 16 °C. Temperierung: Neidhardt Dorf 1724.
Winddruck 45 mmWs.

ADRESSE DER KIRCHE:

Odilienstraße 2, Springen, 65321 Heidenrod

STEINBACH (FERNWALD)

Evangelische Kirche
Johann Georg Förster, Lich, 1848

EVANGELISCHE KIRCHE IN HESSEN UND NASSAU
LANDKREIS GIESSEN
Jahr der Förderung: 2021

Die evangelische Kirche in Steinbach wurde in den Jahren 1845 bis 1848 nach Plänen des Landbaumeisters Friedrich Wilhelm Müller im neoromanischen Stil errichtet. Das Gebäude besteht aus einem hochaufragenden Westturm und einem zweigeschossigen, langgestreckten Schiff. Rundbogenarkaden auf romanisierenden Rundpfeilern, die mit Würfelkapitellen versehen sind, gliedern den Raum. Auf den Arkaden liegt die dreiseitig umlaufende Empore. Der Altar und die darüber angeordnete Kanzel befinden sich an der östlichen Schmalseite.

Ihnen gegenüber, auf der Westempore steht die Orgel. Sie gehört zum Originalbestand der Kirche. Die Gehäusegestaltung nimmt mit ihrer romanisierenden Formensprache Bezug zum Raum. Das mit 24 Registern auf zwei Manualen und Pedal opulent besetzte Instrument wurde seit seiner Erbauung von der Licher Orgelbauwerkstatt Förster bzw. Förster & Nicolaus betreut.

Vor der geförderten Restaurierung waren zuletzt im Jahr 1977 Arbeiten an der Orgel vorgenommen worden. Der damals abgesenkte Winddruck wurde nun wieder angehoben. Insbesondere mussten aber Trocknungsschäden am Holzpfeifenwerk behoben und das Tastengewicht der schwergängigen Spieltraktur verringert werden.

Aufgrund der Größe des Instruments und der damit verbundenen, umfangreichen Maßnahmen waren auch deren Kosten recht hoch. Die Beteiligung des Förderprogramms zur Unterstützung dieser denkmalfachlich wichtigen Arbeiten waren der Kirchengemeinde bei diesem Projekt daher besonders hilfreich.

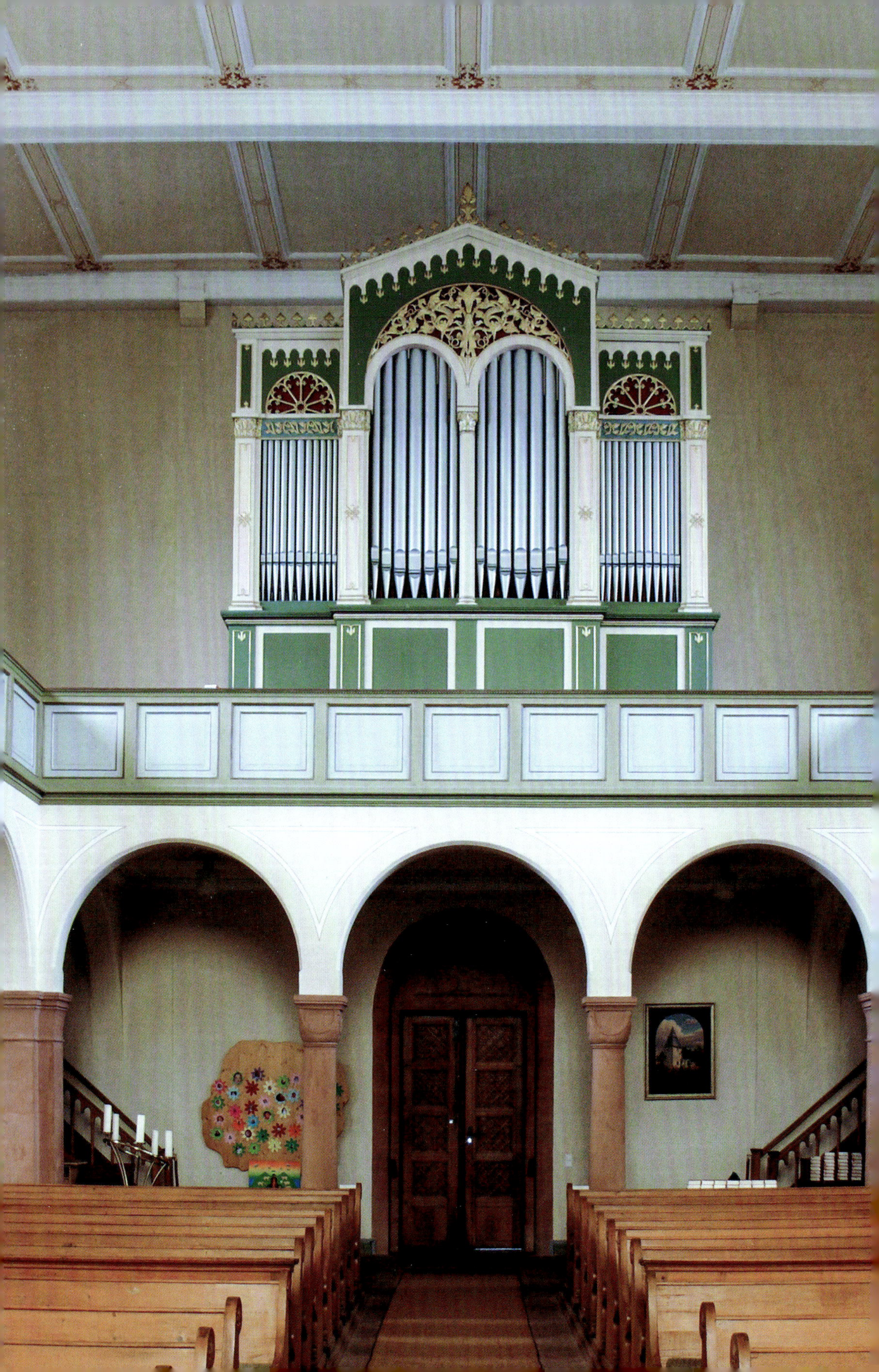

GESCHICHTE:

1848 Erbauung der Orgel durch Johann Georg Förster, Lich.

1873 Einbau einer Physharmonika und einer neuen Gambe durch den Erbauer.

1917 Abgabe der Prospektpfeifen.

1919 Einbau neuer Prospektpfeifen aus Zink.

1928 Einbau eines elektrischen Gebläsemotors und des noch heute vorhandenen Doppelfaltenmagazinbalgs.

1977 Reinigung und Überholung durch Förster & Nicolaus Orgelbau, Lich; dabei Absenkung des Winddrucks, um die Tastengewichte zu verringern.

2022 Restaurierung des gewachsenen Zustands, Wiederherstellung des ursprünglichen Winddrucks und Nachintonation durch Förster & Nicolaus Orgelbau, Lich.

DISPOSITION:

I. Manual *C–f'''*		***II. Manual*** *C–f'''*		***Pedal*** *C–c'*	
Bourdon	16'	Principal	8'	Principal-Bass	16'
Principal	8'	Flauto dolce	8'	Sub-Bass	16'
Hohlflöte	8'	Salicional	8'	Violon-Bass	16'
Viola di Gamba	8'	Octave	4'	Oktav-Bass	8'
Bourdun (sic)	8'	Gedackt	4'	Gedackt-Bass	8'
Octave	4'	Nassat	3'		
Hohlflöte	4'	Spitzflöte	2'		
Quinta	3'	Physharmonika	8'		
Supper-Octave (sic)	2'				
Cornetto dreifach (ab g°)					
Mixtur 4fach	2'				

Manualkoppel, Pedalkoppel (I. Manual).

Mechanische Schleifladen.

ADRESSE DER KIRCHE:

An der Kirche 11, Steinbach, 35463 Fernwald

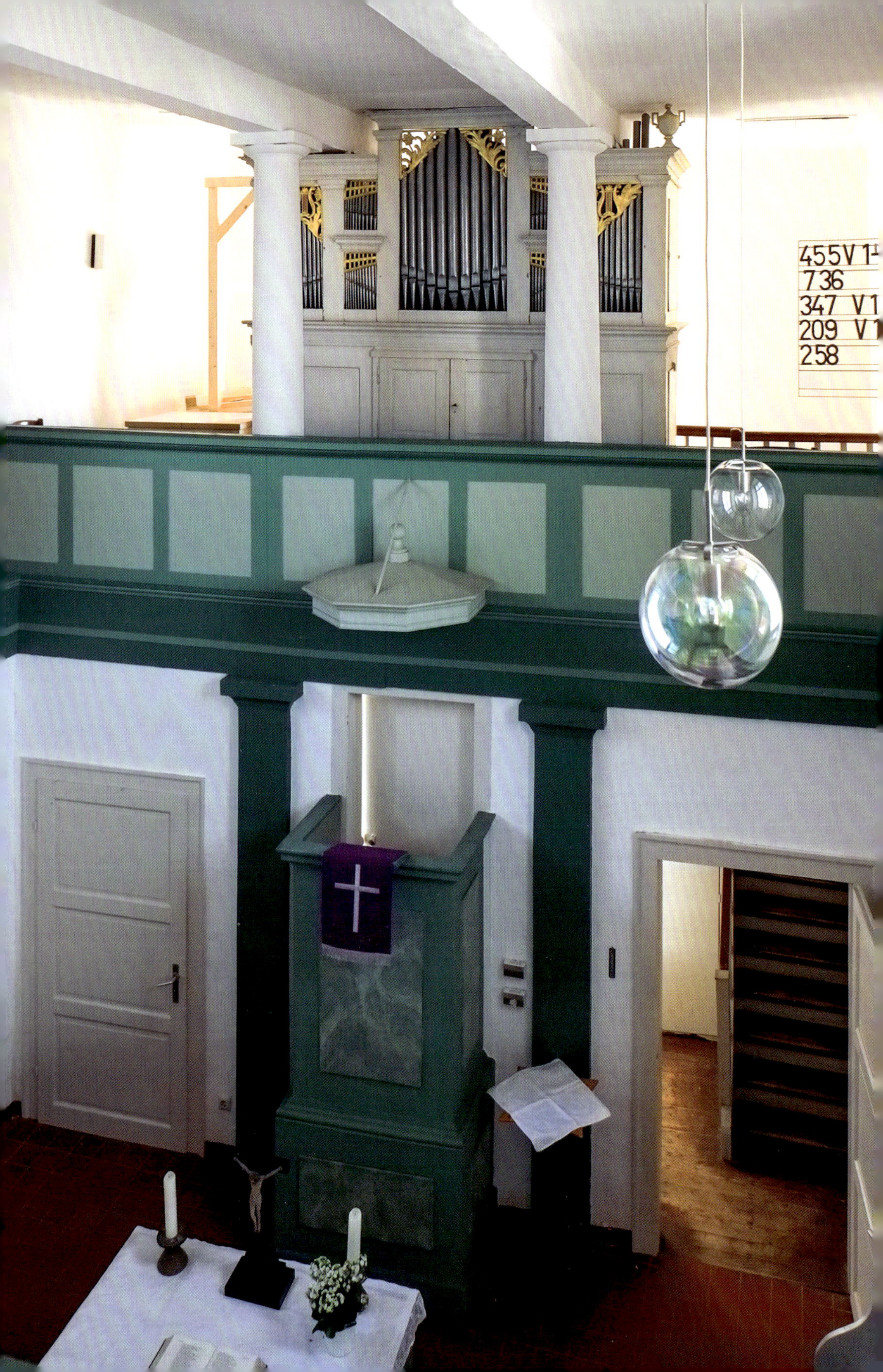
455 V 1-
736
347 V 1
209 V 1
258

STORNFELS (NIDDA)

Evangelische Kirche

Georg Link, Reinhards 1837

EVANGELISCHE KIRCHE IN HESSEN UND NASSAU
WETTERAUKREIS
Jahr der Förderung: 2015

Die evangelische Kirche markiert den höchsten Punkt eines Bergkegels, auf dem das Dorf Stornfels liegt. Das Gebäude besteht aus einem zur Zehntscheune umgebauten, mittelalterlichen Wohnturm der ehemaligen Burg. Im Jahr 1837 wurde es nochmals umgebaut, nun zur Kirche. Ihre spätklassizistische Ausstattung wird von den auf dorischen Säulen ruhenden Emporen ebenso geprägt wie von der klassisch in einer Achse angelegten Ordnung der Prinzipalstücke Altar, Kanzel und Orgel.

Diese wurde als Teil der Erstausstattung der Kirche von Georg Link aus Reinhards bei Schlüchtern gebaut. Sie ist als eines der wenigen überkommenen Instrumente dieser Werkstatt noch nahezu vollständig erhalten, und daher kommt ihr ein hoher Denkmalwert zu. Im Zuge der geförderten Maßnahme wurde eine Balganlage rekonstruiert, um die technische Integrität des historischen Instruments wieder herzustellen.

GESCHICHTE:

1837	Bau der Orgel durch Georg Link, Reinhards.
1913	Reparatur durch Förster & Nicolaus, Lich.
1956	Reparatur und Einbau eines Salicional 8' anstelle der damals fehlenden Flöte 8' durch Bernhard Schmidt, Gelnhausen.
1976	Restaurierung durch Förster & Nicolaus Orgelbau, Lich: Ersatz des Salicional 8' von 1956 durch ein entsprechendes Register in historischer Bauweise; Ergänzung des fehlenden höchsten Chores der Mixtur durch Lagerpfeifen („Zimbel Schlitz"); einheitliche Registerknöpfe aus Lagerbestand.
April 2016 und Januar/Februar 2017	Restaurierung und Rekonstruktion der Balganlage durch Förster & Nicolaus Orgelbau, Lich.

DISPOSITION:

Manual *C–f'''*		***Pedal*** *C–c'*	
Prinzipal	4'	Subbaß	16'
Salicional	8'		
Gedackt	8'		
Gedacktflöte	4'		
Octave	2'		
Mixtur 3fach			

Pedalcoppel.

Mechanische Schleiflade.

ADRESSE DER KIRCHE:

Am Höhenblick 40, Stornfels, 63667 Nidda

STRINZ-MARGARETHÄ (HOHENSTEIN)

Evangelische Kirche
Johann Jakob Dahm, Mainz, 1710

RHEINGAU-TAUNUS-KREIS
EVANGELISCHE KIRCHE IN HESSEN UND NASSAU
Jahr der Förderung: 2016

Auf einer Anhöhe oberhalb des Ortes Strinz-Margarethä steht die evangelische Kirche, die in den Jahren 1834 bis 1836 als klassizistischer Saalbau mit Bruchsteinmauerwerk gebaut wurde. Ihr Eingangsbereich ist als Schaufassade zum Ort mit einem Portalrisalit und Dreieckgiebel versehen. Ein Dachreiter bekrönt den schlichten Bau. Den Innenraum überspannt eine kassettierte Flachdecke.

Der Blickfang des Kirchenraums ist zweifellos die prächtige Orgel, die sich im Chor hinter und über dem Altar erhebt. Das Instrument schaut auf eine wechselvolle Geschichte zurück: Strinz-Margarethä ist nach der Weißfrauenklosterkirche in Mainz und der evangelischen Saalkirche in Ingelheim der dritte Standort des Instruments.

Trotz des zweimaligen Ortswechsels blieb die Orgel in ihrer Substanz etwa 250 Jahre lang weitgehend unverändert erhalten. Erst im Jahr 1964 wurde das Instrument unter erheblichem Materialverlust umgebaut. Dennoch gehört die Orgel als eine der wenigen erhaltenen Vertreterinnen der hohen Mainzer Orgelbauschule des frühen 18. Jahrhunderts zu den wertvollsten Instrumenten in der hessischen Orgellandschaft. Mit der geförderten, umfassenden Restaurierung und Teilrekonstruktion in den Jahren 2017 bis 2019 wurde die Einheit seines historischen und künstlerischen Werts wiederhergestellt.

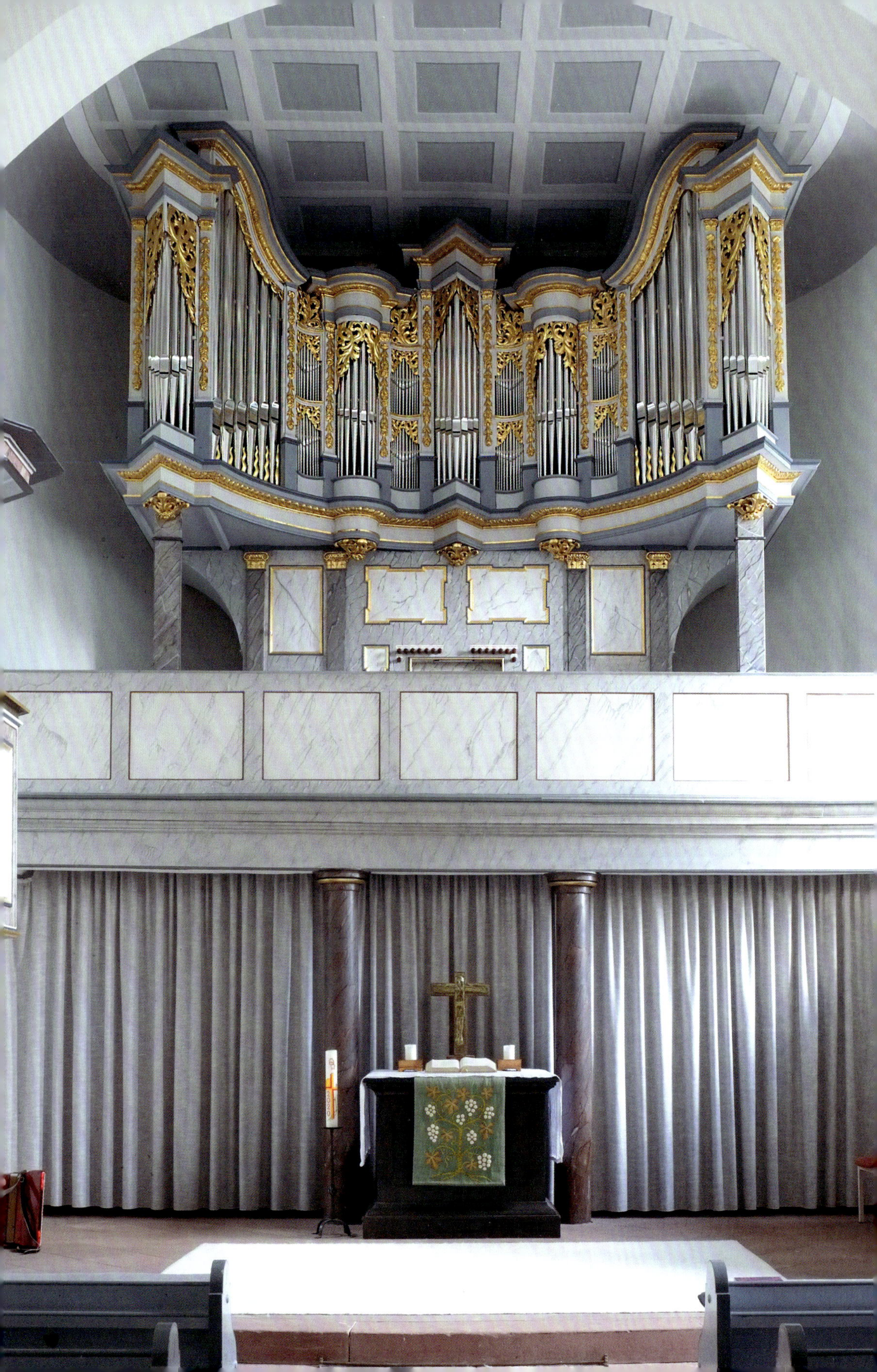

GESCHICHTE:

zwischen 1709 und 1718	Bau der Orgel durch den Mainzer Domkapitelsorgelmacher Johann Jakob Dahm für die Weißfrauenklosterkirche in Mainz.
1803	Verkauf der Orgel nach Ingelheim.
1804	Aufstellung in der evangelischen Saalkirche durch Heinrich Engers, Simmern.
1825	Reparaturen an den Bälgen, Windladen und Trakturen.
1833	Reparaturen durch Bernhard Dreymann, Mainz, für 120 Gulden.
1851	Bernhard Dreymann nimmt die Orgel in Zahlung und stellt sie für 350 Gulden zum Verkauf.
1853	Aufstellung der Orgel in Strinz-Margarethä durch Christian Friedrich Voigt, Igstadt; die Profilkränze der Harfenfelder mussten wegen der geringeren Deckenhöhe tiefergelegt werden; die vermutlich neue Balganlage wurde in einem Balghaus auf dem Dachboden eingerichtet.
unbekannter Zeitraum	Umbau der Orgel auf Seitenspieligkeit, Einzug eines Balkengerüsts.
1917	Ablieferung der Prospektpfeifen; diese wurden erst im Jahr 1964 ersetzt.
unbekannter Zeitraum	Orgelpflege durch die Werkstätten Eppstein, Weilmünster, und zeitweise Katzer, Bleidenstadt.
1964	Umbau durch die Gebrüder Oberlinger, Windesheim: gravierende Umbauten an den Windladen zur Vergrößerung des Tonumfangs in Manual und Pedal; Umbau der Tontraktur und Erneuerung der Registertraktur für den Bau einer neuen, vorderspieligen Spielanlage; Umbau der Windanlage unter Verwendung von PVC-Rohren.
1996	Reinigung durch die Werkstatt Hardt, Möttau, und Einbau eines neuen elektrischen Gebläsemotors.
Mai 2017 bis Mai 2019	Restaurierung durch Rainer Müller, Merxheim.

DISPOSITION:

Manual *C, D–c'''*		***Pedal*** *C, D–c'*	
Groß-Gedackt	8'	Subbass	16'
Salicional	8'	Oktavbass	8'
Principal	4'	Superoktavbass	4'
Klein-Gedackt	4'		
Octave	2'		
Quinte	1 1/2'		
Sesquialtera 2fach			
Mixtur 5fach			
Trompete	8'		
Tremulant			

Pedalcoppel.

Mechanische Schleifladen.

Stimmton: a' 469,4 Hz bei 19 °C. Temperierung nach Neidhardt Kleine Stadt (1732).

ADRESSE DER KIRCHE:

Scheidertalstraße 28, Strinz-Margarethä, 65329 Hohenstein

TREBUR

Evangelische Laurentiuskirche

Bernhard Dreymann, Mainz, 1844

EVANGELISCHE KIRCHE IN HESSEN UND NASSAU
LANDKREIS GROSS-GERAU
Jahr der Förderung: 2015

Die komplexe Baugeschichte der evangelischen Laurentiuskirche in Trebur lässt sich bis in die zweite Hälfte des 9. Jahrhunderts zurückverfolgen. Ihre heutige Gestalt erhielt die Kirche durch den Neubau des Turms im Jahr 1711 und vor allem durch die Umgestaltung zur barocken Predigtkirche in den Jahren 1748 bis 1752. Verantwortlich für die Neugestaltung der Kirche war Pfarrer Johann Conrad Lichtenberg, der nicht nur als Architekt mehrerer Kirchen- und Profanbauten hervortrat, sondern als Librettist der Kirchenkantaten seines Schwagers Christoph Graupner auch für die Musikwelt Bedeutung erlangte.

Der mit seiner ästhetischen Geschlossenheit beeindruckende Innenraum wird durch die vierseitig umlaufende Empore gerahmt. Altar, Kanzel und die aus der Emporenbrüstung hervortretende Orgel sind mittig übereinander angeordnet und bilden gemeinsam mit dem im dreiseitigen Chorschluss verglasten Unterbau der Empore ein den Raumeindruck entscheidend prägendes Ensemble.

Die Orgel ist ein Werk des Mainzer Orgelbauers Bernhard Dreymann aus dem Jahr 1844. Ihr aufwendig gestalteter, klassizistischer Prospekt schlägt durch die Einbeziehung von Zierelementen der Vorgängerorgel von Johann Christian Köhler eine Brücke zur Bauzeit der Kirche. Die Qualität des mit 28 Registern außerordentlich großen Instruments fand schon früh große Beachtung. In seinem Abnahmegutachten schrieb der Orgelsachverständige Georg Thurn am 13. Mai 1844: „Daß […] überhaupt diese Orgel als ein Meisterstück u. Triumpf der Orgelbaukunst angesehen werden kann […].“ Mit ihrem umfangreichen Anteil originalen Materials, insbesondere des Pfeifenwerks ist sie ein überregional bedeutendes Zeugnis der hohen Kunst des frühromantischen deutschen Orgelbaus.

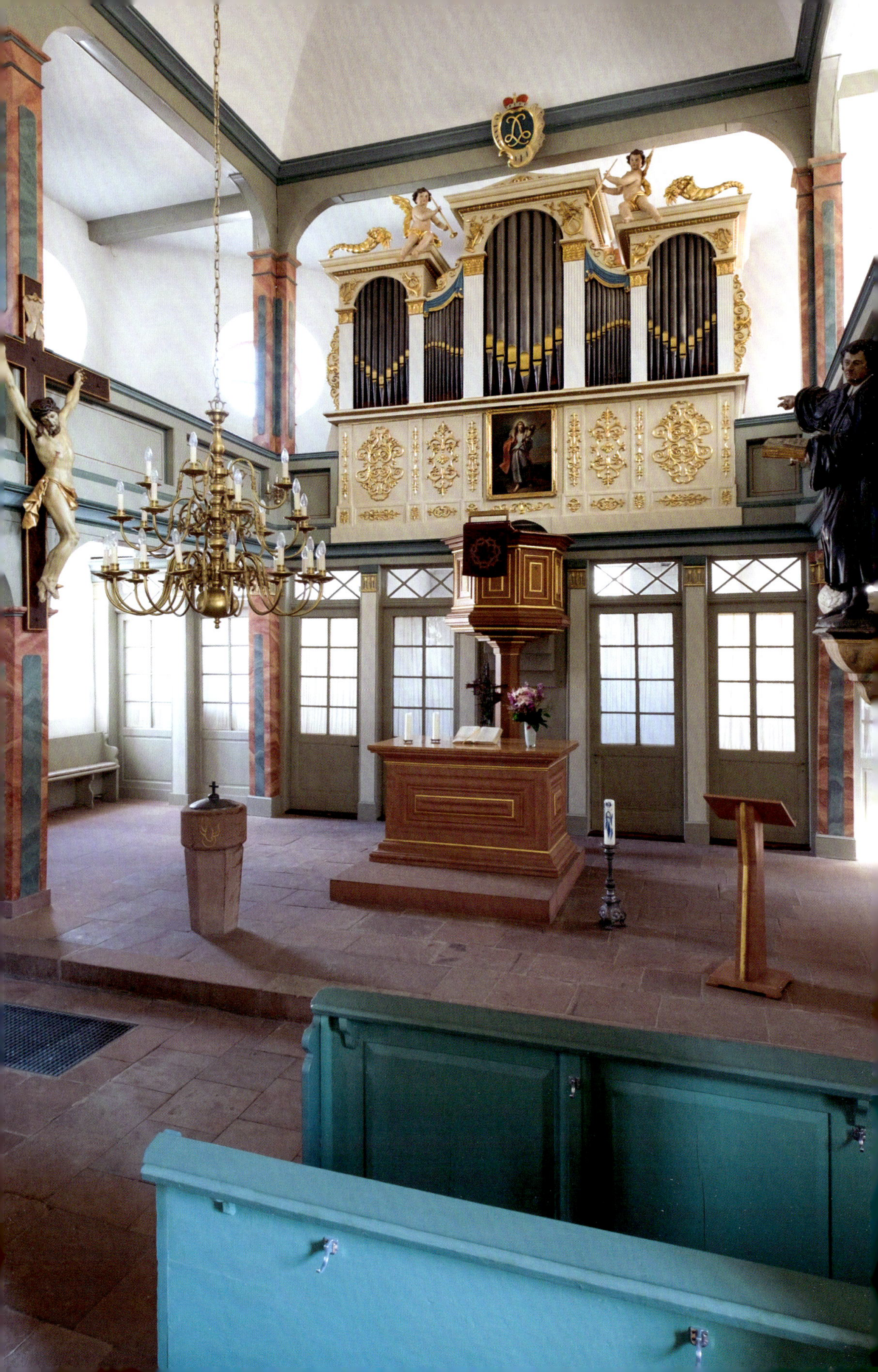

Im Zuge der geförderten Restaurierung wurden vor allem klangliche Veränderungen an den erhaltenen Originalpfeifen auf den ursprünglichen Zustand zurückgeführt. Für die Zukunft bleibt die Rekonstruktion der Posaune 16' ein Desiderat, da 24 Zungenrahmen mit aufgeschraubter Zunge und den dazugehörigen Stimmkrücken erhalten und Aufzeichnungen über das Material und die Mensuren der Becher vorhanden sind.

GESCHICHTE:

1844	Bau der Orgel durch Bernhard Dreymann, Mainz.
1894	Renovierung durch August Förster, Lich: Einbau eines Doppelfaltenmagazinbalgs und Einschneiden von Stimmschlitzen sowie teilweise Anbringung von Bärten unterschiedlicher Konstruktion an den größeren Metallpfeifen.
1921	Arbeiten durch Förster & Nicolaus, Lich.
1934/35	Versetzung des Doppelfaltenmagazinbalgs auf den Dachboden durch Förster & Nicolaus und Einbau eines elektrischen Gebläsemotors.
1961	Umbau durch Werner Bosch, Sandershausen: Einbau einer neuen Windanlage mit Schwimmerbalg, Einbau neuer Zungenregister in moderner Bauweise und Austausch des Salicional 8' durch eine Waldflöte 2', Erweiterung des Pedalumfangs um zwei Töne.
1997	Technische Restaurierung durch die Gebrüder Oberlinger, Windesheim: Wiederherstellung des ursprünglichen Pedalumfangs, Einbau eines Salicional 8' anstelle der Waldflöte 2' von 1961, Rekonstruktion des Terzchores im Cornet, Einbau eines neuen Gebläsemotors.
1999	Rekonstruktion der beiden Zungenregister in den Manualwerken durch Oberlinger.
September 2015 bis Februar 2016	Restaurierung durch Förster & Nicolaus Orgelbau, Lich: Einbau eines neuen Doppelfaltenmagazinbalgs, Überarbeitung der Windkanäle, nochmalige Rekonstruktion des Salicional 8' (nunmehr nach der Bauart Dreymanns), Verlöten der Stimmschlitze, Stabilisierung der Becher der Zungenregister.

DISPOSITION:

***I. Manual* Hauptwerk** *C–g'''*

Bourdon	16'	Holz
Prinzipal	8'	
Großgedact	8'	Holz
Floete	8'	Holz offen
Gamba	8'	später hinzugefügte Bärte (1894?) wurden belassen
Salicional	8'	2015 nach Vorbild Ober-Erlenbach (Dreymann 1839)
Octav	4'	
Gemshorn	4'	
Quint	3'	
Superoctav	2'	
Cornet 4fach discant	4'	Terzchor 1997
Mixtur 4fach	2'	
Trompet baß/discant	8'	1999 unter Verwendung erhaltener Reste von 1844

***II. Manual* Positiv** *C–g'''*

Stillgedact	8'	Metall
Spitzfloete	8'	C aus Stillgedackt 8', Cis–H gedeckt
Floete travers	8'	Holz offen, C–H gedeckt
Prinzipal	4'	
Kleingedact	4'	Metall
Floete	4'	Holz offen
Flageolet	2'	
Mixtur 3fach	1 1/2'	
Crumhorn	8'	1999

Pedal *C–c'*

Violonbaß	16'	Holz
Subbaß	16'	Holz
Prinzipalbaß	8'	Holz
Violonbaß	8'	Holz
Octavbaß	8'	Holz
Posaune	16'	1961, aufschlagend, Zinkbecher, C–H halbe Länge

Pedalcoppel, Manualcoppel, Ventilzug.

Mechanische Schleifladen.

LITERATUR:

Die Orgel von Bernhard Dreymann in der evangelischen Laurentiuskirche, hg. von der ev. Kirchengemeinde Trebur, 1997.

ADRESSE DER KIRCHE:

Obere Pforte 25, 65468 Trebur

ULMBACH (STEINAU AN DER STRASSE)

Katholische Kirche Mariae Himmelfahrt
Adam Joseph Oestreich, Oberbimbach, 1839

BISTUM FULDA
MAIN-KINZIG-KREIS
Jahr der Förderung: 2013

Die katholische Kirche St. Mariae Himmelfahrt in Ulmbach wurde ab dem Jahr 1825 in Basaltmauerwerk und Sandsteingliederung errichtet. Der Westturm besitzt einen oktogonalen Aufsatz und einen spitzen, hohen Helm. Der Saal ist mit einer auf Chorbreite verringerten Holztonne versehen, die auf säulenartigen Holzstützen ruht. Das Querhaus wurde erst im Jahr 1911 angefügt. Damit hat der Kirchenraum heute die Anmutung einer weiten, dreischiffigen Halle.

Die Orgel auf der Westempore wurde in der Werkstatt von Adam Joseph Oestreich aus Oberbimbach gefertigt. Nur 14 Jahre nach Errichtung der Kirche gebaut, gehört sie zu den erhaltenen Elementen ihrer Erstausstattung. Bemerkenswert ist ihr siebenteiliger Prospekt, dessen klassizistische, als Flachfelder gestaltete, hohe äußere Türme einen ganz in traditioneller Formensprache gehaltenen Normalprospekt einrahmen.

Die im Jahr 2013 geförderte und bis 2015 durchgeführte Restaurierung konnte einerseits an die bereits 40 Jahre zuvor im Verständnis der Zeit erfolgte Überarbeitung anknüpfen, musste aber im Sinne der Wiederherstellung des ursprünglichen Zustands weit darüber hinausgehen und eine Fülle nicht denkmalgerecht durchgeführter Arbeiten der vergangenen Jahrzehnte korrigieren. Bemerkenswert ist dabei die für Ulmbach entwickelte, pneumatisch gesteuerte Balgaufzuganlage, die nicht wie ein klassischer Gebläsemotor Wind schöpft, sondern den Wind durch das Aufziehen der rekonstruierten Keilbälge und damit ein authentisches Windverhalten herstellt.

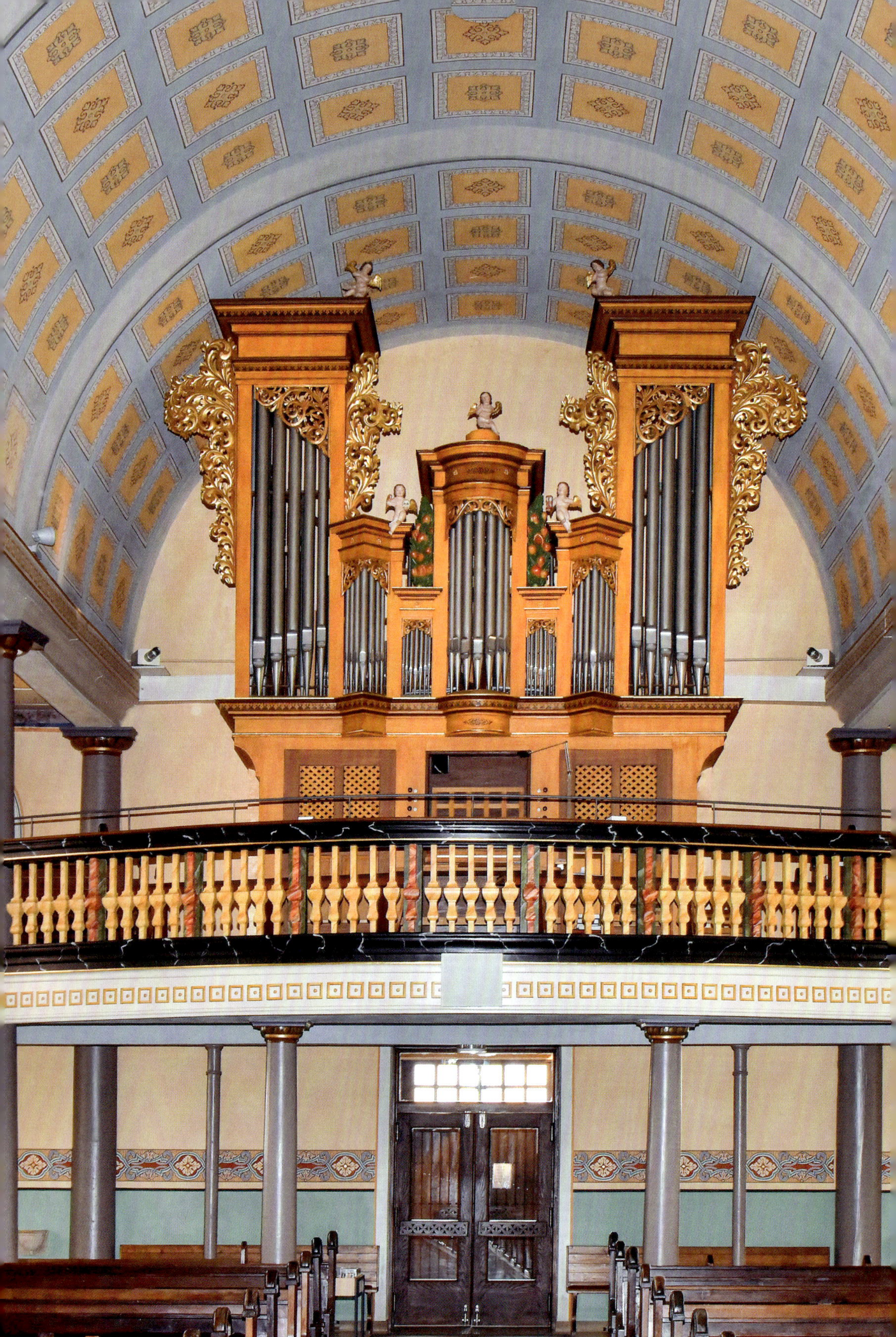

GESCHICHTE:

1839	Bau der Orgel durch Adam Joseph Oestreich aus Oberbimbach. Beim Bau war auch Adams Bruder Constantin aus Bachrain beteiligt, wie aus Namenseintragungen an mehreren Bauteilen hervorgeht.
1842	Reparatur durch den Erbauer nach Schäden durch überhöhte Feuchtigkeit im Turm.
1846	Reparatur durch Augustin Oestreich, Bachrain.
1868	Reparatur durch Johann Georg Degenhardt, Hanau.
1870	Reparatur durch Heinrich Hahner, Fulda.
1889	Reparatur durch Wilhelm Oestreich, Bachrain.
1908	Reparatur und Einbau einer neuen Gambe 8' sowie eines Geigenprincipals 8' anstelle des Flageolets 2' durch Emil Butz, Stausebach.
1917	Ablieferung der Prospektpfeifen.
1921	Einbau neuer Prospektpfeifen aus Zink.
1950	Reparatur durch Alexander Baron, Fulda/Offenbach.
1951–1969	Betreuung durch Alban Späth, Fulda. In dieser Zeit Einbau eines Choralbass 4' anstelle der Posaune 16'.
1970	Einbau eines neuen Octavbass 8' aus Metall wegen Holzwurmschäden am originalen Register; Einbau eines neuen Schwimmerbalgs und eines neuen Gebläsemotors im Orgelgehäuse durch Bernhard Schmidt, Gelnhausen.
1974	Restaurierung durch die Werkstatt Hey, Urspringen: Wiederherstellung der ursprünglichen Disposition.
1989	Umbau durch Klaus Gabriel, Petersberg: Bau eines Gehäuses für das Pedalwerk, Umbau der Balganlage.
Mai 2013 bis Dezember 2015	Restaurierung durch Orgelbau Andreas Schmidt, Altenhaßlau (Linsengericht): Rekonstruktion einiger Register und der Balganlage.

DISPOSITION:

I. Manual *C–f'''*		
Principal	8'	5 Innenpfeifen original, Rest rekonstruiert
Gamba	8'	rekonstruiert
Flöte	8'	
Bordun	8'	C–H rekonstruiert
Octav	4'	
Quint	3'	
Octav	2'	
Mixtur 4fach	2'	

II. Manual *C–f'''*		
Gedact	8'	
Traversflöte	8'	
Kleingedact	4'	
Salicional	4'	rekonstruiert
Flageolet	2'	rekonstruiert

Pedal *C–c'*		
Subbass	16'	
Octavbass	8'	rekonstruiert
Posaune	16'	rekonstruiert

Coppel II–I, Coppel I–Pedal, Wind.

Mechanische Schleifladen. Vorderspielig. Dreifache Keilbalganlage mit pneumatisch gesteuerter Balgaufzuganlage. Pedalkoppel mit eigenständiger Tontraktur zur Hauptwerkslade.

Stimmton: a' = 431 Hz bei 14 °C. Winddruck: 67 mmWs.

ADRESSE DER KIRCHE:

An der Kirche, Ulmbach, 36396 Steinau an der Straße

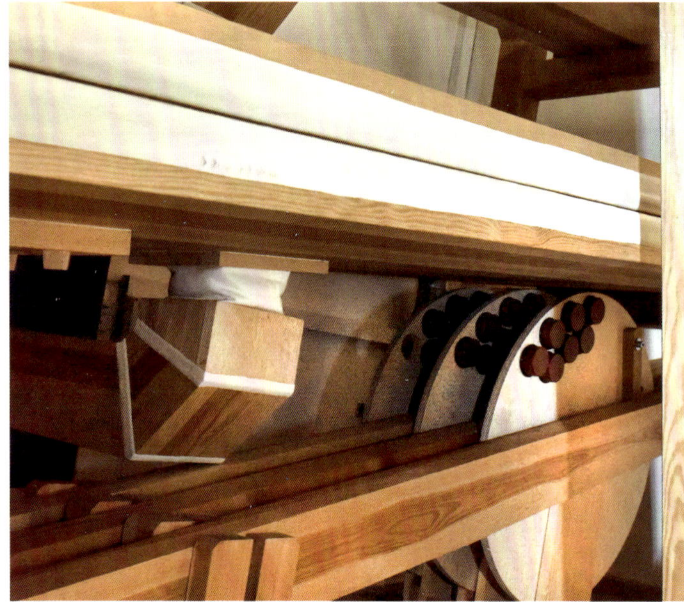

Ulmbach: Blick auf die (ungeöffneten) rekonstruierten Bälge sowie auf die Drehscheiben der pneumatisch gesteuerten Balgaufzugsanlage.

UNHAUSEN (HERLESHAUSEN)

Evangelische Kirche

August Möller, Rotenburg, um 1900

EVANGELISCHE KIRCHE VON KURHESSEN-WALDECK
WERRA-MEISSNER-KREIS
Jahr der Förderung: 2019

Die evangelische Dorfkirche in Unhausen besitzt einen gedrungen wirkenden, aber mächtigen Kirchturm auf einem massiven Sockelgeschoss mit Fachwerkaufbau und Laternenhaube auf dem Turmdach. Auch das Langhaus verfügt über einen Fachwerkaufbau und ist mit einem Satteldach mit Krüppelwalm bedeckt. Diese Bauform erhielt die Kirche im Jahr 1691 im Zuge des Wiederaufbaus nach dem Dreißigjährigen Krieg. Im Inneren fügt sich an das mit einem Holztonnengewölbe versehene Kirchenschiff ein durch einen Triumphbogen ausgeschiedener Chorraum an. Die bauzeitliche Kanzel von 1694 ist noch vorhanden.

Auf der rückwärtigen Empore befindet sich die Orgel. Der fünfteilige klassische Prospekt des in der Mitte des 18. Jahrhunderts vom Orgelbauer Beyrod aus Wanfried gebauten Instruments wurde beim Neubau des Orgelwerks um das Jahr 1900 durch August Moeller aus Rotenburg in das neue Orgelgehäuse integriert. Die technische Anlage der Orgel ist eine Mischkonstruktion: Während das Manualwerk als mechanische Schleiflade gebaut ist, wird die Pedallade pneumatisch angesteuert.

Obwohl die Unhäuser Orgel weitgehend unverändert erhalten blieb, konnte sich die Restaurierung nicht auf die Reinigung und Instandsetzung des Bestands beschränken, da einige Risse und Undichtigkeiten in den Windladen repariert sowie ein stärkerer Anobienbefall am Pfeifenwerk bekämpft werden musste.

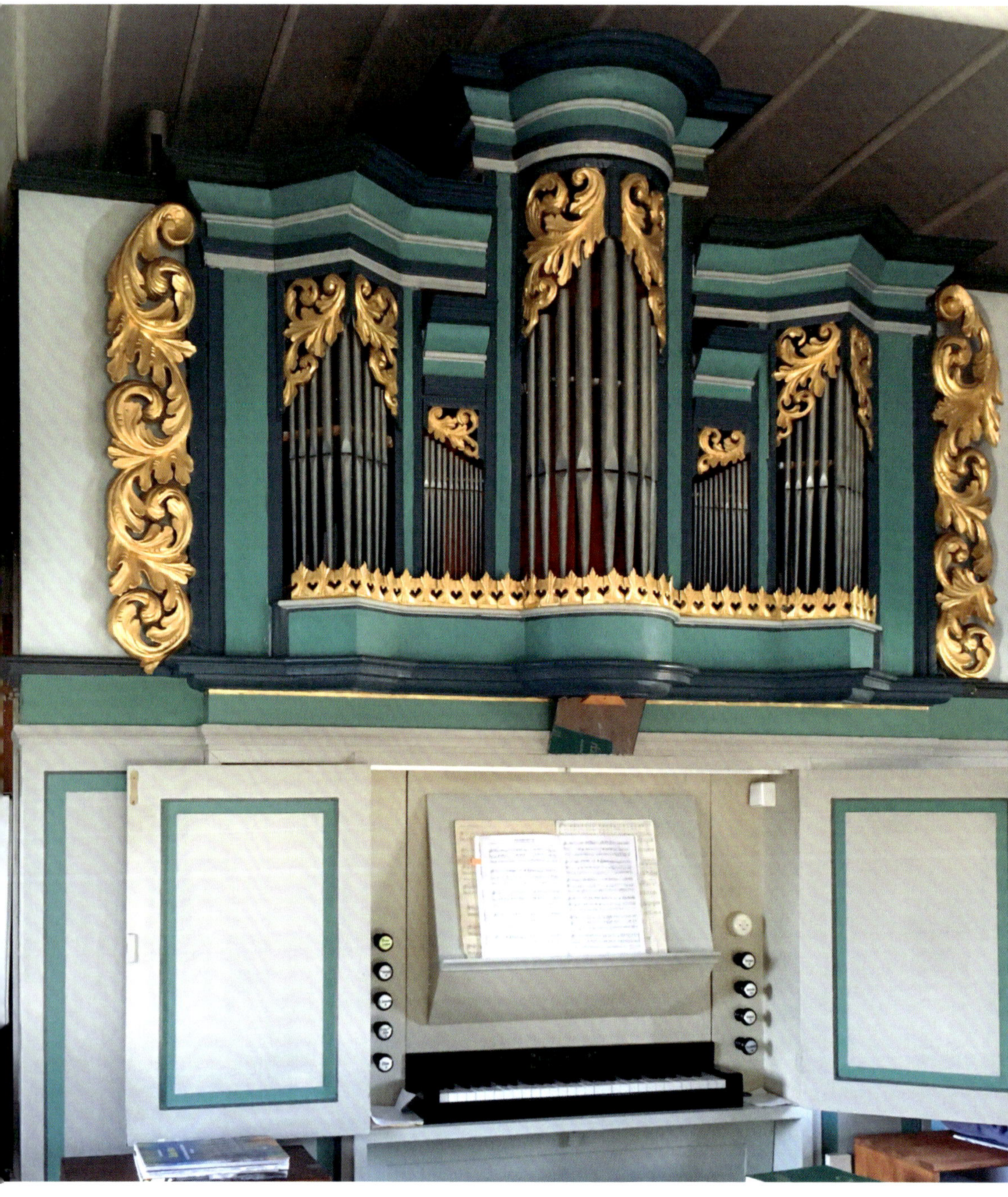

GESCHICHTE:

um 1750	Bau einer Orgel durch den Orgelbauer Beyrod, Wanfried.
um 1900	Bau einer neuen Orgel durch August Moeller, Rotenburg an der Fulda, unter Wiederverwendung des vorhandenen Prospekts.
unbekannter Zeitraum	Einbau eines elektrischen Gebläsemotors und Anschluss an einen Kastenbalg mit Flexkondukte.
2019	Restaurierung durch Markus Krawinkel, Trendelburg; Schädlingsbekämpfung und Verbindung von Motor und Balg mit einem Holzkanal.

DISPOSITION:

Manual *C–f'''*

Principal	8'
Flöte	8'
Salicional	8'
Octave	4'
Gedektflöte	4'
Quinte	2 2/3'
Octave	2'

Pedal *C–d'*

Subbaß	16'

Pedalkoppel.

Manualwerk: mechanische Schleiflade; Pedalwerk: pneumatische Taschenlade.

ADRESSE DER KIRCHE:

Tränkgasse 1, Unhausen, 37293 Herleshausen

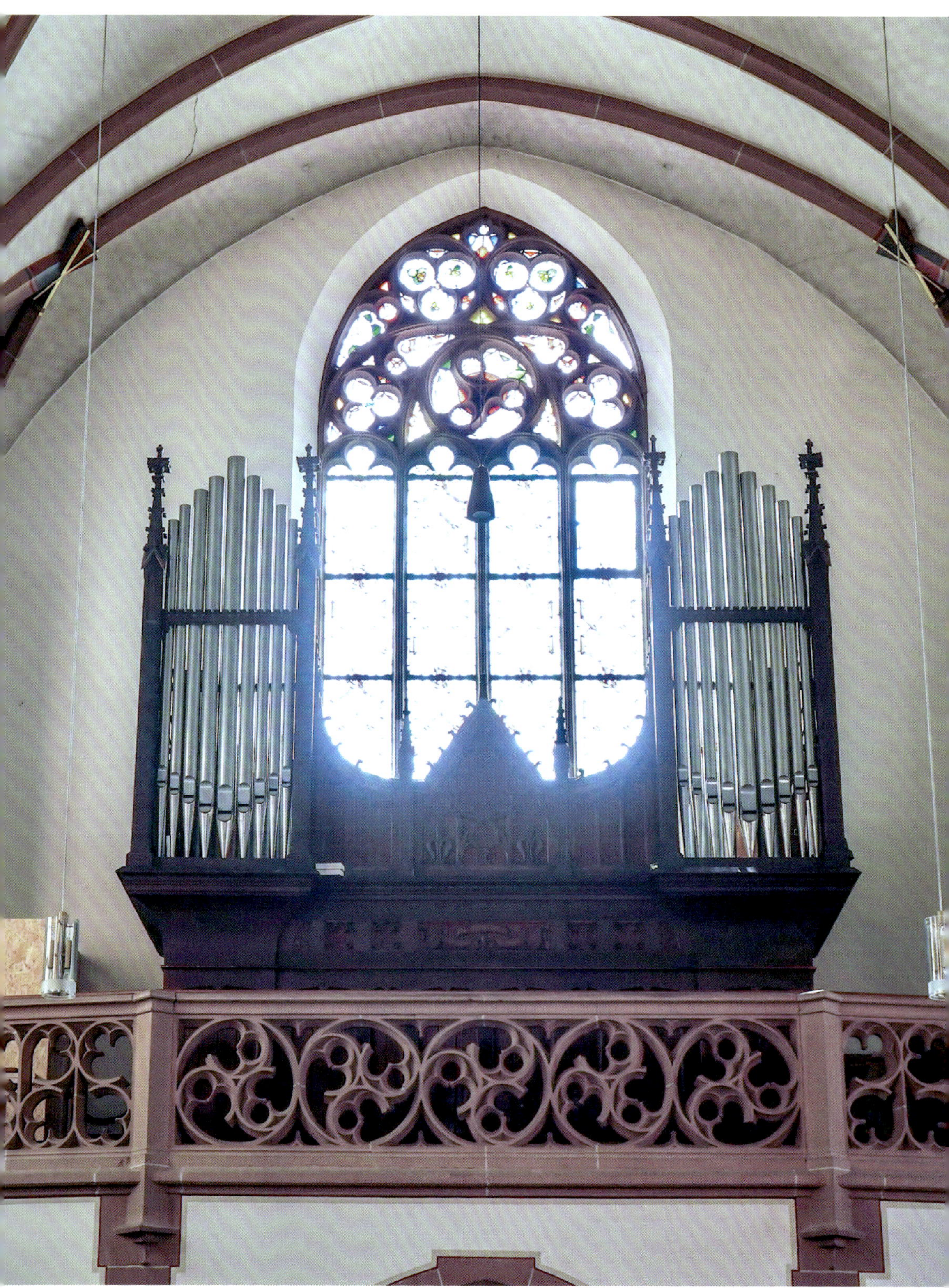

UNTER-HAMBACH (HEPPENHEIM)

Katholische Kirche St. Michael
H. Voit & Söhne, Durlach, 1904, Opus 918

BISTUM MAINZ
LANDKREIS BERGSTRASSE
Jahr der Förderung: 2021

Die katholische Kirche St. Michael in Unter-Hambach wurde in den Jahren 1897 bis 1899 nach Plänen von Ludwig Becker in geschlossen neogotischer Formensprache als zweischiffige Pseudobasilika errichtet. An das breite Hauptschiff gliedern sich ein schmales Seitenschiff sowie der Chor mit Fünfachtelschluss an. Ihm ist ein Turm auf quadratischem Grundriss mit einem hohen, spitzen Helm vorgestellt. In die neogotischen Altäre wurden zum Teil historische Figuren und Bilder integriert, die aus der Vorgängerkirche und aus unterschiedlichen Sammlungen übernommen wurden.

Die Orgel in der Unter-Hambacher Kirche wurde im Jahr 1904 von der Werkstatt Voit in Durlach errichtet, die in ihrer Zeit zu den führenden Werkstätten in Baden zählte und gelegentlich auch im benachbarten Hessen wirkte. Die Unter-Hambacher Orgel besitzt noch das originale, von Voit entwickelte und patentierte pneumatische System der stehenden Tasche und ist auch darüber hinaus nahezu unverändert erhalten. Ihr Denkmalwert besteht vor allem in dieser Integrität der erhaltenen technischen und künstlerischen Substanz. Nachdem das Instrument bereits im Jahr 1987 restauriert worden war, musste zu seiner Erhaltung im Jahr 2021 eine Sanierung nach starkem Schimmelbefall durchgeführt werden.

GESCHICHTE:

1821	In der Vorgängerkirche war eine Orgel mit vier Registern vorhanden.
1856	Reparatur durch Valentin Eberlein, Lorsch.
1898	Vollendung des Kirchenneubaus.
1902	Bei einer neuen Orgel durch H. Voit & Söhne, Durlach unter Beratung von Domkapellmeister Georg Victor Weber, der besonders auf den Bau des Registers Flötenbaß 16' hinwirkte.
1917	Abgabe der Prospektpfeifen.
1950er Jahre	Umbau des Flötenbaß 16' zu einem 8'.
1987	Restaurierung durch Egbert Pfaff, Überlingen.
2021	Schimmelbeseitigung und Ausreinigung durch Orgelbau Raab & Plenz, Hackenheim.

DISPOSITION:

Manual *C–f'''*		***Pedal*** *C–d'*	
Principal	8'	Subbaß	16'
Gamba	8'	Flötenbaß	8'
Salicional	8'		
Bordun	8'		
Flöte	8'		
Dolce	8'		
Octave	4'		
Rohrflöte	4'		
Cornett III–IV	4'		

Pedalkoppel, Superoctavkoppel Manual, Suboctavkoppel Manual, Tutti.

Pneumatische Taschenladen (stehende Taschen).

Unter-Hambach: Blick auf die Windladen und auf die Innenseite der Prospektblenden.

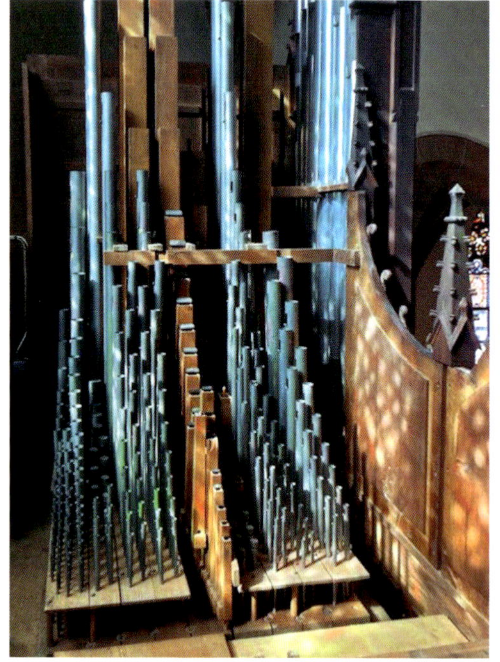

ADRESSE DER KIRCHE:

Hambacher Tal 14,
Unter-Hambach, 64646 Heppenheim

WALDKAPPEL

Evangelische St.-Georgs-Kirche
August Hilpert, Floh bei Schmalkalden, 1861

EVANGELISCHE KIRCHE VON KURHESSEN-WALDECK
WERRA-MEISSNER-KREIS
Jahr der Förderung: 2006

Die evangelische St.-Georgs-Kirche in Waldkappel ist eine spätgotische, dreischiffige Hallenkirche mit eingezogenem Chorraum und einem wuchtigen, vorgelagerten Westturm, der als ältester Teil des Bauwerks bereits in den Jahren 1393 bis 1395 errichtet worden war. Das Schiff wurde erst gegen Ende des 15. Jahrhunderts begonnen und war im Jahr 1522 vollendet. Brände im 17. und 19. Jahrhundert machten Reparaturen und Umbauten nötig. So erhielt die Kirche zum Beispiel kassettierte Flachdecken anstelle der im Dreißigjährigen Krieg zerstörten Kreuzrippengewölbe. Damit ist das Kirchengebäude auch ein bemerkenswertes Zeugnis der Tradierung gotischer Formensprache bis in das 16. und 17. Jahrhundert.

Auf dem mittleren, westlichen Teil der dreiseitig umlaufenden, die Seitenschiffe einbeziehenden Empore steht die Orgel, die im Jahr 1861 von August Hilpert aus Floh bei Schmalkalden erbaut wurde. Sie ist damit ein Beleg des kulturellen Austauschs zwischen Hessen und Thüringen, an dem der Orgelbau vor allem im 18. und 19. Jahrhundert vielfach Anteil hatte. Die Waldkappeler Orgel ist nicht nur aufgrund ihrer beeindruckenden Größe, sondern auch deshalb besonders erhaltenswert, weil vom Schaffen der Werkstatt Hilpert nur diese und das kleinere Instrument in Burghofen erhalten sind.

Im Zuge der geförderten Restaurierung wurden zahlreiche technische Verbesserungsversuche zweier Umbauten im 20. Jahrhundert revidiert und die ursprüngliche Disposition zum Teil wiederhergestellt. Ein Teil der Register, deren Rekonstruktion aus Kostengründen zunächst nicht durchführbar war, konnte im Jahr 2014 nachgeliefert werden. Für weitere sieben Register ist der Platz auf der Windlade vorbereitet, so dass ihr Einbau nach und nach erfolgen kann.

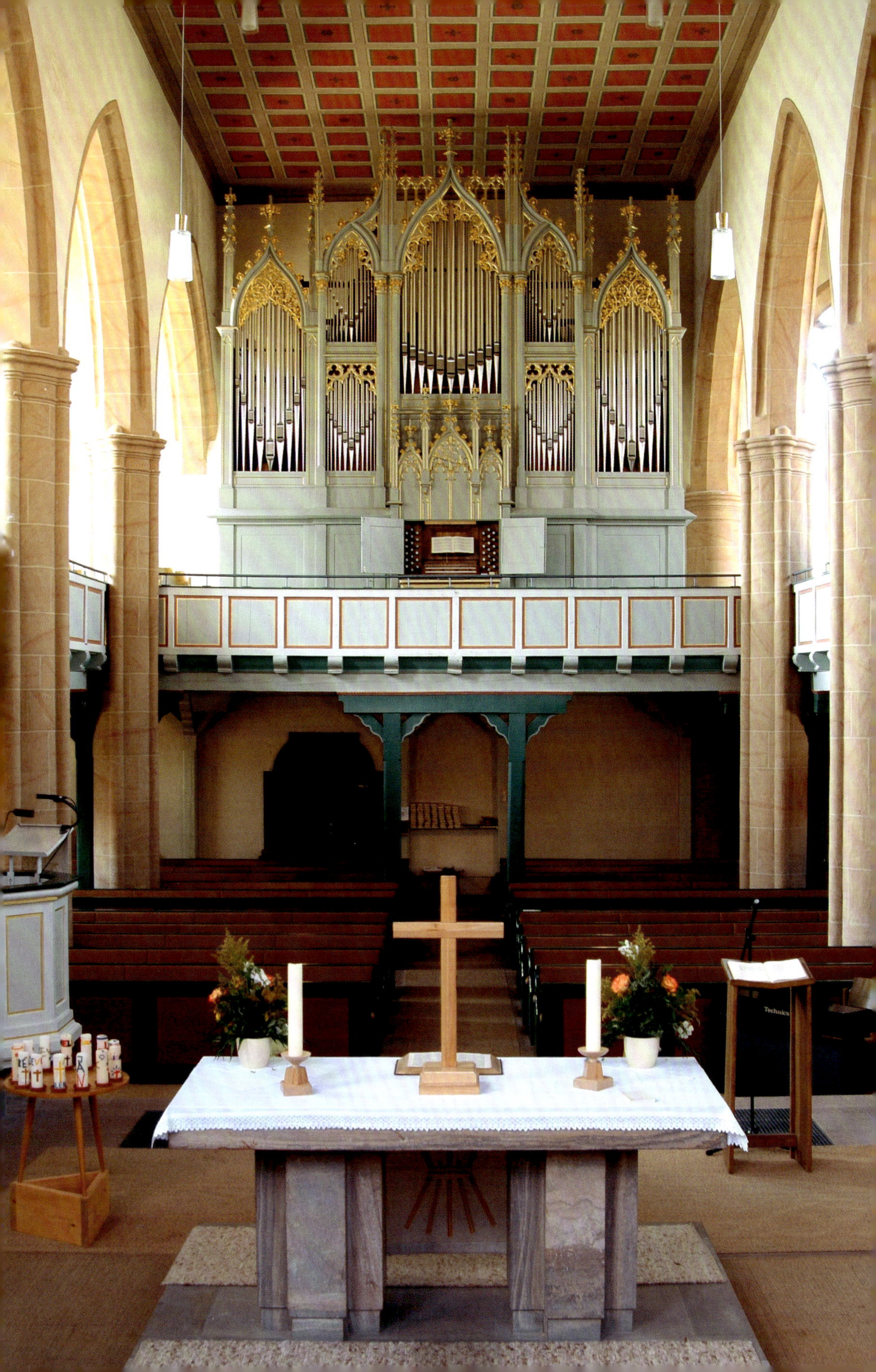

GESCHICHTE:

1861 Bau der Orgel durch August Hilpert, Floh bei Schmalkalden; Abnahme am 20. und 21. Dezember 1861.

1917 Ablieferung der Prospektpfeifen.

1930 Einbau neuer Prospektpfeifen aus Zink, vermutlich Einbau einer Aeoline 8' anstelle von Flauto traverso 8' im II. Manual, Einbau eines elektrischen Gebläsemotors.

1937 Umbau der Spitzflöte 4' zu 2 2/3', Einbau einer Quinte 1 1/3' im II. Manual am Platz der Sesquialter.

1964 Renovierung durch Werner Bosch, Sandershausen: Dispositionsänderung an weiteren sieben Registern, Umbau der Traktur auf Seilzüge (Stahllitze, Aluminiumwellen), Erneuerung des Spieltischs, Erneuerung der Wellenbretter, Verengung der Ventilschlitze, Stilllegung der originalen Keilbalganlage, Ausbau der originalen Windkanäle, Einbau von Magazinbälgen im Unterbau der Orgel und eines Windladenbalgs im Oberwerk.

1981 Weitere Verengung der Ventilschlitze, Verkleinerung der Ventile durch Schmaler-Schneiden, Einbau von Dichtungsringen auf den Windladen, weitere Maßnahmen zur Stabilisierung des Winds, Rekonstruktion der Trompete 8'.

2006/07 Restaurierung durch Jehmlich Orgelbau, Dresden: Rekonstruktion der Windanlage, Rückführung der technischen Umbauten von 1964 und 1981, Beginn der Wiederherstellung der ursprünglichen Disposition.

2014 Fortsetzung der klanglichen Rekonstruktion.

DISPOSITION:

***I. Manual* Hauptwerk** *C–f'''*

Principal	8'	
Bordun	16'	
Gemshorn	8'	* vacat
Hohlflöte	8'	
Gambe	8'	* vacat
Bordun	8'	
Octave	4'	
Spitzflöte	4'	C–Fis rekonstruiert 2014
Gedeckt	4'	
Octave	2'	
Cornett 3fach	4'	
Mixtur 5fach	2'	
Trompete	8'	

***II. Manual* Oberwerk** *C–f'''*

Geigenprincipal	8'	
Harmonika	8'	* (zur Zeit noch Principal 4')
Principal	4'	
Salicional	8'	
Flauto Traverse	8'	rekonstruiert 2014
Lieblich Gedackt	8'	
Fernflöte	4'	
Gemshorn	4'	* vacat
Sesquialter 2fach		* vacat
Flageolett	2'	* vacat

Pedal *C d'*

Großpedal		
Subbaß	16'	
Principalbaß	16'	
Violon	16'	rekonstruiert 2014
Posaune	16'	* vacat
Kleinpedal		
Principalbaß	8'	
Flötenbaß	8'	
Cello	8'	* vacat
Octave	4'	

* zur späteren Rekonstruktion vorgesehen.

Koppeln: Manual-Koppel, Pedal-Koppel, Bass-Koppel.

Nebenzüge: Manual Sperrventiel, Positiv Sperrventiel, Sperrventiel zu den gr: Bässen, Sperrventiel zu den kl: Bässen, Calcanten-Glokke.

Mechanische Schleifladen.
Stimmung: 445,6 Hz bei 15 °C, gleichstufige Temperierung.

ADRESSE DER KIRCHE:

Kirchgasse 8, 37284 Waldkappel

WALTERSBRÜCK (NEUENTAL)

Evangelische Kirche
Johannes Schlottmann, Friedewald, 1788

EVANGELISCHE KIRCHE VON KURHESSEN-WALDECK
SCHWALM-EDER-KREIS
Jahr der Förderung: 2012

Die evangelische Kirche in Waltersbrück wurde in den Jahren 1735/36 errichtet. Die mit einem Mansarddach bedeckte Saalkirche wurde an den mittelalterlichen Westturm angefügt, der seinerseits mit einem barocken Haubenhelm versehen wurde. Der Saal wird durch eine dreiseitig umlaufende Empore sowie den Altar und die Kanzel gerahmt, die in einer Achse an der östlichen Stirnseite angeordnet sind. Ihnen gegenüber steht die Orgel auf der Westempore. Sie wurde erst mehr als 50 Jahre nach der Errichtung des Kirchenbaus angeschafft. Erbaut wurde das Instrument im Jahr 1788 von Johannes Schlottmann, der zu dieser Zeit in Friedewald ansässig war.

Schlottmanns Orgeln zeichnen sich durch ihre konservativen, dem hessisch-thüringischen Orgelstil des frühen 18. Jahrhunderts entsprechenden Prospekte aus. Ihr Kennzeichen sind tief ansetzende Harfenfelder, die mit hölzernen Prospektpfeifen in Metalloptik besetzt sind, sowie eine konsequent hochwertige Verarbeitung. Nur geringfügig verändert bot die Orgel in Waltersbrück eine hervorragende Grundlage für die im Jahr 2013 durchgeführte Restaurierung.

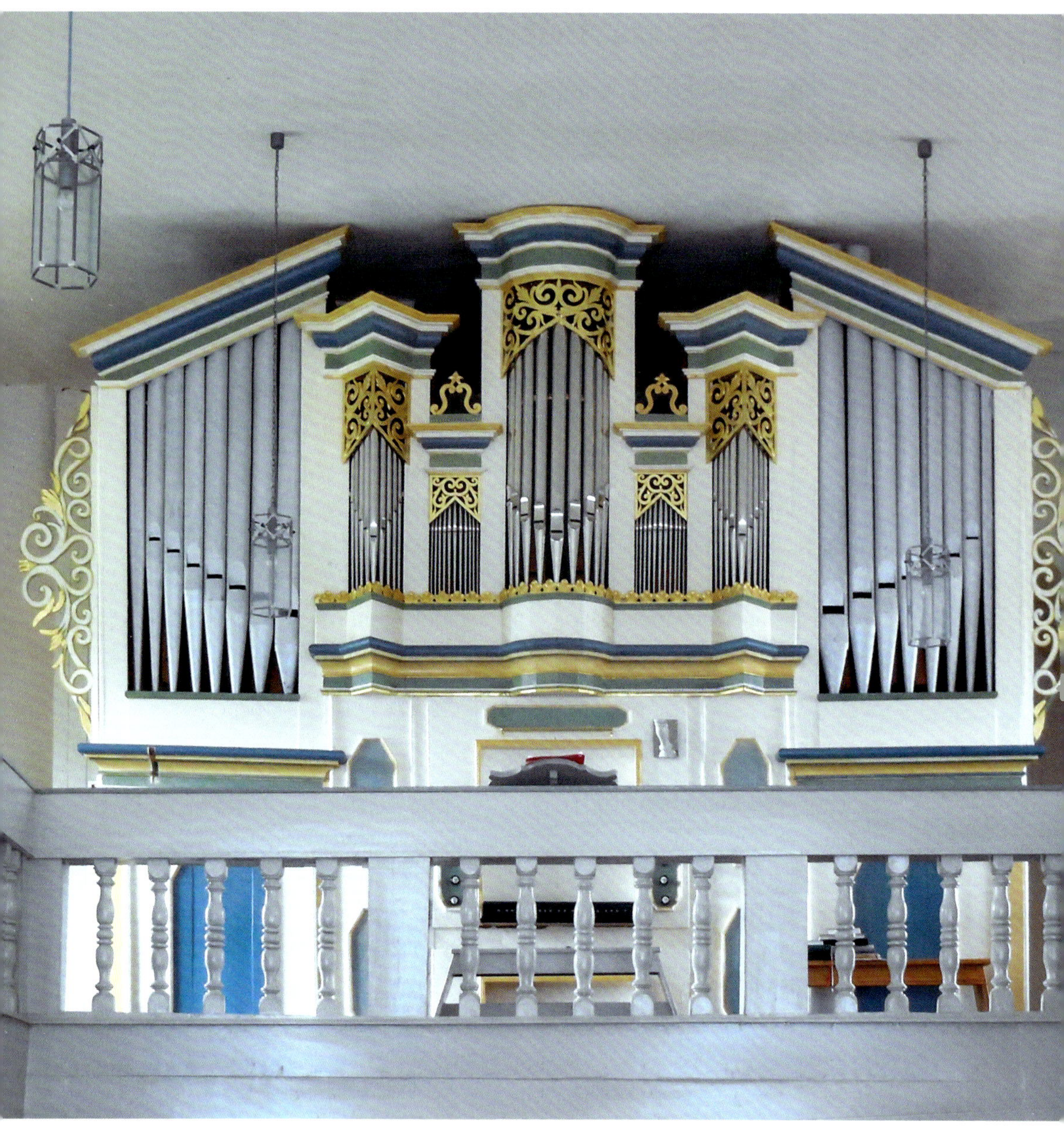

GESCHICHTE:

1788	Bau der Orgel durch Johannes Schlottmann aus Spangenberg.
19. Jahrhundert	Austausch der Quintade durch eine Flöte 8'.
1938	Arbeiten an der Orgel durch August Möller & Sohn aus Rotenburg; wahrscheinlich in diesem Zuge Einbau eines Salicional 8'.
1985	Renovierung durch Werner Bosch Orgelbau, Sandershausen (Niestetal): Reinigung und Holzwurmbehandlung, Überholung der Trakturen, Erneuerung der Ventilfedern, Umhängen der Traktur und Neubau der Töne C und D zur Herstellung der modernen Stimmtonhöhe.
1986	Weitere Überarbeitung der Trakturen und der Klaviaturen zur Geräuschminderung, Erneuerung einiger Schleierbretter als Ersatz für provisorische Papierornamente.
2013	Restaurierung durch Orgelbau Mebold, Siegen: Wiederherstellung der ursprünglichen Disposition nach Anschrieb auf den Stöcken sowie der ursprünglichen Stimmtonhöhe, Rekonstruktion der Klaviaturen.

DISPOSITION:

***Manual** C, D–d'''*

Gedackt	8'	C–e'' Holz, teilweise original; ab f'' Metall, f''–c''' original
Quintade	8'	C–H gemeinsam mit Gedackt, vier Pfeifen original
Principal	4'	C–cis''' im Prospekt, vier Pfeifen original
Flötha	4'	Metall, fünf Pfeifen original
Quinte	3'	rekonstruiert (der Registerplatz war bis 2013 vakant)
Octave	2'	größtenteils original
Spitzflöte	2'	überwiegend original
Mixtur	1'	größtenteils original

***Pedal** C, D–c'*

Subbass	16'	Holz, original
Octavbass	8'	Holz, original

Pedalkoppel, Windablass.

Mechanische Schleifladen.

Stimmtonhöhe: 486 Hz bei 18 °C; modifiziert mitteltönige Stimmung;
Winddruck 70 mmWs.

ADRESSE DER KIRCHE:

Am Rain, Waltersbrück, 34599 Neuental

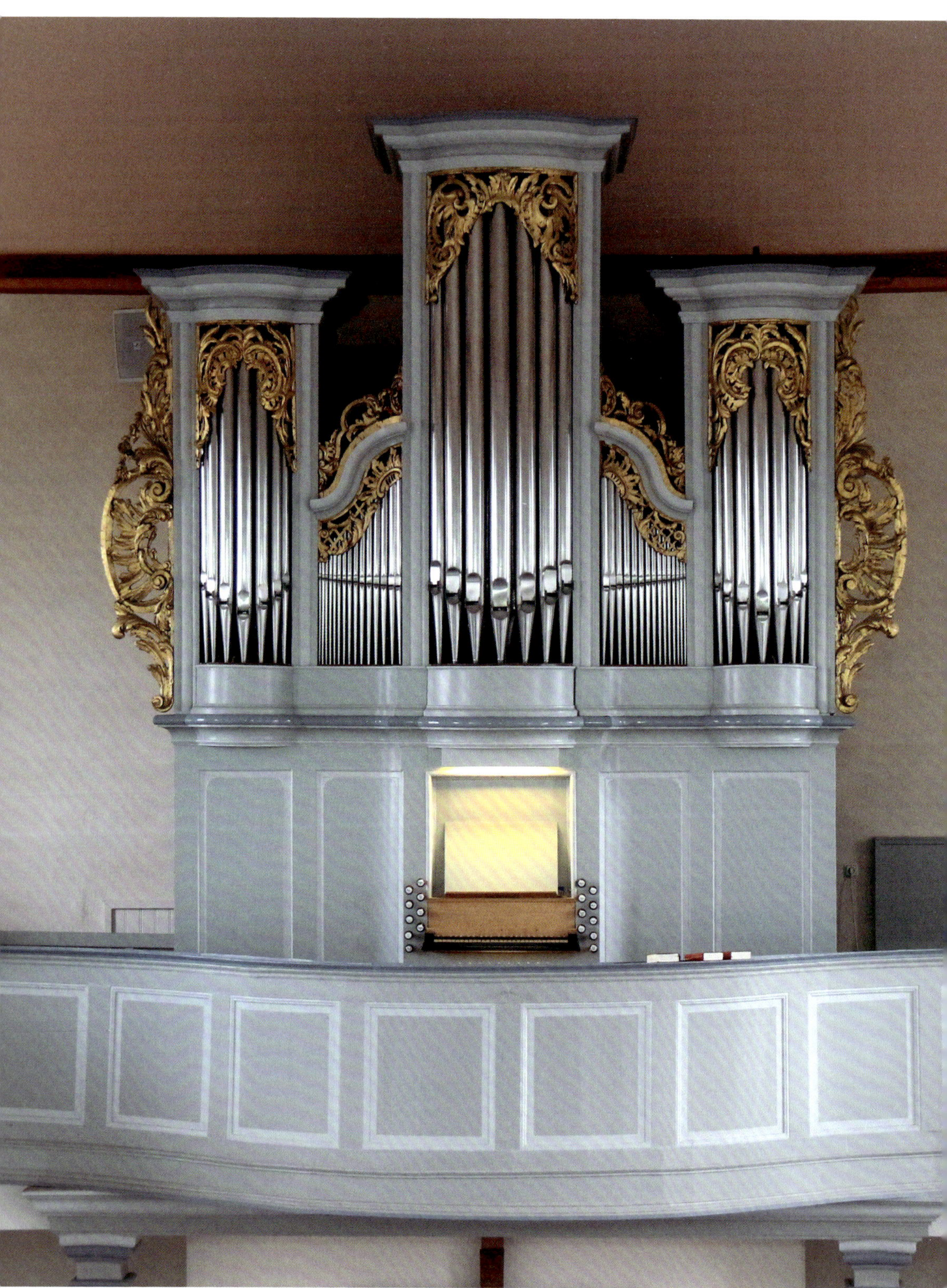

WEHRHEIM

Evangelische Kirche

Johann Conrad Bürgy, Homburg vor der Höhe, 1783

EVANGELISCHE KIRCHE IN HESSEN UND NASSAU
HOCHTAUNUSKREIS
Jahr der Förderung: 2006

Die evangelische Kirche in Wehrheim wurde in den Jahren 1780 bis 1782 als geräumiger, heller Saalbau errichtet, der von je fünf langen Fensterbahnen an den Längsseiten gegliedert wird. Dem Schiff mit Walmdach ist ein Ostturm mit Spitzhelm angelagert. Die umlaufende Empore lässt die Südseite frei. Hier befindet sich die Kanzel, die mit dem Altar und der Orgel an der Ostseite korrespondiert.

Die Orgel gehört zur originalen Ausstattung der Kirche. Sie wurde im Jahr 1783 von dem Hessen-Homburgischen Hoforgel- und Instrumentenbaumeister Johann Conrad Bürgy gebaut. Mit 16 Registern gehört sie zu den großen einmanualigen Instrumenten, die für den ländlichen Orgelbau am Ende der barock-klassischen Epoche charakteristisch sind. Dies und der sehr umfangreiche Anteil erhaltener Pfeifen kennzeichnen den besonderen Denkmalwert dieses Instruments.

Die Orgel war bis zum Jahr 1964 weitgehend unverändert erhalten. Die in diesem Jahr durchgeführte Renovierung erfolgte nach den Maßgaben der Zeit und war von geringer Nachhaltigkeit. Im Rahmen der im Jahr 2006 geförderten Restaurierung wurde ein Teil der stilfremden Umbauten revidiert.

GESCHICHTE:

1783	Bau der Orgel durch Johann Conrad Bürgy, Homburg vor der Höhe.
1823	Stimmvertrag mit Philipp Heinrich Bürgy, Dornholzhausen.
1852–1872	Wilhelm Storck aus Homburg stimmt und arbeitet mehrmals an der Orgel.
1874 und 1875	Gustav Raßmann aus Möttau arbeitet an der Orgel.
1908	Erneuerung der Pedalklaviatur und des Balgs sowie Einbau von Stimmklappen an den offenen Pedalpfeifen durch August Hardt (Fa. Gustav Raßmann).
1917	Abgabe der Prospektpfeifen.
1936	Erneuerung des Prospekts in Zinn, Einbau eines elektrischen Gebläsemotors sowie einer neuen Trompete 8‘ von Giesecke; Tieferstimmung auf den zeitgenössischen Stimmton durch Einfügen von Zusatzpfeifen auf pneumatischen Kleinladen durch August Hardt & Sohn, Möttau.
1964	Renovierung durch Förster & Nicolaus Orgelbau, Lich: Einbau von Windladenschwimmerbälgen, Austausch der pneumatischen Kleinladen von 1936 durch mechanische, Einbau einer neuen Tontraktur in Aluminium und einer neuen Registertraktur in Stahl; Neuanfertigung (Kopie) der beiden Pedalregister aus Holz; Einbau neuer Prospektpfeifen aus Zinn; neue Mixtur nach dem Vorbild erhaltener Originalpfeifen; neue Trompete (Mensur nach Dreymann); Erneuerung vieler Kerne; Herausziehen der Manualklaviatur; Umbau der Windanlage.
2006	Reinigung und Teilrestaurierung durch Förster & Nicolaus Orgelbau, Lich: Rekonstruktion der im Jahr 1964 veränderten Teile der Tontraktur und Rückführung der Manualklaviatur an die originale Position; Nachintonation besonders der Trompete.

DISPOSITION:

Manual *C–e‴*

Principal	8‘	1964 (Prospekt), die wenigen Innenpfeifen 1783
Gedackt	8‘	Holz
Gambe	8‘	
Salicional	8‘	
Oktave	4‘	
Gedackt	4‘	Metall
Spitzflöte	4‘	
Quinte	2 2/3‘	
Sesquialtera 2fach		ab gis° (ursprünglich ab b°)
Superoktave	2‘	
Hohlflöte	2‘	
Mixtur 3fach	1‘	1964
Trompete	8‘	Mensur nach Dreymann

Pedal *C–c‘*

Subbaß	16‘	1964, Holz gedeckt
Oktavbaß	8‘	1964, Holz offen
Oktavbaß	4‘	1964, Holz offen

Pedalkoppel.

Mechanische Schleifladen. Vorderspielig.

Ungleichstufige Temperierung.

ADRESSE DER KIRCHE:

Hauptstraße 10,
61273 Wehrheim

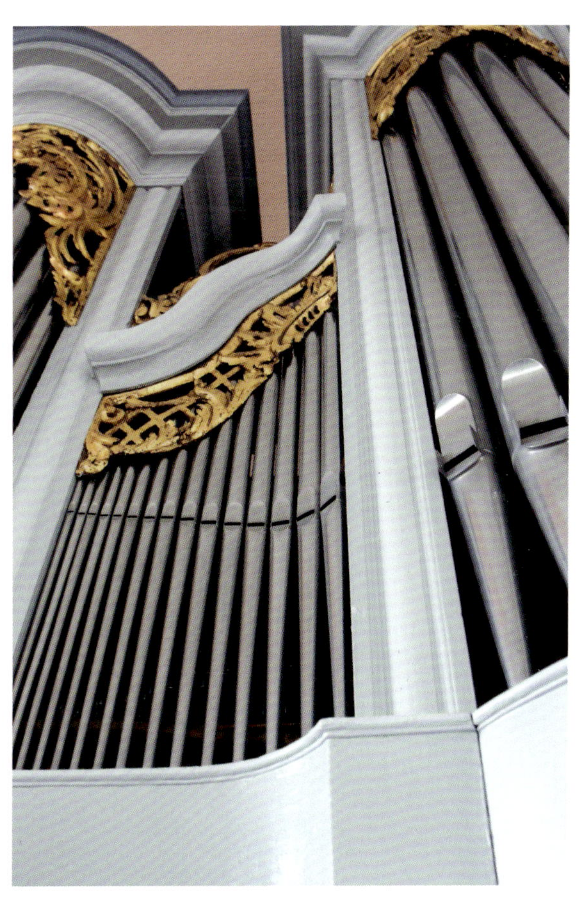

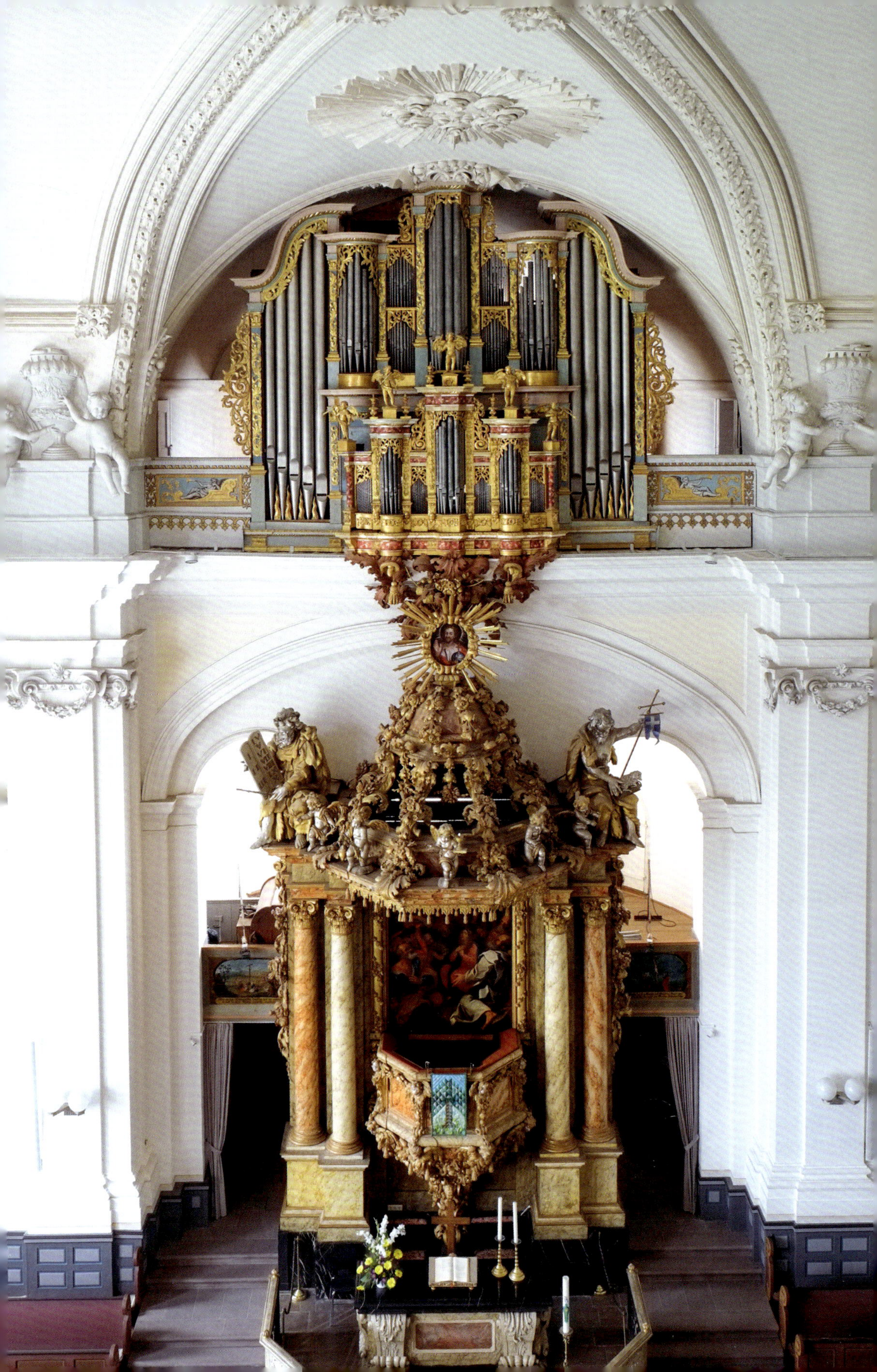

WEILBURG

Evangelische Schlosskirche
Wilhelm Sauer, Frankfurt (Oder), Opus 896, 1903

EVANGELISCHE KIRCHE IN HESSEN UND NASSAU
LANDKREIS LIMBURG-WEILBURG
Jahr der Förderung: 2022

Die Schlosskirche in Weilburg gilt als eine der Inkunabeln des protestantischen Kirchenbaus im deutschsprachigen Raum und einer der bedeutendsten barocken Kirchenräume in Hessen. Sie wurde in den Jahren 1707 bis 1713 im Zuge der Neugestaltung des Schlosses nach Plänen von Julius Ludwig Rothweil errichtet. In dem als Querkirche konzipierten Raum sind auf einer der Längsseiten die Prinzipalstücke Altar, Kanzel und Orgel in einer Achse gruppiert, auf der anderen befindet sich die Fürstenloge. Die Anordnung des Gestühls und dessen Belegung entspricht der Rangfolge der Angehörigen des Hofs und der Stellung der Bürgerschaft und spiegelt damit den Aufbau der höfischen und städtischen Gesellschaft im frühen 18. Jahrhundert wider.

Als Teil der prächtigen barocken Ausstattung baute der Mainzer Orgelbauer Johann Jakob Dahm im Jahr 1711 die mit einem aufwendig geschmückten Prospekt versehene Orgel. Von diesem Orgelwerk sind jedoch neben dem Prospekt nur noch einige Register erhalten, da im Jahr 1903 ein Neubau des Orgelwerks durch die Werkstatt Wilhelm Sauer in Frankfurt an der Oder erfolgte. Das Sauersche Orgelwerk wurde seinerseits im Jahr 1972 erheblich umgebaut, um es den technischen und klanglichen Bedürfnissen der Zeit anzupassen. Die dabei ausgetauschten Komponenten wurden nicht vernichtet, sondern eingelagert.

Im Vorfeld der geförderten Restaurierung wurden in enger Abstimmung mit dem Landesamt für Denkmalpflege verschiedene Möglichkeiten diskutiert. Man entschied, die heute bereits denkmalwerte Sauer-Orgel zu restaurieren, da ihre Wiederherstellung mit vielen erhaltenen Originalteilen möglich war. Die ebenfalls diskutierte Rekonstruktion der Dahm-Orgel, die aufgrund der Integrität des baulichen Gesamtkontextes ebenfalls sehr reizvoll erschien, schied nicht nur aus Kostengründen aus, sondern auch wegen der gebotenen Weiterverwendung des wertvollen Sauer-Bestands von 1903.

Gleichzeitig mit der Restaurierung erhielt die Orgel einen zweiten, fahrbaren Spieltisch, um sie einer breiteren Nutzung als Konzertinstrument zu erschließen. Diese Modernisierung war nicht Bestandteil der geförderten Restaurierungsmaßnahme und erfolgte unter größtmöglicher Schonung des denkmalwerten Bestands. Die klangliche Erweiterung erfolgte zum Teil mit Pfeifenmaterial von Wilhelm Sauer (ca. 1904). Die neuen Windladen wurden als Kegelladen mit Einzelventilen in Steigleitungen, in der Bauart von Wilhelm Sauer konstruiert.

GESCHICHTE:

1711	Bau einer Orgel durch Johann Jakob Dahm, Mainz.
1903	Bau eines neuen Orgelwerks im bestehenden Gehäuse durch Wilhelm Sauer, Frankfurt (Oder).
1972	Umbau durch die Firma G. F. Steinmeyer & Co.: Elektrifizierung der Traktur; Bau eines neuen, dreimanualigen Spieltischs, da der Bau eines weiteren Werks (Rückpositiv) vorgesehen war; großzügige Umdisponierung.
2022 bis 2024	Restaurierung und Erweiterung durch Orgelbau Klais, Bonn: Rekonstruktion der ursprünglichen Disposition, Restaurierung und Wiederinbetriebnahme der pneumatischen Trakturen und des vorhandenen pneumatischen Spieltischs; Ergänzung eines III. Manuals, dreier Zusatzladen und eines zusätzlichen, elektrischen Spieltischs.

DISPOSITION:

I. Manual *C–a'''*

Principal	16'	* C
Bourdon	16'	
Principal	8'	
Gamba	8'	
Flûte harmonique	8'	
Gedackt	8'	
Gemshorn	8'	
Octave	4'	
Rohrflöte	4'	
Rauschquint 2fach	2 2/3'	
Cornett 3–4fach	4'	
Mixtur 5fach	2 2/3'	* C
Fagott	16'	* A
Trompete	8'	
Clairon	4'	* A

II. Manual *C–a'''* *

Gedackt	16'	* B
Principal	8'	* B
Soloflöte	8'	* B
Gedackt	8'	* B
Salicional	8'	* B
Quintatön	8'	* B
Praestant	4'	* C
Flauto dolce	4'	* B
Flautino	2'	* B
Mixtur 4fach		* C
Trompete	8'	* A
Clarinette	8'	* A
Oboe	8'	* A

III. Manual *C–a'''* (am alten Spieltisch: *II. Manual)*

Lieblich Gedackt	16'	
Geigen Principal	8'	
Concertflöte	8'	
Lieblich Gedackt	8'	
Aeoline	8'	
Voix céleste	8'	
Fugara	4'	
Traversflöte	4'	
Piccolo	2'	
Sesquialtera 2fach	2 2/3'	
Fagott	16'	* A
Oboe	8'	* A
Trompete	8'	* A
Clairon	4'	* A

Pedal *C–f'*

Untersatz	32'	* B
Principal	16'	
Violon	16'	
Subbass	16'	
Lieblich Gedackt	16'	* A
Quinte	10 2/3'	* A
Octave	8'	
Cello	8'	
Gedackt	8'	
Octave	4'	
Posaune	16'	
Fagott	16'	* A
Trompete	8'	* A
Clairon	4'	* A

* 2023/24 hinzugefügt und nur am neuen Spieltisch verfügbar.
A = linke Ergänzungslade, B = rechte Ergänzungslade,
C = Ergänzungslade hinter dem Prospekt.

Koppeln und Spielhilfen am alten Spieltisch:
II–I, I–Pedal, II–Pedal, Superoktavkoppel I.
2 freie Kombinationen. Tutti. Jalousieschweller mit zwei Stufen. Crescendowalze.

Koppeln und Spielhilfen am neuen Spieltisch (2023/24):
III–II, III–I, II–I; III–Pedal, II–Pedal, I–Pedal; Super III–III, Sub III–III; Sub III–II; Super III–I, Sub III–I; Super I–I; Super I–Pedal, Super Pedal–Pedal.
Zungenabsteller werkweise, Feste Kombinationen: *p, mf, f,* Tutti; Crescendowalze;
zwei Schwelltritte: III. Manual und Zungenlade (A).

Pneumatische und elektropneumatische Traktur.

ADRESSE DER KIRCHE:

Marktplatz 3 A, 35781 Weilburg

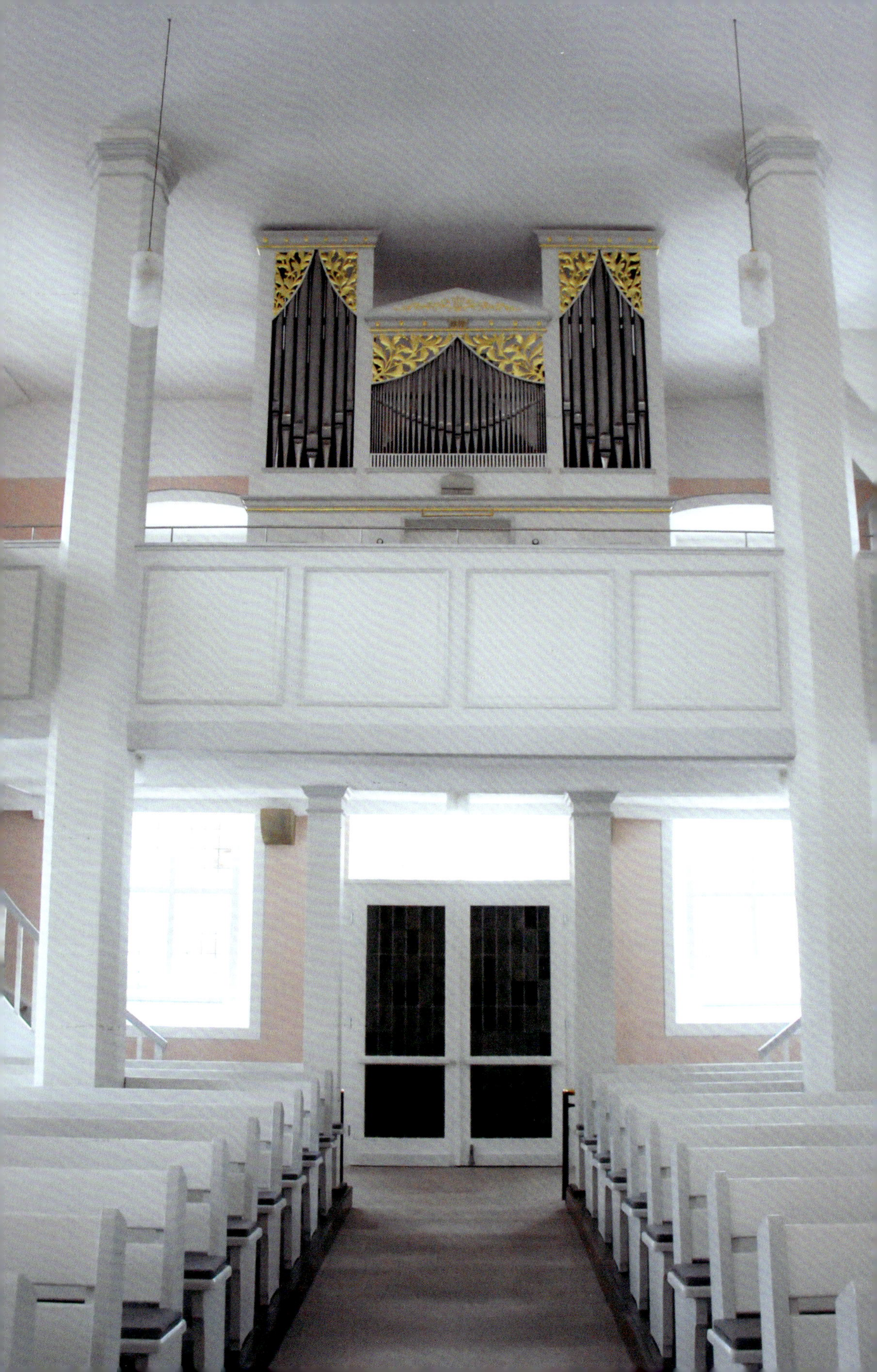

WICKENRODE (HELSA)

Evangelische Kirche

(Christian) Friedrich Ziese, Ellingerode, 1849

EVANGELISCHE KIRCHE VON KURHESSEN-WALDECK
LANDKREIS KASSEL
Jahr der Förderung: 2009

Die im Jahr 1786 errichtete Dorfkirche in Wickenrode ist ein klassizistischer Saalbau mit hohen Rundbogenfenstern und einem westlichen Dachturm. Die schlichte Ausstattung ist geprägt durch die dreiseitig umlaufende Empore, der älteren Kanzel und dem noch erhaltenen Pfarrstand.

Die Orgel wurde im Jahr 1848 von der Werkstatt Ziese aus Ellingerode gebaut. Sie gehört zu den wenigen erhaltenen Instrumenten dieser im 19. Jahrhundert über mehrere Generationen besonders in Nordhessen tätigen Werkstatt. Trotz verschiedener Umbauten verfügt das Instrument in wesentlichen Bereichen noch über den ursprünglichen Bestand. Die geförderte Restaurierung beinhaltete sowohl Reparaturen an den Windladen und der Traktur wie auch die Überarbeitung des Pfeifenwerks und die Wiederherstellung der Keilbalganlage sowie der Spielanlage und der Tontraktur. Durch die Rekonstruktion einzelner, vormals veränderter Register wurde das Werk wieder zu einer klanglichen Einheit im Sinne der Ziese-Disposition zusammengeführt.

GESCHICHTE:

1849	Bau der Orgel durch (Christian) Friedrich Ziese.
1911	Kostenvoranschlag von Conrad Euler, Hofgeismar, für eine Ausreinigung und Instandsetzung.
1913	Abschluss eines Pflegevertrags mit Conrad Euler.
1937	Kostenvoranschläge der Werkstätten August Moeller, Rotenburg, und Conrad Euler für den Einbau eines elektrischen Gebläsemotors und Arbeiten an der Balganlage.
1947	Einbau eines elektrischen Gebläses, Erneuerung der Pedalklaviatur und weitere Reparaturen durch die Werkstatt Euler.
1952	Erneut Pflegevertrag mit der Werkstatt Euler.
1954/55	Umdisponierung und Austausch von ca. drei Vierteln des Pfeifenwerks in zwei Bauabschnitten: zunächst durch die Werkstatt Euler, dann durch Werner Bosch, Sandershausen.
1958	Abschluss eines Pflegevertrags mit der Werkstatt Bosch.
1962 bis 1966	Zurücksetzen der Orgel, Verkleinernder Umbau der Balganlage, Einbau eines Windladenschwimmers, Erneuerung der Manualklaviatur, Erneuerung der Spielmechanik in Aluminium durch die Werkstatt Bosch.
2009	Restaurierung durch Werner Bosch Orgelbau, Sandershausen: Rekonstruktion einer Keilbalganlage, der Spielanlage sowie der Spielmechanik, Teilrekonstruktion der ursprünglichen Disposition unter Berücksichtigung des gewachsenen Bestands, soweit dieser in das ursprüngliche Klangkonzept integrierbar war.

DISPOSITION:

Manual *C–f'''*

Principal	8'	C–Dis Eiche, innen; E–e''' Prospekt (1954); f''' innen
Flöte	8'	Holz; C–H mit Gedackt 8'; Pfeifenwerk älter als die Orgel
Gedact	8'	Holz; C–H mit Flöte 8'; Pfeifen deutlich älter als die Orgel, jüngere Vorschläge
Salicional	8'	rekonstruiert nach Niedernhausen (Bechstein 1893); C–H Holz, ab c° 35% Zinn
Octave	4'	rekonstruiert nach Zieses Einheitsmensur; Zinn 70%
Flöte	4'	2009; C–H neu, Holz; c°–e'' aus Lagerbestand Bosch, Holz; f''–f''' neu Zinn 35%
Gedact	4'	rekonstruiert nach Laudenbach (Ziese 1840); Zinn 70%
Sesquialter 2fach		C–h° 4' gedeckt, Holz aus Lagerbestand Bosch; ab c' 2 2/3' + 1 3/5' rekonstruiert nach Zieses Einheitsmensur, 70% Zinn
Octave	2'	rekonstruiert nach Zieses Einheitsmensur, 70% Zinn
Mixtur 3fach	2'	rekonstruiert nach Zieses Einheitsmensur, 70% Zinn

Pedal *C–c'*

Subbaß	16'	1977 nach alter Mensur erneuert mit zum Teil originalen Pfeifen
Octavbass	8'	Holz, aus Lagerbestand Bosch (19. Jh.)
Violon	8'	Umbau aus dem bisherigen Octavbass 8'; C–H Zink, ab c° Zinn

Pedalkoppel.

Mechanische Schleifladen.

ADRESSE DER KIRCHE:

Kirchplatz, Wickenrode, 34298 Helsa

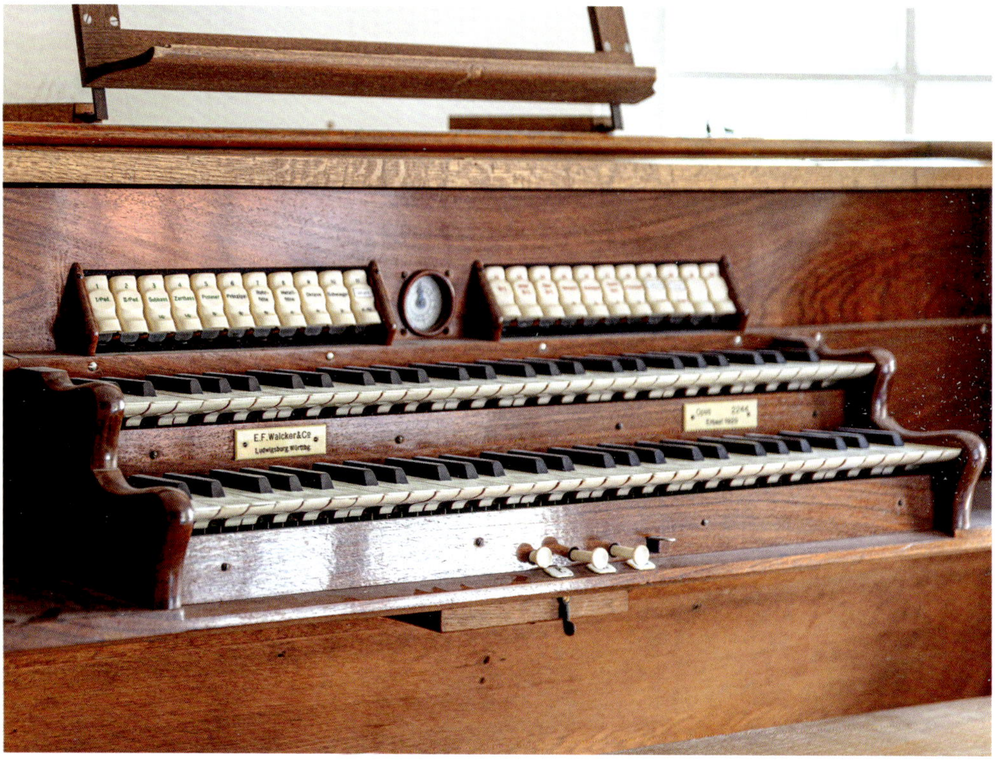

Wiesbaden, Elly-Heuss-Schule: Spieltisch und ein Blick ins Pfeifenwerk der prospektlosen Orgel.

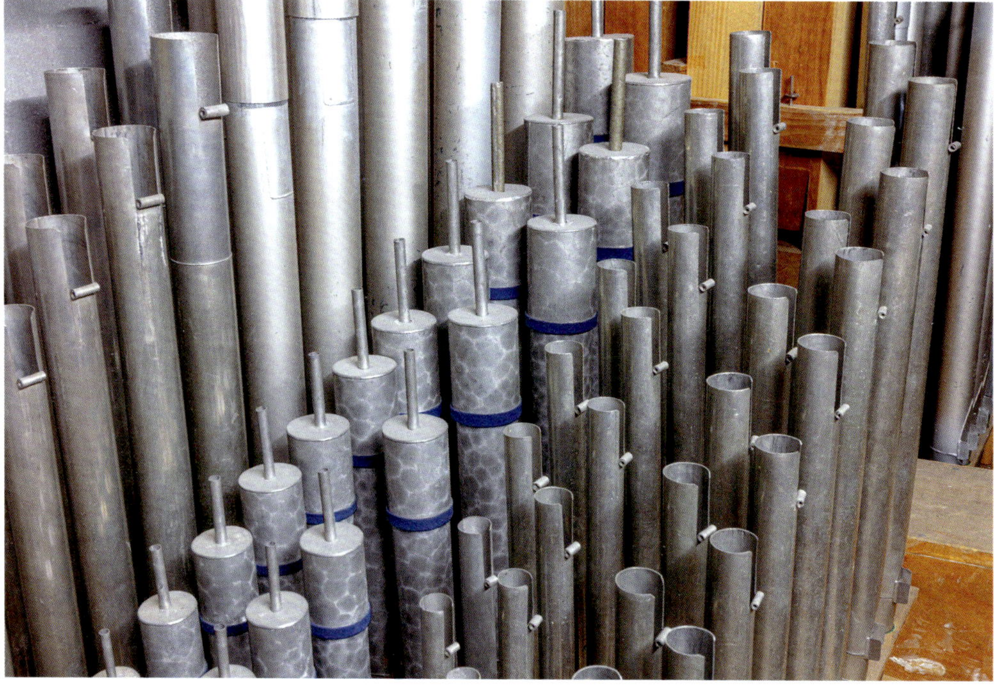

WIESBADEN

Elly-Heuss-Schule

E. F. Walcker & Cie., Ludwigsburg, Opus 2244, 1929

STADT WIESBADEN
Jahr der Förderung: 2015

Auf einer Terrasse hinter der Bühne der Aula befindet sich die Orgel der Elly-Heuss-Schule in Wiesbaden. Sie wurde im Jahr 1929 von der Werkstatt Walcker aus Ludwigsburg erbaut, die in dieser Zeit zu den weltweit führenden Orgelbaufirmen zählte. Bei ihrer Fertigstellung wurde mit drei Leerkanzellen eine Ausbaureserve vorgesehen, die jedoch in den folgenden Jahren nicht genutzt werden konnte. Als pneumatisches Instrument galt die Orgel in der Zeit nach dem Zweiten Weltkrieg bald als technologisch und ästhetisch veraltet. Daher wurde sie im Jahr 1956 klanglich umgebaut. Das Ergebnis konnte aber künstlerisch nicht befriedigen, und ab den 1960er Jahren verlor die Schule das Interesse an dem Instrument. Erst die private Initiative eines ehemaligen Schülers brachte die Orgel Anfang der 2000er Jahre wieder in Erinnerung. Nach ersten Wiederherstellungsarbeiten in Eigenleistung wurde die Orgel in den Jahren 2015 und 2016 restauriert. Als nunmehr im wiederhergestellten Originalzustand erklingendes Instrument ist sie ein wertvolles Zeugnis für den Orgelbau im schulischen Raum.

GESCHICHTE:

1929	Bau der Orgel durch E. F. Walcker & Cie., Ludwigsburg.
1956	Umdisponierung im Sinne des Neobarock.
2008	Wiederherstellung von 5 Registern und einer Transmission mit dem vorhandenen Material.
2015/16	Restaurierung durch Uwe Hardt, Möttau.

DISPOSITION:

I. Manual *C–g'''*		***II. Manual*** *C–g'''*		***Pedal*** *C–f'*	
Principal	8'	Lieblich Gedackt	8'	Subbass	16'
Hohlflöte	8'	Viola di Gamba	8'	Gedecktbass	16'
Salicional	8'	Aeoline	8'	Violoncello	8'
Octave	4'	Vox coelestis	8'		
Mixtur 3–4fach	2'	Traversflöte	4'		
Vakant (Leerkanzelle)		Schwiegel	2'		
		Vakant (Leerkanzelle)			
		Vakant (Leerkanzelle)			

Koppeln: II–I, Unter II–I, Ober II–I, I–Pedal, II–Pedal.

Elektropneumatische Taschenladen (stehende Taschen).

ADRESSE DER SCHULE:

Platz der Deutschen Einheit 2, 65185 Wiesbaden

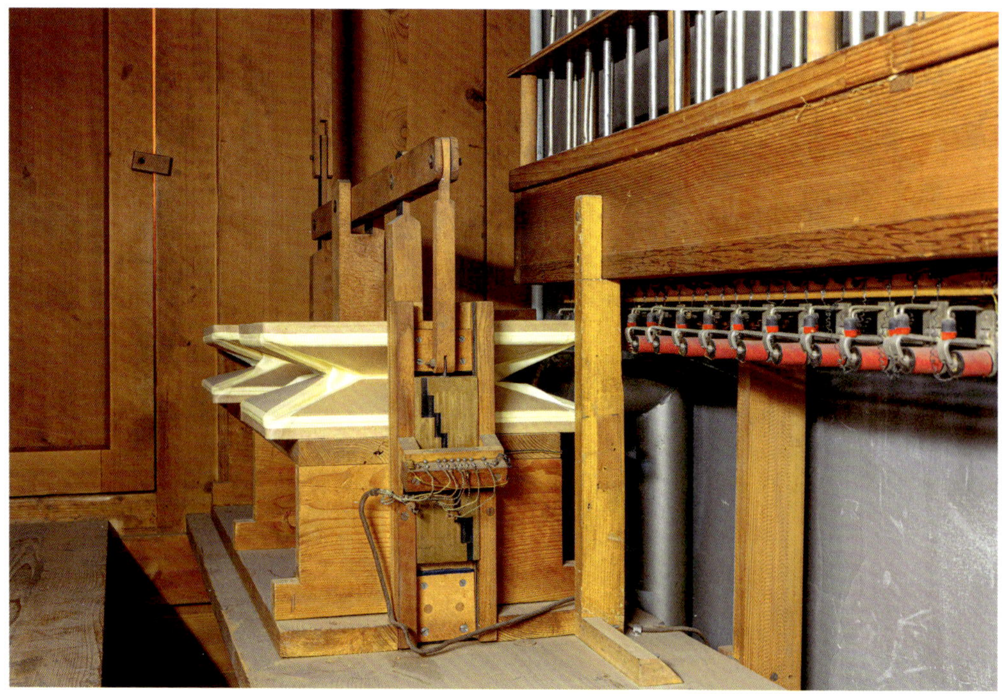

Wiesbaden, Elly-Heuss-Schule: elektropneumatische Schnittstelle.

WIESBADEN

Evangelische Lutherkirche
E. F. Walcker & Cie., Ludwigsburg, Opus 1570, 1911

EVANGELISCHE KIRCHE IN HESSEN UND NASSAU
STADT WIESBADEN
Jahr der Förderung: 2011

Nach der Marktkirche, der Bergkirche und der Ringkirche ist die Lutherkirche die vierte der im späten 19. und frühen 20. Jahrhundert erbauten evangelischen Kirchen in Wiesbaden. Die in den Jahren 1908 bis 1910 von Friedrich Pützer errichtete Kirche folgt den Grundsätzen des „Wiesbadener Programms" und fokussiert als Zentralbau auf die liturgischen Orte Altar, Kanzel und Orgel. Dies und ihre konsequente Gestaltung als Jugendstilkirche begründen die Bedeutung des Kirchenbaus als Kulturdenkmal von nationalem Rang.

Die im Jahr 1911 von der Ludwigsburger Werkstatt Walcker erbaute Orgel ist ein programmatischer Bestandteil der Baukomposition. Das Instrument ist mit 45 klingenden Registern auf drei Manualen und Pedal von repräsentativer Größe und steht orgelgeschichtlich für die hohe Romantik am Vorabend der Einflüsse der elsässischen Orgelreform. Dem Wiesbadener Instrument kommt auch deshalb ein besonderer Denkmalwert zu, da im Zweiten Weltkrieg die meisten der zahlreichen Walcker-Orgeln von vergleichbarer Größe im benachbarten Frankfurt untergegangen sind.

Bereits im Jahr 1987 wurde die Orgel von der Bonner Werkstatt Klais restauriert, wobei einige Register und vor allem der in Technik und Standort veränderte Spieltisch ausgespart blieben. Die im Jahr 2011 geförderte Restaurierung setzte diese Arbeiten fort und vollendete sie.

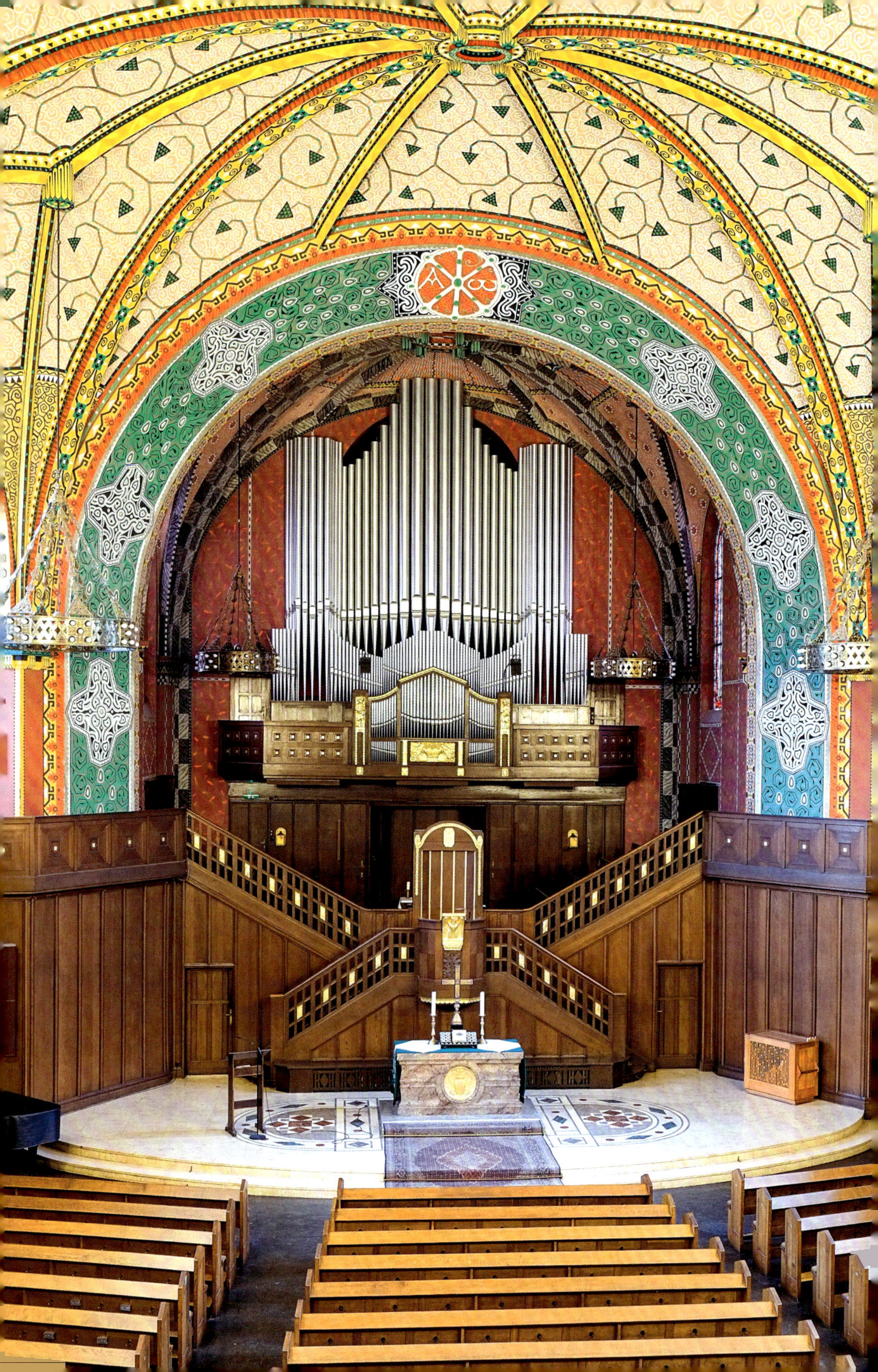

GESCHICHTE:

1911	Bau der Orgel durch E. F. Walcker & Cie., Ludwigsburg.
1948	Umdisponierung durch Walcker.
1953	Umbau durch Walcker: Entfernung des Schwellwerks, Überholung der Technik, besonders des Spieltischs.
vor 1966	Umbau durch Kemper, Lübeck: u. a. neue Zungenregister.
1986/87	Restaurierung durch Orgelbau Klais, Bonn: Wiederherstellung der ursprünglichen Disposition, aber Beibelassung der technischen Umbauten am Spieltisch.
2012	Vollendung der Restaurierung von 1986/87 durch Klais: Wiederherstellung und vorsichtige Erweiterung der Spieltischfunktionen.

DISPOSITION:

***I. Manual** C–a‴*

Bordun	16‘	
Principal	8‘	
Viola di Gamba	8‘	
Flauto major	8‘	
Gemshorn	8‘	
Gedeckt	8‘	
Octave	4‘	
Rohrflöte	4‘	
Octave	2‘	
Mixtur 3fach	2 2/3‘	
Cornett 3–8fach	8‘	
Trompete	8‘	

***II. Manual** C–a‴*

Lieblich Gedeckt	16‘	Transmission I. Manual
Geigenprincipal	8‘	
Viola	8‘	
Salicional	8‘	
Rohrflöte	8‘	
Fugara	4‘	
Flauto dolce	4‘	
Doublette	2‘	
Harmonia aetheria 3–4fach	2 2/3‘	
Clarinette	8‘	

III. Manual *C–a''''*		
Quintatön	16'	
Principal	8'	
Echo Gamba	8'	
Flauto dolce	8'	
Lieblich Gedeckt	8'	
Spitzflöte	8'	
Quintatön	8'	
Aeoline	8'	
Voix céleste	8'	
Viola	4'	
Traversflöte	4'	
Flautino	2'	
Mixtur 3–4fach	2'	
Basson	16'	
Oboe	8'	
Trompette harmonique	8'	
Clairon	4'	aus Trompette harmonique
Tremolo		

Pedal *C–f'*		
Principal	16'	
Violonbass	16'	
Subbass	16'	
Gedacktbass	16'	Transmission I. Manual
Quinte	10 2/3'	
Flötenbass	8'	
Cello	8'	Transmission I. Manual
Choralbass	4'	
Rohrflöte	4'	Transmission I. Manual
Posaune	16'	
Trompete	8'	Transmission I. Manual

Hängebälgchen-, Membran-, Taschen- und Kegelladen mit elektropneumatischer Traktur. Pneumatischer Hilfsspieltisch für das I. Manual. Jalousieschweller für das III. Manual. Crescendo mit Anzeiger.

Koppeln: Normalkoppeln, Superoktavkoppeln III–III (2011), III–I, III–Pedal, Pedal-Pedal; Suboktavkoppeln: III–III (2011), III–I; Äquallage III ab (2011). Alle Koppeln sind als Registerwippen über dem III. Manual schaltbar, alle ursprünglichen Koppeln zusätzlich als Druckknöpfe unter dem I. Manual, Pedalsuperoktavkoppel nur als Wippe und Hebeltritt. Die Pedalsuperoktavkoppel ist als einzige durchkoppelnd.

Spielhilfen: Zwei freie und drei feste Kombinationen (mf, f, Tutti) mit Auslöser und gegenseitig auslösend als Druckknöpfe und Hebeltritte. „Zungen ab“ und „Handregister ab“ als Druckknöpfe unter dem I. Manual, „Crescendo ab“ als Druckknopf unter dem I. Manual und als Hebeltritt, „Pianopedal II. & III. Manual“ als Druckknopf zwischen dem I. und dem II. Manual. Setzeranlage als Vervielfachung der Handregister (2011).

LITERATUR:

Laudes Organi – Die restaurierte Walcker-Orgel der Lutherkirche Wiesbaden, hg. von der Lutherkirche Wiesbaden 1987.

ADRESSE DER KIRCHE:

Sartoriusstraße 16, 65187 Wiesbaden

WIESBADEN – BIEBRICH

Oranier-Gedächtniskirche

E. F. Walcker & Cie., Ludwigsburg, Opus 1134, 1905–1907

EVANGELISCHE KIRCHE IN HESSEN UND NASSAU
STADT WIESBADEN
Jahr der Förderung: 2007

In den Jahren 1902 bis 1905 wurde nach Plänen von Karl von Loehr die Oranier-Gedächniskirche in Biebrich nahe dem Rheinufer errichtet. Bemerkenswert ist die Konzeption des Kirchenbaus, da er dem einschiffigen Langhaus nur angedeutete Seitenschiffe anlehnt und in seiner Gestalt Elemente der Neogotik und des Jugendstils integriert. Die Kirche ist mit einem Querschiff und einer Vorhalle ausgestattet, verzichtet aber auf einen ausgestalteten Chor. An dessen Stelle steht, den Raumeindruck prägend, die Orgel, die von der Werkstatt Walcker aus Ludwigsburg unmittelbar nach Fertigstellung der Kirche gebaut wurde. Sie gehört zur originären Ausstattung und bildet mit ihr eine künstlerische Einheit. Umfangreiche Veränderungen im technischen und klanglichen Bestand der Orgel haben sie zwar der ursprünglichen Konsequenz des hochromantischen Klangideals beraubt, dieses aber nicht gänzlich verschwinden lassen. Ein Ansatz aus dem Jahr 2003, vor allem aber die im Jahr 2007 geförderte umfassende Überholung der Orgel ging einen ersten Schritt in Richtung der Wiederherstellung der ursprünglichen Disposition. Hierbei konnten Pfeifen aus der Bauzeit der Orgel verwendet werden.

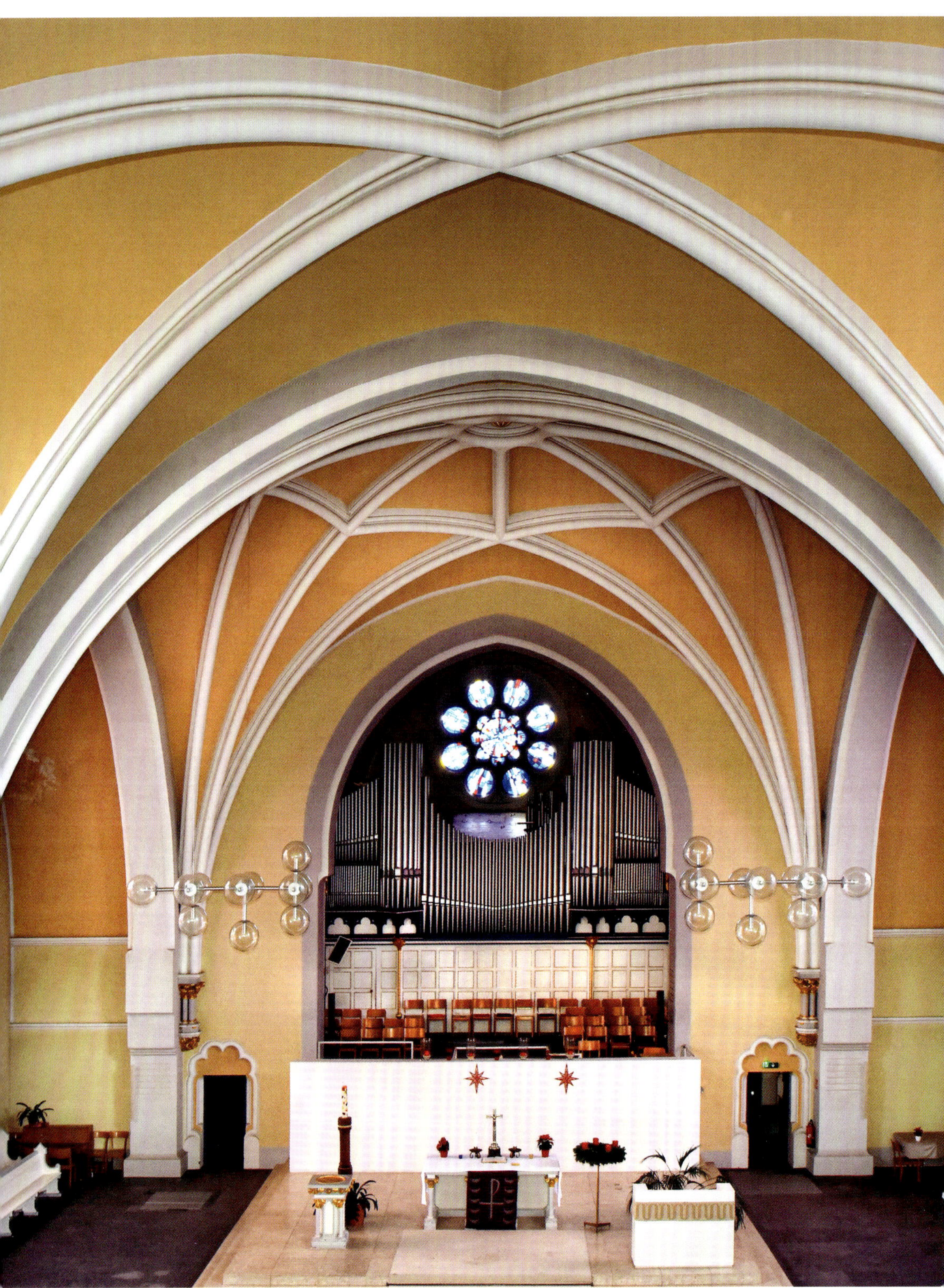

GESCHICHTE:

1905–1907	Bau der Orgel durch E. F. Walcker & Cie., Ludwigsburg.
1955	Erste Dispositionsänderungen durch Walcker.
1969	Elektrifizierung der Trakturen, Einbau eines neuen Spieltischs.
1988	Überholung durch die Firma Walcker: Reinigung, neuer Jalousieapparat für das Schwellwerk, neuer Tremulant, Änderung des Mixturaufbaus im III. Manual, neuer Scharff.
2003	Einbau einer Vox coeleste 8' (ab c°) anstelle des Hornaliquot im III. Manual und Einbau einer in der Orgel eingelagerten Trompete 8' anstelle der Rauschpfeife im Pedal durch Dietmar Schömer aus Bliesransbach (Kleinblittersdorf).
2008	Generalüberholung und klangliche Teilrekonstruktion durch Markus Graser, Harthausen (Orgel- und Harmoniumbau in Speyer).
2012	Einbau einer Setzeranlage durch Markus Graser.

DISPOSITION:

***I. Manual* Hauptwerk** *C–g'''*

Principal	16'	
Principal	8'	
Holzflöte	8'	
Viola di Gamba	8'	aus Bacharach-Steeg, 2008 anstelle des Scharff von 1988 eingebaut
Gemshorn	8'	
Oktave	4'	
Rohrflöte	4'	
Quinte	2 2/3'	*
Oktave	2'	
Blockflöte	2'	*
Mixtur 3–4fach		
Trompete	8'	

***II. Manual* Positiv** *C–g'''*

Quintade	16'	
Hornprincipal	8'	
Konzertflöte	8'	
Holzgedackt	8'	
Principal	4'	
Nachthorn	4'	*
Schwiegelpfeife	2'	*
Sesquialtera 2fach	*	
Scharfzimbel 4fach	*	
Krummhorn	8'	*
Tremulant		

***III. Manual* Schwellwerk** *C–g‴*

Bourdon	16‘	
Principal	8‘	
Spitzflöte	8‘	
Gedackt	8‘	
Aeoline	8‘	aus Werkstattbestand Schmid (Kaufbeuren), 2008 anstelle von Waldflöte 2‘* eingebaut
Vox coeleste	8‘	2003 anstelle von Hornaliquot* eingebaut
Oktave	4‘	
Flaute dolce	4‘	
Mixtur IV		2008 4fach ausgebaut anstelle der bis dahin 3fachen Zusammensetzung
Oboe	8‘	aus Bacharach-Steeg, 2008 anstelle von Sifflöte 1‘* eingebaut
Tremolo		

Pedal *C–f‘*

Prinzipalbass	16‘	
Violonbass	16‘	
Subbass	16‘	
Gedacktbass	16‘	Transmission aus Bourdon 16‘ (III)
Quintbass	10 2/3‘	
Oktavbass	8‘	
Flötenbass	8‘	Transmission aus Spitzflöte 8‘ (III)
Choralbass	4‘	
Posaune	16‘	
Trompete	8‘	2003 anstelle von Rauschpfeife* angebaut

* nicht original (Klangumbauten 1955 und 1988)

Koppeln: III–I, II–I, III–II, I–Pedal, II–Pedal, III–Pedal.

Spielhilfen: Tutti, 3 freie Kombinationen, Pedalkombination, Zungeneinzelabsteller, Crescendowalze. Schwelltritt.
Freistehender Spieltisch mit Blick zur Orgel in einem Graben vor der Orgel.

Elektropneumatische Kegelladen mit Keilbälgchen; je Ton ein Magnet mit Vorrelais, bei Transmissionen teilweise Pfeifeneinzelsteuerung (Schwellwerk und Pedal).

Stimmtonhöhe: 440 Hz bei 16,5 °C.

ADRESSE DER KIRCHE:

Adolf-Todt-Straße 9, 65203 Wiesbaden

WIESBADEN – ERBENHEIM

Evangelische Kirche

Gebrüder Mahr, Wiesbaden, 1790

EVANGELISCHE KIRCHE IN HESSEN UND NASSAU
STADT WIESBADEN
Jahr der Förderung: 2018

Die evangelische Kirche in Erbenheim ist eine ursprünglich mittelalterliche, in den Jahren 1729 bis 1731 aber im Stil des Barock deutlich überformte Chorturmkirche. Der wuchtige romanische Turm bestimmt ihr äußeres Erscheinungsbild. Das Schiff erhielt durch die vergrößerten Fenster sowie durch den Einzug eines flachen Tonnengewölbes den Charakter einer Saalkirche. Eine nur zweiseitige Empore im Saal, die davon getrennte Orgelempore und die Kanzel bilden den Rahmen der inneren Raumgestaltung. Die Orgel und der unter ihr befindliche Pfarrstand füllen den Bogen, mit dem sich der im Südosten stehende Chorturm an den Saal anschließt, und bilden eine Einheit mit dem unmittelbar davor angeordneten Altar.

Die im Jahr 1790 erbaute Orgel ist das einzige erhaltene Instrument aus der Werkstatt der Gebrüder Johann Philipp und Johann Andreas (II.) Mahr aus Wiesbaden, die als „Mechaniker und Orgelbauer" firmierten und im städtischen wie im höfischen Umfeld Wiesbadens zu ihrer Zeit eine wichtige Rolle als Instrumentenbauer spielten.

Gegenstand der geförderten Orgelbaumaßnahme war insbesondere die Behebung von Undichtigkeiten, die Reparatur von Verschleißteilen und die Verbesserung der schwergängig gewordenen Traktur. Darüber hinaus wurde als erster Schritt zur Wiederherstellung der ursprünglichen klanglichen Integrität die Posaune 16' aus dem Jahr 1966 durch ein neues Register in historischer Bauweise ersetzt.

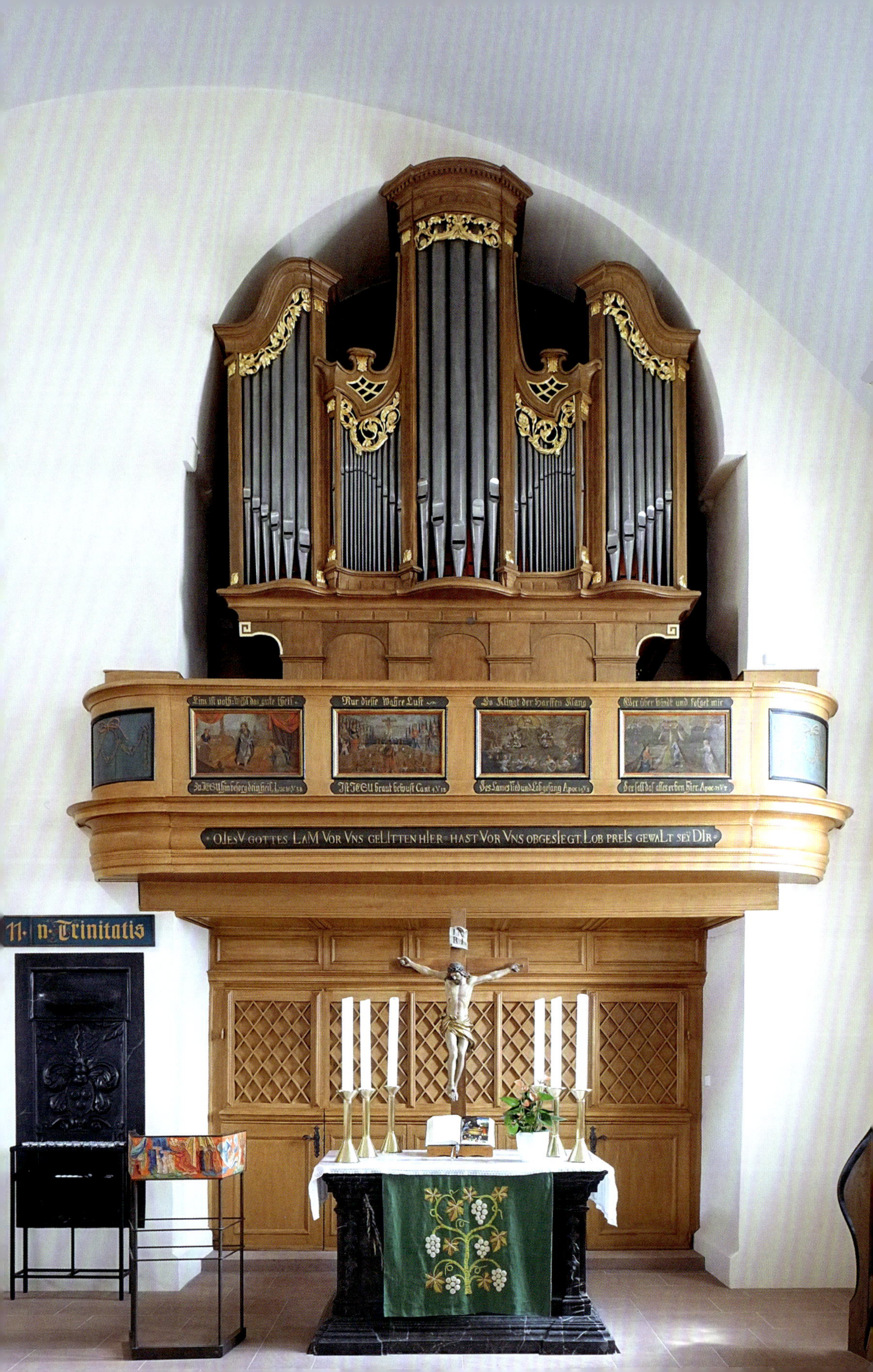
Nur diesse Wahre Lust
So Klingt der Harffen Klang
Ist JESU braut bewust Cant 4 V 12
O JESV GOTTES LAM VOR VNS GELITTEN HIER HAST VOR VNS OBGESIEGT. LOB PREIS GEWALT SEY DIR
11. n. Trinitatis
INRI

GESCHICHTE:

1790	Bau der Orgel durch die Gebrüder Mahr aus Wiesbaden.
1821	Daniel Raßmann beschreibt die Orgel und zählt 15 Register auf.
unbekannter Zeitraum	Austausch einzelner Register.
1917	Abgabe der Prospektpfeifen.
1931	Einbau eines neuen Prospekts in Zinn.
1966	Überarbeitung durch die Gebrüder Oberlinger aus Windesheim: Rekonstruktion der mutmaßlich ursprünglichen Disposition, Umbau von Teilen der Mechanik, der Spielanlage und der Windladen.
1998	Restaurierung durch Förster & Nicolaus Orgelbau, Lich: Rückbau der technischen Veränderungen von 1966, Übernahme der älteren Windanlage, Restaurierung des historischen Pfeifenmaterials; Temperierung nach Kirnberger II.
2019/20	Sicherung der Orgel während der Kirchenrenovierung, Reinigung und Überarbeitung durch Orgelbau Waltershausen; außerdem: Austausch der Posaune 16‘ (Oberlinger 1966) durch ein neues Register in historischer Bauweise; neue Temperierung nach Johann Georg Neidhardt Kleine Stadt von 1732.

DISPOSITION:

Manual *C–d‴*

Principal	8‘	Prospekt Zinn (1931)
Bordun	8‘	Holz
Gamba	8‘	C–H aus Bordun
Gemshorn	8‘	
Quintathön	8‘	C–H aus Bordun
Octav	2‘	
Spitzflöth	4‘	
Quinta	3‘	
Superoctav	2‘	
Mixtur 3fach		größtenteils 1966
Trompet bass	8‘	1966
Trompet discant	8‘	1966

Pedal *C–d°*

Subbass	16‘	Holz
Octavbass	8‘	Holz
Flöthbass	8‘	Holz, gedeckt
Posaunbass	16‘	2020

Coppel, Calcant.

Mechanische Schleifladen. Seitenspielig rechts.

Temperatur und Stimmtonhöhe: Neidhardt Kleine Stadt (1732), a‘ = 439 Hz bei 18 °C.

ADRESSE DER KIRCHE:

Ringstraße, 65205 Wiesbaden

WIESBADEN – IGSTADT

Evangelische Kirche
Friedrich Weigle, Echterdingen, Opus 265, 1904

EVANGELISCHE KIRCHE IN HESSEN UND NASSAU
STADT WIESBADEN
Jahr der Förderung: 2013

In den Jahren 1727/28 wurde nach einem Entwurf von Johann Jakob Bager, angelehnt an einen spätgotischen Chorturm, der repräsentative Saal der evangelischen Kirche in Igstadt neu errichtet. Der Chor ist noch mit dem mittelalterlichen Kreuzgratgewölbe überspannt. Das flache Tonnengewölbe des Schiffs wurde in der ersten Hälfte des 19. Jahrhunderts mit einer Kassettenbekleidung versehen. Nahezu die gesamte bauzeitliche Innenausstattung ist erhalten: der Altar und ein Kruzifix im südlichen Chor, der Taufstein, die Kanzel an der westlichen Längsseite, an der sich auch das Portal befindet, die mit bemalten Brüstungen versehenen Emporen sowie die Kirchenbänke.

Die Orgel ist ein Werk der Echterdinger Werkstatt Weigle aus dem Jahr 1904. Sie steht in einem neobarocken Gehäuse dominierend auf der über den Chorbogen erhöhten Empore. Das Instrument ist mit Ausnahme der im Ersten Weltkrieg eingezogenen und später in Zink ersetzten Prospektpfeifen sowie des hinzugefügten elektrischen Gebläsemotors im Originalzustand erhalten.

GESCHICHTE:

1904	Bau der Orgel durch Friedrich Weigle, Echterdingen.
1917	Ablieferung der Prospektpfeifen.
unbekannter Zeitraum	Einbau neuer Prospektpfeifen aus Zink, Einbau eines elektrischen Gebläsemotors.
2013	Restaurierung durch Friedemann Güldner, Ditzingen.

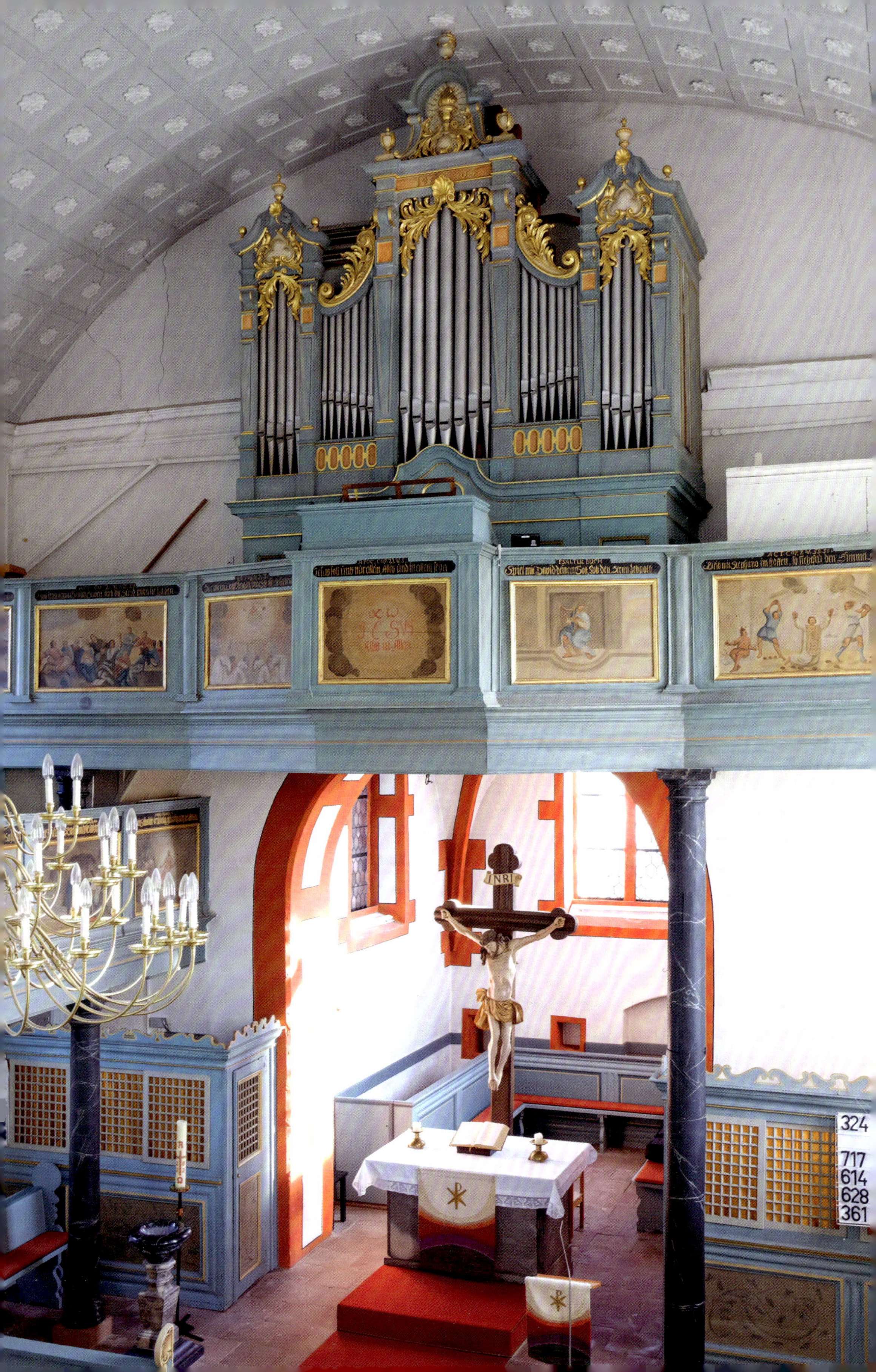
INRI
324
717
614
628
361

DISPOSITION:

I. Manual *C–f'''*

Principal	8'	
Salicional	8'	
Gedeckt	8'	
Octave	4'	
Octave	2'	
Mixtur 3–4fach	2 2/3'	zieht Octave 2' mit

II. Manual *C–f'''*

Viola di Gamba	8'
Flöte	8'
Aeoline	8'
Voix Céleste	8'
Traversflöte	4'

Pedal *C–d'*

Subbass	16'
Violonbass	8'

Manualcoppel II–I, Pedalcoppel I, Pedalcoppel II, Suboctav Coppel II–I.

(Kalkanten-)Glocke, 3 feste Kombinationen, Schweller und Crescendo als Tritte, Anzeiger für Crescendo mit Tafeln und herausspringenden Knöpfen, 8 Stufen.

Pneumatische Membranladen.

ADRESSE DER KIRCHE:

Altmünsterstraße, Igstadt, 65207 Wiesbaden

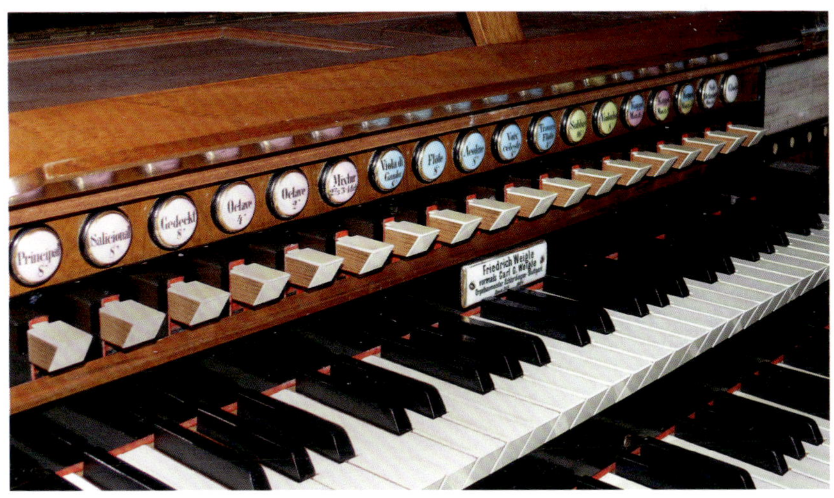

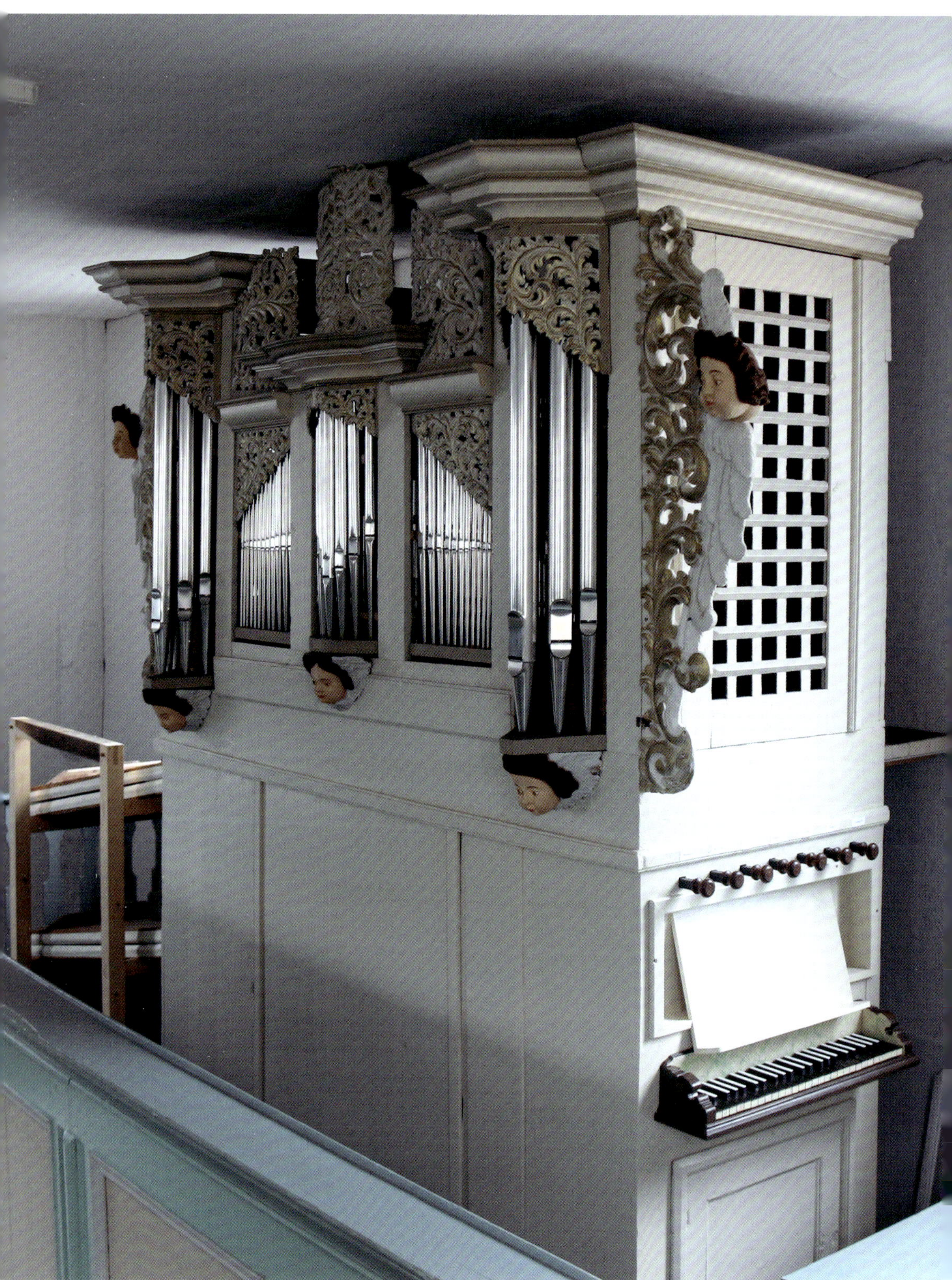

WOHNFELD (ULRICHSTEIN)

Evangelische Kirche
Unbekannter Orgelbauer, 1729

EVANGELISCHE KIRCHE IN HESSEN UND NASSAU
VOGELSBERGKREIS
Jahr der Förderung: 2013

In den Jahren 1785 bis 1787 wurde die evangelische Kirche in Wohnfeld nach Plänen des Darmstädter Oberbaudirektors Johann Helfrich Müller errichtet. Der regionaltypisch verschindelte Fachwerkbau besitzt im Osten einen dreiseitigen Chorschluss und ist mit einem Satteldach mit Krüppelwalm bedeckt. Auf ihm erhebt sich im Westen ein zweigeschossiger, schiefergedeckter Haubendachreiter. Das Innere der Kirche wird von der vierseitig umlaufenden Empore gerahmt.

Gegenüber von Altar und Kanzel befindet sich auf der Westempore die Orgel. Ursprünglich stand sie in der evangelischen Kirche in Effolderbach, bevor sie im Jahr 1857 nach Wohnfeld verkauft und ein Jahr später dort aufgestellt wurde. Ihr Erbauer ist nicht bekannt. Zahlreiche Indizien sprechen dafür, dass das Instrument im Jahr 1765 oder kurze Zeit später von Johann Friedrich Syer aus Nieder-Florstadt überarbeitet und mit einer neuen Spielanlage versehen wurde.

Das kleine Instrument ist ein seltenes Zeugnis für den ländlichen Orgelbau in der ersten Hälfte des 18. Jahrhunderts – jener Epoche, in der man auf dem Land oft noch Positive mit kleiner Disposition und ohne Pedal einsetzte, bevor die Instrumente ab den 1740er Jahren größer wurden.

GESCHICHTE:

1729	Bau oder Ankauf einer Orgel in der evangelischen Kirche in Effolderbach.
1765 oder danach	Umbau von Vorder- auf Seitenspieligkeit mit einer neuen, hochwertig gestalteten Spielanlage wahrscheinlich durch Johann Friedrich Syer, Nieder-Florstadt.
1857/58	Ankauf und Aufstellung der Orgel aus Effolderbach auf der Westempore der Kirche in Wohnfeld durch Philipp Förster, Lich.
unbekannter Zeitraum	Versetzung der Orgel auf die Empore über dem Altar und Verlegung der Keilbälge auf den Dachboden.
unbekannter Zeitraum	Rückversetzung der Orgel auf die Westempore, Einbau eines elektrischen Gebläsemotors und eines Schwimmerbalgs. Die Keilbälge verblieben ungenutzt auf dem Dachboden.
2014/15	Restaurierung durch Kilian Gottwald, Amöneburg: Reaktivierung der Keilbalganlage neben der Orgel, Restaurierung des zum Teil auf dem Dachboden eingelagerten Pfeifenwerks, Wiederherstellung der originalen Disposition soweit gesichert, Erhaltung des Gemshorn 8' aus dem 19. Jahrhundert, Neuintonation.

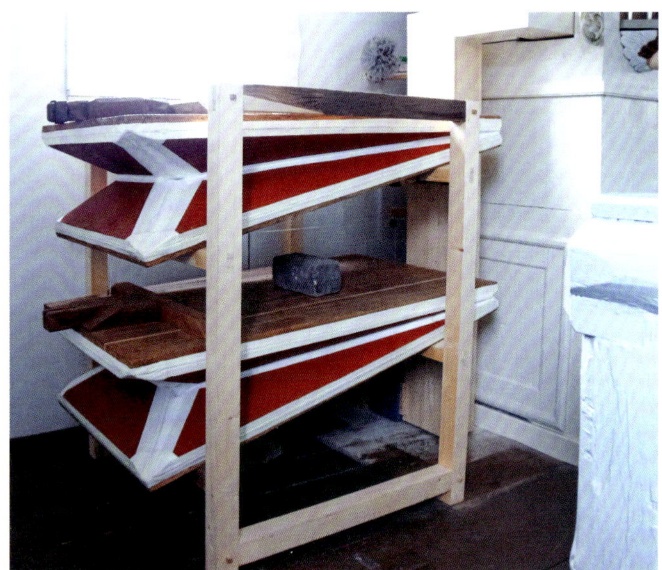

Wohnfeld: die restaurierte Balganlage.

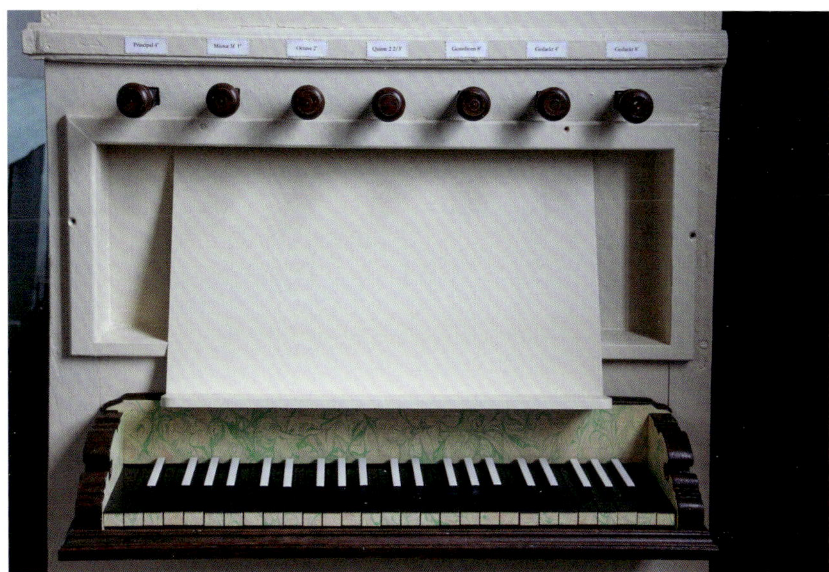

Wohnfeld: der aufwendig gestaltete und mit einer Tapete verkleidete Klaviaturrahmen.

DISPOSITION:

***Manual** C, D–c'''*

Gedackt	8'	Holz, ca. 50% original, sonst 2014
Gemshorn	8'	C-Fis aus Gedackt 8', G-e° Holz gedeckt, 19. Jh., ältere Pfeifen
Principal	4'	C-E Holz original, sonst 2014
Gedackt	4'	Holz, ca. 50% original, sonst 2014
Octave	2'	original
Quinte	2 2/3'	C-H gedackt, 19. Jh. aus älteren Pfeifen
Mixtur 3fach	1'	2014 unter Verwendung von 24 Originalpfeifen

***Pedal** C, D–c°; Klaviatur C–d°*
angehängt (eigene Ventile)

Mechanische Schleiflade. Seitenspielig rechts.

ADRESSE DER KIRCHE:

Kirchstraße, Wohnfeld, 35327 Ulrichstein

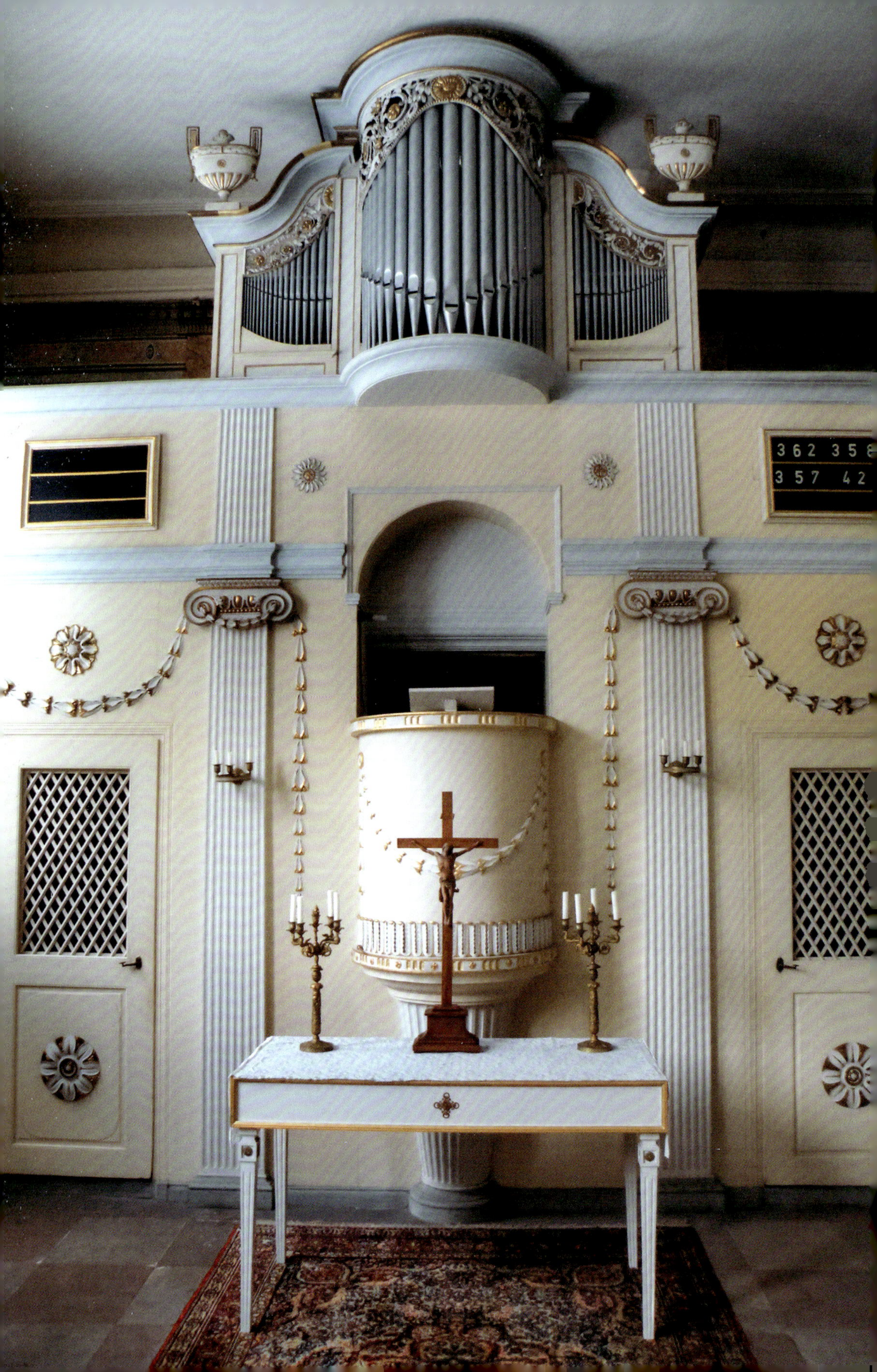
362 35
357 42

ZIERENBERG

Schloss Escheberg, Kapelle

Georg Peter Wilhelm, Kassel, 1793

PRIVATBESITZ / EVANGELISCHE KIRCHE VON KURHESSEN-WALDECK
LANDKREIS KASSEL
Jahr der Förderung: 2010

Escheberg, nordwestlich von Zierenberg gelegen, wurde im Jahr 1019 erstmals erwähnt. Spätestens seit dem Jahr 1322 befindet es sich im Besitz der Familie von der Malsburg. Das heutige Herrenhaus des Gutes liegt inmitten eines weitläufigen, als englischer Landschaftsgarten angelegten Parks. Es wurde ab dem Jahr 1531 auf den Grundmauern einer mittelalterlichen Burganlage errichtet. Im Jahr 1752 wurde südlich davon ein dreiseitiger Gebäudekomplex angebaut, in dem sich auch die Schlosskapelle befindet. In den Jahren 1789 bis 1791 erhielt diese die heute noch vorhandene, klassizistische Ausstattung. Auf der einen Schmalseite bilden die übereinander angeordneten Prinzipalstücke des evangelischen Gottesdienstes – Altar, Kanzel und Orgel – ein Ensemble. Die Kanzel und die Orgel sind in eine durch vier ionische Pilaster hervorgehobene Emporenanlage integriert. Dieser baulichen Einheit gegenüber befindet sich über dem Eingang ebenfalls eine Empore, die den Herrschaftstand trägt.

Die Orgel aus der Werkstatt des Kasseler Stadtorganisten und Hoforgelbauers Georg Peter Wilhelm zeigte sich vor der geförderten Restaurierung in nahezu unverändertem Zustand. Mit Ausnahme des elektrischen Gebläsemotors, der Prospektpfeifen und der Registerzüge war der Bestand original. Da die Orgel zuvor nie abgebaut war, wurde die Restaurierung vor Ort und unter der Maßgabe größter Behutsamkeit im Umgang mit dem historischen Material durchgeführt. Zwei Register fehlten, konnten aber anhand von Aufschriften rekonstruiert werden.

GESCHICHTE:

1793	Bau der Orgel durch Georg Peter Wilhelm, Kassel.
20. Jahrhundert	Abgabe der Prospektpfeifen und Ersatz durch Zinkpfeifen, Einbau eines elektrischen Gebläsemotors, Erneuerung der Registerzüge.
2010/11	Restaurierung durch Kilian Gottwald, Amöneburg.

DISPOSITION:

***Manual** C–f'''*

Gedackt	8'	C–H Holz, ab f'' konisch offen
Quintade	8'	C–H Holz
Gambe	8'	C–H gemeinsam mit Quintade
Principal	4'	C–c'' Prospekt, Prospekt 20. Jh., Innenpfeifen original
Gedacktflöte	4'	ab g' konisch offen
Octave	2'	C–F Prospekt
Flageolet	2'	2011
Sesquialter 2fach (ab d')		2011

***Pedal** C–c'*

Pedalkoppel.

Mechanische Schleifladen.

Stimmton: a' 447,5 Hz bei 15 °C. Leicht ungleich schwebende Temperierung (Kilian Gottwald) in Anlehnung an Modelle von Johann Georg Neidhardt.

ADRESSE DER KIRCHE:

Gut Escheberg, 34289 Zierenberg

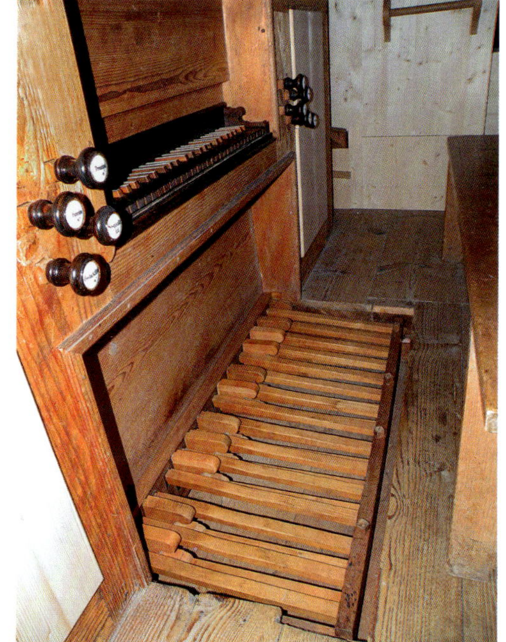

Zierenberg, Schloss Escheberg: Blick auf die Spielanlage hinter dem Werk.

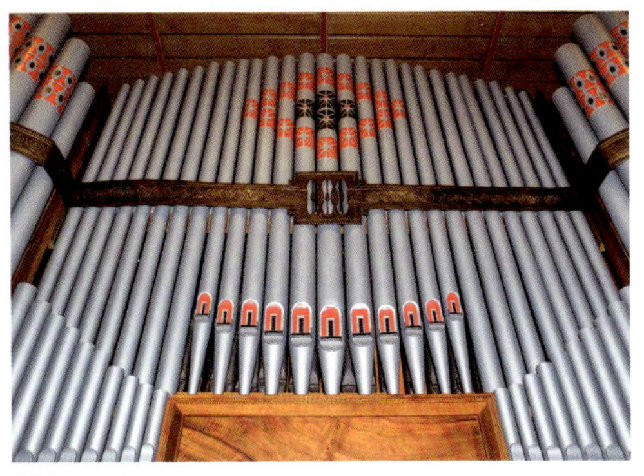
Affolterbach

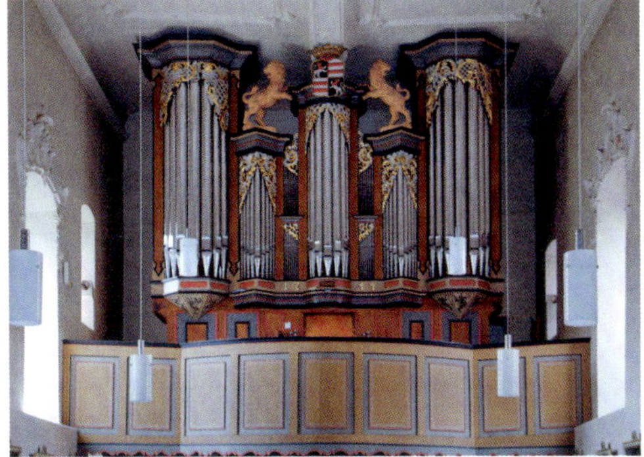
Blankenau

Weitere Instrumente

DES ORGELRESTAURIERUNGSPROGRAMMS

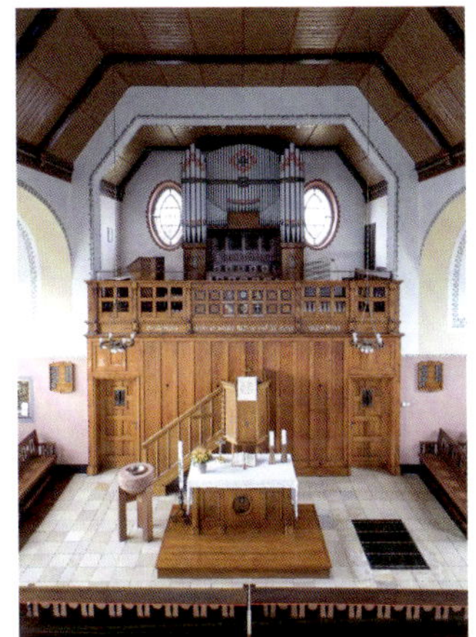
Affolterbach

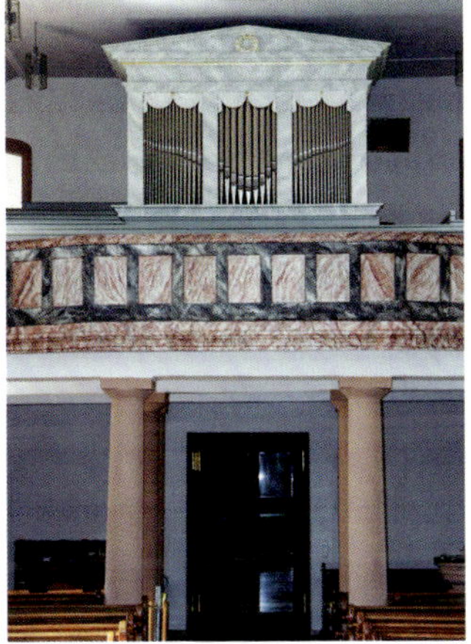
Astheim

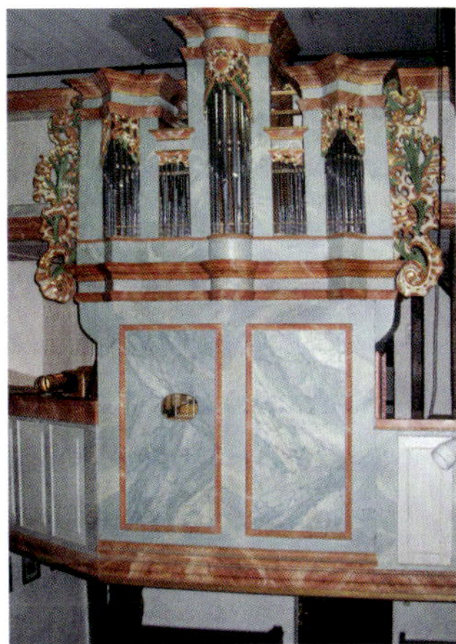
Brand

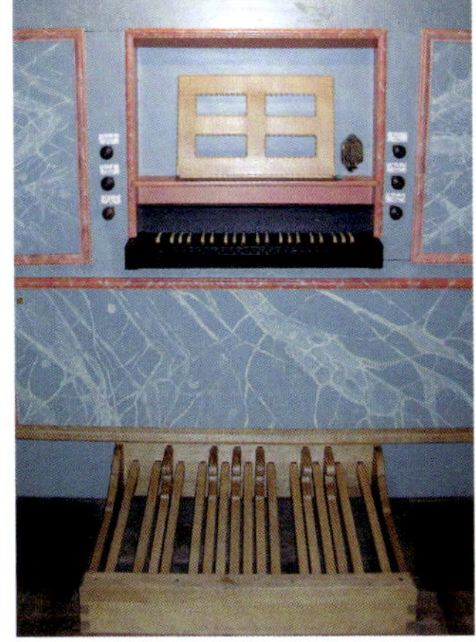
Brand

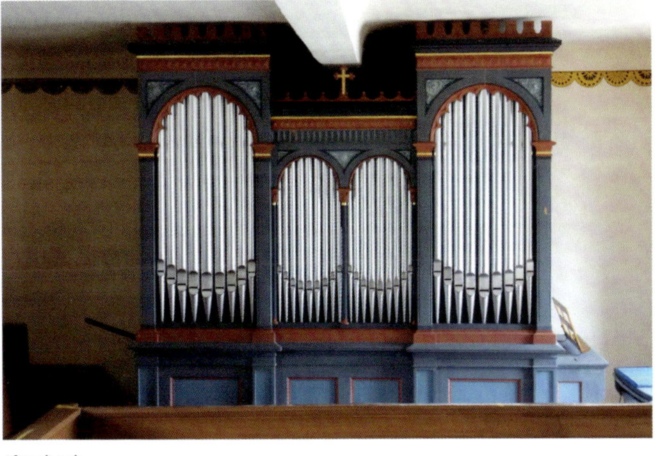
Flörsbach

Neben den zuvor beschriebenen Restaurierungen wurden auch die im Folgenden aufgezählten Projekte gefördert.

Affolterbach (Wald-Michelbach), Evangelische Gustav-Adolf-Kirche
Landkreis Bergstraße, Evangelische Kirche in Hessen und Nassau
Gebrüder Link, Giengen an der Brenz, Opus 475, 1906 (II/P, 9)
Jahr der Förderung: 2014
Restaurierung durch Graser Orgel & Harmoniumbau, Speyer, 2014
Adresse der Kirche: Hauptstraße N 42, Affolterbach, 69483 Wald-Michelbach

Altenschlirf (Herbstein), Evangelische Andreaskirche
Vogelsbergkreis, Evangelische Kirche in Hessen und Nassau
Förster & Nicolaus, Lich, 1930 (II/P, 11)
Prospekt von Johann Markus Oestreich, Oberbimbach, 1789
Jahr der Förderung: 2020
Restaurierung durch Förster & Nicolaus Orgelbau, Lich, 2020
Adresse der Kirche: An der Kirche 5, Altenschlirf, 36358 Herbstein

Anzefahr (Kirchhain), Katholische Kirche St. Michael
Landkreis Marburg-Biedenkopf, Bistum Fulda
Daniel Mütze, Sachsenberg, 1724 (I, 8), mehrfach erweitert, zuletzt 1975 (II/P, 15)
Jahr der Förderung: 2022
Restaurierung durch Förster & Nicolaus Orgelbau, Lich, 2023
Adresse der Kirche: Kirchweg 4, Anzefahr, 35274 Kirchhain

Arzell (Eiterfeld), Katholische Kirche St. Franziskus-Xaverius
Landkreis Fulda, Bistum Fulda
Alban Späth, Fulda, Opus 703, 1960 (II/P, 11)
Jahr der Förderung: 2008
Reinigung und Instandsetzung durch Förster & Nicolaus Orgelbau, Lich, Oktober bis Dezember 2008
Adresse der Kirche: Am Berg, Arzell, 36132 Eiterfeld

Astheim (Trebur), Katholische Kirche St. Petrus in Ketten
Landkreis Groß-Gerau, Bistum Mainz
Bernhard Dreymann, Mainz, 1833 (I/P, 13)
Jahr der Förderung: 2008
Restaurierung durch Orgelbau Reichenstein, Windesheim, 2008/09
Adresse der Kirche: Pfarrgasse 4, Astheim, 65468 Trebur

Blankenau (Hosenfeld), Katholische Kirche St. Simon und Judas
Landkreis Fulda, Bistum Fulda
Franz Karl Bien, Blankenau, 1744 (II/P, 21)
Jahr der Förderung: 2022
Restaurierung durch Orgelbau Hoffmann und Schindler, Ostheim vor der Rhön, 2022/23
Adresse der Kirche: Propsteiplatz, Blankenau, 36154 Hosenfeld

Braach (Rotenburg), Evangelische Kirche
Landkreis Hersfeld-Rotenburg, Evangelische Kirche von Kurhessen-Waldeck
Johann Wilhelm Schmerbach d. Ä., Frieda, 1787 / Friedrich Bechstein, Rotenburg (I/P, 10)
Jahr der Förderung: 2014
Restaurierung durch Orgelbau Rotenburg, 2013 bis 2015
Adresse der Kirche: Zum Fischerhof 15, Braach, 36199 Rotenburg an der Fulda

Brand (Hilders), Katholische Kirche St. Georg und St. Valentin
Landkreis Fulda, Bistum Fulda
Unbekannter Orgelbauer, 1752 (I/P, 6)
Jahr der Förderung: 2004
Restaurierung durch Orgelbau Waltershausen, November 2004 – Juni 2007
Adresse der Kirche: Burgstraße, Brand, 36115 Hilders

Burghaun, Katholische Kirche Mariae Himmelfahrt
Landkreis Fulda, Bistum Fulda
Gebrüder Euler, Gottsbüren, 1888 (II/P, 20)
Jahr der Förderung: 2004
Restaurierung durch Orgelbau Waltershausen, November 2004 bis April 2007
Adresse der Kirche: Marktplatz 8, 36151 Burghaun

Burghofen (Waldkappel), Evangelische Kirche
Werra-Meißner-Kreis, Evangelische Kirche von Kurhessen-Waldeck
August Hilpert, Floh bei Schmalkalden, 1862 (II/P, 10)
Jahr der Förderung: 2008
Restaurierung durch Jehmlich Orgelbau, Dresden, November 2008 bis Juni 2009
Adresse der Kirche: Sachsenring 13, Burghofen, 37284 Waldkappel

Dehringhausen (Waldeck), Evangelische Kirche
Landkreis Waldeck-Frankenberg, Evangelische Kirche von Kurhessen-Waldeck
Friedrich Martin, Freienhagen, 1857 (I/P, 7)
in einem Gehäuse von Friedrich Philipp Bornemann, Adorf, 1790
Jahr der Förderung: 2001
Restaurierung durch Christoph Böttner, Frankenberg 2002
Adresse der Kirche: Warolder Straße, Dehringhausen, 34513 Waldeck

Dorla (Gudensberg), Evangelische Kirche
Schwalm-Eder-Kreis, Evangelische Kirche von Kurhessen-Waldeck
Unbekannter Orgelbauer, 18. Jh. (I/8)
Jahr der Förderung: 2014
Restaurierung durch Orgelbau Mebold, Siegen, 2016 abgeschlossen
Adresse der Kirche: Kirchgasse, Dorla, 34281 Gudensberg

Eichen (Nidderau), Evangelische Kirche
Main-Kinzig-Kreis, Evangelische Kirche von Kurhessen-Waldeck
Wilhelm August Ratzmann, Gelnhausen, 1847 (II/P, 19)
Jahr der Förderung: 2005
Restaurierung durch Otto Hoffmann, Ostheim vor der Rhön, 2005
Adresse der Kirche: Mühlbachstraße, Eichen, 61130 Nidderau

Eiterfeld, Katholische Kirche St. Georg
Landkreis Fulda, Bistum Fulda
Fritz Clewing, Fulda, 1901 / Alban Späth, Fulda, Opus 688, 1959 (II/P, 26)
Jahr der Förderung: 2020
Restaurierung durch Orgelbau Waltershausen, März 2019 bis Oktober 2021
Adresse der Kirche: Marktstraße, 36132 Eiterfeld

Eltville am Rhein, Evangelische Kirche
Rheingau-Taunus-Kreis, Evangelische Kirche in Hessen und Nassau
Gustav Raßmann / August Hardt, Möttau, 1904 (I/P, 9)
Jahr der Förderung: 2023
Restaurierung durch Wolfram Stützle, Waldkirch, und Stephan Heberlein, Westre, 2023/24
Adresse der Kirche: Taunusstraße 21–23, 65343 Eltville am Rhein

Eschwege, Katholische Kirche St. Elisabeth
Werra-Meißner-Kreis, Bistum Fulda
Matthias Kreienbrink, Osnabrück, 1978 (II/P, 30)
Jahr der Förderung: 2014
Restaurierung durch Klavier- & Orgel-Manufaktur Stefan Peters, Glandorf, Juni bis September 2014
Adresse der Kirche: Moritz-Werner-Straße, 37269 Eschwege

Flörsbach (Flörsbachtal), Evangelische Kirche
Main-Kinzig-Kreis, Evangelische Kirche von Kurhessen-Waldeck
Gebrüder Ratzmann, Gelnhausen, 1895 (I/P, 6)
Jahr der Förderung: 2021
Restaurierung durch Orgelbau Andreas Schmidt, Altenhaßlau (Linsengericht), 2021
Adresse der Kirche: Orber Straße / An der Dick, Flörsbach, 63639 Flörsbachtal

Frankfurt am Main, Katholische Kirche St. Gallus
Stadt Frankfurt am Main, Bistum Limburg
E. F. Walcker & Cie., Ludwigsburg, Opus 3501, 1948/1956 (II/P, 28)
Jahr der Förderung: 2013
Restaurierung durch Orgelbau Krawinkel, Trendelburg, 2013/14
Adresse der Kirche: Mainzer Landstraße 297, 60326 Frankfurt

Frankfurt am Main – Oberrad, Evangelische Erlöserkirche
Stadt Frankfurt am Main, Evangelische Kirche in Hessen und Nassau
E. F. Walcker & Cie., Ludwigsburg, 1958 (II/P, 24)
Jahr der Förderung: 2019
Restaurierung durch Rainer Müller, Merxheim, 2019/20
Adresse der Kirche: Wiener Straße 25, 60599 Frankfurt am Main

Freiensteinau, Evangelische Kirche
Vogelsbergkreis, Evangelische Kirche in Hessen und Nassau
Orgelgehäuse von Georg Christoph Stertzing, Eisenach, 1728;
Orgelwerk von Adam Eifert, Stadtilm, 1894 (II/P, 14)
Jahr der Förderung: 2023
Restaurierung durch Förster & Nicolaus Orgelbau, Lich, geplant 2024
Adresse der Kirche: Am Kirchberg 8, 36399 Freiensteinau

Fritzlar, Katholische Ursulinenkirche
Schwalm-Eder-Kreis, Bistum Fulda
Balthasar Schlimbach, Würzburg, 1890 (II/P, 11)
Jahr der Förderung: 2001
Restaurierung durch Förster & Nicolaus Orgelbau, Lich, Februar/März 2002
Adresse der Kirche: Neustädter Str. 39, 34560 Fritzlar

Fulda, Klosterkirche der Benediktinerinnenabtei zur Hl. Maria
Landkreis Fulda, Bistum Fulda
Martin Joseph Schlimbach, Würzburg, 1910 (II/P, 22)
Jahr der Förderung: 2009
Restaurierung durch Förster & Nicolaus Orgelbau, Lich, Mai bis August 2010
Adresse der Kirche: Nonnengasse 16, 36037 Fulda

Fulda, Katholische Kirche St. Sturmius
Landkreis Fulda, Bistum Fulda
Alban Späth, Fulda, Opus 470, 1936; Erweiterung 1950 (II/P, 23)
Jahr der Förderung: 2012
Restaurierung durch Förster & Nicolaus Orgelbau, Lich, 2012
Adresse der Kirche: Wallweg 27, 36043 Fulda

Gundhelm (Schlüchtern), Evangelische Kirche
Main-Kinzig-Kreis, Evangelische Kirche von Kurhessen-Waldeck
Gebrüder Ratzmann, Gelnhausen, 1907 (II/P, 10)
Jahr der Förderung: 2005
Restaurierung durch Orgelbau Vleugels, Hardheim, 2005–2007
Adresse der Kirche: Weißbachstraße 5, Gundhelm, 36381 Schlüchtern

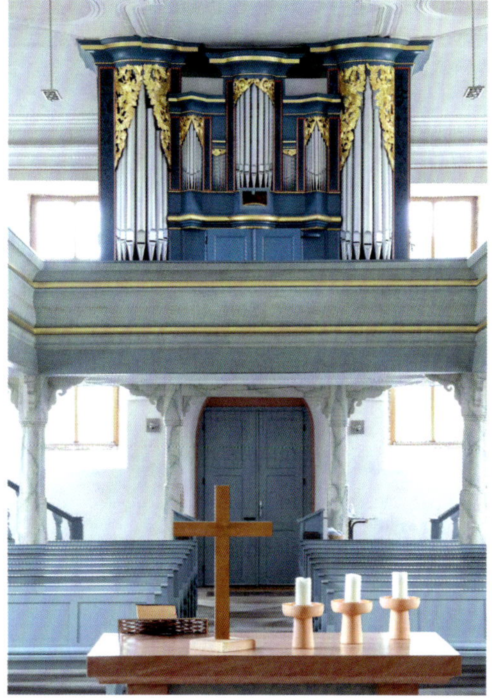

Freiensteinau

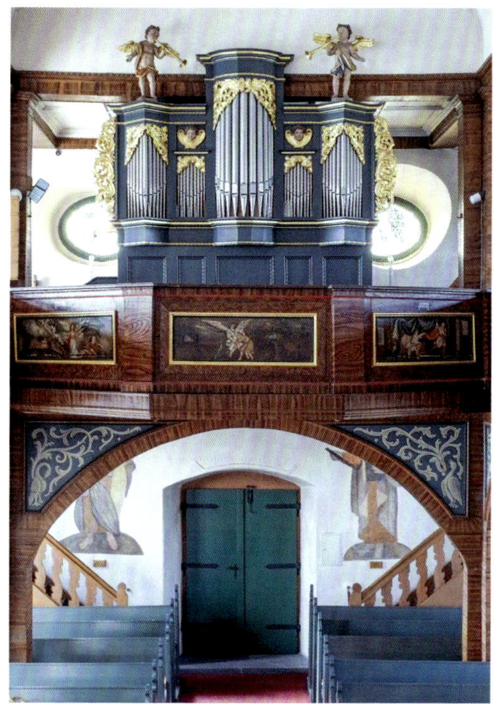

Hähnlein

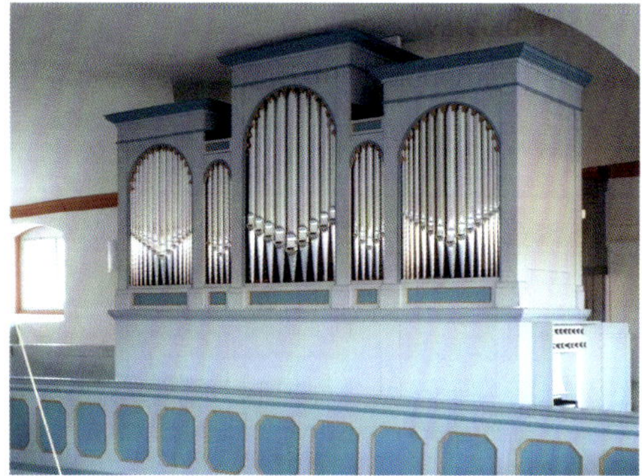

Heftrich

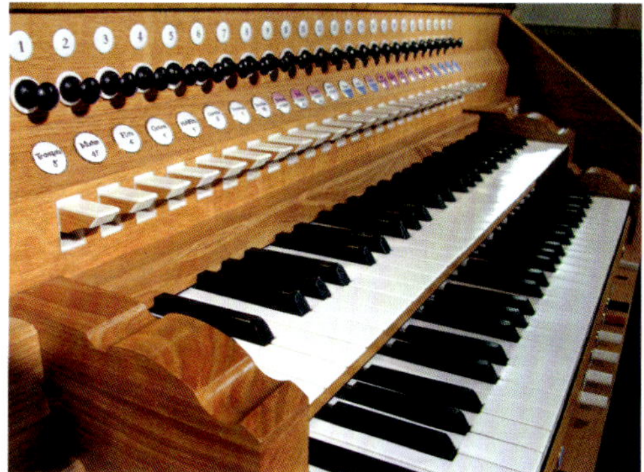

Hoof

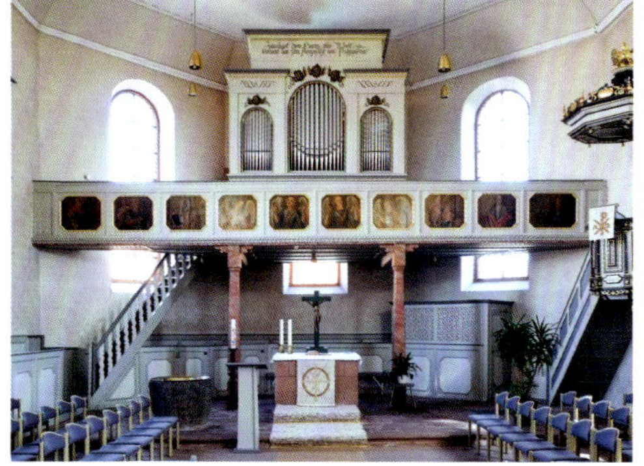

Kaichen

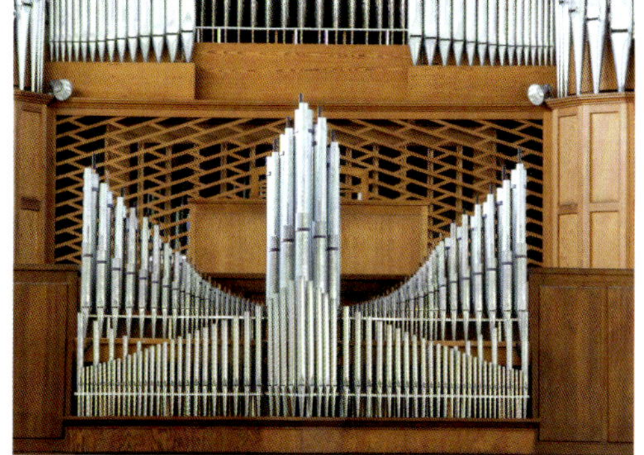

Kassel Auferstehungskirche

Guxhagen, Evangelische Friedhofskapelle
Schwalm-Eder-Kreis, Evangelische Kirche von Kurhessen-Waldeck
Euler, Hofgeismar, 1957 (II/P, 8)
Jahr der Förderung: 2019
Restaurierung durch Orgelbau Krawinkel, Trendelburg, 2019/20
Adresse der Kirche: Werraweg, 34302 Guxhagen

Habitzheim (Otzberg), Katholische Kirche St. Cyriakus
Landkreis Darmstadt-Dieburg, Bistum Mainz
Heinrich Bechstein, Groß-Umstadt, 1888 (I/P, 6)
Jahr der Förderung: 2021
Restaurierung durch Uwe Hardt, Möttau (Weilmünster), 2021/22
Adresse der Kirche: Burggrabenstraße 3, Habitzheim, 64853 Otzberg

Hähnlein (Alsbach-Hähnlein), Evangelische Kirche
Landkreis Darmstadt-Dieburg, Evangelische Kirche in Hessen und Nassau
Förster & Nicolaus, Lich, 1911 (II/P, 14)
Jahr der Förderung: 2016
Teilrestaurierung durch Orgelbau Mühleisen, Leonberg, 2016/17
Adresse der Kirche: Gernsheimer Straße 9, 64665 Alsbach-Hähnlein

Heftrich (Idstein), Evangelische Kirche
Rheingau-Taunus-Kreis, Evangelische Kirche in Hessen und Nassau
Christian Friedrich Voigt, Igstadt, 1868 (II/P, 19)
Jahr der Förderung: 2014
Restaurierung durch Orgelbau Mebold, Siegen, 2014
Adresse der Kirche: Langgasse 25, Heftrich, 65510 Idstein

Hochheim am Main, Evangelische Kirche
Main-Taunus-Kreis, Evangelische Kirche in Hessen und Nassau
Friedrich Weigle, Echterdingen, 1901 (II/P, 13)
Jahr der Förderung: 2005
Restaurierung durch Werner Bosch Orgelbau, Niestetal, 2005
Adresse der Kirche: Burgeffstraße 5, 65239 Hochheim am Main

Hoof (Schauenburg), Evangelische Kirche
Landkreis Kassel, Evangelische Kirche von Kurhessen-Waldeck
Eduard Vogt, Korbach, Opus 119, 1913 (II/P, 18)
Jahr der Förderung: 2012
Restaurierung durch Orgelbau Waltershausen, 2013
Adresse der Kirche: An der Kirche, Hoof, 34270 Schauenburg

Hümme (Hofgeismar), Evangelische Kirche
Landkreis Kassel, Evangelische Kirche von Kurhessen-Waldeck
Stephan Heeren, Gottsbüren, 1780,
umgebaut von Conrad Euler, Ende 19. Jh. (I/P, 13)
Jahr der Förderung: 2011
Restaurierung durch Elmar Krawinkel, Trendelburg, 2011/12
Adresse der Kirche: Hauptstraße 71, Hümme, 34369 Hofgeismar

Hünfeld, Klosterkirche des St. Bonifatiusklosters der Oblaten der Unbefleckten Jungfrau Maria
Landkreis Fulda, Bistum Fulda
Fritz Clewing, Fulda, 1903 / Gebrüder Späth, 1909 (II/P, 29)
Jahr der Förderung: 2012
Restaurierung durch Kilian Gottwald, Amöneburg, 2012/13
Adresse der Kirche: Klosterstraße 5, 36088 Hünfeld

Kaichen (Niddatal), Evangelische Kirche
Wetteraukreis, Evangelische Kirche in Hessen und Nassau
Johann Georg Förster, Lich, 1854 (II/P, 12)
Jahr der Förderung: 2008
Restaurierung durch Förster & Nicolaus Orgelbau, Lich, August bis Oktober 2008
Adresse der Kirche: Bogenstraße 5, 61194 Niddatal

Kassel, Evangelische Auferstehungskirche
Stadt Kassel, Evangelische Kirche von Kurhessen-Waldeck
Euler, Hofgeismar, 1956 (III/P, 31)
Jahr der Förderung: 2008
Restaurierung durch Orgelbau Andreas Schmidt, Altenhaßlau (Linsengericht), Oktober 2008 bis Januar 2009
Adresse der Kirche: Mombachstraße 24, 34127 Kassel

Kassel, Katholische Kirche St. Joseph
Stadt Kassel, Bistum Fulda
Anton Feith II., Paderborn, 1960 (III/P, 28)
Jahr der Förderung: 2017
Restaurierung durch Orgelbau Krawinkel, Trendelburg, 2017
Adresse der Kirche: Marburger Str. 87, 34127 Kassel

Kirchberg (Niedenstein), Evangelische Kirche
Schwalm-Eder-Kreis, Evangelische Kirche von Kurhessen-Waldeck
Eduard Vogt, Korbach, 1893 (II/P, 12)
Jahr der Förderung: 2007
Restaurierung durch Orgelbau Mebold, Siegen, 2007/08
Adresse der Kirche: Bergtor, Kirchberg, 34305 Niedenstein

Kleinenglis (Borken), Evangelische St.-Michaels-Kirche
Schwalm-Eder-Kreis, Evangelische Kirche von Kurhessen-Waldeck
Adam Joseph Oestreich, Oberbimbach, 1832 (I/P, 11)
Jahr der Förderung: 2010
Restaurierung durch Orgelbau Rotenburg, 2010
Adresse der Kirche: Klause, Kleinenglis, 34582 Borken

Lahrbach (Tann), Katholische Kirche St. Johannes der Täufer
Landkreis Fulda, Bistum Fulda
Johannes Kirchner, Euerdorf, 1828 (I/P, 13)
Jahr der Förderung: 2002
Restaurierung durch Horst und Günter Hoffmann, Ostheim vor der Rhön, Januar bis Juni 2002
Adresse der Kirche: Am Friedhof, Lahrbach, 36142 Tann (Rhön)

Langenhain (Hofheim am Taunus), Evangelische Kirche
Main-Taunus-Kreis, Evangelische Kirche in Hessen und Nassau
Prospekt von Philipp Ernst Wegmann, Frankfurt a.M., 1769/70;
Orgelwerk von Friedrich Weigle, Echterdingen, Opus 371, 1909 (II/P, 14)
Jahr der Förderung: 2012
Restaurierung durch Orgelwerkstatt Christian Scheffler, Sieversdorf, November 2012 bis Oktober 2013
Adresse der Kirche: Alt Langenhain 39, Langenhain, 65719 Hofheim am Taunus

Langenhain (Wehretal), Evangelische Kirche
Werra-Meißner-Kreis, Evangelische Kirche von Kurhessen-Waldeck
Friedrich Wilhelm Böttcher (?), Weimar, 1908 (II/P, 12)
Jahr der Förderung: 2002
Restaurierung durch Werner Bosch Orgelbau, Niestetal, 2002
Adresse der Kirche: An der Kirche, Langenhain, 37287 Wehretal

Lohra, Evangelische Kirche
Landkreis Marburg-Biedenkopf, Evangelische Kirche von Kurhessen-Waldeck
Förster & Nicolaus, Lich, 1907 (II/P, 11)
Jahr der Förderung: 2022
Restaurierung durch Förster & Nicolaus Orgelbau, Lich, 2022
Adresse der Kirche: Lindenplatz 4, 35102 Lohra

Mackenzell (Hünfeld), Katholische Kirche St. Johannes der Täufer
Landkreis Fulda, Bistum Fulda
Hans Klais, Bonn, Opus 1054, 1953 (II/P, 23)
Jahr der Förderung: 2012
Restaurierung durch Werner Bosch Orgelbau, Niestetal, 2013
Adresse der Kirche: Weißenborner Straße, Mackenzell, 36088 Hünfeld

Marbach (Petersberg), Katholische Kirche St. Aegidius
Landkreis Fulda, Bistum Fulda
Alban Späth, Fulda, Opus 449, 1934 (II/P, 16)
Jahr der Förderung: 2006
Restaurierung durch Hermann Eule Orgelbau, Bautzen, 2005/06
Adresse der Kirche: Kirchgasse 5, Marbach, 36100 Petersberg

Mernes (Bad Soden-Salmünster), Katholische Kirche St. Peter
Main-Kinzig-Kreis, Bistum Fulda
Fritz Clewing, Fulda, 1891, (I/P, 10)
Jahr der Förderung: 2019
Restaurierung durch Orgelbau Andreas Schmidt, Altenhaßlau (Linsengericht), Oktober 2019 bis Oktober 2021
Adresse der Kirche: Burgjosser Straße, Mernes, 63628 Bad Soden-Salmünster

Mörlenbach, Katholische Kirche St. Bartholomäus
Landkreis Bergstraße, Bistum Mainz
Gottfried Knauth, Heidelberg, 1767 (II/P, 17)
Jahr der Förderung: 2010
Restaurierung durch Rainer Müller, Merxheim, 2010
Adresse der Kirche: Kirchgasse 19-12, 69509 Mörlenbach

Münster (Laubach), Evangelische Kirche
Landkreis Gießen, Evangelische Kirche in Hessen und Nassau
Förster & Nicolaus, Lich, 1901 (I/P, 6)
Jahr der Förderung: 2013
Restaurierung durch Förster & Nicolaus Orgelbau, Lich, April bis Juni 2013
Adresse der Kirche: Unterpforte 28, Münster, 35321 Laubach

Neuhof, Evangelische Kirche
Landkreis Fulda, Evangelische Kirche von Kurhessen-Waldeck
Wilhelm August Ratzmann, Gelnhausen, 1885, (I/P, 7)
Jahr der Förderung: 2011
Restaurierung durch Orgelbau Andreas Schmidt, Altenhaßlau (Linsengericht), Juli 2011 bis Juni 2012
Adresse der Kirche: Albert-Schweitzer-Straße 5, 36119 Neuhof

Niederelsungen (Wolfhagen), Evangelische Kirche
Landkreis Kassel, Evangelische Kirche von Kurhessen-Waldeck
Gebrüder Euler, Gottsbüren, 1889 (II/P, 12)
Jahr der Förderung: 2013
Restaurierung durch Werner Bosch Orgelbau, Niestetal, 2013
Adresse der Kirche: Zierenberger Str. 26, Niederelsungen, 34466 Wolfhagen

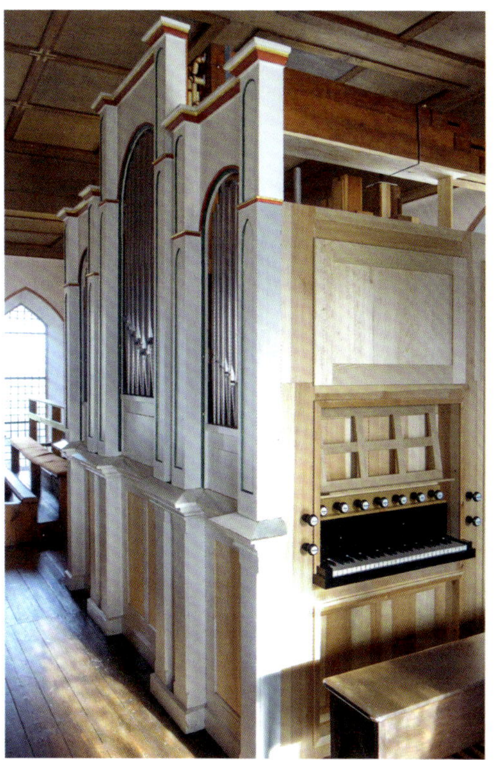

Mernes

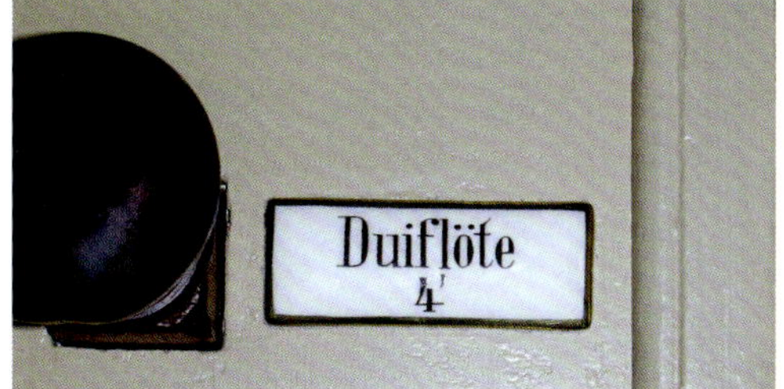

Oberrodenbach

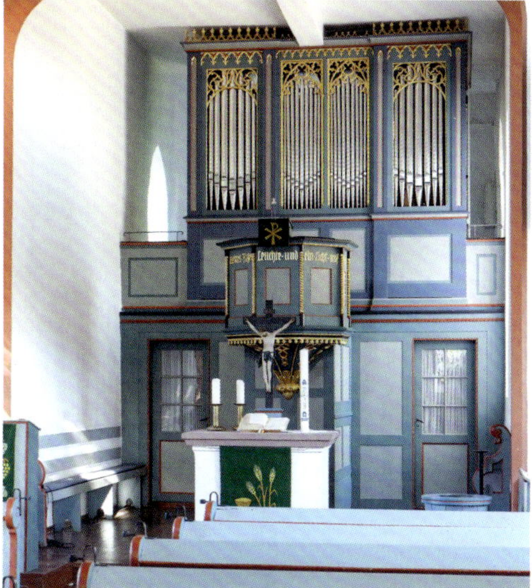

Rendel

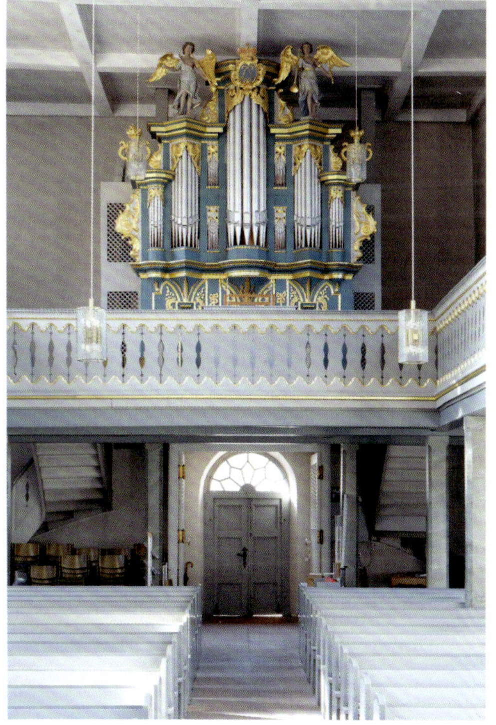

Reinheim

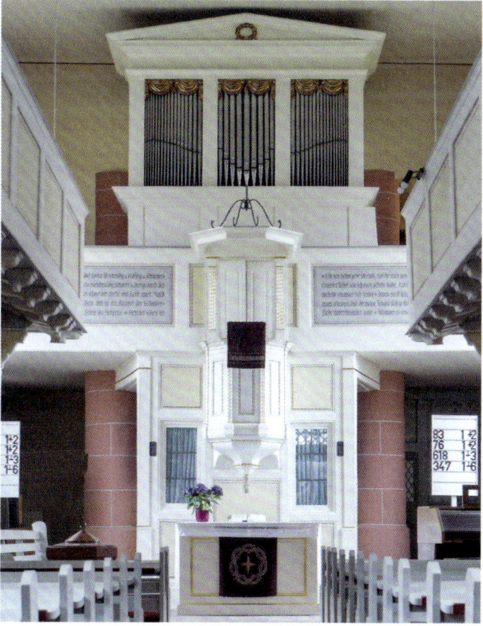

Schlierbach

Nieder-Gemünden (Gemünden/Felda), Evangelische Kirche
Vogelsbergkreis, Evangelische Kirche in Hessen und Nassau
Johann Andreas Heinemann, Laubach, 1760 (I/P, 11)
Jahr der Förderung: 2023
Restaurierung durch Förster & Nicolaus Orgelbau, Lich, geplant 2025
Adresse der Kirche: Rathausgasse 8, Nieder-Gemünden, 35329 Gemünden (Felda)

Oberellenbach (Alheim), Evangelische Kirche
Landkreis Hersfeld-Rotenburg, Evangelische Kirche von Kurhessen-Waldeck
August Möller, Rotenburg, 1911 (II/P, 8)
Jahr der Förderung: 2018
Restaurierung durch Orgelbau Rotenburg, 2018
Adresse der Kirche: An der Kirche, Oberellenbach, 36211 Alheim

Oberkalbach (Kalbach), Evangelische Kirche
Landkreis Fulda, Evangelische Kirche von Kurhessen-Waldeck
Friedrich und Carl Jakob Ziese, Ellingerode, 1850 (II/P, 13)
Jahr der Förderung: 2002
Restaurierung durch Orgelbau Mebold, Siegen, 2004 bis 2006
Adresse der Kirche: Am Fennbach, Oberkalbach, 36148 Kalbach

Oberrodenbach (Rodenbach), Katholische Kirche St. Peter und Paul
Main-Kinzig-Kreis, Bistum Fulda
Adam Joseph Oestreich, Oberbimbach, 1839 (I/P, 14)
Jahr der Förderung: 2005
Restaurierung durch Förster & Nicolaus Orgelbau, Lich, 2005/06
Adresse der Kirche: Hanauer Straße, Oberrodenbach, 63517 Rodenbach

Oppenrod (Buseck), Evangelische Kirche
Landkreis Gießen, Evangelische Kirche in Hessen und Nassau
Johann Georg Förster, Lich, 1886 (I/P, 7)
Jahr der Förderung: 2022
Restaurierung durch Förster & Nicolaus Orgelbau, Lich, März bis Mai 2022
Adresse der Kirche: Hauptstraße/Grabenstraße, 35418 Buseck

Pilgerzell (Künzell), Katholische Kirche St. Flora und St. Kilian auf dem Florenberg
Landkreis Fulda, Bistum Fulda
Wilhelm Sauer, Frankfurt (Oder), Opus 1032, 1908 (II/P, 16)
Jahr der Förderung: 2008
Restaurierung durch Orgelbauwerkstatt Woehl, Marburg, 2008 bis 2010
Adresse der Kirche: Am Florenberg, Pilgerzell, 36093 Künzell

Queckborn (Grünberg), Evangelische Kirche
Landkreis Gießen, Evangelische Kirche in Hessen und Nassau
August Förster, Lich, 1893 (I/P, 9) mit älteren Bauteilen und in einem älteren Gehäuse (Bernhard?)
Jahr der Förderung: 2016
Restaurierung durch Förster & Nicolaus Orgelbau, Lich, Februar/März 2017
Adresse der Kirche: Rittergasse/Bruchgasse, Queckborn, 35305 Grünberg

Reinheim, Evangelische Stadtpfarrkirche Zur heiligen Dreifaltigkeit
Landkreis Darmstadt-Dieburg, Evangelische Kirche in Hessen und Nassau
Förster & Nicolaus, Lich, 1929 (II/P, 19)
Jahr der Förderung: 2022
Restaurierung durch Förster & Nicolaus Orgelbau, Lich, 2022/23
Adresse der Kirche: Kirchstraße 27, 64354 Reinheim

Reiskirchen, Evangelische Kirche
Landkreis Gießen, Evangelische Kirche in Hessen und Nassau
Johann Georg Förster, Lich, Opus 85, 1899 (II/P, 9)
Jahr der Förderung: 2020
Restaurierung durch Förster & Nicolaus Orgelbau, Lich, 2020/21
Adresse der Kirche: Oberdorfstraße, 35447 Reiskirchen

Rendel (Karben), Evangelische Kirche
Wetteraukreis, Evangelische Kirche in Hessen und Nassau
Karl Rudolf Bernhard, Butzbach, 1862 (II/P, 20)
Jahr der Förderung: 2004
Restaurierung durch Förster & Nicolaus Orgelbau, Lich, 2004
Adresse der Kirche: Klein-Karbener Straße 5, Rendel, 61184 Karben

Rodheim (Biebertal), Evangelische Kirche
Landkreis Gießen, Evangelische Kirche in Hessen und Nassau
Johann Hartmann Bernhard, Romrod, 1828 (I/P, 11); Umbauten 1935 und 1959 (I/P, 12)
Jahr der Förderung: 2011
Ausreinigung und Überholung sowie klangliche Teilrestaurierung durch Förster & Nicolaus Orgelbau, Lich, 2011
Adresse der Kirche: Kirchgasse 5, Rodheim, 35444 Biebertal

Rommerz (Neuhof), Katholische Kirche Mariä Himmelfahrt
Landkreis Fulda, Bistum Fulda
E. F. Walcker & Cie., Ludwigsburg, 1954 (I/P, 28)
Jahr der Förderung: 2011
Restaurierung durch Orgelbau Elmar Krawinkel, 2013
Adresse der Kirche: Wendelinusstraße 1, Rommerz, 36119 Neuhof

Roßbach (Hünfeld), Katholische Kirche Mariae Himmelfahrt
Landkreis Fulda, Bistum Fulda
Gebrüder Euler, Gottsbüren, 1892, (II/P, 16)
Jahr der Förderung: 2003
Restaurierung durch Orgelbau Waltershausen, April 2003 bis November 2004
Adresse der Kirche: Weinbergstraße, Roßbach, 36088 Hünfeld

Roßdorf (Amöneburg), Katholische Kirche Mariä Geburt & St. Johannes der Täufer
Landkreis Marburg-Biedenkopf, Bistum Fulda
Gebrüder Ratzmann, Gelnhausen, 1893 (II/P, 12)
Jahr der Förderung: 2003
Restaurierung durch Förster & Nicolaus Orgelbau, Lich, September bis Dezember 2003
Adresse der Kirche: Kirchstraße, Roßdorf, 35287 Amöneburg

Schlierbach (Lindenfels), Evangelische Kirche
Landkreis Bergstraße, Evangelische Kirche in Hessen und Nassau
Bernhard Dreymann, Mainz, 1833 (I/P, 12)
Jahr der Förderung: 2012
Restaurierung durch Orgelbau Andreas Schmidt, Altenhaßlau (Linsengericht),
September 2012 bis März 2013
Adresse der Kirche: Burgstraße / In der Stadt, Schlierbach, 64678 Lindenfels

Schwarzenborn (Cölbe), Evangelische Kirche
Landkreis Marburg-Biedenkopf, Evangelische Kirche von Kurhessen-Waldeck
Johann Peter Dickel (als sicher geltende Zuschreibung), Treisbach (Wetter), 1885 (I/P, 7)
Jahr der Förderung: 2023
Restaurierung durch Kilian Gottwald, Amöneburg, geplant 2024
Adresse der Kirche: Neuer Weg, Schwarzenborn, 35091 Cölbe

Sielen (Trendelburg), Evangelische Kirche
Landkreis Kassel, Evangelische Kirche von Kurhessen-Waldeck
Orgelgehäuse von Balthasar Conrad Euler, Gottsbüren, 1842;
Orgelwerk von Conrad Euler, Hofgeismar, ca. 1920 (II/P, 17)
Jahr der Förderung: 2009
Restaurierung durch Orgelbau Elmar Krawinkel, Trendelburg, 2009
Adresse der Kirche: Friedrichstraße 5, Sielen, 34388 Trendelburg

Spielberg (Brachttal), Evangelische Kirche
Main-Kinzig-Kreis, Evangelische Kirche von Kurhessen-Waldeck
Wilhelm August Ratzmann, Gelnhausen, 1873 (I/P, 10)
Jahr der Förderung: 2004
Restaurierung durch Orgelbau Andreas Schmidt, Altenhaßlau (Linsengericht),
August 2004 bis April 2006
Adresse der Kirche: Streitberger Straße 3, Spielberg, 63636 Brachttal

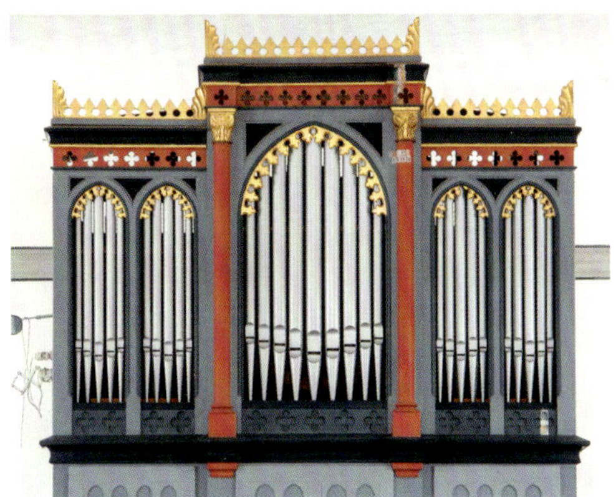

Spielberg

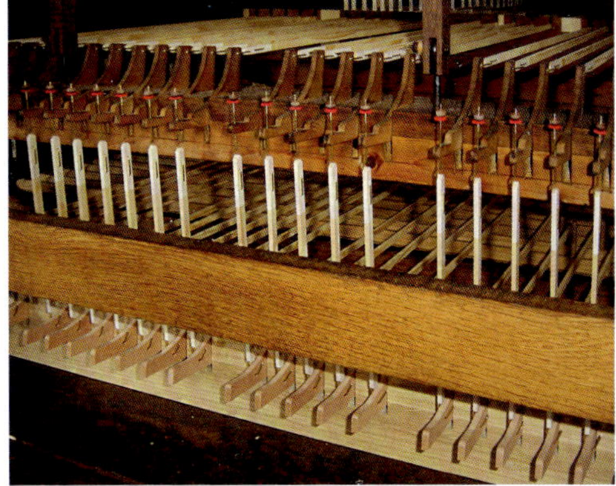

Spielberg

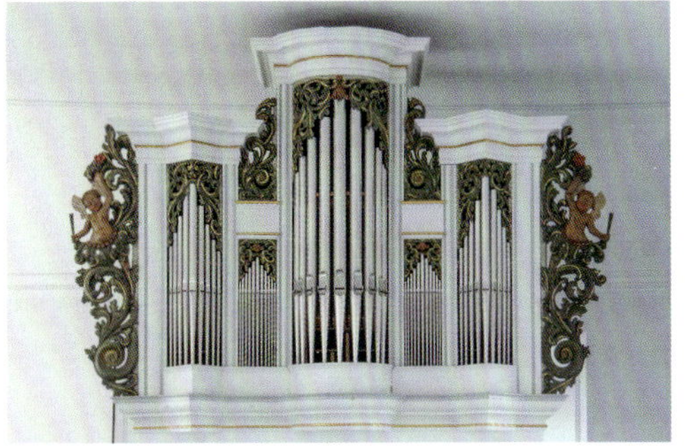

Stammheim

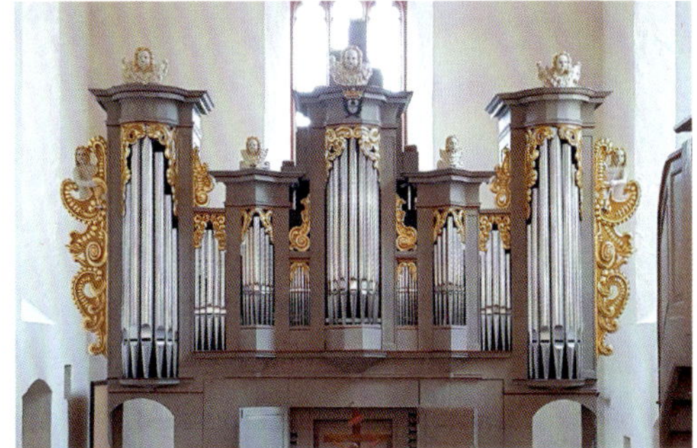

Steinau a. d. Straße

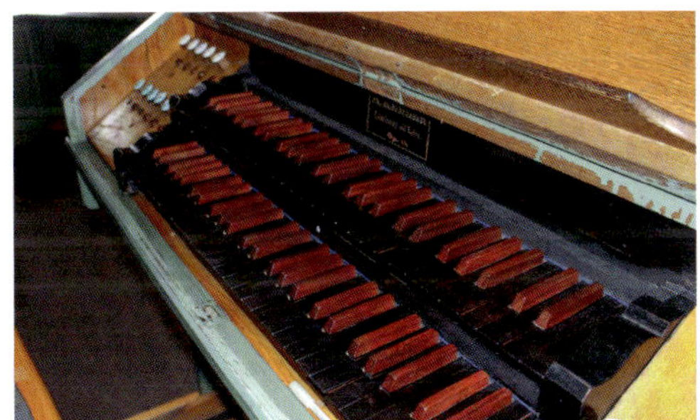

Thalheim

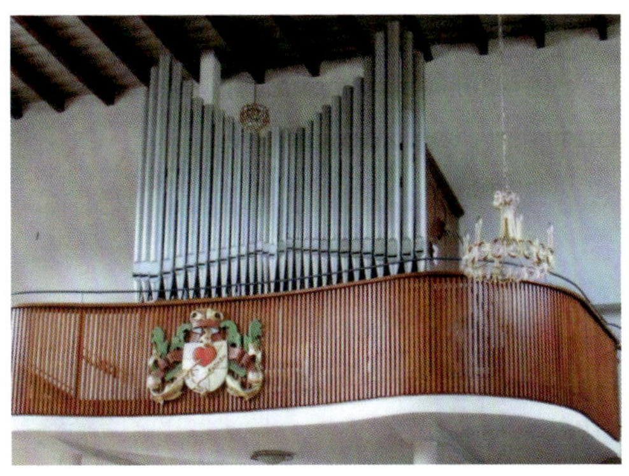

Uttrichshausen

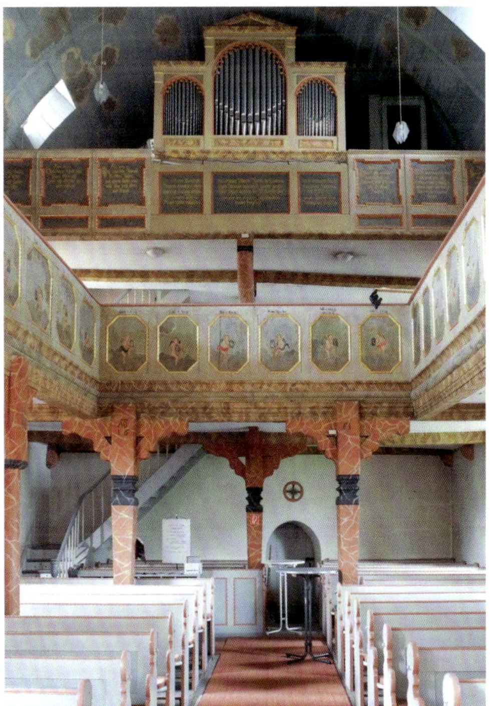

Walsdorf

Stammheim (Florstadt), Evangelische Kirche
Wetteraukreis, Evangelische Kirche in Hessen und Nassau
Johann Friedrich Syer, Nieder-Florstadt, 1750 (I/P, 12)
Jahr der Förderung: 2006
Teilrestaurierung durch Förster & Nicolaus Orgelbau, Lich, 2006
Adresse der Kirche: Hanauer Str. 13, 61197 Florstadt

Stausebach (Kirchhain), Katholische Kirche Mariae Himmelfahrt
Landkreis Marburg-Biedenkopf, Bistum Fulda
Daniel Mütze, Sachsenberg, 1716 / Wilhelm Oestreich, Bachrain, 1872 / Emil Butz, Seligenthal, 1898 (I/P, 14)
Jahr der Förderung: 2021
Restaurierung durch Orgelbau Andreas Schmidt, Altenhaßlau (Linsengericht), 2022/23
Adresse der Kirche: Alter Kirchweg 25, Stausebach, 35274 Kirchhain

Steinau an der Straße, Evangelische Katharinenkirche
Main-Kinzig-Kreis, Evangelische Kirche von Kurhessen-Waldeck
Georg Link, Reinhards, 1834 (II/P, 12);
Teile des Gehäuses wahrscheinlich von Nikolaus Oberländer, Hanau, 1682
Jahr der Förderung: 2017
Restaurierung durch Orgelbau Mebold, Siegen, 2018/19
Adresse der Kirche: Am Kumpen, 36396 Steinau an der Straße

Thalheim (Dornburg), Katholische Kirche St. Stephanus
Landkreis Limburg-Weilburg, Bistum Limburg
Gebrüder Keller, Limburg, Opus 49, 1889 (II/P, 19)
Jahr der Förderung: 2023
Restaurierung durch Orgelbau Mebold, Siegen, geplant 2024
Adresse der Kirche: Bischof-Gotthardt-Straße 3, Thalheim, 65599 Dornburg

Twiste (Twistetal), Evangelische Kirche St. Veit
Landkreis Waldeck-Frankenberg, Evangelische Kirche von Kurhessen-Waldeck
Jacob Vogt, Korbach, 1862 (II/15)
Jahr der Förderung: 2005
Restaurierung durch Orgelbau Waltershausen, 2005 bis 2007
Adresse der Kirche: Kirchweg/Am Knick, Twiste, 34477 Twistetal

Uttrichshausen (Kalbach), Katholische Kirche St. Bonifatius
Landkreis Fulda, Bistum Fulda
Balthasar Schlimbach, Würzburg, 1900 (I/P, 10)
Jahr der Förderung: 2018
Restaurierung durch Orgelbau Waltershausen, Juli 2018 bis April 2019
Adresse der Kirche: Mottener Str. 5, Uttrichshausen, 36148 Kalbach

Walburg (Hessisch Lichtenau), Evangelische Kirche
Werra-Meißner-Kreis, Evangelische Kirche von Kurhessen-Waldeck
Friedrich Ziese, Philippsthal, 1837 (I/P, 12)
Jahr der Förderung: 2018
Restaurierung durch Orgelbau Krawinkel, Trendelburg, 2018
Adresse der Kirche: Rommeröder Str. 5 a, Walburg, 37235 Hessisch Lichtenau

Waldernbach (Mengerskirchen), Katholische Kirche St. Katharina
Landkreis Limburg-Weilburg, Bistum Limburg
Hans Klais, Bonn, Opus 801, 1933 (II/P, 14)
Jahr der Förderung: 2012
Restaurierung durch Uwe Hardt, Möttau (Weilmünster), September bis November 2012
Adresse der Kirche: Kirchstraße 3, Waldernbach, 35794 Mengerskirchen

Walsdorf (Idstein), Evangelische Christuskirche
Rheingau-Taunus-Kreis, Evangelische Kirche in Hessen und Nassau
Daniel Raßmann, Möttau, 1858 (I/P, 13)
Jahr der Förderung: 2019
Restaurierung durch Uwe Hardt, Möttau (Weilmünster), 2019
Adresse der Kirche: Knappe Gasse 2, Walsdorf, 65510 Idstein

Wellen (Edertal), Evangelische Kirche
Landkreis Waldeck-Frankenberg, Evangelische Kirche von Kurhessen-Waldeck
Jacob Vogt, Korbach, 1852 (II/P, 16)
Jahr der Förderung: 2004
Restaurierung durch Orgelbau Rotenburg, 2004 bis 2006
Adresse der Kirche: Bonifatiusweg, Wellen, 34549 Edertal

Wernborn (Usingen), Katholische Kirche St. Pankratius
Hochtaunuskreis, Bistum Limburg
Gebrüder Späth, Ennetach, Opus 846, 1968 (II/P, 14)
Jahr der Förderung: 2020
Restaurierung durch Markus Krawinkel, Trendelburg, 2020/21
Adresse der Kirche: Kirchstraße 1, Wernborn, 61250 Usingen

Wiesbaden – Breckenheim, Evangelische Kirche
Stadt Wiesbaden, Evangelische Kirche in Hessen und Nassau
Karl Heinrich Voigt, Igstadt, 1878 (I/P, 11)
Jahr der Förderung: 2019
Restaurierung durch Orgelbau Rensch, Lauffen am Neckar, 2020
Adresse der Kirche: Am Rathaus 12, Breckenheim, 65207 Wiesbaden

Wiesbaden – Nordenstadt, Evangelische Kirche
Stadt Wiesbaden, Evangelische Kirche in Hessen und Nassau
Heinrich Voigt, Igstadt, 1886 (II/P, 20)
Jahr der Förderung: 2009
Restaurierung durch Förster & Nicolaus Orgelbau, Lich, 2011
Adresse der Kirche: Turmstraße 23, Nordenstadt, 65205 Wiesbaden

Windhausen (Feldatal), Evangelische Kirche
Vogelsbergkreis, Evangelische Kirche in Hessen und Nassau
Friedrich Wilhelm Bernhard, Romrod, 1845 (I/P, 11)
Jahr der Förderung: 2018
Restaurierung durch Orgelbau Waltershausen, 2018/19
Adresse der Kirche: Kestricher Str. 4, Windhausen, 36325 Feldatal

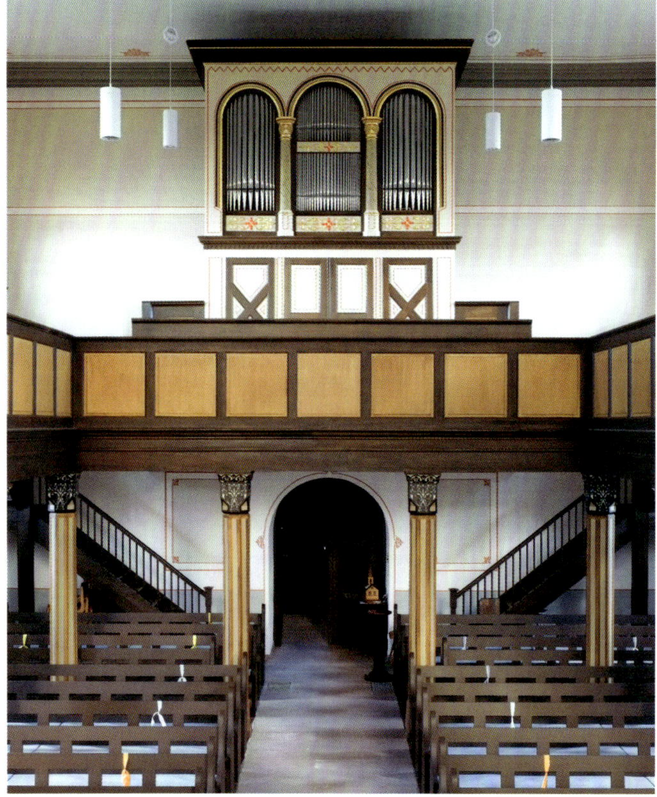

Windhausen

Orgelbau in Hessen: Quellen und Literatur

Anhang zum Forschungsbericht[1]

QUELLEN

Primärquellen zur Geschichte des Orgelbaus in Hessen sind vor allem in den staatlichen und kirchlichen Zentralarchiven sowie in Archiven in kommunaler, kirchlicher und privater Trägerschaft auf Orts-, Gemeinde-, Stadt- und Kreisebene zu finden. Daneben befinden sich Quellen zum Orgelbau in Geschichte und Gegenwart an folgenden Orten:

- Landesamt für Denkmalpflege Hessen, Außenstelle Marburg: Akten und Restaurierungsberichte v. a. jüngerer Maßnahmen.

- Archive der landeskirchlichen und diözesanen Bauämter, Fachstellen für Orgeln und Glocken. Meist werden hier die Meldebögen der im Jahr 1917 eingezogenen Orgelpfeifen aufbewahrt.

- Archive der Orgelbau-Werkstätten.

LITERATUR

LEXIKA

Hermann Fischer, Theodor Wohnhaas, *Lexikon süddeutscher Orgelbauer*, Wilhelmshaven 1994, 502 Seiten.

Uwe Pape, Wolfram Hackel, Albrecht Lobenstein, *Lexikon norddeutscher Orgelbauer, Band 1: Thüringen und Umgebung*, Berlin ^{2}2019, 1072 Seiten.

Wolfram Hackel, Uwe Pape, *Lexikon norddeutscher Orgelbauer, Band 2: Sachsen und Umgebung*, Berlin 2012, 744 Seiten.

Uwe Pape, Wolfram Hackel, *Lexikon norddeutscher Orgelbauer, Band 3: Sachsen-Anhalt und Umgebung*, Berlin 2015, 1016 Seiten.

Uwe Pape, Wolfram Hackel, Christhard Kirchner, *Lexikon norddeutscher Orgelbauer, Band 4: Berlin, Brandenburg und Umgebung einschließlich Mecklenburg-Vorpommern*, Berlin 2017, 1028 Seiten.

1 Siehe S. 9.

MONOGRAPHIEN UND ARTIKEL ZU ORGELBAUWERKSTÄTTEN

Peter Brusius, *Die Orgelbauerfamilie* ***Bernhard,*** Marburg 2013, 48 Seiten.

Michael Bosch, *50 Jahre Werner* ***Bosch*** *Orgelbau GmbH*, in: *Thüringer Orgeljournal*, Band 4, 1996, S. 93–96.

Maria Bringezu-Paschen, *Johann Conrad* ***Bürgy.*** *Orgel- und Instrumentenmacher zu Homburg vor der Höhe, (= Mitteilungen des Vereins für Geschichte und Landeskunde zu Bad Homburg vor der Höhe, XXXI. Heft)*, Bad Homburg vor der Höhe 1970, 255 Seiten.

Erwin Althaus und Peter Brusius, *Der Orgelbauer Emil* ***Butz,*** Marburg 2013, 52 Seiten.

Gottfried Rehm, *Der Orgelbauer Fritz* ***Clewing*** *und sein Werk*, in: *Acta Organologica*, Band 13, 1979, S. 219–250.

Josef H. Biller, *Johann Jakob* ***Dahm,*** *Leben und Werk – Vorfahren und Nachkommen*, in: *Jahrbuch für Westdeutsche Landesgeschichte*, 33. Jahrgang 2007, S. 231–291.

Peter Brusius und Dieter Schneider, *Die Orgelbauerfamilie* ***Dickel,*** Marburg 2013, 76 Seiten.

Eckhard Trinkaus, *Orgeln und Orgelbauer in Griedel [Werkstätten* ***Dreuth*** *und* ***Grieb****]*, in: Dieter Betram (Hg.): *Die Kirche in Griedel. Geschichte der Kirchengemeinde und ihres Gotteshauses*, Butzbach 1986, S. 81–85.

Achim Seip, *Die Orgelbauwerkstatt* ***Dreymann*** *in Mainz*, Lauffen, 1993, 344 Seiten.

Achim Seip, *Die Werkstatt* ***Dreymann*** *in Mainz*, in: *Die Orgel als sakrales Kunstwerk (= Neues Jahrbuch für das Bistum Mainz, Sonderband 1991/92), I, Beiträge zur Orgelgeschichte im ehemals kurrheinischen Reichskreis und seinen Nachfolgestaaten*, hg. von Friedrich W. Riedel, Mainz 1992, S. 254–26.

Hans-Joachim Falkenberg: *Epochen der Orgelgeschichte.* ***Förster und Nicolaus*** 1842–1992, Lauffen 1992, 186 Seiten.

Gottfried Rehm, *Die Fuldaer Orgelbauerfamilie* ***Hahner,*** in: *Acta Organologica*, Band 15, 1981, S. 114–125.

Dieter Großmann, *Johann Andreas* ***Heinemann,*** in: *Hessische Heimat*, Band 9, 1959/60, Nr. 38, S. 16–21.

Eckhard Trinkaus, *Johann Andreas* ***Heinemann,*** in: *Ars Organi* 2008, S. 28–34.

Hans Römhild, *Deutschlands ältestes Orgelbau-Unternehmen [Werkstätten* ***Kohlen, Heeren, Kuhlmann*** *und* ***Euler****]*, in: *Hessische Heimat*, Band 17, Nr. 4, 1967, S. 110–116.

Karl Wörner, *Orgelbau in Gottsbüren [Werkstätten* ***Kohlen, Heeren, Kuhlmann*** *und* ***Euler****] (= Gottsbürener Blätter. Heft 1)*, Gottsbüren 1986.

Horst Hodick, *Johannes* ***Klais.*** *Ein rheinischer Orgelbauer und sein Schaffen*, München – Salzburg 2001, Band 1: 210 Seiten und 202 Abbildungen, Band 2: 574 Seiten.

Hermann Fischer, *Johann Christian* ***Köhler,*** *Orgelbauer von Frankfurt am Main*, in: *Acta Organologica*, Band 31, Kassel 2009, S. 217–275.

Peter Brusius, *Der Orgelbauer Eobanus Friedrich* ***Krebaum*** *(1786–1845) aus Eschwege*, Marburg 2013, 56 Seiten.

Christoph Naacke, *150 Jahre Orgelbau* ***Link,*** Freiburg im Breisgau 2001, 303 Seiten.

Hans Martin Balz, *Die Orgelmacher* ***Macrander*** *in Frankfurt am Main*, in: Roland Behrens und Christoph Grohmann (Hg.), *Dulce melos Organorum. Festschrift Alfred Reichling zum 70. Geburtstag*, Gesellschaft der Orgelfreunde, Mettlach 2005, S. 37–64.

Christian Binz, *Neue Funde zu Johann Friedrich* ***Macrander,*** in: *Ars Organi* 2013, S. 121–122.

Baldur Melchior, Mathias Gaschott/Jochen Roth (Hg.), *Der Frankfurter Orgelmacher Johann Friedrich* ***Macrander*** *und seine Orgelbauten in Hessen und der Pfalz,* in: *Vestigia. Aufsätze zur Kirchen- und Landesgeschichte zwischen Rhein und Mosel,* Band 2, Regensburg 2013, S. 343–354.

Bernhard Martin, *Aus dem Leben eines waldeckischen Orgelbauers [Friedrich* ***Martin****],* in: *Geschichtsblätter für Waldeck,* 66. Band, Arolsen 1977, S. 179–185.

Hermann Fischer, *Der Orgelmacher Johann Wilhelm* ***Müssig*** *in Aschaffenburg,* in: *Aschaffenburger Jahrbuch für Geschichte, Landeskunde und Kunst des Untermaingebietes,* hg. vom Geschichts- und Kunstverein Aschaffenburg e.V., Band 32, 2018, S. 139–160.

Hermann Fischer, *Der Hanauer Orgelmacher Nikolaus* ***Oberländer,*** in: *Mitteilungen der Arbeitsgemeinschaft für mittelrheinische Musikgeschichte,* Nr. 61, Mainz 1994, S. 469–473.

Gottfried Rehm, *Die Orgelbauerfamilie* ***Oestreich,*** in: *Acta Organologica,* Band 7, 1973, S. 37–66.

Gottfried Rehm, *Beiträge zur Geschichte der Orgelbauerfamilie* ***Oestreich,*** in: *Acta Organologica,* Band 21, 1988/89, S. 55–90.

Axel Marburg und Dieter Schneider, *Die Orgelbauer* ***Rindt*** *und* ***Irle,*** in: *Hinterländer Geschichtsblätter* 86, Nr. 1 und 2, März und Juni 2007, S. 1–13.

Hans-Joachim Falkenberg, *Der Orgelbauer Wilhelm* ***Sauer*** *(1831–1916): Leben und Werk,* Lauffen 1990.

Werkverzeichnis W. ***Sauer*** *Frankfurt (Oder),* Müllrose 2007.

Hermann Fischer mit Ergänzungen von Gero Kaleschke, *Die Orgelbauerfamilie* ***Schlimbach*** *in Würzburg, Speyer und Königshofen (= Quellen und Forschungen zur Geschichte des Bistums und Hochstifts Würzburg,* hg. von Wolfgang Weiß, *Band 66),* Würzburg 2013, 649 Seiten.

Jürgen Rodeland, *Die Werkstatt* ***Schöler*** *in Bad Ems,* in: *Die Orgel als sakrales Kunstwerk (= Neues Jahrbuch für das Bistum Mainz, Sonderband 1991/92), I, Beiträge zur Orgelgeschichte im ehemals kurrheinischen Reichskreis und seinen Nachfolgestaaten,* hg. von Friedrich W. Riedel, Mainz 1992, S. 234–253.

Hermann Fischer, *Die Orgelbauerfamilie* ***Steinmeyer,*** Berlin 2011, 627 Seiten.

Peter Brusius, *Die Orgelbauerfamilie* ***Vogt*** *aus Korbach/Waldeck,* Marburg 2013, 58 Seiten.

Lore M. I. Voigt, *Christian Friedrich Voigt (1803–1868) und Karl Heinrich* ***Voigt*** *(1845–1906) – Leben und Werk,* in: *Acta Organologica,* Band 24, Kassel 1993, S. 59–96.

Franz Bösken, *Die Licher Orgelbauerfamilie* ***Wagner,*** in: *Die Orgeln der Marienstiftskirche in Lich, (= Beiträge zur mittelrheinischen Musikgeschichte No. 2),* Mainz 1962, S. 50–54.

Peter Brusius, *Der Orgelbauer Georg Friedrich* ***Wagner*** *(1818–1880),* Marburg 2014, 76 Seiten

Erwin Althaus und Peter Brusius, *Die Orgelbauerfamilie* ***Wilhelm,*** Marburg 2013, 108 Seiten.

Krystian Skoczowski, *Die Orgelbauerfamilie* ***Zinck.*** *Ein Beitrag zur Erforschung des Orgelbaus in der Wetterau und im Kinzigtal des 18. Jahrhunderts* [enthält auch Informationen über Johann Friedrich **Syer,** Nieder-Florstadt], Hanau 2018, 355 Seiten und Foto-CD.

ORGELBAU IN HESSEN

Gerhard Aumüller, *Orgeln und Orgelbauer in Hessen zur Zeit der Landgrafen Wilhelm IV. und Moritz des Gelehrten*, in: *Acta Organologica*, Band 28, 2004, S. 37–64.

Gerhard Aumüller, *Waldeckischer Orgelbau im 18. Jahrhundert*, in: *Waldeckischer Landeskalender*, 254. Jahrgang, hg. von Ludwig Bing, Korbach/Bad Wildungen 1981, S. 63–68.

Gerhard Aumüller und Eckhard Trinkaus, *Westfälische Stilelemente barocker Orgeln in Waldeck und im Marburger Land. Die Orgelbauer Andreas* **Reinecke** *und Daniel* **Mütze** *und ihre Beziehungen zum westfälischen Orgelbau*, in: *Alma mater Philippina*, Band 70, 1997, S. 17–21.

Hans Martin Balz, *Der „evangelische" Orgelbau in Hessen und Nassau von 1866 bis zum Zweiten Weltkrieg*, in: *Die Orgel als sakrales Kunstwerk (= Neues Jahrbuch für das Bistum Mainz, Sonderband 1991/92), I, Beiträge zur Orgelgeschichte im ehemals kurrheinischen Reichskreis und seinen Nachfolgestaaten*, hg. von Friedrich W. Riedel, Mainz 1992, S. 119–153.

Hans Martin Balz, *Göttliche Musik. Orgeln in Deutschland (= 230. Veröffentlichung der Gesellschaft der Orgelfreunde)*, Stuttgart 2008, 208 Seiten.

Hans Martin Balz, *Orgeln und Orgelbauer im Gebiet der ehemaligen hessischen Provinz Starkenburg. Ein Beitrag zur Geschichte des Orgelbaues (= Studien zur hessischen Musikgeschichte, Band 3)*, Kassel 1969, 604 Seiten und 54 Abbildungen.

Hans Martin Balz, *Orgelbau und Orgelmusik in Südhessen. Zur Tagung 1979 der GdO in Frankfurt*, in: *Ars Organi* 1979, S. 511–524.

Christiane Bernsdorff-Engelbrecht, *Kasseler Orgelbaugeschichte*. in: *Acta Organologica*, Band 1, 1967, S. 113–126.

Hans Martin Balz / Reinhardt Menger, *Alte Orgeln in Hessen und Nassau (= Veröffentlichung der Gesellschaft der Orgelfreunde. Band 72)*, Kassel [1]1979, Kassel [2]1997.

Franz Bösken, *Quellen und Forschungen zur Orgelgeschichte des Mittelrheins (= Beiträge zur Mittelrheinischen Musikgeschichte, Band 6), Band 1: Mainz und Vororte – Rheinhessen – Worms und Vororte*. Mainz 1967, 546 Seiten.

Franz Bösken, *Quellen und Forschungen zur Orgelgeschichte des Mittelrheins (= Beiträge zur Mittelrheinischen Musikgeschichte, Band 7,1), Band 2: Das Gebiet des ehemaligen Regierungsbezirks Wiesbaden*. Teil 1: *A–K*. Mainz 1975, 538 Seiten.

Franz Bösken, *Quellen und Forschungen zur Orgelgeschichte des Mittelrheins (= Beiträge zur Mittelrheinischen Musikgeschichte, Band 7,2), Band 2: Das Gebiet des ehemaligen Regierungsbezirks Wiesbaden*. Teil 2: *L–Z*. Mainz 1975, 448 Seiten.

Franz Bösken / Hermann Fischer, *Quellen und Forschungen zur Orgelgeschichte des Mittelrheins (= Beiträge zur Mittelrheinischen Musikgeschichte, Band 29,1), Band 3: Ehemalige Provinz Oberhessen*. Teil 1: *A–L*. Mainz 1988, 632 Seiten.

Franz Bösken / Hermann Fischer, *Quellen und Forschungen zur Orgelgeschichte des Mittelrheins (= Beiträge zur Mittelrheinischen Musikgeschichte, Band 29,2), Band 3: Ehemalige Provinz Oberhessen*. Teil 2: *M–Z*. Mainz 1988, 400 Seiten.

Franz Bösken, *Historische Orgeln im Mainzer Raum*, in: *Acta Organologica*, Band 3, 1969, S. 69–87.

Bernhard Buchstab, *Orgeldenkmalpflege in Hessen*, in: *Quintett, Kirchenmusikalische Mitteilungen aus der Evangelischen Kirche von Kurhessen-Waldeck*, Nr. 16, August 2009, S. 23–25.

Ferdinand Carspecken, *Fünfhundert Jahre Kasseler Orgeln*, Kassel 1968, 162 Seiten und 25 Abbildungen.

Hermann Fischer, *100 Jahre Bund Deutscher Orgelbaumeister. 1891–1991*, hg. vom Bund Deutscher Orgelbaumeister, Lauffen 1991, 461 Seiten.

Hermann Fischer, *Der mainfränkische Orgelbau bis zur Säkularisierung*, in: *Acta Organologica*, Band 2, 1968, S. 101–204; Ergänzung zu S. 177, *Weitere Nachrichten zu Franz Anton Göbel*, in: *Acta Organologica*, Band 13, S. 259–261.

Hermann Fischer, *Personalprospekte des 18. Jahrhunderts am Mittelrhein*, in: *Die Orgel als sakrales Kunstwerk (= Neues Jahrbuch für das Bistum Mainz, Sonderband 1994/95, hg. von Barbara Nichtweiß), III, Orgelbau und Orgelspiel in ihren Beziehungen zur Liturgie und zur Architektur der Kirche*, hg. von Friedrich W. Riedel, Mainz 1995, S. 75–100.

Hermann Fischer und Theodor Wohnhaas, *Werkverzeichnisse fränkischer Orgelbauer*, in: *Acta Organologica*, Band 21, 1988/89, S. 13–54.

Dieter Großmann, *Künstlerische Beziehungen zwischen Hessen und Thüringen. Orgeln*, in: *Hessische Heimat. Zeitschrift für Kunst, Kultur und Denkmalpflege*, 46. Jahrgang, 1996 Heft 1, S. 15–18.

Dieter Großmann, *Kurhessen als Orgellandschaft*, in: *Acta Organologica*. Band 1, 1967, S. 69–112.

Dieter Großmann, *Orgeln und Orgelbauer in Hessen (= Beiträge zur hessischen Geschichte, Band 12)*, Marburg [2]1998, 224 Seiten.

Dieter Großmann, *Zu einer Geschichte des Orgelbaues in Hessen*, in: *Zeitschrift des Vereins für hessische Geschichte und Landeskunde*, Band 68, 1957, S. 174–184.

Bernhard Hemmerle, *Orgelbau im Kreis Limburg – Weilburg*, in: *Jahrbuch 2004 des Kreises Limburg-Weilburg (= Beiträge zur hessischen Geschichte. Band 12)*, Limburg 2003, S. 251–260.

Markus Franz Hollingshaus, *Orgeln in Wiesbaden*, Wiesbaden 2003, 168 Seiten.

Gabriel Isenberg, *Siegerländer Orgelbauer im 18. und 19. Jahrhundert*, in: *Acta Organologica*, Band 35, 2017, S. 141–191.

Siegfried Lotze, *Renaissance-Orgeln in der Landgrafschaft Hessen. 400 Jahre Schloßkirche Schmalkalden*, in: *Landkreis Kassel, Jahrbuch*, 1991, S. 73 ff..

Theodor Peine, *Der Orgelbau in Frankfurt am Main und Umgebung von den Anfängen bis zur Gegenwart*, Frankfurt am Main 1956, 300 Seiten.

Gottfried Rehm, *Beiträge zur Geschichte der Orgelbauer in Fulda und in der Rhön*, in: *Acta Organologica*, Band 25, 1997, S. 29–60.

Gottfried Rehm, *Die Orgeln der Stadt Fulda (= Norddeutsche Orgeln. Band 6)*, Wolfenbüttel 1970, 272 Seiten.

Gottfried Rehm, *Die Orgeln des ehemaligen Kreises Schlüchtern (= Norddeutsche Orgeln. Band 10)*, Berlin 1975, 344 Seiten.

Gottfried Rehm, *Die Orgeln des Freigerichtes und des Dekanates Bad Orb*, in: *Heimat im Bild*, Mai 1970.

Gottfried Rehm, *Die Orgeln des Kreises Fulda außer Kernstadt Fulda (= Norddeutsche Orgeln. Band 5)*, Berlin [2]1978, 436 Seiten.

Gottfried Rehm, *Orgelbauer und ihre Arbeiten in den Kreisen Fulda und Schlüchtern*, in: *Acta Organologica*, Band 8, 1974, S. 103–120.

Gottfried Rehm, *Orgeln in der thüringischen Rhön*, in: *Acta Organologica*, Band 16, 1982, S. 9–34.

Gottfried Rehm, *Zur Geschichte der Fuldaer und Rhöner Orgelbauer*, in: *Acta Organologica*, Band 25, 1996, S. 29–60.

Gottfried Rehm, *Zur Geschichte der hessischen Kreisorgelbauer*, in: *Acta Organologica*, Band 22, 1990, S. 131–142.

Friedrich W. Riedel, *Der kurrheinische Kreis als Orgellandschaft*, in: *Die Orgel als sakrales Kunstwerk (= Neues Jahrbuch für das Bistum Mainz, Sonderband 1991/92), I, Beiträge zur Orgelgeschichte im ehemals kurrheinischen Reichskreis und seinen Nachfolgestaaten*, hg. von Friedrich W. Riedel, Mainz 1992, S. 66–71.

Friedrich W. Riedel, *Der Orgelbau im Kurfürstentum Mainz*, in: *Die Orgel als sakrales Kunstwerk (= Neues Jahrbuch für das Bistum Mainz, Sonderband 1991/92), I, Beiträge zur Orgelgeschichte im ehemals kurrheinischen Reichskreis und seinen Nachfolgestaaten*, hg. von Friedrich W. Riedel, Mainz 1992, S. 72–87.

Friedrich W. Riedel, *Im Zeitalter des Deutschen Bundes*, in: *Die Orgel als sakrales Kunstwerk (= Neues Jahrbuch für das Bistum Mainz, Sonderband 1991/92), I, Beiträge zur Orgelgeschichte im ehemals kurrheinischen Reichskreis und seinen Nachfolgestaaten*, hg. von Friedrich W. Riedel, Mainz 1992, S. 115–118.

Günter Schneider, *Der Orgelbau in der Diözese Mainz zwischen 1866 und 1945*, in: *Die Orgel als sakrales Kunstwerk (= Neues Jahrbuch für das Bistum Mainz, Sonderband 1991/92), I, Beiträge zur Orgelgeschichte im ehemals kurrheinischen Reichskreis und seinen Nachfolgestaaten*, hg. von Friedrich W. Riedel, Mainz 1992, S. 154–182.

Achim Seip / Barbara Nichtweiss, *Alte und neue Orgeln im Bistum Mainz (= Neues Jahrbuch für das Bistum Mainz. Beiträge zur Zeit- und Kulturgeschichte der Diözese)*, Mainz 2003.

Eckhard Trinkaus / Gerhard Aumüller, *Orgelbau im Landkreis Waldeck-Frankenberg*, in: Friedhelm Brusniak / Hartmut Wecker (Hg.), *Musik in Waldeck-Frankenberg. Musikgeschichte des Landkreises*, Korbach 1997, S. 144–202.

Eckhard Trinkaus, *Orgeln und Orgelbauer im früheren Kreis Ziegenhain (Hessen) (= Veröffentlichungen der Historischen Kommission für Hessen. Band 43)*, Marburg 1981, 416 Seiten.

Eckhard Trinkaus, *Zur Tätigkeit der Orgelbauer Scherer in Hessen*, in: *Ars Organi* 1999, S. 215–217.

Franz Vogel, *Orgeln im nordwestlichen Hessen*, in: *Ars Organi* 1986, S. 34–40.

Thomas Wilhelm, *Die Orgellandschaft des Hochtaunuskreises*, in: *Jahrbuch Hochtaunuskreis 2014*, 22. Jahrgang, S. 13–23.

Personenverzeichnis

Verzeichnis der Baumeister, Orgelbauer, Orgelforscher und Orgelsachverständigen

Ortsverzeichnis

Verzeichnis der im Rahmen des Orgelrestaurierungsprogramms geförderten Instrumente

Autoren

ERWIN ALTHAUS

Orgelsachverständiger der Evangelischen Kirche Kurhessen-Waldeck

BERNHARD BUCHSTAB

Bezirkskonservator und Referent für Orgeldenkmalpflege
des Landesamts für Denkmalpflege Hessen

HANS OTTO JAKOB (†)

Domorganist und Domkapellmeister in Frankfurt am Main,
Orgelsachverständiger im Bistum Limburg

MARTIN MATL

Diözesanbaumeister und Diözesankonservator im Bistum Fulda

PEER SCHLECHTA

Orgelsachverständiger der Evangelischen Kirche Kurhessen-Waldeck

ACHIM SEIP

Orgelsachverständiger in den Bistümern Mainz und Limburg

KRYSTIAN SKOCZOWSKI

Freier Musikwissenschaftler, Musiker und Orgelsachverständiger (VOD)

THOMAS WILHELM

Orgelsachverständiger der Evangelischen Kirche in Hessen und Nassau

Bildnachweis

Uta Becker: Wiesbaden Elly-Heuss-Schule; Daniel Bley: Fulda Vonderau-Museum; Otto Böß: Dörnberg; Bosch Orgelbau: Kassel St. Elisabeth, Oberelsungen, Wickenrode; Ev. Kirchengemeinde Bottenhorn: Bottenhorn; Bernhard Buchstab: Odensachsen (Prospektausschnitt), Unter-Hambach (Prospekt); Astrid Cassel-Cordes: Eschwege Brüder-Grimm-Schule; Harald Daneke: Rüdigheim; Kath. Kirchengemeinde Elters: Elters; Orgelbau Eule: Petersberg; Ev. Kirchengemeinde Flechtdorf: Flechtdorf; Förster & Nicolaus Orgelbau: Düdelsheim (Spielanlage), Lauterbach, Oberrodenbach; Kilian Gottwald: Zierenberg; Orgelbau Hey: Flieden; Förderverein Klosterkirche e. V. Hirschhorn: Hirschhorn; Jehmlich Orgelbau: Großauheim, Hettenhausen, Offenbach franz.-ref. Kirche (Spieltisch und Details), Waldkappel; Gerhard Jost: Odensachsen (Prospekt und Ausschnitt Deckenbemalung); Orgelbau Krawinkel: Diemerode, Unhausen; Christine Krienke: Büttelborn, Frankfurt Allerheiligen, Frankfurt Loge zur Einigkeit, Frankfurt Oberrad, Heubach (Prospekt), Mosbach (Prospekt), Niedergründau, Offenbach Markuskirche, Ulmbach, Wiesbaden Oranier-Gedächtniskirche; Barbara Nichtweiß: Offenbach St. Marien; Markus Noll: Altenmittlau; Orgelbau Mebold: Krauthausen, Leun, Niedenstein, Steinau, Waltersbrück; Heimat- und Geschichtsverein Münchhausen am Christenberg e. V.: Münchhausen (PD); PD: Ober-Ofleiden; Christoph Raab: Unter-Hambach (Detail); Rehbock01 (free use): Reichenbach; Reinhard Reitze: Balhorn; Gerold Rosenberg (CC BY-SA 3.0): Oberweimar; Andreas Schmidt Orgelbau: Aufenau, Bieber, Bottendorf, Flörsbach, Heubach (Detail), Kassel Auferstehungskirche, Mernes, Mosbach (Detail), Pfordt, Schönstadt, Schlierbach, Spielberg; Achim Seip: Assmannshausen, Astheim, Frankfurt St. Albert, Frankfurt Sindlingen, Thalheim; Verena Seuring: Fulda Winfriedschule; Ev. Kirchengemeinde Simmershausen: Simmershausen; Krystian Skoczowski: Wehrheim; Martin Skozowski: Büdesheim (Detail), Stammheim, Wohnfeld; Toccata Orgelkultur e. V.: Seelbach; UuMUfQ (CC BY-SA 3.0): Blankenau; Simon Wahby: Fraurombach; Orgelbau Waltershausen: Alsberg, Brand, Hoof, Uttrichshausen; Silke Wiederhold: Gottsbüren; Thomas Wilhelm: Affolterbach, Bad König, Bärstadt, Brandoberndorf, Büdesheim (Prospekt), Diedenbergen, Düdelsheim (Prospekt), Enzheim, Frankfurt Cantate Domino, Frankfurt Nied, Freiensteinau, Groß-Eichen, Hähnlein, Heftrich, Heidelbach, Hergershausen, Hoch-Weisel, Kaichen, Lützel-Wiebelsbach, Nieder-Weisel, Oberlauken, Offenbach franz.-ref. Kirche (Prospekt), Reinheim, Rendel, Roth, Rückershausen, Rüddingshausen, Rudingshain, Rumpenheim, Springen, Steinbach, Stornfels, Strinz-Margarethä, Trebur, Walsdorf, Weilburg, Wiesbaden Lutherkirche, Wiesbaden Erbenheim, Wiesbaden Igstadt, Windhausen; Reinhard Zerfaß: Kassel Albert-Schweitzer-Schule, Rhoden.